Rosa Luxemburgo

textos escolhidos

VOLUME II

(1914-1919)

FUNDAÇÃO EDITORA DA UNESP

Presidente do Conselho Curador
Herman Jacobus Cornelis Voorwald

Diretor-Presidente
José Castilho Marques Neto

Editor-Executivo
Jézio Hernani Bomfim Gutierre

Conselho Editorial Acadêmico
Alberto Tsuyoshi Ikeda
Célia Aparecida Ferreira Tolentino
Eda Maria Góes
Elisabeth Criscuolo Urbinati
Ildeberto Muniz de Almeida
Luiz Gonzaga Marchezan
Nilson Ghirardello
Paulo César Corrêa Borges
Sérgio Vicente Motta
Vicente Pleitez

Editores-Assistentes
Anderson Nobara
Henrique Zanardi
Jorge Pereira Filho

Rosa Luxemburgo

textos escolhidos

VOLUME II

(1914-1919)

ORGANIZAÇÃO, TRADUÇÃO DO ALEMÃO E NOTAS
ISABEL LOUREIRO

© 2011 da tradução brasileira

Fundação Editora da UNESP (FEU)
Praça da Sé, 108
01001-900 – São Paulo – SP
Tel.: (0xx11) 3242-7171
Fax: (0xx11) 3242-7172
www.editoraunesp.com.br
www.livrariaunesp.com.br
feu@editora.unesp.br

CIP – Brasil. Catalogação na fonte
Sindicato Nacional dos Editores de Livros, RJ

R695
v.II
Rosa Luxemburgo: textos escolhidos: volume II, 1914-1919 / organização, tradução do alemão e notas Isabel Loureiro. – São Paulo: Editora Unesp, 2011.

ISBN 978-85-393-0160-7

1. Luxemburgo, Rosa, 1871-1919. 2. Europa – História – Séc. XX. 3. Socialismo. 4. Sociologia política. I. Loureiro, Isabel Maria, 1953-.

11-4526.
CDD: 940.5
CDU: 94(4)"20"

A tradução desta obra recebeu o apoio do Goethe-Institut,
que é financiado pelo Ministério de Relações Exteriores da Alemanha.

Editora afiliada:

Sumário

Apresentação ao segundo volume   VII

Escombros   1
Pela solidariedade internacional!   5
Rascunho das Teses de Junius   9
A crise da social-democracia   15
É obra de muitos   145
Carta aberta aos amigos políticos   151
Olhar retrospectivo sobre a Conferência de Gotha   157
O segundo e o terceiro volumes d'*O capital*   163
A Revolução Russa   175
A tragédia russa   213
Os pequenos Lafayette   223
O começo   229
O antigo jogo   235
Uma questão de honra   239
A Assembleia Nacional   243
Uma peça ousada   249

Aos proletários de todos os países   253
O Aqueronte em movimento   259
Congresso dos social-democratas independentes   263
As massas "imaturas"   269
A socialização da sociedade   275
Sobre o Comitê Executivo dos conselhos   281
O que quer a Liga Spartakus?   287
Nas trincheiras   299
Assembleia geral do USPD   305
Assembleia Nacional ou governo dos conselhos?   311
Os mamelucos de Ebert   315
Uma vitória de Pirro   321
As eleições para a Assembleia Nacional   325
A conferência nacional da Liga Spartakus   329
Congresso de fundação do KPD   335
O primeiro Congresso   371
O que fazem os dirigentes?   375
Deveres não cumpridos   379
O fracasso dos dirigentes   385
Castelos de cartas   389
A ordem reina em Berlim   395

Referências bibliográficas   403
Índice onomástico   409

Apresentação ao segundo volume

No dia 4 de agosto de 1914, a bancada social-democrata no Reichstag aprova por unanimidade os créditos de guerra solicitados pelo governo. A social-democracia alemã abandona o combate contra o militarismo e passa a apoiar a política de união nacional defendida pelo imperador. A partir desse momento, juntamente com o deputado Karl Liebknecht, Rosa Luxemburgo começa a liderar um pequeno grupo de oposição à guerra, que mais tarde adotará o nome de Liga Spartakus (Spartakusbund).[1]

Presa durante um ano (fevereiro de 1915 a fevereiro de 1916), acusada de agitação antimilitarista, escreve *A crise da social-democracia*. Devido ao estado de sítio imposto na Alemanha, o livro é publicado na Suíça em abril de 1916, sob o pseudônimo de Junius. Seu objetivo é ajustar contas com a Segunda Internacional, com a social-democracia

---

1 Em janeiro de 1917, o conjunto da oposição no Partido Social-Democrata da Alemanha (SPD) convoca uma conferência nacional opondo-se à continuação do conflito. Em nome da disciplina partidária é expulsa em bloco. No começo de abril, funda o Partido Social-Democrata Independente (USPD), ao qual os spartakistas se filiam formalmente, embora conservem autonomia organizativa e linha política própria.

alemã e com o proletariado em geral, mas sobretudo o alemão, por terem abandonado a luta de classes e aderido entusiasticamente à deflagração da guerra. Para ela, naquele momento, a humanidade encontra-se perante a seguinte alternativa: *socialismo ou barbárie*.

O essencial do texto é dedicado ao estudo das causas da guerra e à história da Alemanha desde 1870. Rosa refuta os argumentos dos dirigentes social-democratas que tentavam justificar a aprovação dos créditos militares e a política de união nacional em torno do imperador Guilherme II, dizendo que se tratava de uma guerra de defesa da civilização contra a autocracia russa. Ela trata de mostrar que a guerra foi deliberadamente desejada pela Alemanha, o que é comprovado pela política armamentista e imperialista que esta adotou a partir do final do século XIX. Mas Rosa acredita que nem tudo estará perdido se os trabalhadores souberem aprender com a própria experiência, tirando lições dos seus erros. A partir da guerra, ela percebe que a tarefa dos revolucionários é muito mais difícil do que supunha. Trata-se de fazer a crítica dos erros e das ilusões, não há "guia infalível" que mostre às massas trabalhadoras o caminho a seguir: "A experiência histórica é seu único mestre".

Algum tempo depois de ser libertada, Rosa prepara a manifestação de Primeiro de Maio em Berlim com Karl Liebknecht, que, desde 4 de agosto de 1914, fazia parte do grupo de esquerda radical no SPD. Nesse dia, algumas centenas de pessoas se reúnem na Potsdamer Platz. Karl Liebknecht vai à frente dos manifestantes gritando: "Abaixo a guerra!". Rosa está perto dele. A polícia intervém imediatamente, Liebknecht é preso e fica encarcerado durante os quatro anos do conflito.

Devido à militância contra a guerra, Rosa, por sua vez, é encarcerada novamente em julho de 1916 ("prisão preventiva"). Trata-se de uma prisão arbitrária decidida pelas autoridades militares e que será prolongada de trimestre em trimestre até novembro de 1918, quando a prisioneira do Estado é finalmente libertada pela Revolução Alemã. Na prisão, além das contribuições políticas enviadas clandestinamente para as *Spartakusbriefe* [Cartas de Spartakus], ela mantém com os amigos uma correspondência assídua, publicada postumamente.²

Desde fevereiro de 1917, Rosa acompanha com grande impaciência e interesse a revolução na Rússia. Em setembro de 1918, redige algumas notas sobre a Revolução Russa, que serão publicadas por Paul Levi em 1922. Nessa brochura, Rosa critica a política autoritária dos bolcheviques, procurando ao mesmo tempo compreendê-la. Lênin e Trotsky foram forçados pelo avanço da contrarrevolução, e pelo isolamento decorrente da falta de apoio do proletariado alemão, a adotar medidas antidemocráticas que atingiram não só a burguesia, mas também as massas trabalhadoras. Apesar de reconhecer a difícil situação dos bolcheviques e de admirar sua coragem revolucionária, Rosa não admite que façam da necessidade virtude e imponham seu caminho para o socialismo como modelo a ser seguido por todos os partidos de esquerda.

É nesse pequeno texto, considerado atualmente o mais importante da sua produção política, que aparece a famosa frase "Liberdade é sempre a liberdade de quem pensa de modo diferente". Rosa critica a dissolução da Assembleia Constituinte pelos bolcheviques, argumentando que liberdades democráticas irrestritas são vitais para a educação e conscientização das massas populares. Só com liberdade, as massas podem fazer as mais diferentes experiências, aprender com eles e corrigi-las quando necessário. A realização do socialismo requer vida pública, espaço público. O socialismo não é construído por um partido revolucionário "dono da verdade": "o socialismo, por sua própria natureza, não pode ser outorgado nem introduzido por decreto". A dominação de um único partido levará ao aniquilamento da criatividade popular e ao domínio da burocracia, numa palavra, à burocratização da vida política e social. Infelizmente, a corrente dominante na esquerda do século XX não prestou atenção a essa advertência.

---

2   Ver o v.III desta coletânea.

Rosa é libertada em 8 de novembro de 1918, no início da Revolução Alemã. É a época mais difícil de sua vida; ela fica dividida entre duas atitudes opostas: de um lado, a defesa acalorada da ação revolucionária das massas na rua – apelos à ação constituem a tônica dos artigos no jornal *Die Rote Fahne* [A Bandeira Vermelha]; de outro, a consciência lúcida de que a situação não estava madura para a tomada do poder – o que aparece em conversas privadas e também em "O que quer a Liga Spartakus" e no discurso no "Congresso fundação do KPD".

Esta é a primeira vez que são publicados no Brasil os artigos de Rosa Luxemburgo em *Die Rote Fahne*, acusando o governo social-democrata de Ebert/Scheidemann de sufocar o processo revolucionário. Essas manifestações no calor da hora nos permitem formar uma ideia mais precisa da atitude pública de Rosa Luxemburgo durante os dias conturbados que levaram ao seu assassinato[3] e ao de Karl Liebknecht.

Nota editorial

As notas de rodapé não identificadas são da organizadora, que se baseou, vez por outra, nas notas da edição alemã da Dietz;[4] as notas de tradução são identicas por (N. T.), as de Rosa Luxemburgo por (N. R. L.) e as desta edição brasileira por (N. E.).

Isabel Loureiro
Julho de 2011

---

3   Ver Loureiro, *A revolução alemã (1918-1923)*.
4   Luxemburgo, *Gesammelte Werke*, 6v.

Escombros[1]

Por todo lado o cortejo arrasador desta guerra mundial nada deixa atrás de si, em vastas extensões de terra e mar, senão escombros. Escombros de cidades e aldeias, escombros de fortificações, escombros de canhões e fuzis despedaçados, escombros de gigantescos navios de guerra e de pequenos torpedeiros. E, de permeio, escombros de felicidade humana aniquilada. Pilhas de corpos humanos dilacerados, misturados com horrendos cadáveres de cavalos, cães, de gado em decomposição, morto de fome ou carbonizado. Guerras estendem-se como um fio vermelho por todos os milênios da antiga história da sociedade de classes. Enquanto houver propriedade privada, exploração, riqueza e pobreza, as guerras são inevitáveis e cada uma espalha à sua volta morte e pestilência, extermínio e miséria. Contudo, a atual guerra mundial supera todas as que existiram até agora em dimensão, furor e profundidade de suas consequências. Nunca tantos

---

1 Título original: *Trümmer*. Artigo não assinado que, segundo informações do professor doutor *honoris causa* Rudolf Lindau, cofundador do Kommunistische Partei Deutschlands (KPD) [Partido Comunista Alemão], é de autoria de Rosa Luxemburgo. Publicado originalmente em *Sozialdemokratische Korrespondenz*, n.112, 30 set. 1914.

povos, países e continentes foram abrangidos de uma só vez pelas chamas da guerra, nunca tão poderosos meios técnicos foram postos a serviço do extermínio, nunca tão ricos tesouros de civilização material foram vítimas da tempestade infernal. O capitalismo moderno uiva sua satânica canção de triunfo: somente ele pôde em poucas décadas acumular riquezas brilhantes e obras de civilização fulgurantes para, em poucos meses, com os meios mais refinados, transformá-las num campo de escombros. Somente ele conseguiu fazer do homem príncipe das terras, dos mares e dos ares, um ridículo semideus senhor de todos os elementos, para então deixá-lo morrer miseravelmente, como mendigo, num tormento que ele mesmo criou, sob os escombros de sua própria magnificência. As gritantes contradições internas desse sistema social, sua força estimulante e transformadora, as alucinantes idas e vindas de seu ritmo nunca puderam ser sentidas de forma tão nítida, tão impressionante quanto nesta guerra mundial – a maior obra de extermínio do capitalismo em dois séculos.

Mas cada guerra não extermina somente bens físicos, obras materiais da civilização. Ela é ao mesmo tempo uma tempestade que não respeita conceitos adquiridos. Antigas coisas sagradas, instituições veneradas, fórmulas credulamente repetidas são varridas de maneira implacável para o mesmo monturo onde estão depositados restos de canhões, fuzis, mochilas e demais despojos de guerra. E também desse ponto de vista a guerra atual supera todas as precedentes em brutalidade e furor de suas consequências.

Durante décadas os povos europeus, em aparente paz desde a guerra franco-prussiana, foram educados em determinados conceitos, acostumados a certas ideias. Ao "equilíbrio europeu" correspondia um equilíbrio dos conceitos em vigor: o que era bom e o que era mau, o que era permitido e o que era proibido, o que era louvável e o que era vergonhoso. E esse sistema de conceitos era familiar a cada cidadão desde a mais tenra infância, era-lhe repetidamente incutido pela escola, pela imprensa burguesa, pelo parlamento. A esse sistema pertencia, por exemplo, a ideia dos inquebrantáveis laços de amizade que ligavam, numa grande família com interesses solidários, todos os soberanos que estavam no trono. A ele pertencia a ideia do valor inviolável do direito dos povos, dos tratados entre os Estados, das alianças diplomáticas. A guerra trovejou por poucas semanas e por todo lado esvoaçaram miseráveis farrapos. O "Hosana" e o "Crucifiquem-no!" alternaram-se violentamente. Jornais burgueses mostram, preto no branco, que a "pérfida Albion" é a principal facínora, revelam os horrores do regime tsarista na Rússia, trazem informações regozijantes sobre os tumultos que estão começando nas colônias inglesas e francesas. Uma conclamação aos judeus russos promete-lhes liberdade e direitos humanos em jargão judaico, em nome do Alto Comando dos "dois grandes exércitos".[2] Na região da Polônia ocupada pelo exército alemão divulga-se um pequeno livro em polonês, com ilustrações, que põe diante dos olhos do povo, de maneira drástica, as atrocidades do regime russo; no meio do título em cores do livrinho, vê-se a mãe de Deus, reconhecidamente venerada pelo povo simples como a "rainha polonesa"; à direita, a imagem do papa; à esquerda, a do imperador Guilherme. Nossos amigos, assim como nossos inimigos de hoje, não são de modo algum os de ontem; o bem e o mal, tal como vigoravam oficialmente na sociedade, trocaram de lugar várias vezes.

Assim, depois da guerra, o mundo se apresentará profundamente mudado. É certo que mãos diligentes procurarão reconstruir os escombros. Mas é bem mais fácil reparar a ruína material que a moral. Podem-se substituir canhões destroçados por outros melhores, mas não se pode colar novamente conceitos feitos em farrapos e crenças aniquiladas. Portanto, os trabalhadores e as trabalhadoras socialistas de todos os países devem ficar atentos para não deixar que, em meio aos escombros da sociedade burguesa, seus ideais sagrados também se arruínem. Eles devem conservar no coração, fiel e cuidadosamente, as antigas doutrinas, as antigas crenças como a única coisa que deve ser salva. O ideário socialista já sofreu bastante na tormenta da guerra. Agora, valem para o proletariado esclarecido, ele que, apesar de tudo, é a base da sociedade, as palavras do poeta:

---

2   Em iídiche, no texto: *"von die beide grusse Armees"*. (N. T.)

Wir tragen
Die Trümmer ins Nichts hinüber
Und klagen
Über die verlorne Schöne.
Mächtiger
Der Erdensöhne,
Prächtiger
Baue sie wieder,
In deinem Busen baue sie auf![3]

---

[3] As ruínas, nos braços,/ Para o Nada levamos,/ E lamentamos/ Perdidos brilhos.// Ó tu! potente,/ Dos térreos filhos,/ Mais resplendente/ Reergue-o em teus pensares! Goethe, Faust: Eine Tragödie. In: _____. *Poetische Werke*: Dramatische Dichtungen IV, p.199. (N. T.)

Pela solidariedade internacional!¹

À redação do *Labour Leader*²
Londres

Estimados camaradas!

É, ao mesmo tempo, com alegria e profunda dor que todo social-democrata alemão, que em suas convicções continuou fiel à Internacional proletária, deve aproveitar a ocasião para enviar aos camaradas no exterior fraternas saudações socialistas. Sob os golpes mortíferos da guerra mundial imperialista, o que era nosso orgulho e nossa esperança, a Internacional da classe trabalhadora, desmoronou vergonhosamente e ainda mais vergonhosamente, com certeza, nossa seção alemã da Internacional, chamada a marchar à frente do proletariado mundial. É necessário exprimir essa verdade amarga não para se en-

---

1   Título dos organizadores da edição alemã: *Für die Internationale Solidarität*! Publicado originalmente em *The Labour Leader*, 31 dez. 1914.
2   O semanário *The Labour Leader*, órgão do Independent Labour Party [Partido Trabalhista Independente], foi impresso em Londres de 1893 a 1922.

tregar a um desespero e resignação estéreis, mas, ao contrário, para tirar ensinamentos promissores para o futuro do reconhecimento exato dos erros cometidos e da situação presente. O mais funesto para o futuro do socialismo seria que os partidos de trabalhadores dos diferentes países resolvessem adotar completamente a teoria e a prática burguesas, segundo as quais é natural e inevitável que os proletários das diferentes nações se cortem mutuamente a garganta durante a guerra, sob o comando de suas classes dominantes, para depois do fim do conflito se abraçarem de novo, de maneira fraterna, como se nada tivesse acontecido. Uma Internacional que, desse modo, reconhecesse conscientemente sua atual e terrível queda como uma prática normal também para o futuro, afirmando, entretanto, que continua a existir, seria apenas uma revoltante caricatura do socialismo, um produto da hipocrisia, exatamente como a diplomacia dos Estados burgueses, suas alianças e seus tratados internacionais. Não! O terrível massacre recíproco de milhões de proletários a que assistimos atualmente com horror, essas orgias do imperialismo assassino que ocorrem sob os rótulos hipócritas de "pátria", "civilização", "liberdade", "direito dos povos" e arrasam países e cidades, violentam a civilização, espezinham a liberdade e o direito dos povos, constituem uma clara traição do socialismo.

Mas o socialismo internacional tem raízes bastante fortes e demasiado profundas na situação atual para que possa continuar em decomposição. O próprio imperialismo, com seus terríveis ensinamentos, faz que a Internacional proletária ressuscite das ruínas como o único meio de salvar a humanidade do inferno de uma dominação de classe em declínio e que perdeu o direito histórico à existência. Agora mesmo, depois de alguns meses de guerra, dissipa-se, inclusive na Alemanha, a embriaguês chauvinista nas massas trabalhadoras abandonadas por seus líderes nessa grande hora histórica; a consciência está de volta e a cada dia cresce o número de proletários para quem o que hoje acontece faz subir ao rosto o vermelho vivo da vergonha e da cólera. Dessa guerra as massas populares retornarão, com ímpeto ainda mais tempestuoso, à nossa velha bandeira da Internacional socialista, não para traí-la novamente na próxima orgia imperialista, mas para defendê-la em uníssono contra todo o mundo capitalista, contra suas intrigas criminosas, suas mentiras infames e suas lamentáveis frases sobre a "pátria" e a "liberdade", e para fincá-la vitoriosamente sobre as ruínas do imperialismo sanguinário.

Com as mais cordiais saudações fraternas e socialistas,

R. Luxemburgo
Berlim-Südende, dezembro de 1914

Rascunho das Teses de Junius[1]

1. A guerra mundial reduziu a pó os resultados de quarenta anos de trabalho do socialismo europeu, aniquilando a importância da classe trabalhadora revolucionária como fator de poder político e o prestígio moral do socialismo, fazendo explodir a Internacional proletária, conduzindo as suas seções a um fratricídio mútuo e acorrentando ao barco do imperialismo os desejos e as esperanças das massas populares nos países capitalistas mais importantes.

2. Com a aprovação dos créditos de guerra e a proclamação da união nacional [*Burgfrieden*], os dirigentes oficiais dos Partidos Socialistas na Alemanha, França e Inglaterra reforçaram o imperialismo na retaguarda, levaram as massas populares a suportar pacientemente a miséria e o horror da guerra, contribuindo assim para o desenca-

---

[1] Título original: *Entwurf zu den Junius-Thesen*. Essas teses foram aprovadas com algumas mudanças propostas por Karl Liebknecht na Conferência do Grupo Internacionale em 1º de janeiro de 1916 e, depois de revistas, divulgadas ilegalmente como panfleto com o título de "Teses sobre as tarefas da social-democracia internacional" nas *Cartas Políticas* n.14, de 3 fev. 1916, e como apêndice de "A crise da social-democracia" (p.15). Texto foi originalmente publicado em *Unter dem Banner des Marxismus* (Berlim/Viena), ano I, Caderno 2, jul. 1925, p.417-419.

deamento desenfreado da fúria imperialista, para o prolongamento do massacre e para o aumento de suas vítimas – partilham, portanto, a responsabilidade pela guerra e suas consequências.

3. Essa tática das instâncias partidárias oficiais nos países beligerantes, em primeiro lugar na Alemanha, até então o país que liderava dentro da Internacional, significa uma traição aos princípios mais elementares do socialismo internacional, aos interesses vitais das massas populares, aos interesses libertários e democráticos de seus países. Dessa maneira, a política socialista foi também condenada à impotência naqueles países em que os dirigentes do partido permaneceram fiéis aos seus deveres: na Rússia, na Sérvia e na Itália.

4. Ao abandonar a luta de classes durante a guerra, adiando-a para o pós-guerra, para a época de paz, a social-democracia internacional dos países mais importantes deu tempo ao inimigo, às classes dominantes de todos os países, de reforçar extraordinariamente sua posição à custa do proletariado no plano econômico, político e moral.

5. A guerra mundial não serve nem à defesa nacional nem aos interesses econômicos ou políticos das massas populares, quaisquer que sejam; ela é simplesmente fruto das rivalidades imperialistas entre as classes capitalistas de diferentes países pela dominação do mundo e pelo monopólio da exploração e do empobrecimento dos últimos restos do mundo que o capital ainda não dominou. Nesta época de imperialismo desenfreado já não podem haver guerras nacionais. Os interesses nacionais servem apenas de mistificação para pôr as massas populares trabalhadoras a serviço de seu inimigo mortal, o imperialismo.

6. A liberdade e a independência, para qualquer nação oprimida, não podem brotar da política dos Estados imperialistas, nem da guerra imperialista. As pequenas nações não passam de peças no jogo de xadrez das potências imperialistas e, assim como as massas populares trabalhadoras de todos os países beligerantes, são usadas como instrumento durante a guerra para serem, depois da guerra, sacrificadas no altar dos interesses capitalistas.

7. Nessas circunstâncias, qualquer que seja o derrotado ou qualquer que seja o vitorioso, a atual guerra mundial significa uma derrota do so-

cialismo e da democracia. Qualquer que seja a saída – exceto se houver a intervenção revolucionária do proletariado internacional –, ela só conduz ao reforço do militarismo e do marinismo, dos apetites imperialistas, dos conflitos internacionais, das rivalidades econômico-mundiais e da reação no plano interno (dos proprietários de terras, dos provocadores, do cartel da indústria, do clericalismo, do chauvinismo, do monarquismo); em contrapartida, leva ao enfraquecimento do controle público, da oposição, assim como reduz os parlamentos a instrumentos obedientes do militarismo em todos os países. Portanto, em última instância, essa guerra mundial trabalha apenas para que, depois de um maior ou menor intervalo de paz, uma nova guerra seja deflagrada.

8. A paz mundial não pode ser garantida por tribunais de diplomatas capitalistas, nem por acordos diplomáticos sobre o "desarmamento", sobre a pretensa "liberdade marítima", nem por "alianças dos estados europeus", "uniões alfandegárias na Europa central", "Estados-tampões" e semelhantes projetos utópicos ou no fundo reacionários. O imperialismo, o militarismo e a guerra não podem ser eliminados nem contidos, enquanto as classes capitalistas exercerem sua dominação de modo incontestado. A única garantia e o único apoio da paz mundial são a vontade revolucionária e a capacidade de ação política do proletariado internacional.

9. O imperialismo como última fase e apogeu do domínio político mundial do capital é o inimigo mortal comum do proletariado de todos os países e é contra ele que deve concentrar-se, em primeiro lugar, a luta da classe proletária, tanto na paz quanto na guerra. Para o proletariado internacional a luta contra o imperialismo é, ao mesmo tempo, a luta pelo poder político estatal, o conflito decisivo entre socialismo e capitalismo. O destino do objetivo final socialista depende de que o proletariado internacional recobre ânimo e enfrente o imperialismo em toda linha e faça da palavra de ordem "guerra à guerra!", com toda a força e com extrema coragem para o sacrifício, a norma de sua prática política.

10. Com esse objetivo, a tarefa essencial do socialismo consiste hoje em reunir o proletariado de todos os países numa força revolu-

cionária viva que, por meio de uma forte organização internacional com uma concepção unificada dos seus interesses e das suas tarefas, com uma tática e uma capacidade de ação política unificadas tanto na paz quanto na guerra, faça dele o fator decisivo da vida política, papel a que está destinado pela história.

11. A Segunda Internacional explodiu com a guerra. A insuficiência de sua organização foi demonstrada pela incapacidade em erguer uma barreira moral eficaz contra a fragmentação nacional durante a guerra e em manter uma tática e uma ação comuns do proletariado em todos os países.

12. Diante da traição das representações oficiais dos partidos socialistas dos países mais importantes aos objetivos e interesses da classe trabalhadora, diante do fato de terem abandonado o terreno da Internacional proletária para se converterem ao da política burguesa-imperialista, é uma questão vital para o socialismo fundar uma nova Internacional dos trabalhadores, que deve assumir, em todos os países, a direção e a coordenação da luta de classes revolucionária contra o imperialismo.

Ela é construída sobre os seguintes princípios:

1. A luta de classes no interior dos Estados burgueses contra as classes dominantes e a solidariedade internacional dos proletários de todos os países são duas regras vitais inseparáveis para a classe trabalhadora em sua luta de libertação histórico-mundial. Não existe socialismo fora da solidariedade internacional do proletariado, e não existe socialismo fora da luta de classes. O proletariado socialista não pode, nem na paz nem na guerra, renunciar à luta de classes e à solidariedade internacional sem cometer suicídio.

2. A ação de classes do proletariado de todos os países deve, tanto na paz quanto na guerra, ter como objetivo principal combater o imperialismo e impedir a guerra. A ação parlamentar e a ação sindical, assim como a atividade global do movimento operário, devem estar subordinadas ao seguinte objetivo: opor energicamente em todos os países o proletariado à burguesia nacional, enfatizar a cada passo a oposição política e intelectual entre ambos, e, ao mesmo tempo, im-

pelir para o primeiro plano e exercer a afinidade internacional dos proletários de todos os países.

3. O centro de gravidade da organização de classe do proletariado reside na Internacional. Em tempos de paz, a Internacional decide sobre a tática das seções nacionais no tocante ao militarismo, à política colonial, à política comercial, às festas de Primeiro de Maio e, além disso, decide sobre a tática global a adotar em tempos de guerra.

4. O dever relativo à disciplina em face das decisões da Internacional precede todos os outros deveres no tocante à organização. As seções nacionais que desrespeitam as decisões da Internacional em tempos de guerra excluem-se assim do proletariado internacional e desobrigam seus membros de todos os deveres para com ele.

5. Nas lutas contra o imperialismo e contra a guerra somente a influência decisiva das compactas massas do proletariado de todos os países pode ser jogada na balança. O principal objetivo tático das seções nacionais deve orientar-se no sentido de educar as grandes massas para terem capacidade de ação política, de assegurar a coordenação internacional dessas ações de massa, desenvolver as organizações políticas e sindicais para que, por seu intermédio, a vontade e as decisões da Internacional se concretizem da maneira mais rápida e eficiente na ação das grandes massas de trabalhadores de todos os países.

6. A segunda tarefa urgente do socialismo é a libertação intelectual do proletariado da tutela da burguesia, tutela que se expressa na influência da ideologia nacionalista. A agitação das seções nacionais, nos parlamentos e na imprensa, deve consistir em denunciar a fraseologia do nacionalismo, legada como instrumento de dominação da burguesia. Hoje, a única defesa de toda verdadeira liberdade nacional é a luta de classes revolucionária contra o imperialismo; a pátria dos proletários, a cuja defesa tudo o mais deve estar subordinado, é a Internacional socialista.

A crise da social-democracia[1]

Por Junius

Introdução

2 de janeiro de 1916

A exposição a seguir foi redigida em abril do ano passado. Circunstâncias externas impediram sua publicação naquela época.

A presente publicação deve-se à circunstância de que, quanto mais violenta a guerra mundial, tanto menos a classe trabalhadora pode perder de vista as forças propulsoras dessa guerra.

---

1 Título original: *Die Krise der Sozialdemokratie*. O escrito de Rosa Luxemburgo, sob o pseudônimo de Junius, foi publicado ilegalmente por Franz Pfemfert em Zurique, em abril de 1916. É provável que o nome Junius seja inspirado em Junius Brutus, pseudônimo sob o qual foram publicadas as *Vindiciae contra tyrannos* [Defesa da liberdade contra os tiranos], escritas em Basileia no ano de 1579, em que o povo era exortado a opor-se aos governantes injustos e a vencê-los pela força das armas. Também são conhecidas as *Cartas de Junius*, publicadas em Londres de 1769 a 1772, com pesados ataques ao governo.

O escrito é publicado sem modificações para que o leitor possa verificar como o método materialista-histórico consegue captar de maneira segura o curso do desenvolvimento.

Ao liquidar criticamente a lenda da guerra de defesa alemã e revelar que o verdadeiro objetivo da guerra de agressão imperialista era a dominação da Turquia pelos alemães, este escrito prognosticou o que, desde então, mais se confirmou a cada dia e que – tendo hoje a guerra mundial encontrado seu centro de gravidade no Oriente – aparece aos olhos do mundo inteiro.

I

A cena mudou completamente. A marcha de seis semanas sobre Paris transformou-se num drama mundial; o imenso massacre virou um monótono e cansativo negócio cotidiano, sem nenhuma solução à vista. A política burguesa está paralisada, presa na própria armadilha, e já não pode exorcizar os espíritos que invocou.

Acabou-se a embriaguez. Acabaram-se o alarido patriótico nas ruas, a caça aos automóveis de ouro, os sucessivos telegramas falsos, as fontes contaminadas por bacilos de cólera, os estudantes russos prestes a jogar bombas sobre todas as pontes das ferrovias de Berlim, os franceses sobrevoando Nuremberg,[2] os excessos da multidão farejando espiões por todos os lados, as aglomerações tumultuadas nos cafés repletos de música ensurdecedora e cantos patrióticos. A população de cidades inteiras transformada em populacho, prestes a denunciar qualquer um, a molestar mulheres, a gritar "hurra!" e a atingir o paroxismo do delírio lançando ela mesma boatos absurdos; uma atmosfera de crime ritual, um clima de Kischinov[3] em que o único representante da dignidade humana era o policial da esquina.

---

2   Todas essas notícias falsas visavam a levar ao paroxismo o chauvinismo dos alemães.
3   Em abril de 1903, em Kischinov, organizações criadas e armadas pelo regime tsarista, os Cem Negros, aterrorizaram judeus, estudantes, revolucionários e trabalhadores politizados. Esses *pogroms* foram uma reação do regime tsarista às greves e manifestações dos trabalhadores.

O espetáculo terminou. Há muito tempo os intelectuais alemães, esses "lêmures vacilantes", voltaram às suas tocas ao primeiro assobio. A alegria ruidosa das moças correndo ao longo das plataformas já não acompanha os trens de reservistas, que deixaram de saudar o povo, debruçando-se nas janelas dos vagões, com um sorriso alegre nos lábios. Silenciosos, de pasta na mão, caminham rapidamente pelas ruas onde uma multidão carrancuda se entrega aos afazeres cotidianos.

Na atmosfera sóbria desses dias pálidos ressoa outro coro: o grito rouco dos abutres e das hienas no campo de batalha. Dez mil tendas, garantia total! Cem mil quilos de toucinho, cacau em pó, sucedâneo de café, pagamento à vista, entrega imediata! Granadas, tornos, cartucheiras, anúncios de casamento para viúvas de soldados mortos, cintos de couro, intermediários que garantem contratos com o exército – apenas ofertas sérias! A carne de canhão, embarcada em agosto e setembro cheia de patriotismo, apodrece na Bélgica, nos Vosgos, na Masúria, em cemitérios onde o lucro cresce de maneira vigorosa. Trata-se de guardar rapidamente a colheita nos celeiros. Sobre esse oceano estendem-se milhares de mãos, ávidas para arrancar a sua parte.

Os negócios prosperam sobre ruínas. Cidades transformam-se em montes de escombros, aldeias, em cemitérios, regiões inteiras, em desertos, populações, em montes de mendigos, igrejas, em estábulos; o direito dos povos, os tratados, as alianças, as palavras mais sagradas, as autoridades supremas, tudo é feito em farrapos; qualquer soberano pela graça de Deus trata o primo, no campo adversário, de cretino e velhaco desleal, qualquer diplomata trata o colega de outro partido de canalha espertalhão, qualquer governo, vendo no outro uma fatalidade para o próprio povo, abandona-o ao desprezo público; a fome provoca tumultos em Veneza, Lisboa, Moscou, Cingapura; há peste na Rússia, miséria e desespero por toda parte.

Coberta de ignomínia, chafurdando em sangue, pingando imundície – assim se apresenta a sociedade burguesa, assim ela é. Ela se mostra na sua forma nua e crua, não quando impecável e honesta, arremeda a cultura, a filosofia e a ética, a ordem, a paz e o Estado de direito, mas como besta selvagem, anarquia caótica, sopro pestilento sobre a civilização e a humanidade.

E no meio desse caos violento produziu-se uma catástrofe histórica mundial: a capitulação da social-democracia internacional. Iludir-se a esse respeito, mascarar essa catástrofe seria o cúmulo da loucura, o maior desastre que poderia acontecer ao proletariado. O democrata (isto é, o pequeno-burguês revolucionário), diz Marx, sai

> da derrota mais humilhante tão imaculado como era inocente quando nela entrou, com a convicção recém-adquirida de que terá forçosamente que vencer, não porque ele e seu partido deverão abandonar o antigo ponto de vista, mas, pelo contrário, porque as condições têm que amadurecer para se porem de acordo com ele.[4]

O proletariado moderno comporta-se de outra maneira perante as provas da história. Seus erros são tão gigantescos quanto suas tarefas. Não existe nenhum esquema prévio, válido de uma vez por todas, nenhum guia infalível que lhe mostre o caminho a percorrer. A experiência histórica é sua única mestra. O espinhoso caminho de sua autolibertação está pavimentado não só de sofrimentos sem fim, como também de erros sem conta. O proletariado atingirá o objetivo de sua viagem – sua libertação – se souber aprender com os próprios erros. Para o movimento proletário, a autocrítica, uma autocrítica impiedosa, severa, que vá à raiz das coisas, é o ar e a luz sem os quais ele não pode viver. A queda do proletariado socialista na presente guerra mundial não tem precedentes, é uma desgraça para a humanidade. Mas o socialismo estaria perdido só se o proletariado internacional não quisesse medir a profundidade de sua queda e não desejasse aprender com ela.

O que está hoje em questão é todo o último capítulo – 45 anos – da evolução do movimento operário moderno. Estamos assistindo à crítica e ao balanço do nosso trabalho, realizado durante cerca de meio século. O fim da Comuna de Paris havia concluído a primeira fase

---

4 Cf. Marx, *O 18 Brumário e Cartas a Kugelmann*, p.52.

do movimento operário europeu e da Primeira Internacional. Desde então começou uma nova fase. Em vez de revoluções espontâneas, insurreições, lutas de barricadas, depois das quais o proletariado recaía sempre em seu estado passivo, começou a luta cotidiana sistemática, a utilização do parlamentarismo burguês, a organização de massas, a união entre a luta econômica e a luta política, entre o ideal socialista e a defesa obstinada dos interesses cotidianos imediatos. Pela primeira vez, a causa do proletariado e de sua emancipação era iluminada pela estrela-guia de uma doutrina rigorosamente científica. No lugar das seitas, escolas, utopias, experimentos por conta própria em cada país, surgia uma base teórica internacional comum que unia os países como linhas em um livro. A teoria marxista pôs nas mãos da classe trabalhadora do mundo inteiro uma bússola para orientar-se no turbilhão dos acontecimentos cotidianos, para dirigir sua tática de luta a todo momento de acordo com o objetivo final imutável.

A social-democracia alemã era a portadora, a defensora e a guardiã desse novo método. A guerra de 1870 e a derrota da Comuna de Paris haviam deslocado o centro de gravidade do movimento operário europeu para a Alemanha. Assim como a França havia sido o local clássico da primeira fase da luta de classe proletária e Paris havia sido o coração palpitante e ensanguentado da classe trabalhadora europeia naquela época, da mesma forma o operariado alemão tornou-se a vanguarda da segunda fase. Mediante sacrifícios sem conta ele construiu, em incansável trabalho cotidiano, a organização mais poderosa e exemplar, criou a maior imprensa, deu vida aos mais eficazes meios de formação e esclarecimento, reuniu em torno de si as maiores massas de eleitores e conquistou as mais numerosas representações parlamentares. A social-democracia alemã passava pela mais pura encarnação do socialismo marxista. Ela ocupava e reivindicava um lugar especial como mestra e guia da Segunda Internacional. Em 1895, Friedrich Engels escreveu em seu famoso prefácio às *Lutas de classe na França*, de Marx:

> Mas independentemente do que aconteça em outros países, a social-democracia alemã tem uma posição particular e, por isso, pelo

menos por agora, tem também uma tarefa particular. Os dois milhões de eleitores que manda às urnas, incluindo os rapazes e as mulheres que estão por trás deles na condição de não eleitores, formam a massa mais numerosa e compacta, a decisiva "tropa de choque" [*Gewalthaufen*] do exército proletário internacional.[5]

A social-democracia alemã, como escrevia em 5 de agosto de 1914 o *Wiener Arbeiter-Zeitung*, era "a joia da organização do proletariado com consciência de classe". Seu exemplo era sempre fervorosamente seguido pela social-democracia francesa, italiana e belga, pelo movimento operário da Holanda, Escandinávia, Suíça e dos Estados Unidos. Os países eslavos, os russos, os social-democratas dos Bálcãs olhavam para ela com uma admiração sem limites, quase acrítica. A "tropa de choque" alemã representava o papel decisivo na Segunda Internacional. Nos Congressos, nas sessões do Bureau Socialista Internacional, todos esperavam a opinião dos alemães. Sobretudo nas questões relativas à luta contra o militarismo e a guerra, a social-democracia alemã entrava sempre em cena de maneira decisiva. "Para nós, alemães, isso é inaceitável" normalmente bastava para determinar a orientação da Internacional. Com uma confiança cega, esta se submetia à liderança da admirada, da poderosa social-democracia alemã, que era o orgulho de todo socialista e o terror das classes dominantes de todos os países.

E o que vimos na Alemanha no momento da grande prova histórica? A mais profunda queda, o mais violento colapso. Em parte alguma a organização do proletariado foi tão completamente posta a serviço do imperialismo, em parte alguma o estado de sítio foi suportado com tão pouca resistência, em parte alguma a imprensa foi tão amordaçada, a opinião pública, tão sufocada, a luta de classe econômica e política da classe trabalhadora, tão totalmente abandonada como na Alemanha.

---

5   Engels, Introdução de Friedrich Engels à edição de 1895. In: Marx; Engels, *Lutas de classe na França*. Disponível em: <http://www.marxists.org/portugues/marx/1850/11/lutas_class/introducao.htm>. Acesso em mar. 2011.

Mas a social-democracia alemã não era simplesmente a vanguarda mais forte da Internacional, ela era seu cérebro pensante. Por isso o processo de autorreflexão precisa começar por ela, pela análise de sua queda. Ela tem o dever de salvar o socialismo internacional, mas antes precisa fazer uma autocrítica impiedosa. Nenhum outro partido, nenhuma outra classe da sociedade burguesa pode expor os próprios equívocos, as próprias fraquezas perante o mundo inteiro no espelho claro da crítica, pois o espelho reflete, ao mesmo tempo, os limites históricos à sua frente e, atrás, seu destino histórico. A classe trabalhadora pode olhar sempre a verdade sem medo, encarar a mais dura autoacusação, pois sua fraqueza é apenas confusão, e a lei rigorosa da história restitui-lhe a força, garante-lhe a vitória final.

A autocrítica impiedosa não é apenas um direito da classe operária, mas é também para ela o dever supremo. A bordo de nosso navio transportávamos os mais preciosos tesouros da humanidade, dos quais o proletariado fora designado guardião! E enquanto a sociedade burguesa, difamada e desonrada pela orgia sangrenta, continua a correr para seu destino, o proletariado internacional precisa cair em si – e ele o fará – e recolher os tesouros que, num momento de confusão e fraqueza, no turbilhão selvagem da guerra mundial, deixou cair no abismo.

Uma coisa é certa: a guerra mundial representa uma guinada para o mundo. É uma ilusão insensata imaginar que precisamos apenas sobreviver à guerra, como um coelho esperando o fim da tempestade debaixo de um arbusto para, em seguida, recair alegremente na velha rotina. A guerra mundial mudou as condições de nossa luta e, sobretudo, a nós mesmos. Não é que tenham mudado ou se amenizado as leis fundamentais do desenvolvimento capitalista, da guerra de vida e morte entre capital e trabalho. Agora mesmo, em plena guerra, caem as máscaras e os velhos rostos conhecidos troçam de nós. Mas o ritmo do desenvolvimento recebeu um poderoso impulso da erupção do vulcão imperialista; a violência dos conflitos no interior da sociedade, a enormidade das tarefas que se apresentam de imediato ao proletariado socialista fazem que tudo que ocorreu até hoje na história do movimento operário apareça como um delicioso idílio.

Historicamente essa guerra está destinada a impulsionar poderosamente a causa do proletariado. Encontramos em Marx, que com olhar profético revelou tantos acontecimentos históricos no seio do futuro, a seguinte passagem notável no escrito sobre *A luta de classes na França*:

> Na França, o pequeno-burguês faz aquilo que normalmente deveria fazer o burguês industrial (para conquistar direitos parlamentares – RL); o trabalhador faz o que normalmente seria tarefa do pequeno-burguês (para conquistar a república democrática – RL); e quem realiza a tarefa do trabalhador? Ninguém. Na França ela não é resolvida, na França ela é proclamada. Em nenhum lugar é resolvida no interior dos limites nacionais; a guerra de classes no interior da sociedade francesa se amplia em uma guerra mundial em que as nações se encontram frente a frente. A solução só começa no momento em que o proletariado é posto à cabeça do povo que domina o mercado mundial, à cabeça da Inglaterra. A revolução – que aqui encontra seu começo de organização e não seu fim – não é uma revolução de curto fôlego. A geração atual se parece com os judeus que Moisés conduziu através do deserto. Não só tem que conquistar um mundo novo, mas precisa perecer para dar lugar aos homens que estarão à altura do mundo novo.[6]

Isso foi escrito em 1850, numa época em que a Inglaterra era o único país capitalista desenvolvido, em que o proletariado inglês era o mais bem organizado, parecendo destinado, pela prosperidade econômica de seu país, à liderança da classe operária internacional. Que se leia Alemanha em vez de Inglaterra e as palavras de Marx são uma previsão genial da presente guerra mundial. Esta estava destinada a levar o proletariado alemão à frente do povo e, assim, "começar a organizar" o grande conflito geral internacional entre trabalho e capital visando à tomada do poder político do Estado.

---

6   Marx, *Die Klassenkämpfe in Frankreich 1848 bis 1850*. In: Marx; Engels, *Werke*, p.79, v.7.

E quanto a nós, será que apresentamos de maneira diferente o papel da classe trabalhadora na guerra mundial? Lembremos como há pouco tempo ainda costumávamos descrever o que viria.

> Então virá a catástrofe. Então soará na Europa a hora da mobilização geral que conduzirá ao campo de batalha, como inimigos, 16 a 18 milhões de homens, a fina flor das diversas nações, armados com os melhores instrumentos de morte. Mas estou convencido de que por detrás da grande mobilização geral está o *grande colapso* [*der große Kladderadatsch*] [...]. Ele não virá por nossa causa, mas por causa dos senhores. Os senhores estão levando as coisas ao limite, estão nos conduzindo a uma catástrofe [...]. Os senhores colherão o que semearam. *O crepúsculo dos deuses do mundo burguês está chegando. Podem ter certeza disso, ele está chegando!*[7] [Grifos de RL]

Assim falou Bebel, o líder de nossa bancada, durante o debate no Reichstag [parlamento alemão] sobre o Marrocos.

O panfleto oficial do partido, *Imperialismo ou socialismo?*, distribuído às centenas de milhares de exemplares há alguns anos, concluía com estas palavras:

> A luta contra o imperialismo transforma-se cada vez mais numa *luta decisiva entre capital e trabalho*. Ameaça de guerra, carestia e capitalismo – ou paz, bem-estar para todos, socialismo! É assim que se põe a questão. A história está diante de grandes decisões. O proletariado deve trabalhar incansavelmente na sua missão histórico-mundial, fortalecer o poder da sua organização, a clareza do seu conhecimento. Então, venha o que vier, quer sua força consiga poupar a humanidade da terrível crueldade de uma guerra mundial, quer o mundo capitalista afunde na história tal como nasceu, em sangue e

---

7 Verhandlungen des Reichstags. XII. Legislaturperiode, II. Session, Bd. 268. Stenographische Berichte [Debates do Reichstag. XII Período legislativo, II Sessão, v.268. Ata estenográfica], Berlin, 1911, p.7.730.

violência, a hora histórica encontrará a classe operária preparada, e *estar preparado é tudo*.

No *Handbuch für Sozialdemokratische Wähle* [Manual para os eleitores social-democratas] oficial, de 1911, destinado à última eleição para o Reichstag, pode-se ler à página 42 a respeito da esperada guerra mundial:

> Será que nossos dirigentes e nossas classes dominantes acreditam poder exigir dos povos essa monstruosidade? Não se apossará dos povos um grito de horror, de cólera, de indignação que os levará a pôr fim a esse morticínio?
>
> Não perguntarão eles: para quem, para que tudo isso? Seremos doentes mentais para sermos tratados assim ou para nos deixarmos tratar assim?
>
> Quem considerar calmamente a possibilidade de uma grande guerra europeia não poderá chegar a uma conclusão diferente da exposta aqui.
>
> A próxima guerra europeia será uma última cartada como o mundo *nunca viu, será, segundo todas as previsões, a última guerra*.[8]

Com essa linguagem, com essas palavras, nossos atuais 110 deputados no Reichstag obtiveram seus mandatos.

Quando, no verão de 1911, o salto do *Panther* [Pantera] sobre Agadir[9] e a agitação ruidosa do imperialismo alemão trouxeram para bem perto o perigo de uma guerra europeia, uma reunião internacional em Paris,[10] no dia 4 de agosto, adotou a seguinte resolução:

---

8 *Handbuch für Sozialdemokratische Wähler* [Manual para os eleitores social-democratas], Berlin, 1911, p.42./9

9 Na primavera de 1911, a Alemanha enviou a Agadir os navios de guerra *Pantera* e *Berlin*, como resposta à tentativa da França de ampliar sua dominação sobre o Marrocos, o que despertou o temor de uma guerra entre os dois países. A tomada de posição da Inglaterra a favor da França levou o imperialismo alemão a desistir da aventura.

10 Londres, no original. No dia 4 de agosto de 1911, a Confédération Générale du Travail realizou, em Paris, uma reunião da qual participaram membros da Comissão Geral dos Sindicatos alemães e da direção do Partido Social-Democrata Alemão, além de representantes sindicais ingleses, espanhóis e holandeses.

Os delegados das organizações operárias alemãs, espanholas, inglesas, holandesas e francesas declaram-se *prontos a opor-se a qualquer declaração de guerra, com todos os meios à sua disposição*. Cada nação representada assume a obrigação, de acordo com as resoluções dos congressos nacionais e internacionais, de *agir* contra todas as maquinações criminosas das classes dominantes.

Quando o Congresso da Internacional se reuniu na Basileia, em novembro de 1912, assim que o longo cortejo dos delegados operários chegou à catedral, todos os presentes sentiram um calafrio provocado pela grandeza da hora fatal que se aproximava e uma determinação heroica tomou conta deles.

O frio e cético Victor Adler bradava:

Camaradas, o mais importante é que nos encontramos aqui na fonte comum da nossa força, é levarmos daqui a força para que cada um de nós faça o que puder em seu país, para nos opormos ao crime da guerra com as formas e os meios que temos, com todo o poder que possuímos. E se conseguirmos isso, se conseguirmos isso realmente, então devemos providenciar para que seja *uma etapa no caminho do fim*.

Esse é o espírito que anima toda a Internacional [...].

E se extermínio, fogo e pestilência se espalharem pela civilizada Europa – só podemos pensar nisso com horror, e revolta e indignação dilaceram-nos o peito. *E nós nos perguntamos: será que os homens, será que os proletários não passam realmente de carneiros* que se deixam levar mudos ao matadouro?[11] [Grifos de RL]

Troelstra falou em nome das "pequenas nações", incluindo a Bélgica:

---

11 Außerordentlicher Internationaler Sozialisten-Kongreß zu Basel am 24. und 25. November 1912 [Congresso extraordinário da Internacional Socialista na Basileia em 24 e 25 de novembro de 1912], Berlin, 1912, p.18.

O proletariado dos pequenos países coloca seus bens e seu sangue à disposição da Internacional para tudo o que ela decidir visando a manter a guerra a distância. Reiteramos nossa expectativa de que, se as classes dominantes dos Estados poderosos chamarem às armas os filhos do proletariado para saciar a cobiça e o apetite de poder de seus governos à custa do sangue e da terra dos pequenos povos, *então os filhos do proletariado, sob a poderosa influência de seus pais proletários, da luta de classes e da imprensa proletária, pensarão três vezes antes de virem nos ferir, a serviço desse empreendimento inimigo da civilização, a nós, seus irmãos, seus amigos.*[12] [Grifos de RL]

E após a leitura do manifesto contra a guerra,[13] em nome do Bureau da Internacional, Jaurès concluiu seu discurso:

A Internacional representa todas as forças morais do mundo! E se um dia soasse a hora trágica e nós nos entregássemos totalmente a ela, essa consciência nos apoiaria e fortaleceria. Não dizemos simplesmente "não", mas *das profundezas do nosso ser declaramos estar preparados para todos os sacrifícios!*[14] [Grifos de RL]

Foi como o juramento de Rütli. O mundo inteiro tinha os olhos fixos na catedral da Basileia onde os sinos tocavam grave e solenemente, anunciando a grande batalha futura entre o exército do trabalho e o poder do capital.

Em 3 de dezembro de 1912, David, líder da bancada social-democrata no Reichstag disse:

---

12 Ibid., p.33.
13 O "Manifesto da Internacional sobre a situação atual", adotado no Congresso extraordinário da Internacional Socialista (Basileia, 24-25 nov. 1912), reforçava as resoluções dos congressos de Stuttgart (1907) e Copenhagen (1910), exortando o proletariado a adotar todos os meios para impedir a guerra – e a encerrá-la se, mesmo assim, ela fosse deflagrada –, liquidando a dominação capitalista.
14 Außerordentlicher Internationaler Sozialisten-Kongreß zu Basel am 24. und 25. November 1912, Berlin, 1912, p.27.

Confesso que foi uma das horas mais belas da minha vida. No momento em que os sinos da catedral acompanhavam o cortejo dos social-democratas internacionais, em que as bandeiras vermelhas se espalhavam na nave da igreja em torno do altar e o som do órgão saudava os emissários dos povos que vinham proclamar a paz, essa foi sem dúvida uma impressão que jamais esquecerei [...]. Os senhores devem ter clareza sobre o que se passa aqui. *As massas deixaram de ser rebanhos dóceis e estúpidos.* Isto é novo na história. Antes as massas deixavam-se incitar cegamente umas contra as outras por aqueles que tinham interesse na guerra, e conduzir ao assassinato em massa. *Isso acabou. As massas deixaram de ser instrumentos estúpidos e guarda-costas dos interessados na guerra.*[15] [Grifos de RL]

No dia 26 de julho de 1914, uma semana antes de irromper a guerra, os jornais do partido alemão escreviam:

Não somos marionetes, combatemos com toda a energia um sistema que faz dos homens instrumentos passivos da situação reinante, desse capitalismo que procura transformar a Europa sedenta de paz num matadouro fumegante. Se a destruição seguir seu curso, se o firme desejo de paz do proletariado alemão e internacional, que será evidente nas manifestações poderosas dos próximos dias, não for capaz de impedir a guerra mundial, *então esta deve, pelo menos, ser a última guerra, deve ser o crepúsculo dos deuses do capitalismo.* (*Volksstimme* de Frankfurt)

Ainda no dia 30 de julho de 1914, o órgão central da social-democracia alemã exclamava:

O proletariado socialista rejeita qualquer responsabilidade pelos acontecimentos provocados por uma classe dominante cega até a lou-

---

15 Verhandlungen des Reichstags. XIII. Legislaturperiode, I. Session, Bd. 286. Stenographische Berichte, Berlin, 1913, p.2.517-2.518.

cura. Ele sabe que será precisamente das ruínas que uma nova vida nascerá. A *responsabilidade* recai sobre *os que hoje detêm o poder!* Para eles trata-se de *ser ou não ser!*
A história do mundo é o tribunal do mundo![16]

E então aconteceu o inesperado, o inaudito, o 4 de agosto de 1914. Precisava ter sido assim? Um acontecimento dessa importância não é certamente uma brincadeira do acaso. Ele deve ter profundas e consideráveis causas objetivas. Mas essas causas também podem residir nos equívocos da liderança do proletariado, na social-democracia, na falência de nossa vontade de lutar, de nossa coragem, da lealdade às nossas convicções. O socialismo científico nos ensinou a compreender as leis objetivas do desenvolvimento histórico. Os homens não fazem arbitrariamente a história, mas, apesar disso, fazem-na eles mesmos. A ação do proletariado depende do grau de maturidade do desenvolvimento social, mas o desenvolvimento social não é independente do proletariado. Este é, em igual medida, sua força motriz e sua causa, assim como seu produto e sua consequência. Sua própria ação faz parte da história, contribuindo para determiná-la. E embora não possamos saltar por cima do desenvolvimento histórico, assim como um homem não pode saltar por cima da própria sombra, podemos, no entanto, acelerá-lo ou retardá-lo.

O socialismo é o primeiro movimento popular na história do mundo que se pôs como fim, e que é encarregado por ela de introduzir, no fazer social dos homens, um sentido consciente, um pensamento planejado e, consequentemente, uma vontade livre. É por isso que Friedrich Engels chama a vitória definitiva do proletariado socialista de salto da humanidade do reino animal ao reino da liberdade. Esse "salto" também está ligado às leis de bronze da história, aos mil elos do desenvolvimento anterior, doloroso e demasiadamente lento. Mas ele nunca poderia ser realizado se, do conjunto dos pré-requisitos materiais acumulado pelo desenvolvimento, não brotasse a centelha da vontade consciente da grande massa popular. A vitória do socialismo não cairá do céu como uma

---

16   Vor der Katastrophe. *Vorwärts*, Berlin, n.205, 30 jul. 1914.

fatalidade. Ela só poderá resultar de uma longa série de enfrentamentos violentos entre os velhos e os novos poderes, enfrentamentos em que o proletariado internacional, sob a liderança da social-democracia, aprende e procura pôr seu destino nas próprias mãos, apoderando-se do comando da vida social. Ele que era o joguete passivo da própria história, procura tornar-se seu piloto lúcido.

Friedrich Engels disse uma vez: a sociedade burguesa encontra-se perante um dilema – ou passagem ao socialismo ou regressão à barbárie. O que significa "regressão à barbárie" no nível atual da civilização europeia? Até hoje todos nós lemos e repetimos essas palavras sem pensar, sem ter ideia de sua terrível gravidade. Se olharmos à nossa volta neste momento, veremos o que significa a regressão da sociedade burguesa à barbárie. Esta guerra mundial é uma regressão à barbárie. O triunfo do imperialismo leva ao aniquilamento da civilização – ocasionalmente, enquanto durar uma guerra moderna, e definitivamente, se o período das guerras mundiais que está começando continuar sem obstáculos até suas últimas consequências. Hoje encontramo-nos, exatamente como Friedrich Engels previu há uma geração, 40 anos atrás, perante a escolha: ou triunfo do imperialismo e decadência de toda a civilização, como na antiga Roma, despovoamento, desolação, degeneração, um grande cemitério; ou vitória do socialismo, isto é, da ação combativa consciente do proletariado internacional contra o imperialismo e seu método, a guerra. Esse é um dilema da história mundial, uma coisa ou outra, uma balança cujos pratos oscilam e tremem perante a decisão do proletariado com consciência de classe. O futuro da civilização e da humanidade depende de o proletariado jogar sua espada revolucionária na balança, com viril determinação. Nesta guerra o imperialismo venceu. Sua espada ensanguentada pelo genocídio fez pender brutalmente o prato da balança para o abismo da desolação e da ignomínia. Toda a desolação e toda a ignomínia só podem ser contrabalançadas se aprendermos com a guerra, e na guerra, de que modo o proletariado desiste do papel de servo nas mãos das classes dominantes e recupera o papel de senhor do próprio destino.

A classe operária moderna paga caro pela compreensão de sua missão histórica. O gólgota de sua libertação de classe está pavimentado com terríveis sacrifícios. Os combatentes de junho [de 1848], as vítimas da Comuna [de Paris], os mártires da Revolução Russa [de 1905] – uma série quase incontável de sombras sangrentas. Porém, estes caíram no campo da honra, eles estão, como disse Marx a respeito dos heróis da Comuna, eternamente "conservados no grande coração da classe operária".[17] Agora, milhões de proletários de todas as línguas caem no campo da vergonha, assassinam seus irmãos, rasgam a própria carne com um canto de escravos nos lábios. Nem sequer disso fomos poupados. Nós nos parecemos verdadeiramente com os judeus que Moisés conduziu através do deserto. Mas não estaremos perdidos, e venceremos, se não tivermos desaprendido a aprender. E se a atual liderança do proletariado, a social-democracia, não souber aprender, então ela desaparecerá "para dar lugar aos homens que estejam à altura de um mundo novo".[18]

II

Agora estamos perante a dura realidade da guerra. Ameaçam-nos os horrores de uma invasão inimiga. Hoje não temos que decidir a favor ou contra a guerra, mas sobre a questão dos meios necessários para a defesa do país [...]. Muito, senão tudo, está em jogo para nosso povo e seu futuro livre, caso o despotismo russo, manchado do sangue dos melhores do seu próprio povo, seja vitorioso. Trata-se de afastar esse perigo, de garantir a civilização e a independência de nosso próprio país. Levamos a cabo o que sempre enfatizamos: não abandonamos a nossa pátria na hora do perigo. Nisto sentimo-nos de acordo com a Internacional, que sempre reconheceu o direito de todos os povos à independência nacional e à autodefesa, assim como, de acordo com

---

17 Marx, *A guerra civil na França*.
18 Marx, *Die Klassenkämpfe in Frankreich 1848 bis 1850* [As lutas de classes na França de 1848 a 1850]. In: Marx; Engels. *Werke*, v.7, p.79.

ela, condenamos toda guerra de conquista [...]. Guiados por esses princípios, aprovamos os créditos de guerra pedidos.[19]

Com essa declaração, a bancada parlamentar, em 4 de agosto, dava a palavra de ordem que deveria determinar e comandar a atitude do operariado alemão durante a guerra. Pátria em perigo, defesa nacional, guerra popular pela existência, civilização [*Kultur*] e liberdade – estes eram os slogans proclamados pela representação parlamentar da social-democracia. Tudo o mais viria daí como simples consequência: a atitude da imprensa partidária e sindical, o delírio patriótico das massas, a união sagrada [*Burgfrieden*], a súbita desintegração da Internacional – tudo era apenas a inevitável consequência da primeira orientação adotada no Reichstag.

Se na realidade se trata da existência da nação e da liberdade, se estas só podem ser defendidas pelas armas assassinas, se a guerra é uma causa popular sagrada, então tudo é claro e evidente, então tudo deve ser aceito como inevitável. Quem quer o fim, precisa querer os meios. A guerra é um assassinato metódico, organizado, gigantesco. Porém, para pessoas de qualidades normais, esse assassinato sistemático só é possível se for produzida a embriaguez apropriada. Este foi, desde sempre, o método habitual dos que fazem a guerra. A bestialidade da prática deve corresponder à bestialidade dos pensamentos e dos sentimentos, e esta última deve preparar e acompanhar a prática. Assim, o *Wahre Jacob* de 28 de agosto com a imagem do "batedor" [*Drescher*] alemão, os jornais do partido em Chemnitz, Hamburgo, Kiel, Frankfurt, Coburg, entre outros, com sua propaganda patriótica em verso e prosa, são o necessário narcótico intelectual, apropriado para um proletariado que só pode salvar sua existência e liberdade cravando a arma mortal no peito do irmão russo, francês ou inglês. Esses jornais chauvinistas são assim mais consequentes que aqueles que querem conciliar montanha e vale, casar guerra e "humanidade",

---

19 Verhandlungen des Reichstags. XIII. Legislaturperiode, II. Session, Bd. 306. Stenographische Berichte [Debates no Reichstag. XIII Período legislativo], Berlin, 1916, p.8-9.

assassinato e amor fraterno, aprovação de meios para fazer a guerra e confraternização socialista dos povos.

Mas se a palavra de ordem emitida pela bancada parlamentar alemã em 4 de agosto fosse correta, então teria sido proferida a sentença contra a Internacional operária, não somente nesta guerra, mas em geral. Pela primeira vez desde que existe o movimento operário moderno, abre-se um fosso entre os mandamentos da solidariedade internacional dos proletários e os interesses da liberdade e da existência nacional dos povos, e pela primeira vez descobrimos que a independência e a liberdade das nações exigem imperiosamente que os proletários de diferentes línguas se massacrem e exterminem uns aos outros. Até agora vivíamos na convicção de que os interesses das nações e os interesses de classe do proletariado se uniam harmoniosamente, que eram idênticos, que era impossível que entrassem em oposição. Esta era a base de nossa teoria e de nossa prática, a alma de nossa agitação junto das massas populares. Será que cometemos um erro monstruoso no tocante a esse ponto fundamental de nossa visão de mundo? Encontramo-nos perante a questão vital do socialismo internacional.

Não foi na guerra mundial que pusemos nossos princípios à prova pela primeira vez. Nosso partido passou pela primeira prova há 45 anos. Nessa época, em 21 de julho de 1870, Wilhelm Liebknecht e August Bebel deram a seguinte declaração histórica perante o parlamento da Alemanha do Norte:

> A guerra atual é uma guerra dinástica, empreendida no interesse da dinastia Bonaparte, tal como a guerra de 1866 o foi no interesse da dinastia Hohenzollern.
>
> *Não podemos aprovar* os recursos financeiros exigidos do Reichstag para conduzir a guerra porque isso seria um voto de confiança no governo prussiano, o qual, por sua maneira de agir em 1866, preparou a presente guerra.
>
> Tampouco podemos *recusar* os recursos financeiros pedidos, pois isso poderia ser interpretado como uma aprovação da política insolente e criminosa de Bonaparte.

Como adversários, por princípio, de toda guerra dinástica, como republicanos sociais e membros da Associação Internacional dos Trabalhadores, que combate todos os opressores *sem* distinção de nacionalidade, que procura unir todos os oprimidos numa grande liga fraterna, não podemos nos declarar, nem direta nem indiretamente, a favor da presente guerra e, assim, abstemo-nos de votar, exprimindo a firme esperança de que os povos da Europa, ensinados pelos funestos acontecimentos atuais, empregarão todos os meios para conquistar o direito à autodeterminação e para eliminar a atual dominação de armas e de classes, que estão na origem de todo o infortúnio político e social.[20]

Com tal declaração, os representantes do proletariado alemão, claramente e sem ambiguidade, punham sua causa sob o signo da Internacional e negavam de modo absoluto que a guerra contra a França tivesse o caráter de uma guerra nacional pela liberdade. Sabe-se que Bebel, em suas memórias, diz que teria votado contra a aprovação dos empréstimos se, no momento da votação, tivesse tido conhecimento de tudo aquilo que só se soube nos anos seguintes.

Portanto, naquela guerra que toda a opinião pública burguesa e a grande maioria do povo, na época sob a influência das maquinações de Bismarck, consideravam de interesse vital para a nação alemã, os dirigentes da social-democracia defendiam o seguinte ponto de vista: os interesses vitais da nação e os interesses de classe do proletariado internacional são um só, ambos *contra* a guerra. Somente a atual guerra mundial e a declaração da bancada social-democrata em 4 de agosto de 1914 revelaram pela primeira vez o terrível dilema: aqui a liberdade nacional – ali o socialismo internacional!

Assim, o fato fundamental na declaração de nossa bancada no Reichstag – a reorientação fundamental da política proletária – foi sem dúvida uma inspiração totalmente repentina. Era um simples eco da versão do discurso do imperador e do discurso do chanceler em 4 de agosto.

---

20 Bebel, *Ausgewählte Reden und Schriften*, v.1, p.117.

"Não somos impelidos por um desejo de conquista", dizia o discurso do imperador,

> somos animados pela vontade inflexível de conservar, para nós e para todas as gerações futuras, o lugar em que Deus nos pôs.
> A partir dos documentos que vos foram apresentados, os senhores verão como meu governo e, sobretudo, meu chanceler nos esforçamos até o último momento para evitar o extremo. É em urgente legítima defesa, com a consciência limpa e as mãos limpas, que empunhamos a espada.[21]

E Bethmann Hollweg declarava:

> Meus senhores, encontramo-nos agora em situação de legítima defesa; e a necessidade faz a lei [*Not kennt kein Gebot*]! [...]. Quem como nós é tão ameaçado e luta pelo que há de mais elevado, só pode pensar em como abrir caminho [...]. Nós lutamos pelos frutos do nosso trabalho pacífico, pela herança de um grande passado e pelo nosso futuro.[22]

Este é exatamente o conteúdo da declaração social-democrata: 1º Fizemos tudo para conservar a paz, a guerra nos foi imposta por outros; 2º Agora que a guerra chegou, precisamos nos defender; 3º Nesta guerra está tudo em jogo para o povo alemão. A declaração de nossa bancada no Reichstag só muda ligeiramente o estilo das declarações do governo. Assim como estas se referem às negociações diplomáticas em favor da paz por parte de Bethmann Hollweg e aos telegramas do imperador, a bancada refere-se às manifestações pela paz por parte da social-democracia antes da deflagração da guerra. Da mesma forma que o discurso do imperador atira para longe qualquer desejo de conquista, a bancada rejeita a guerra de conquista referindo-se ao socialismo. E quando o imperador e o chanceler exclamam: "nós lutamos pelo que há de mais elevado, não

---

21 Verhandlungen des Reichstags. XIII. Legislaturperiode, II. Session, Bd. 306. Stenographische Berichte, Berlin, 1916, p.2.
22 Id., p.6-7.

conheço nenhum partido, só conheço alemães",²³ assim responde o eco da declaração social-democrata: para o nosso povo está tudo em jogo, não abandonamos a nossa pátria na hora do perigo. A declaração social-democrata só se afasta do esquema do governo num ponto: ela coloca o despotismo russo no primeiro plano de sua orientação, como o perigo para a liberdade alemã. No discurso do imperador há um lamento em relação à Rússia: "Com o coração pesado tive que mobilizar meu exército contra um vizinho junto do qual combateu em tantos campos de batalha. Com pesar sincero, vi acabar uma amizade fielmente preservada pela Alemanha".²⁴ A bancada social-democrata mudou o estilo: transformou a dolorosa ruptura de uma amizade fielmente preservada com o tsarismo russo numa fanfarra da liberdade contra o despotismo e, assim, no único ponto em que mostra independência em relação à declaração do governo, utiliza a herança revolucionária para enobrecer de maneira democrática a guerra e forjar-lhe um prestígio popular.

Tudo isso, como dissemos, ficou subitamente claro para a social-democracia no dia 4 de agosto. Tudo o que ela até esse dia, até a véspera da deflagração da guerra, dizia era exatamente o oposto da declaração da bancada. Assim escrevia o *Vorwärts* em 25 de julho, quando foi publicado o ultimato austríaco à Sérvia, que deflagrou a guerra:

> *Eles querem a guerra, os elementos inescrupulosos* que têm influência e que decidem na corte de Viena. Eles querem a guerra – *é o que há semanas proclama a gritaria selvagem da imprensa negro-amarela*. Eles querem a guerra – o ultimato austríaco à Sérvia mostra-o de maneira clara e evidente ao mundo inteiro [...].
>
> Porque as balas de um louco fanático fizeram correr o sangue de Francisco Fernando e de sua esposa, *deve correr o sangue de milhares de operários e camponeses, a um crime absurdo* deve *se sobrepor um crime ainda*

---

23 Na sessão de abertura do Reichstag em 4 de agosto de 1914, Guilherme II declarou: "Não conheço mais nenhum partido, só conheço alemães".
24 Verhandlungen des Reichstags. XIII. Legislaturperiode, II. Session, Bd.306. Stenographische Berichte, Berlin, 1916, p.2.

mais absurdo! [...]. O *ultimato austríaco* à Sérvia pode ser a *mecha* com que a Europa ateará fogo *por todo lado!*

Pois esse *ultimato* é de tal modo *descarado em sua redação e em suas exigências* que um governo sérvio que cedesse docilmente a essa nota deveria contar com a possibilidade de ser expulso pelas massas populares entre o jantar e a sobremesa [...].

Era um *crime da imprensa chauvinista alemã atiçar ao extremo os desejos bélicos do caro aliado*, e sem dúvida o senhor Von Bethmann Hollweg deu seu apoio ao senhor Berchtold.[25] *Mas em Berlim joga-se um jogo tão perigoso quanto em Viena.*[26] [Grifos de RL]

Em 24 de julho, o *Leipziger Volkszeitung* escrevia:

O partido militar austríaco [...] pôs tudo numa carta só, pois o chauvinismo nacional e militar não tem nada a perder em nenhum país do mundo [...]. *Na Áustria os círculos chauvinistas em particular estão em bancarrota; sua gritaria nacionalista deve cobrir sua ruína econômica, o roubo e o assassinato devem encher seus cofres.*[27] [Grifos de RL]

No mesmo dia, o *Dresdner Volkszeitung* exprimia-se assim:

Por enquanto os promotores de guerra do salão de baile de Viena continuam nos devendo as provas decisivas que justificassem que a Áustria fizesse exigências à Sérvia.

Enquanto o *governo austríaco* não puder fazê-lo, *ele se coloca perante toda a Europa numa posição injusta ao insultar a Sérvia de modo provocador e ofensivo*, e *mesmo que a culpa da Sérvia fosse demonstrada*, que o atentado de Sarajevo tivesse sido preparado sob os olhos do governo sérvio, *as exigências postas na nota ultrapassam todos os limites normais.*

---

25 Leopold Graf Berchtold von und zu Ungarschitz, Fratting und Pullitz foi ministro do exterior austro-húngaro de fevereiro de 1912 a janeiro de 1915.
26 Krieg? Ultimatum. *Vorwärts*, Berlin, n.200, 25 jul. 1914.
27 Krieg? *Leipziger Volkszeitung*, Leipzig, n.168, 24 jul. 1914.

Só os *mais indecentes planos de guerra* de um governo podem explicar *tal impertinência* dirigida a um outro Estado. [Grifos de RL]

O *Münchener Post* de 25 de julho escrevia:

> Esta nota austríaca é um documento sem igual na história dos dois últimos séculos. Com base numa investigação de documentos cujo conteúdo foi até agora ocultado à opinião pública europeia e sem a cobertura de um procedimento jurídico público contra o assassino do casal herdeiro do trono, faz *exigências à Sérvia que, se fossem aceitas, equivaleriam ao suicídio desse Estado.*

O *Schleswig-Holsteinische Volkszeitung* declarava em 24 de julho:

> *A Áustria provoca a Sérvia, a Áustria-Hungria quer a guerra, comete um crime que pode afogar toda a Europa em sangue* [...].
> A Áustria faz um jogo de vale-tudo. Ousa fazer uma *provocação* ao Estado sérvio que este não pode tolerar, a menos que esteja completamente desarmado.
> *Todo homem civilizado deve protestar do modo mais enérgico contra essa atitude criminosa dos donos do poder austríacos.* A causa dos trabalhadores, antes de tudo, e de todos os outros homens que têm o mínimo interesse pela paz e pela civilização *deve ser tentar o máximo para impedir as consequências da loucura sanguinária que irrompeu em Viena.*

O *Magdeburger Volksstimme* de 25 de julho dizia:

> Qualquer governo sérvio que parecesse disposto, ainda que levemente, a levar a sério uma dessas exigências, seria varrido, na mesma hora, pelo parlamento e pelo povo.
> O procedimento da Áustria é tanto mais repreensível quanto mais Berchtolds aparecerem com afirmações vazias perante o governo sérvio e, consequentemente, perante a Europa [...].

Hoje não se pode mais tramar assim uma guerra, que se transformaria numa guerra mundial. Não se pode proceder desse modo, se não se quiser perturbar a paz de toda uma parte do mundo. Assim, não se podem fazer conquistas morais, nem convencer os não participantes do seu próprio direito. Por essa razão deve-se supor que a imprensa e, em seguida, os governos da Europa chamem à ordem, enérgica e inequivocamente, os presunçosos e enlouquecidos homens de Estado vienenses.

O *Volksstimme* de Frankfurt escrevia em 24 de julho:

> Apoiado nas *maquinações da imprensa ultramontana*, de luto por seu melhor amigo, Francisco Fernando, cuja morte queria vingar no povo sérvio; apoiado numa parte dos provocadores de guerra do império alemão, cuja linguagem se tornava cada dia mais ameaçadora e grosseira, o governo austríaco se deixou arrastar a ponto de dirigir um *ultimato* ao governo sérvio, que não só está redigido numa linguagem de uma *arrogância* inaudita, como também contém certas *exigências, cuja realização é absolutamente impossível para o governo sérvio*.

O *Freie Presse* de Erberfeld escrevia no mesmo dia:

> Um telegrama do oficioso Bureau Wolff [agência de notícias] reproduz as exigências à Sérvia. Deduz-se daí que os donos do poder em Viena impõem a guerra com toda a veemência, pois o que exigem na nota que chegou ontem à noite a Belgrado é uma espécie de protetorado da Áustria sobre a Sérvia. Seria *urgentemente indispensável que a diplomacia berlinense desse a entender aos provocadores de Viena que a Alemanha não pode mover uma palha para apoiar tais exigências arrogantes* e que, por conseguinte, é aconselhável uma retirada das pretensões austríacas.

E o *Bergische Arbeiterstimme* de Solingen:

> A Áustria *quer* o conflito com a Sérvia e utiliza o atentado de Sarajevo apenas como pretexto para pôr a Sérvia numa posição mo-

ralmente errada. Mas a coisa começou de modo tão grosseiro que não conseguiu enganar a opinião pública europeia [...].

Mas se os *provocadores de guerra* do salão de baile de Viena *acreditam* que num conflito em que a Rússia também fosse envolvida seus *aliados da Tríplice Aliança, italianos e alemães, viriam em sua ajuda, eles fabricam para si vãs ilusões.* À Itália interessa muito um enfraquecimento da Áustria-Hungria, sua concorrente no Adriático e nos Bálcãs, e por isso não mexerá um dedo para apoiar a Áustria. *Na Alemanha, os donos do poder* – mesmo que fossem suficientemente loucos para querê-lo – *não poderão ousar pôr em risco a vida de um único soldado pela criminosa política autoritária dos Habsburgo, sem provocar contra eles a cólera popular.*

Era assim que o conjunto da imprensa do partido, sem exceção, julgava a guerra uma semana antes de sua deflagração. Por isso não se tratava da existência e da liberdade da Alemanha, mas de uma aventura criminosa do partido da guerra austríaco, não em legítima defesa, não em defesa da nação, nem de uma guerra santa forçada em nome da própria liberdade, mas de uma provocação indecente, de uma ameaça descarada à independência e à liberdade de um país estrangeiro, a Sérvia.

O que aconteceu em 4 de agosto para que essa concepção da social-democracia, tão nitidamente fixada, tão unanimemente difundida, tenha sido subitamente posta de ponta-cabeça? Somente um fato novo apareceu: o *Livro branco* que foi apresentado no mesmo dia pelo governo alemão ao Reichstag. E este continha, à página 4:

> Nessas condições a Áustria devia dizer a si mesma que seria incompatível com a dignidade e a autoconservação da monarquia ver por mais tempo, sem nada fazer, a movimentação do outro lado da fronteira. *O imperial e real governo* [die k. und k. Regierung] *informou-nos a esse respeito e pediu nossa opinião.* É de bom grado que podemos dar à nossa aliada nossa concordância com sua avaliação da situação e assegurar-lhe de que aprovaríamos uma ação que considerasse necessária para pôr fim, na Sérvia, a um movimento dirigido contra a existência da monarquia. *Com isso, estávamos totalmente conscientes de que uma*

eventual manobra bélica da Áustria-Hungria contra a Sérvia poderia levar a Rússia a intervir, o que, de acordo com nosso dever de aliada, nos implicaria numa guerra. Porém, conhecendo os interesses vitais da Áustria-Hungria, que estavam em jogo, *não podíamos aconselhar transigência à nossa aliada, o que seria incompatível com sua dignidade*, nem recusar-lhe nosso apoio neste momento difícil. Tanto menos podíamos fazer isso, quanto também nossos interesses estavam sensivelmente ameaçados pelo persistente trabalho de agitação clandestina dos sérvios. Se se tivesse permitido por mais tempo que os sérvios, com a ajuda da Rússia e da França, ameaçassem a existência da monarquia vizinha, isso teria por consequência o progressivo colapso da Áustria e uma submissão de todos os povos eslavos ao cetro russo, o que tornaria insustentável a posição da raça germânica na Europa central. *Uma Áustria moralmente enfraquecida e entrando em colapso pelo avanço do pan-eslavismo russo deixaria de ser para nós uma aliada com a qual pudéssemos contar* e na qual pudéssemos confiar, que é do que precisamos diante da atitude cada vez mais ameaçadora dos nossos vizinhos orientais e ocidentais. *Assim sendo, deixamos a Áustria com as mãos totalmente livres para agir contra a Sérvia*. Não tomamos parte nas preparações para isso.[28] [Grifos de RL]

Essas palavras, apresentadas no dia 4 de agosto à bancada social-democrata no Reichstag, constituem a única passagem importante e decisiva de todo o *Livro branco*; elas são uma explicação concisa do governo alemão, ao lado da qual qualquer outro livro, amarelo, cinza, azul ou laranja é totalmente insignificante e irrelevante para o esclarecimento da pré-história diplomática da guerra e de suas forças motrizes imediatas. Aqui a bancada no Reichstag tinha em mãos a chave para julgar a situação. Uma semana antes, toda a imprensa social-democrata gritava que o ultimato austríaco era uma provocação criminosa da guerra mundial e esperava que o governo alemão agisse no sentido de acalmar e moderar os provocadores de guerra vienen-

---

28 *Das Deutsche Weissbuch über den Ausbruch des Weltkrieges* [O livro branco alemão sobre a deflagração da guerra mundial], p.3-4.

ses. Toda a social-democracia e toda a opinião pública alemã estavam convencidas de que o governo alemão trabalhava, desde o ultimato austríaco, com o suor de seu rosto, pela manutenção da paz europeia. Toda a imprensa social-democrata supunha que esse ultimato, tanto para o governo alemão quanto para a opinião pública alemã, era um raio em céu azul. Mas o *Livro branco* esclarecia breve e claramente: 1º) Que o governo austríaco tinha pedido o consentimento da Alemanha antes de sua diligência contra a Sérvia; 2º) Que o governo alemão estava totalmente consciente de que a atitude da Áustria levaria à guerra contra a Sérvia e, em seguida, à guerra europeia; 3º) Que o governo alemão não aconselhava a Áustria a transigir, mas, pelo contrário, explicava que uma Áustria conciliadora e enfraquecida deixaria de ser uma aliada respeitável para a Alemanha; 4º) Que o governo alemão tinha garantido firmemente à Áustria, antes que esta agisse contra a Sérvia, seu apoio na guerra em qualquer circunstância; e, por fim, 5º) Que o governo alemão, além disso, não reservou para si o controle sobre o ultimato decisivo à Sérvia, do qual dependia a guerra, mas deixou à Áustria "as mãos totalmente livres".

Nossa bancada no Reichstag ficou sabendo de tudo isso no dia 4 de agosto. E ainda no mesmo dia ficou sabendo, da boca do governo, de um fato novo: que o exército alemão já tinha invadido a Bélgica. De tudo isso, a bancada social-democrata concluiu que se tratava de uma guerra de defesa da Alemanha contra uma invasão estrangeira, da existência da pátria, da civilização e de uma guerra pela liberdade contra o despotismo russo.

Será que o claro pano de fundo da guerra e os bastidores mal ocultos, que todo o jogo diplomático que envolvia a deflagração da guerra, que o clamor sobre um mundo de inimigos, todos atentando contra a vida da Alemanha, que a queriam enfraquecer, humilhar, subjugar, será que tudo isso podia ser uma surpresa para a social-democracia alemã? Será que era exigir demais de sua faculdade de julgar, de sua sagacidade crítica? Para o nosso partido essa era justamente uma exigência menor que para qualquer outro! Ele já havia vivenciado duas grandes guerras alemãs e de ambas tirara lições memoráveis.

Qualquer um que conheça o abc da história sabe hoje que a primeira guerra de 1866 contra a Áustria foi previamente planejada por Bismarck, e que, desde o primeiro instante, sua política levava à ruptura e à guerra contra a Áustria. O próprio príncipe herdeiro Frederico, que depois foi imperador, anotou no seu diário, em 14 de novembro desse ano, a intenção do chanceler:

> Quando assumiu sua função, ele (Bismarck) tinha o *firme propósito* de levar a Prússia a uma *guerra contra a Áustria* mas cuidou de não falar disso com Sua Majestade *naquela época* nem, aliás, cedo demais, até ver chegar o momento apropriado.
>
> Compare-se essa confissão [diz Auer na sua brochura *As festas de Sedan e a social-democracia*] com os termos do apelo que o *rei Guilherme* […] lançava "ao seu povo" […]
>
> A pátria [Prússia] está em perigo!
>
> A Áustria e uma grande parte da Alemanha levantam-se em armas contra ela!
>
> Há apenas alguns anos que Eu, por livre decisão e sem pensar nas calúnias passadas, estendi a mão fraterna ao imperador da Áustria, a fim de libertar um país alemão da dominação estrangeira […]. *Mas minha esperança foi frustrada. A Áustria não quer esquecer* que seus príncipes dominavam outrora a Alemanha; ela não quer reconhecer na Prússia, mais jovem, mas que se desenvolve vigorosamente, uma aliada natural, apenas uma rival inimiga. A Prússia – assim pensa – deve ser combatida em todas as suas aspirações, pois o que é útil para a Prússia prejudica a Áustria. As chamas brilhantes do antigo e funesto ciúme reacenderam-se: *a Prússia deve ser enfraquecida, aniquilada, desonrada*. Perante ela os tratados deixam de ter validade; os príncipes alemães são não somente chamados contra a Prússia, mas instigados a romper suas alianças. Para onde quer que olhemos, na Alemanha estamos rodeados de inimigos cujo grito de guerra é: abaixo a Prússia.
>
> E para implorar a bênção do céu para essa guerra justa, o rei Guilherme decretou que o dia 18 de junho fosse um dia de oração e penitência em todo o país, dizendo:

"Deus não quis coroar de sucesso Meus esforços para manter as bênçãos da paz sobre Meu povo."[29]

Não deveria ocorrer à nossa bancada, se não tivesse esquecido totalmente a própria história do partido, ao ouvir o acompanhamento musical oficial da deflagração da guerra em 4 de agosto, uma viva lembrança de uma melodia e de palavras há muito conhecidas?

Mas isso não basta. Em 1870 seguiu-se a guerra contra a França, a cuja deflagração se encontra indissoluvelmente ligado um documento na história: o *despacho de Ems*.[30] Esse documento tornou-se o exemplo clássico de toda política burguesa em matéria de fabricar guerras, representando também um episódio memorável na história de nosso partido. Foi, com efeito, o velho Liebknecht, foi a social-democracia alemã que consideraram outrora como sua tarefa e seu dever revelar, mostrar às massas populares "como se fazem as guerras".

Aliás, fazer a guerra, pura e simplesmente para defender a pátria ameaçada, não foi invenção de Bismarck. Ele apenas seguiu, com a falta de escrúpulos que lhe era própria, uma antiga receita geral da política burguesa, verdadeiramente internacional. Desde que a chamada opinião pública passou a desempenhar um papel nos cálculos dos governos, quando e onde houve uma guerra em que cada partido beligerante, com o coração pesado, não desembainhasse a espada pura e simplesmente para defender a pátria ameaçada pelo vil ataque do adversário? Essa lenda faz parte do exercício da guerra, tal como a pólvora e o chumbo. O jogo é antigo. A única coisa nova é que um partido social-democrata tenha participado desse jogo.

---

29 Auer, *Sedanfeier und Sozialdemokratie*. Rede, gehalten in einer Versammlung zu Berlin am 4. September 1895 [Festas de Sedan e social-democracia. Discurso num comício em Berlim em 4 de setembro de 1895]. Berlin, p.12-3.
30 O ministro-presidente da Prússia Otto von Bismarck fez publicar em 14 de julho de 1870 a versão falsificada por ele de um despacho com informações sobre uma conversa de Guilherme I com o embaixador francês na Prússia, um dia antes, em Bad Ems. O despacho de Ems provocou a declaração de guerra por parte da França, que era o desejo de Bismarck.

III

Contudo, uma coerência ainda mais profunda e um conhecimento mais amplo haviam preparado nosso partido para compreender a verdadeira natureza e os fins reais dessa guerra e para que não se deixasse, de modo algum, surpreender por ela. Os acontecimentos e as forças motrizes que levaram ao 4 de agosto de 1914 não eram nenhum segredo. A guerra mundial vinha sendo preparada havia décadas, com a maior publicidade, à luz do dia, passo a passo, hora a hora. E se hoje muitos socialistas proclamam furiosos que a destruição se deve à "diplomacia secreta", que teria tramado essa ação diabólica nos bastidores, eles atribuem indevidamente à pobre coitada um poder mágico secreto, tal como o botocudo que chicoteia seu fetiche pela chegada da tempestade. Os chamados dirigentes dos destinos do Estado, dessa vez, como sempre, eram somente peças de xadrez movidas por acontecimentos históricos e deslocamentos muito poderosos na crosta terrestre da sociedade burguesa. E se havia alguém que tinha se esforçado o tempo inteiro e que era capaz de compreender lucidamente esses acontecimentos e deslocamentos era a social-democracia alemã.

Duas linhas de desenvolvimento na história recente conduzem diretamente à guerra atual. Uma começa no período de constituição dos chamados Estados nacionais, isto é, dos Estados capitalistas modernos, na guerra de Bismarck contra a França. A guerra de 1870, que pela anexação da Alsácia-Lorena jogou a República francesa nos braços da Rússia, iniciou a divisão da Europa em dois campos inimigos e a era da louca corrida armamentista, trazendo o primeiro elemento inflamável à atual conflagração mundial. Enquanto as tropas de Bismarck ainda se encontravam na França, Marx escreveu ao comitê de Braunschweig:

> Quem não estiver completamente atordoado pelo clamor do momento, ou não tiver *interesse* em atordoar o povo alemão, precisa entender que a guerra de 1870 traz consigo, necessariamente, uma guerra entre a Alemanha e a Rússia, tal como a guerra de 1866 trouxe a de 1870. Digo *necessariamente, inevitavelmente*, exceto no caso, imprová-

vel, de que antes disso irrompa uma *revolução na Rússia*. Se esse caso improvável não ocorrer, a guerra entre a Alemanha e a Rússia deve ser considerada desde já um *fait accompli* [fato realizado]. Que essa guerra seja útil ou prejudicial, depende inteiramente da atual atitude dos vencedores alemães. Se tomarem a Alsácia e a Lorena, a França combaterá *ao lado* da Rússia contra a Alemanha. É supérfluo indicar as funestas consequências.[31]

Na época fez-se troça dessa profecia; considerava-se que o vínculo que unia a Prússia à Rússia era tão forte que seria loucura pensar, mesmo por um momento, que a Rússia autocrática pudesse aliar-se à França republicana. Os defensores dessa ideia eram considerados simplesmente loucos. E, no entanto, tudo que Marx profetizou aconteceu até a última letra. "[...] nisso consiste justamente", diz Auer nas *Festas de Sedan*, "a política social-democrata, que vê claramente aquilo que é, distinguindo-se, assim, da política cotidiana, que se curva cegamente diante de qualquer sucesso".[32]

No entanto, não se deve entender essa conexão como se, desde 1870, a vingança exigida pelo roubo de Bismarck tivesse daí por diante impelido a França – como se fosse um destino inelutável – a uma queda de braço com o império alemão, como se o cerne da atual guerra mundial estivesse na tão denegrida "revanche" por causa da Alsácia-Lorena. Essa é a cômoda lenda nacionalista dos provocadores de guerra alemães, que fabricam fábulas sobre uma França tenebrosa, sedenta de vingança, que "não podia esquecer" sua derrota, assim como em 1866 a imprensa satélite de Bismarck fabricava fábulas sobre a Áustria, essa princesa destronada que "não podia esquecer" sua primazia anterior em relação à encantadora cinderela Prússia. Na realidade, a vingança pela Alsácia-Lorena não passava de acessório teatral de

---

31 Carta de Karl Marx de 1º de setembro de 1870 ao Comitê de Braunschweig. In: Bracke Jr., *Der Braunschweiger Ausschuss der Sozialdemokratischen Arbeiter-Partei in Lötzen und vor dem Gericht* [O Comitê de Braunschweig do Partido dos Trabalhadores Social-Democrata em Lötzen e diante do tribunal], p.9.
32 Auer, op. cit., p.9.

alguns bocós patrióticos e o "Leão de Belfort"³³ tinha se tornado um velho animal heráldico.

Há tempos que a política francesa tinha superado a anexação da Alsácia-Lorena; dominada por novas preocupações, nem o governo nem qualquer partido sério na França pensavam numa guerra contra a Alemanha por causa dessas províncias. Se o legado de Bismarck se tornou o primeiro tição dessa conflagração mundial, foi muito mais no sentido de que, por um lado, a Alemanha e a França, e com elas toda a Europa, foram empurradas para o caminho íngreme da corrida armamentista, e, por outro lado, porque trouxe como consequência inevitável a aliança da França com a Rússia e da Alemanha com a Áustria. Com isso, houve um extraordinário fortalecimento do tsarismo russo como elemento de poder na política europeia. E foi precisamente a partir daí que a Prússia-Alemanha e a república francesa começaram sistematicamente a rivalizar entre si, rastejando para obter os favores da Rússia. A consequência foi o acoplamento político do império alemão à Áustria-Hungria, cujo coroamento, como mostram as palavras citadas no *Livro branco* alemão, é a "fraternidade nas armas" na guerra atual.

Desse modo, na política externa, a guerra de 1870 teve como consequência levar ao agrupamento político da Europa em torno do eixo formado pelo antagonismo franco-alemão, assim como levar ao domínio formal do militarismo na vida dos povos europeus. Porém, esse domínio e aquele agrupamento deram ao desenvolvimento histórico, desde então, um conteúdo totalmente novo. A segunda linha que desemboca na atual guerra mundial, e que confirma tão brilhantemente a profecia de Marx, resulta de acontecimentos de natureza internacional que ele já não vivenciou: o desenvolvimento imperialista dos últimos 25 anos.

O desenvolvimento capitalista, que ocorreu na Europa reconstituída após o período da guerra dos anos 1860 e 1870, especialmente depois de superada a grande depressão que se seguiu ao entusiasmo

---

33 Referência à gigantesca escultura de Frédéric Bartholdi na cidade de Belfort, na França, simbolizando a heroica resistência dos franceses ao cerco de 103 dias da cidade pelos prussianos (dezembro de 1870 – fevereiro de 1871).

da fundação e ao *krash* de 1873, atingira um ápice sem precedentes na prosperidade dos anos 1890, inaugurando, como se sabe, um novo período de tempestade e ímpeto [*Sturm-und-Drangperiode*] entre os Estados europeus: estes entraram em competição ao expandir-se para os países e as zonas não capitalistas do mundo. Já desde os anos 1880 afirmou-se um novo ímpeto, particularmente enérgico, voltado às conquistas coloniais. A Inglaterra apodera-se do Egito e cria para si um poderoso império colonial na África do Sul; a França ocupa Tunis, no norte da África, e Tonkin, na Ásia Oriental; a Itália põe os pés na Abissínia; a Rússia completa suas conquistas na Ásia Central e penetra na Manchúria; a Alemanha obtém as primeiras colônias na África e no Pacífico; e, por fim, os Estados Unidos entram na dança obtendo, com as Filipinas, "interesses" na Ásia Oriental. Esse período de dilaceramento febril da África e da Ásia que, a partir da guerra sino-japonesa de 1895, desencadeou uma cadeia quase ininterrupta de guerras sangrentas, culminou na grande campanha da China e terminou com a guerra russo-japonesa de 1904.

Todos esses acontecimentos, que se sucederam sem interrupção, criaram, por todo lado, novos antagonismos fora da Europa: entre a Itália e a França na África do Norte, entre a França e a Inglaterra no Egito, entre a Inglaterra e a Rússia na Ásia Central, entre a Rússia e o Japão na Ásia Oriental, entre o Japão e a Inglaterra na China, entre os Estados Unidos e o Japão no Oceano Pacífico – um mar agitado, ondulando para lá e para cá, cheio de antagonismos virulentos e de alianças passageiras, de tensões e distensões, ameaçando de tempos em tempos a deflagração de uma guerra parcial entre as potências europeias, mas que sempre voltava a ser adiada. A partir daí era claro para todo mundo: 1º) Que a guerra secreta, silenciosamente preparada, de todos os países capitalistas uns contra os outros, às costas dos povos asiáticos e africanos, devia levar, mais cedo ou mais tarde, a um ajuste de contas geral; que o vento semeado na África e na Ásia devia um dia retornar à Europa como terrível tempestade, tanto mais que os acontecimentos asiáticos e africanos eram o sedimento permanente da crescente corrida armamentista na Europa; 2º) Que a guerra mundial europeia irromperia assim que os antagonismos parciais e variáveis entre os Estados imperialistas encontrassem um eixo central, *um* antagonismo preponderante e forte, em torno do qual pudessem temporariamente se agrupar. Essa situação foi criada com o aparecimento do imperialismo alemão.

É na Alemanha que o advento do imperialismo, comprimido num curtíssimo espaço de tempo, pode ser observado na sua forma mais pura. A expansão sem igual da grande indústria e do comércio, desde a fundação do império, produziu aqui, nos anos 1880, duas formas particularmente características da acumulação do capital: o mais forte desenvolvimento de cartéis na Europa e o maior e mais concentrado sistema bancário do mundo. Aquele organizou a indústria pesada como o elemento mais influente no Estado, ou seja, organizou precisamente o setor do capital diretamente interessado nos fornecimentos ao Estado, nos armamentos militares, assim como nos empreendimentos imperialistas (construção de ferrovias, exploração de minas etc.). Este fez do capital financeiro uma força unida, dotada de uma energia cada vez maior e mais concentrada, uma força que autoritariamente põe e dispõe da indústria, do comércio e do crédito do país, também determinante na economia privada e na economia pública, capaz de expandir-se com agilidade e sem limites, sempre faminta de lucros e de atividade, impessoal e, por isso, de vistas largas, audaciosa e sem escrúpulos, internacional por natureza, talhada por todas as suas aptidões para fazer da cena mundial o palco de suas façanhas.

Acrescente-se a isso o mais forte e incoerente regime pessoal em termos de iniciativa política, e o mais fraco parlamentarismo, incapaz de qualquer oposição, além do fato de todas as camadas burguesas, entrincheiradas atrás do governo, estarem unidas na mais violenta oposição à classe trabalhadora, e se podia prever que esse jovem e pujante imperialismo – que apareceu na cena mundial com gigantesco apetite, sem ser incomodado por nenhum obstáculo, quando o mundo já estava praticamente dividido – iria tornar-se muito rapidamente o fator imponderável da perturbação geral.

Isso já se anunciava na mudança radical da política militar do império no fim dos anos 1890, com os dois projetos de lei sobre a frota naval, publicados um logo depois do outro, em 1898 e 1899; algo inédito que representava uma duplicação repentina da frota de guerra, um poderoso plano de armamento naval, calculado para quase duas décadas. Não se tratava apenas de uma ampla reorganização da política financeira e comercial do império – a tarifa aduaneira de 1902[34] sendo somente a sombra que sucedeu aos dois projetos de lei sobre a frota naval –, consequência lógica da política social e do conjunto das relações entre as classes e os partidos no plano interno. Os projetos de lei sobre a frota naval significavam, sobretudo, uma mudança clara no curso da política exterior do império em relação à que prevalecia desde a sua fundação. Enquanto a política de Bismarck se baseava no princípio de que o império era uma potência terrestre e assim devia continuar, a frota naval alemã sendo vista, no máximo, como um requisito supérfluo da defesa costeira – o próprio secretário de Estado Hollman esclarecia, em março de 1897, na comissão de orçamento do Reichstag: "Não precisamos de marinha para proteger o litoral; o litoral protege a si mesmo" –, agora era apresentado um programa totalmente diferente: a Alemanha devia tornar-se a primeira potência na terra e no mar. Com isso dava-se a guinada da política continental de Bismarck para a política mundial [*Weltpolitik*], da defesa para o ataque como objetivo da corrida armamentista. A linguagem dos fatos era tão clara que o próprio Reichstag alemão forneceu o comentário necessário. Lieber, o líder do *Zentrum* [partido do centro] na época, em 11 de março de 1896 – depois do famoso discurso do imperador pela passagem do 25º aniversário do império alemão que, ao prenunciar o projeto de lei sobre a frota naval, desenvolvia o novo programa – falou dos "planos navais ilimitados", contra os quais era preciso protestar energicamente. Outro líder do *Zentrum*, Schaedler, exclamava no Reichstag, em 23 de março de 1898, por ocasião do primeiro projeto de lei sobre a frota naval:

---

34 A tarifa aduaneira decretada pelo Reichstag em 14 de dezembro de 1902, e que passou a vigorar em 1906, punha em prática um forte aumento de tarifas para todas as mercadorias, sobretudo os produtos agrícolas, levando a um extraordinário encarecimento do custo de vida.

O povo tem a convicção de que não podemos ser a primeira potência na terra e a primeira potência no mar. Se me gritarem agora: nós não queremos isso de jeito nenhum – então, meus senhores, os senhores estão, de fato, no começo de algo muito consistente.

E quando apareceu o segundo projeto de lei, o mesmo Schaedler esclarecia no Reichstag, em 8 de fevereiro de 1900, depois de se referir a todas as declarações anteriores, segundo as quais não se pensava em nenhum novo projeto de lei sobre a frota naval: "E hoje, essa emenda, que *inaugura nada mais nada menos do que a criação da frota mundial como base da política mundial* [*Weltpolitik*], duplicando nossa frota e nos comprometendo por cerca de duas décadas". Aliás, o próprio governo expôs abertamente o programa político do novo curso. Em 11 de dezembro de 1899, dizia Von Bülow, na época secretário de Estado do Ministério do Exterior, ao justificar o segundo projeto de lei sobre a frota naval:

> Se os ingleses falam de uma *Greater Britain* (Bretanha maior – RL), se os franceses falam de uma *Nouvelle France* (nova França – RL), se os russos colonizam a Ásia, nós também reivindicamos uma *Alemanha maior* [...]. Se não construirmos uma frota capaz de [...] defender nosso comércio e nossos compatriotas no estrangeiro, nossas missões e a segurança do nosso litoral, poremos em perigo os interesses mais vitais do país [...]. No próximo século o povo alemão será *martelo ou bigorna*.[35] [Grifos de RL]

Retirem-se os floreios retóricos a respeito da segurança do litoral, das missões e do comércio, resta a esse programa lapidar: uma Alemanha maior, a política do martelo sobre outros povos.

Estava claro para todo mundo contra quem, em primeiro lugar, essas provocações eram dirigidas: a nova e agressiva política naval da

---

35 Verhandlungen des Reichstags. X. Legislaturperiode, I. Session 1898/1900, Vierter Band. Stenographische Berichte [Debates no Reichstag, X período legislativo, I Sessão 1898/1900, v.4. Ata estenográfica]. Berlin, 1900, p.3.293-3.295.

Alemanha devia fazer dela a concorrente da primeira potência marítima, a Inglaterra. E a Inglaterra assim o entendeu. A reforma naval e os discursos programáticos que a acompanhavam suscitaram na Inglaterra a maior inquietação, que desde então não diminuiu. Em março de 1910, lorde Robert Cecil, por ocasião do debate sobre a frota naval, voltava a dizer na Câmara dos Comuns que ele desafiava quem quer que fosse a dar qualquer razão plausível para que a Alemanha construísse uma frota gigantesca se não tivesse a intenção de lutar contra a Inglaterra. A concorrência no mar, que se mantinha de ambos os lados havia uma década e meia, e, por fim, a febril construção de encouraçados e superencouraçados *era* já a guerra entre a Alemanha e a Inglaterra. O projeto de lei sobre a frota naval, de 11 de dezembro de 1899, era uma declaração de guerra da Alemanha, a que a Inglaterra respondeu em 4 de agosto de 1914.

É óbvio que essa luta no mar nada tinha em comum com uma luta em torno da competição econômica pelo mercado mundial. "O monopólio inglês" no mercado mundial, que pretensamente estrangulava o desenvolvimento econômico da Alemanha e a respeito do qual se dizem tantos disparates hoje em dia, pertence ao reino das lendas de guerra patrióticas, que também não pode renunciar à sempre furiosa "revanche" francesa. Esse "monopólio", para desgosto dos capitalistas ingleses, era, desde os anos 1880, um conto de fadas dos velhos tempos. O desenvolvimento industrial da França, Bélgica, Itália, Rússia, Índia, Japão, mas, sobretudo, da Alemanha e dos Estados Unidos tinha, a partir da primeira metade do século XIX até os anos 1860, posto fim a esse monopólio. Ao lado da Inglaterra, nas últimas décadas, um país depois do outro entrou no mercado mundial; o capitalismo, de acordo com sua natureza, e a passos largos, transformou-se em economia mundial capitalista.

Mas a supremacia marítima da Inglaterra que ainda hoje rouba o sono a tantos social-democratas alemães e cuja destruição urgente aparece a esses bravos como necessária à prosperidade do socialismo internacional, essa supremacia marítima – consequência da expansão do império britânico nos cinco continentes – até agora perturbou tão pouco o capitalismo alemão que este, sob seu "jugo", cresceu com inquietante rapidez até tornar-se um rapaz bem robusto e cheio de saúde. Sim, precisamente a Inglaterra com suas colônias constitui o mais importante alicerce do crescimento da grande indústria alemã, tal como, inversamente, a Alemanha se tornou, para o império inglês, o mais importante e indispensável cliente. Longe de ficarem no caminho um do outro, o grande capitalismo inglês e o alemão precisam muitíssimo um do outro, estando ligados entre si por uma vasta divisão de trabalho, o que foi favorecido em grande medida pelo livre-câmbio inglês. O comércio alemão de mercadorias e seus interesses no mercado mundial nada tinham que ver com a mudança de orientação na política alemã nem com a construção da frota naval.

Tampouco a posse de colônias por parte da Alemanha levava, enquanto tal, a uma perigosa confrontação mundial e à concorrência marítima com a Inglaterra. As colônias alemãs não precisavam de nenhuma potência marítima para defendê-las, porque, por sua natureza, quase ninguém tinha inveja delas, muito menos a Inglaterra. Que agora na guerra elas tenham sido tomadas pela Inglaterra e pelo Japão, que o roubo mude o proprietário, são uma medida e um resultado comuns na guerra; da mesma forma, agora, o imperialismo alemão, cheio de apetite, clama violentamente pela Bélgica, sem que antes alguém, quando reinava a paz, tivesse desenvolvido o plano de engolir a Bélgica, a não ser que quisesse ser internado num hospício. Nunca por causa da África do sudeste, da África do sul, da Terra de Guilherme ou de Tsingtau se teria chegado, na terra ou no mar, a uma guerra entre a Alemanha e a Inglaterra; de fato, logo antes da deflagração desta guerra, a Alemanha e a Inglaterra haviam chegado a um acordo que deveria levar a uma divisão amigável das colônias portuguesas na África entre as duas potências.

O desenvolvimento do poder marítimo e a ostentação da bandeira da política mundial pelo lado alemão anunciavam, assim, novas e consideráveis incursões de seu imperialismo pelo mundo. Com uma frota agressiva de primeira classe e com a ampliação do exército, feita paralelamente à construção da frota, foi criado um aparato para a política futura, cuja direção e cujos fins abriam as portas a inúmeras possibilidades. A construção da frota e o armamento militar transformaram-se num excelente negócio da grande indústria alemã e, ao mesmo tempo, abriram perspectivas ilimitadas ao capital dos cartéis e dos bancos com vontade de difundir suas operações pelo mundo inteiro. Assim, ficou garantida a conversão de todos os partidos burgueses à bandeira do imperialismo. O exemplo dos nacional-liberais, como tropa de elite da indústria pesada imperialista, foi seguido pelo *Zentrum*, que, aceitando em 1900 o projeto de lei político-mundial [*weltpolitisch*] sobre a frota naval, tão incisivamente denunciado por ele, tornava-se de maneira definitiva um partido governamental; os liberais [*der Freisinn*] trotavam atrás do *Zentrum* por ocasião da tarifa aduaneira da fome, que se seguiu à lei sobre a frota naval; no fim da coluna estavam os *junkers*, que, de fortes adversários da "abominável frota" e da construção do canal,[36] tinham-se convertido em diligentes aproveitadores [*Krippenreiter*] e parasitas do militarismo marítimo, da pilhagem colonial e da política aduaneira a estes ligada. As eleições para o Reichstag em 1907, as chamadas eleições hotentotes,[37] revelaram toda a Alemanha burguesa num paroxismo de entusiasmo imperialista, firmemente unida sob uma bandeira, a Alemanha de Von Bülow, que se sentia chamada a representar o papel de martelo do mundo. Também essas eleições – que com sua atmosfera intelectual de *pogrom* eram um prelúdio da Alemanha de 4 de agosto – constituíam um desafio, não somente à classe trabalhadora alemã, mas a todos os outros Estados capitalistas, um punho cerrado erguido, não contra alguém em particular, mas contra todos.

36 Um projeto de lei do governo prussiano propondo a construção de um canal entre o Reno e o Elba, apoiado pelos círculos industriais e militares, fracassou no parlamento prussiano por causa da oposição dos *junkers* a leste do Elba. Os latifundiários temiam a queda do preço dos cereais graças à possibilidade de importação de cereais baratos do exterior. O projeto de lei só foi aprovado em fevereiro de 1905 quando, após nova oposição dos *junkers*, o governo desistiu da ligação entre Hannover e o Elba.
37 Sob a liderança do chanceler Bernhard von Bülow, a campanha eleitoral para as eleições de 25 de janeiro de 1907 para o Reichstag caracterizou-se pela perseguição a todas as forças oposicionistas, em particular a social-democracia, e pela propaganda chauvinista a favor da continuação da guerra colonial contra os hereros e hotentotes na África. A social-democracia obteve 43 mandatos contra 81 conseguidos nas eleições de 1903.

IV

A Turquia tornou-se o mais importante campo de operações do imperialismo alemão, tendo como precursor o Deutsche Bank [Banco Alemão] e seus gigantescos negócios na Ásia, que estavam no centro da política alemã para o Oriente. Nos anos 1850 e 1860, a Turquia asiática trabalhava, sobretudo, com capital inglês, o qual construiu a ferrovia de Esmirna e tinha também arrendado o primeiro trecho da linha da Anatólia a Ismid. Em 1888 o capital alemão apareceu em cena e ganhou de Abdul Hamid a exploração do trecho construído pelos ingleses e a construção do novo trecho de Ismid a Angorá, com ramais para Scutari, Brussa, Konia e Kaizarile. Em 1899, o Deutsche Bank obteve a concessão para construir e explorar um porto com instalações em Haidar Pascha e o controle exclusivo do comércio e das alfândegas no porto. Em 1901 o governo turco entregou ao Deutsche Bank a concessão para construir a grande ferrovia de Bagdá ao Golfo Pérsico e, em 1907, a concessão para a drenagem do mar de Karaviran e a irrigação da planície de Konia.

O reverso dessa maravilhosa e "pacífica obra civilizadora" é a maravilhosa e "pacífica" ruína do campesinato da Ásia Menor. Os custos desses empreendimentos colossais são adiantados, evidentemente, pelo Deutsche Bank segundo um sistema de dívida pública com múltiplas ramificações; o Estado turco torna-se, para toda a eternidade, devedor dos senhores Siemens, Gwinner, Helfferich etc., tal como antes era devedor do capital inglês, francês e austríaco. Esse devedor precisava, doravante, não só retirar constantemente enormes somas do Estado para pagar os juros dos empréstimos, como também garantir um lucro bruto das ferrovias construídas dessa maneira. As instalações e os meios de transporte mais modernos são aqui enxertados numa situação de completo atraso, ainda em grande parte baseada na economia natural, na mais primitiva economia rural. Do solo árido dessa economia, inescrupulosamente explorada há séculos pelo despotismo oriental, que, após pagar os impostos ao Estado, mal produz algumas espigas para a alimentação dos próprios camponeses, é naturalmente impossível extrair o tráfego necessário e os lucros para as ferrovias. O comércio de mercadorias e o transporte de pessoas, em virtude da natureza econômica e cultural do país, são muito pouco desenvolvidos e só podem crescer lentamente. O Estado turco subsidia anualmente as companhias ferroviárias para formar o lucro exigido pelo capital, na forma da chamada "garantia por quilômetro". Este é o sistema segundo o qual as ferrovias foram construídas na Turquia europeia pelo capital austríaco e francês, e o mesmo sistema foi agora empregado nos empreendimentos do Deutsche Bank na Turquia asiática. Como garantia e segurança de que o subsídio será fornecido, o governo turco transferiu para as mãos dos representantes do capital europeu, o chamado conselho de administração da dívida pública, a principal fonte de rendimentos do Estado: o dízimo de uma série de províncias. Dessa maneira, o governo turco "subsidiou", de 1893 a 1910, por exemplo, a ferrovia até Angorá e o trecho Eski-Schehir-Konia em cerca de 90 milhões de francos. Os "dízimos" continuamente dados como garantia pelo Estado turco a seus credores europeus são os antigos impostos camponeses pagos em produtos: trigo, carneiros, seda etc. Os dízimos não são coletados diretamente, mas por arrendatários, semelhantes aos famosos coletores de impostos da França pré-revolucionária: o Estado vende em leilão, ou seja, a quem oferece mais e paga à vista, a receita do imposto previsto de cada *vilayet* (província) em separado. Se o dízimo de um *vilayet* é adquirido por um especulador ou um consórcio, estes vendem o dízimo de cada *sanjak* (distrito) em separado a outros especuladores que, por sua vez, cedem sua parte a toda uma série de pequenos agentes. Como cada um quer cobrir suas despesas e meter no bolso tanto lucro quanto possível, o dízimo, à medida que se aproxima do camponês, cresce como uma avalanche. Se o arrendatário se enganou nas contas, procura uma compensação à custa do camponês. Este espera impacientemente, quase sempre endividado, o momento de poder vender sua colheita; mas, depois de ter ceifado o cereal, frequentemente precisa esperar durante semanas pela debulha, até que o arrendatário do dízimo esteja disposto a pegar a parte que lhe é devida. O arrendatário, que geralmente é ao mesmo tempo comerciante de trigo, tira partido da situação do camponês, ameaçado de ver toda a sua colheita apodrecer no campo, para lhe extorquir a produção a preços baixos, e sabe como garantir a ajuda dos funcionários, em particular do *mukhtar* (governador local), contra as queixas dos descontentes. Caso não se consiga encontrar um arrendatário, os dízimos são cobrados pelo governo *in natura*, armazenados e entregues aos capitalistas como "contribuição" devida. Esse é o mecanismo interno da "regeneração econômica da Turquia", levada a cabo pela obra civilizadora do capital europeu.

Assim, com essas operações, alcançam-se resultados de dois tipos. A economia camponesa da Ásia Menor torna-se objeto de um processo bem organizado de exploração, para o bem do capital bancário e industrial europeu, nesse caso, sobretudo do capital alemão. Dessa maneira crescem as "esferas de interesse" da Alemanha na Turquia, que, por sua vez, são a base e o motivo para a "proteção" política da Turquia. Ao mesmo tempo, o aparelho de sucção necessário à exploração econômica do campesinato, o governo turco, torna-se instrumento obediente e vassalo da política exterior alemã. Há muito tempo que as finanças, a política alfandegária, a política fiscal, as despesas do Estado na Turquia estão sob controle europeu. É sobretudo a *organização militar* que está sob influência alemã.

Tudo isso deixa claro que o imperialismo alemão tem interesse em fortalecer o poder do Estado turco, pelo menos para evitar sua queda prematura. Uma liquidação acelerada da Turquia levaria à sua partilha entre Inglaterra, Rússia, Itália, Grécia etc., desaparecendo, assim, essa base única para as grandes operações do capital alemão. Ao mesmo tempo, seguir-se-ia um extraordinário aumento do poder da Rússia e da Inglaterra, bem como dos Estados mediterrâneos. Para o imperialismo alemão trata-se, assim, de conservar o cômodo aparelho do "Estado turco independente", a "integridade" da Turquia pelo tempo que for necessário até que, devorada do interior pelo capital alemão, como antes o Egito pelos ingleses, ou mais recentemente o Marrocos pelos franceses, caia como fruto maduro no colo da Alemanha. Por exemplo, o conhecido porta-voz do imperialismo alemão, Paul Rohrbach, declara com toda a franqueza e sinceridade:

Decorre da natureza da situação que a Turquia, rodeada por todos os lados de vizinhos cobiçosos, encontre apoio numa potência que praticamente não tem interesses territoriais no Oriente. Trata-se da Alemanha. Nós, por outro lado, sofreríamos grandes prejuízos se a Turquia desaparecesse. Se a Rússia e a Inglaterra forem os principais herdeiros dos turcos, é evidente que esses dois Estados terão um significativo aumento de poder. Mas mesmo que a Turquia fosse repartida de maneira que uma parte considerável nos coubesse, isso significaria para nós dificuldades sem fim, pois a Rússia, a Inglaterra e, de certo modo, também a França e a Itália, sendo vizinhas da atual possessão turca, são capazes de ocupar e defender sua parte, tanto na terra como no mar. Nós, em contrapartida, não temos nenhuma ligação direta com o Oriente [...]. *Uma Ásia Menor ou uma Mesopotâmia alemã só poderia tornar-se realidade* se, antes, pelo menos a Rússia e, com ela, também a França fossem obrigadas a desistir de seus atuais objetivos e ideais políticos, quer dizer, *se antes a guerra mundial tivesse chegado a um resultado decisivo a favor dos interesses alemães.* [Grifos de RL]

A Alemanha, que jurou solenemente em 8 de novembro de 1898, à sombra do grande Saladino, defender e proteger o mundo muçulmano e a bandeira verde do Profeta, fortaleceu assim durante uma década, com grande dedicação, o regime do sanguinário sultão Abdul Hamid e prosseguiu sua obra, após um breve afastamento, no regime dos Jovens Turcos.[38] Além dos negócios lucrativos do Deutsche Bank, a missão [alemã] consumiu-se, principalmente, na reorganização e treinamento do militarismo turco com instrutores alemães, liderados por Von der Goltz-Pascha. É claro que, com a modernização do exército, novos e pesados encargos foram jogados nas costas dos camponeses turcos, mas também se abriram novos e magníficos negócios para a Krupp e

---

38 A revolução dos Jovens Turcos, em 1908, acabou com o domínio do sultão Abdul Hamid II por meio de uma constituição e restaurando o parlamento suspenso por ele em 1878. A ala direita dos Jovens Turcos instaurou uma ditadura militar que reprimiu as massas populares e os movimentos nacionais. Os Jovens Turcos foram derrubados em julho de 1912, mas voltaram em janeiro de 1913 ao poder.

o Deutsche Bank. Ao mesmo tempo, o militarismo turco tornou-se dependente do militarismo prussiano-alemão, transformando-se no ponto de apoio da política alemã no Mediterrâneo e na Ásia Menor.

O destino da revolução turca mostra claramente que a "regeneração" da Turquia, empreendida pela Alemanha, não passa de uma tentativa artificial de reanimar um cadáver. Em sua primeira fase, quando o elemento ideológico predominava no movimento dos Jovens Turcos, que ainda acalentavam projetos ambiciosos e ilusões a respeito de uma verdadeira primavera, cheia de promessas de vida e de uma renovação interna da Turquia, as simpatias políticas do movimento dirigiam-se resolutamente para a Inglaterra, na qual viam o ideal do Estado liberal moderno, enquanto a Alemanha, durante anos a protetora oficial do regime sagrado do velho sultão, surgia como adversária deles. A revolução de 1908 parecia ser a bancarrota da política alemã para o Oriente; de modo geral, foi assim entendida, parecendo que a deposição de Abdul Hamid significava a deposição da influência alemã. Porém, à medida que os Jovens Turcos no poder mostravam sua total incapacidade para fazer reformas econômicas, sociais e nacionais modernas e abrangentes, à medida que ia aparecendo seu avesso contrarrevolucionário, eles voltavam, por necessidade natural, aos métodos ancestrais de dominação de Abdul Hamid, quer dizer, aos banhos de sangue periodicamente organizados entre os povos submetidos, incitados uns contra os outros, e à exploração sem limites do campesinato, à moda oriental; eram estes os dois pilares do Estado. A manutenção artificial desse regime de força tornou-se a principal preocupação da "jovem Turquia", que também na política exterior regressou muito rapidamente às tradições de Abdul Hamid, ou seja, à aliança com a Alemanha.

A multiplicidade das questões nacionais que dilaceravam o Estado turco, a questão armênia, curda, síria, árabe, grega (e ainda recentemente a questão albanesa e macedônia), a variedade dos problemas econômicos e sociais nas diversas partes do império, o nascimento de um capitalismo poderoso e viável nos jovens Estados balcânicos vizinhos e, sobretudo, durante muitos anos, a atividade destrutiva do capital e da diplomacia internacionais na Turquia – tudo isso mostrava

de maneira clara havia muito a todo mundo e, em especial, à social-
-democracia alemã, que uma verdadeira regeneração do Estado turco
era um experimento inteiramente inútil e que todas as tentativas de
juntar esse frágil monte de ruínas em decadência constituíam um
empreendimento reacionário. Já em 1896, por ocasião da grande insurreição de Creta, houve na imprensa do partido alemão um grande debate sobre a questão do Oriente, que levou à revisão do ponto de vista
outrora defendido por Marx na época da guerra da Crimeia e à rejeição
definitiva da "integridade da Turquia", como uma peça herdada da
reação europeia. E ninguém reconheceu de maneira tão rápida e tão
precisa a esterilidade social interna e o caráter contrarrevolucionário
do regime dos Jovens Turcos como a imprensa social-democrata alemã.
Era também uma ideia autenticamente prussiana a de que bastavam
ferrovias estratégicas, permitindo uma rápida mobilização, e instrutores militares enérgicos, para que um barraco tão podre quanto o
Estado turco se tornasse viável.[39]

[39] Em 3 de dezembro de 1912, depois da primeira guerra dos Bálcãs, David, o orador da bancada social-democrata no Reichstag, disse: "Ontem observou-se aqui que a política alemã para o Oriente não foi culpada pelo *colapso da Turquia*, que a política alemã para o Oriente foi uma boa política. O senhor chanceler do império pensava que havíamos prestado muitos e bons serviços à Turquia, e o senhor Bassermann dizia que havíamos dado oportunidade para que a Turquia realizasse reformas sensatas. Sobre esse último ponto não sei absolutamente nada (hilaridade entre os social-democratas), e também por trás dos bons serviços gostaria de pôr um ponto de interrogação. Por que a Turquia entrou em colapso? O que ali entrou em colapso foi um regime de *junkers*, semelhante ao que temos a leste do Elba. ('Muito bem!' da parte dos social-democratas. – Risos à direita.) O colapso da Turquia é um fenômeno paralelo ao colapso do regime dos *junkers* da Manchúria, na China. Parece que os regimes de *junkers* estão paulatinamente acabando por todo lado (gritos dos social-democratas: 'Tomara!'); eles não correspondem mais às condições modernas. Eu dizia que a situação na Turquia se parece, até certo ponto, com a situação a leste do Elba. Os turcos são uma casta dirigente de conquis-tadores, apenas uma pequena minoria. Ao lado deles, existem os não turcos que adotaram a religião muçulmana; mas os verdadeiros turcos de origem são apenas uma pequena minoria, uma casta de guerreiros, uma casta que, como na Prússia, se apoderou de todos os postos dirigentes na administração, na diplomacia, no exército; uma casta cuja posição econômica se apoiava na grande propriedade fundiária, uma casta que tinha à disposição camponeses servos, exatamente como a leste do Elba; uma casta que, perante os camponeses de outra origem e de outra religião, búlgaros, sérvios, seguiu a mesma política brutal dos proprietá-rios de terras, tal como os nossos *spahis* a leste do Elba. (Hilaridade.) Enquanto a Turquia tinha uma economia natural, isso ainda era aceitável; um tal regime de proprietários de terra ainda é em alguma medida suportável porque o proprietário de terras não explora tanto seus camponeses; se tiver como se alimentar bem e viver bem, está satisfeito. Mas no momento

Já no verão de 1912, o regime dos Jovens Turcos dava lugar à contrarrevolução. O primeiro ato da "regeneração" turca nessa guerra foi, significativamente, o golpe de Estado, a supressão da Constituição, ou seja, também nesse aspecto, o retorno formal ao regime de Abdul Hamid. O militarismo turco, treinado pelos alemães, entrou em lamentável bancarrota já na primeira guerra dos Bálcãs. E a guerra atual, que empurrou a Turquia – como "protegida" da Alemanha – para o seu sinistro turbilhão, levaria, com fatalidade inelutável, qualquer que seja o resultado, a uma progressiva ou mesmo a uma definitiva liquidação do império turco.

A posição do imperialismo alemão – e, em seu centro, o interesse do Deutsche Bank – colocou o império alemão no Oriente em oposição a todos os outros Estados. Sobretudo a Inglaterra. Esta tinha sido obrigada a ceder às rivais alemãs negócios concorrentes e, portanto, gordos lucros na Anatólia e na Mesopotâmia, tendo por fim se con-

em que a Turquia, em contato com a Europa, se tornou uma economia monetária moderna, a pressão dos *junkers* turcos sobre seus camponeses tornou-se cada vez mais insuportável. Os camponeses foram explorados a ponto de uma grande parte ter se tornado mendiga e muitos tornarem-se ladrões. São os *komitatschis*! (Risos à direita.) Os *junkers* turcos não fizeram somente uma guerra contra um inimigo externo; com essa guerra contra o inimigo externo realizou-se uma revolução camponesa na Turquia. Foi isso que quebrou a espinha dorsal dos turcos e significou o colapso do seu sistema de *junkers*! E quando agora se diz que o governo alemão prestou ali bons serviços! Ele não prestou os melhores serviços que poderia ter prestado à Turquia nem ao sistema dos Jovens Turcos. Ele poderia ter aconselhado a Turquia a fazer as reformas a que tinha se comprometido pelo protocolo de Berlim, a libertar de fato seus camponeses, tal como a Bulgária e a Sérvia fizeram. Mas como poderia a diplomacia *junker* prussiana-alemã fazer isso? [...] As instruções que o senhor Von Marschall recebia de Berlim não podiam em todo caso levá-lo realmente a prestar bons serviços aos Jovens Turcos. O que elas lhes trouxeram – não quero falar nada dos assuntos militares – foi um certo espírito introduzido nos corpos de oficiais turcos, o espírito do 'elegante oficial da guarda' (hilaridade entre os social-democratas), um espírito que, nessa luta, se revelou extremamente pernicioso para o exército turco. Conta-se que foram encontrados cadáveres de oficiais usando sapatos de verniz etc. A arrogância em relação à massa do povo, em relação sobretudo à massa dos soldados, esse exagero do oficial, esse comando-de-cima-para-baixo destruiu pela raiz as relações de confiança no exército turco, e então também se entende como esse espírito contribuiu para levar à decomposição interna do exército turco. Meus senhores, temos opiniões diferentes sobre a questão dos responsáveis pelo colapso da Turquia. É claro que a ajuda de um certo espírito prussiano não foi a única responsável pelo colapso da Turquia, mas contribuiu para ele, precipitou-o. No fundo foram causas econômicas, como eu expliquei". (N. R. L.) Verhandlungen des Reichstags. XIII. Legislaturperiode, I. Session, Bd. 286. Stenographische Berichte, Berlin, 1913, p.2.513-14.

formado com isso. Aqui, contudo, a construção de linhas estratégicas e o fortalecimento do militarismo turco sob influência alemã eram executados num dos pontos mais sensíveis para a Inglaterra em termos de política mundial: no cruzamento entre a Ásia Central, a Pérsia e a Índia, de um lado, e o Egito, de outro.

"A Inglaterra", escrevia Rohrbach no seu *Die Bagdabahn* [A ferrovia de Bagdá],

> só pode ser atacada e seriamente atingida por terra num ponto fora da Europa: no Egito. Perdendo o Egito, a Inglaterra perderia não só o domínio sobre o canal de Suez e a ligação com a Índia e a Ásia Oriental, mas também provavelmente suas possessões na África central e oriental. A conquista do Egito por uma potência muçulmana como a Turquia poderia, além disso, suscitar perigosas reações dos 60 milhões de súditos muçulmanos da Inglaterra na Índia, assim como no Afeganistão e na Pérsia. Mas a Turquia só pode pensar na hipótese do Egito se dispuser de um completo sistema ferroviário na Ásia Menor e na Síria; se, com o prolongamento da ferrovia da Anatólia a Bagdá, puder impedir um ataque da Inglaterra à Mesopotâmia; se aumentar e melhorar seu exército; e se houver progressos em sua situação econômica geral e em suas finanças.[40]

E no livro *Der Krieg und die Deutsche Politik* [A guerra e a política alemã], publicado no começo da guerra mundial, ele diz:

> A ferrovia de Bagdá destinava-se, desde o início, a pôr Constantinopla e as principais regiões militares do império turco na Ásia Menor em contato direto com a Síria e as províncias à beira do Eufrates e do Tigre [...]. Era naturalmente de se prever que essa ferrovia, ligada às linhas férreas da Síria e da Arábia, em parte projetadas, em parte em obras, ou já concluídas, permitiria também levar tropas turcas na direção do Egito e utilizá-las [...]. Ninguém negará que, na hipótese de uma aliança turco-alemã, e de outras diferentes hipóteses, cuja realização

---

40 Rohrbach, *Die Bagdabahn*, p.18-19.

seria uma coisa ainda mais complicada do que aquela aliança, a ferrovia de Bagdá representa para a Alemanha um seguro de vida político.[41]

Os porta-vozes semioficiais do imperialismo alemão expunham assim abertamente seus planos e intenções no Oriente. A política alemã adquiria um perfil preciso e de grande alcance: uma tendência agressiva, fortemente destruidora do equilíbrio político existente até então no mundo, e uma ponta de lança visível contra a Inglaterra. A política alemã para o Oriente tornava-se assim o comentário concreto da política naval inaugurada em 1899.

Ao mesmo tempo, com seu programa visando à integridade da Turquia, a Alemanha entrava em conflito com os Estados balcânicos, cujo acabamento histórico e desenvolvimento interno dependem da liquidação da Turquia europeia. Finalmente, a Alemanha entrou em conflito com a Itália, cujo apetite imperialista se dirige em primeiro lugar para as possessões turcas. Na conferência marroquina de Algeciras, em 1906, a Itália já estava ao lado da Inglaterra e da França. E, seis anos mais tarde, a expedição italiana a Trípoli, que se seguia à anexação da Bósnia pela Áustria e dava o sinal para a primeira guerra dos Bálcãs, anunciava já a retirada da Itália, a explosão da Tríplice Aliança e, também por esse lado, o isolamento da política alemã.

A segunda tendência das aspirações expansionistas alemãs aparece no Ocidente, na questão do Marrocos. Em nenhum outro lugar aparecia mais claramente o distanciamento em relação à política de Bismarck. Este, como se sabe, favorecia deliberadamente as intenções coloniais da França a fim de afastá-la dos pontos centrais no continente, da Alsácia-Lorena. Em contrapartida, o novo curso na Alemanha manifestava-se de maneira direta contra a expansão colonial francesa. A situação no Marrocos era significativamente diferente daquela da Turquia asiática. Eram muito escassos os legítimos interesses do capital alemão no Marrocos. É verdade que durante a crise do Marrocos os imperialistas alemães exageraram como puderam as reivindicações da firma capitalista

---

41 Id., 1914, p.18-19.

Mannesmann, de Remscheid – como de "interesse vital da pátria" –, que tinha emprestado dinheiro ao sultão marroquino e recebido em troca concessões de minas. Mas dado o fato bem conhecido de que cada um dos dois grupos capitalistas concorrentes no Marrocos, Mannesmann e a sociedade Krupp-Schneider, constituía uma mistura absolutamente internacional de empresários alemães, franceses e espanhóis, é impossível falar com seriedade, ou com alguma propriedade, de uma "esfera de interesses alemã". Tanto mais sintomáticas eram a determinação e a energia com as quais o império alemão apresentou de repente, em 1905, sua pretensão de participar na regularização dos assuntos do Marrocos e seu protesto contra o domínio francês no país. Era o primeiro conflito imperialista com a França. Ainda em 1895 a Alemanha, juntamente com a França e a Rússia, caiu nos braços do Japão vitorioso para impedi-lo de explorar, em Shimonoseki, a vitória sobre a China. Cinco anos mais tarde, entrou de braço dado com a França na grande falange internacional que formou uma expedição para saquear a China. Agora, no Marrocos, surgia uma orientação radicalmente nova da política alemã em relação à França. Na crise do Marrocos que, em seus sete anos de existência, esteve por duas vezes a ponto de levar a uma guerra entre a Alemanha e a França, não se tratava mais de "revanche" por qualquer conflito continental entre os dois Estados. Aqui se manifestava um conflito inteiramente novo: o imperialismo alemão começava a incomodar o francês. Como resultado da crise, a Alemanha satisfez-se com a região do Congo francês, admitindo assim não ter nenhum interesse especial a proteger no Marrocos. Mas é justamente por isso que a investida alemã sobre o Marrocos tem um significado político de grande alcance. É exatamente por causa da indeterminação de seus objetivos e pretensões palpáveis que toda a política alemã no Marrocos trai um apetite ilimitado, um tatear em busca de uma presa, tendo sido considerada, em geral, uma declaração de guerra imperialista à França. O conflito entre os dois Estados aparecia aqui à luz do dia. Ali, um lento desenvolvimento industrial, uma população estagnada, um Estado rentista que faz principalmente negócios financeiros com o exterior, carregando um grande império colonial cuja coesão a muito custo consegue manter; aqui, um capitalismo jovem e poderoso, que procura alcançar o primeiro lugar e sai pelo mundo à caça de colônias. A conquista de colônias inglesas estava fora de questão. Desse modo, a avidez do imperialismo alemão, fora a Turquia asiática, só podia dirigir-se, em primeiro lugar, à herança francesa. A mesma herança oferecia também um chamariz cômodo para eventualmente, à custa da França, compensar a Itália pelo desejo de expansão da Áustria nos Bálcãs, e mantê-la assim na Tríplice Aliança por meio de negócios em comum. É claro que as pretensões alemãs no tocante ao Marrocos deviam inquietar ao máximo o imperialismo francês se se pensar que a Alemanha, estabelecida em algum lugar do Marrocos e distribuindo armas por todo lado, teria sempre à mão a possibilidade de pôr fogo a todo o império francês no norte da África, cuja população vive em estado de guerra crônico contra o conquistador francês. Que a Alemanha tenha por fim desistido e feito um acordo só afastou esse perigo imediato, continuando, porém, a inquietação geral na França e o conflito político--mundial que tinha sido criado.[42]

Com a política para o Marrocos, a Alemanha entrou em conflito não só com a França, mas, indiretamente, também com a Inglaterra. É no Marrocos, muito próximo de Gibraltar, que se encontra o segundo entroncamento mais importante dos caminhos político-mundiais do império britânico; ali, o aparecimento repentino do imperialismo alemão,

---

42 A ruidosa agitação mantida havia anos nos círculos imperialistas alemães por causa do Marrocos também não era de molde a acalmar os temores da França. A Liga Pangermanista defendia energicamente o programa da anexação do Marrocos, naturalmente como uma "questão vital" para a Alemanha, e divulgava um panfleto da autoria de seu presidente, Heinrich Claß, com o título "Marrocos ocidental alemão!". Quando o prof. Schiemann no *Kreuz-Zeitung* procurou justificar o acordo concluído pelo Ministério do Exterior e a renúncia ao Marrocos por causa dos negócios no Congo, o *Post* caiu em cima dele da seguinte maneira: "*O senhor professor Schiemann é russo de nascimento, talvez nem sequer seja de origem puramente alemã*. Por isso, ninguém lhe pode levar a mal que *considere fria e ironicamente questões que tocam da maneira mais sensível a consciência nacional, o orgulho patriótico no peito de cada alemão do império*. O juízo de um estrangeiro que fala do bater do coração patriótico, do doloroso estremecer da alma inquieta do povo alemão como de uma fantasia política passageira, uma aventura de conquistadores, deve provocar *nossa cólera e desprezo justificados*, tanto mais que esse estrangeiro, na condição de professor da Universidade de Berlim, goza da *hospitalidade do Estado prussiano*. Que esse homem, que *ousa insultar dessa maneira os mais sagrados sentimentos do povo alemão* no órgão dirigente do Partido Conservador seja o mestre e conselheiro do nosso imperador em assuntos políticos e – com razão ou sem razão – seja o porta-voz do imperador, enche-nos de *profunda tristeza*". (N. R. L.)

com suas pretensões e com a pressão drástica que pôs nessa ação, devia ser entendido como uma manifestação contra a Inglaterra. Também no plano formal, o primeiro protesto da Alemanha era dirigido diretamente contra o acordo de 1904 sobre o Marrocos e o Egito, entre a Inglaterra e a França, e as exigências alemãs tendiam claramente a eliminar a Inglaterra da regularização da questão marroquina. O efeito inevitável dessa posição sobre as relações anglo-alemãs não podia ser segredo para ninguém. No *Frankfurter Zeitung* de 8 de novembro de 1911, a situação criada nessa época é claramente descrita por um correspondente em Londres:

> Eis o resultado: um milhão de negros no Congo, uma grande ressaca e uma violenta fúria contra a "pérfida Albion". A ressaca a Alemanha suportará. Mas as nossas relações com a Inglaterra não podem continuar como estão, de modo algum e, segundo toda probabilidade histórica, ou elas piorarão e, portanto, levarão à guerra, ou devem melhorar em breve [...]. A expedição do Panther, como muito bem disse recentemente um correspondente berlinense do *Frankfurter Zeitung*, foi uma bordoada que devia mostrar à França que a Alemanha ainda existe [...]. Quanto ao efeito que essa investida provocaria aqui, é impossível que em Berlim alguém ainda tenha dúvidas; pelo menos nenhum correspondente de jornal daqui teve dúvidas de que a Inglaterra ficaria energicamente do lado *francês*. Como é possível que o *Norddeutsche Allgemeine Zeitung* ainda esteja apegado à frase feita de que a Alemanha podia tratar "unicamente com a França"? Já há alguns séculos que se formou na Europa uma interdependência crescente dos interesses políticos. De acordo com a natureza da lei política sob a qual nos encontramos, se *um* é maltratado, os outros ficam em parte contentes, em parte preocupados. Quando há dois anos os *austríacos* brigaram com os russos por causa da Bósnia, a Alemanha surgiu "de armas reluzentes", embora Viena, como se disse mais tarde, tivesse preferido virar-se sozinha [...]. É inconcebível que se pudesse pensar em Berlim que os ingleses, que mal acabavam de sair de um período cuja atmosfera era decididamente antigermânica, fossem subitamente convencidos de que nossas negociações com a França não tinham nada que ver com *eles*. Tratava-se,

em última análise, de uma questão de poder. Uma bordoada, por mais amigável que pareça, é algo palpável, e ninguém pode predizer que não se seguirá em breve um murro na boca [...]. Desde então a situação tornou-se menos crítica. No momento em que Lloyd George falou, existia – temos informações muito precisas – o *perigo agudo de uma guerra entre a Alemanha e a Inglaterra* [...]. Será que, de acordo com essa política, que Sir Edward Grey e seus seguidores defendiam havia tanto tempo e cuja justificação não vamos discutir aqui, se podia esperar deles outra atitude na questão do Marrocos? Parece-nos que se isso se fez em Berlim, a política berlinense será julgada por isso.

Assim, a política imperialista na Ásia Menor e no Marrocos criou um conflito agudo entre a Alemanha e a Inglaterra, assim como entre a Inglaterra e a França. Mas como estavam as relações entre a Alemanha e a Rússia? Qual era a razão do choque? Na atmosfera de *pogrom* que se apoderou da opinião pública alemã nas primeiras semanas da guerra, acreditava-se em tudo. Acreditava-se que as mulheres belgas arrancavam os olhos dos feridos alemães, que os cossacos comiam velas de estearina, e que pegavam as criancinhas pelas pernas e as faziam em pedaços; acreditava-se também que os russos tinham como objetivo na guerra anexar o império alemão, aniquilar a civilização [*Kultur*] alemã e introduzir o absolutismo do [rio] Warthe ao Reno, de Kiel a Munique.

O jornal social-democrata de Chemnitz, *Volksstimme*, escrevia em 2 de agosto:

> Neste momento todos sentimos o dever de lutar, antes de tudo, contra o domínio do chicote russo. *As mulheres e as crianças alemãs não devem ser vítimas da bestialidade russa, a terra alemã não deve ser presa dos cossacos. Pois se a Tríplice Entente* [Inglaterra, França e Rússia] *vencer, a Alemanha não será dominada por um governante inglês nem por um republicano francês, mas pelo tsar russo. Por isso, neste momento defendemos tudo que existe de civilização alemã e de liberdade alemã, contra um impiedoso e bárbaro inimigo.*

O *Fränkische Tagespost* exclamava no mesmo dia:

Nós não queremos que os cossacos, que já ocuparam todas as localidades fronteiriças, irrompam pelo nosso país e tragam a destruição às nossas cidades. Não queremos que o *tsar russo*, em cujo amor pela paz a social-democracia não acreditou nem sequer no dia da publicação do seu manifesto pela paz, e que é o pior inimigo do povo russo, *governe um povo de origem alemã*.

E o *Königsberger Volkszeitung*, de 3 de agosto, escrevia:

Mas nenhum de nós, esteja ou não sujeito ao serviço militar, pode duvidar por um momento sequer de que, enquanto durar a guerra, precisa fazer tudo para manter afastado de nossas fronteiras *aquele indigno tsarismo, que, se ele vencer, milhares de camaradas nossos serão desterrados para as horrendas prisões russas.* Sob o cetro russo não existe nenhum vestígio do direito à autodeterminação dos povos; a imprensa social-democrata não é ali permitida; associações e reuniões social-democratas são proibidas. E por isso ninguém pensa, nesta hora, que não importa que a Rússia vença ou não, mas queremos todos, mantendo nossa oposição à guerra, *agir em conjunto para nos preservarmos a nós mesmos do horror daqueles patifes que dominam a Rússia.*

Examinemos melhor a relação da civilização alemã com o tsarismo russo, que por si só constitui um capítulo da atitude da social-democracia alemã nesta guerra. No que se refere ao desejo do tsar de anexar o império alemão, poder-se-ia igualmente supor que a Rússia planejava anexar a Europa ou mesmo a Lua. Na guerra atual só dois Estados tinham sua existência ameaçada: a Bélgica e a Sérvia. Contra ambos foram apontados os canhões alemães, bradando que se tratava da existência da Alemanha. É sabido que não há discussão possível com fanáticos do assassinato ritual. Contudo, para quem considera, não os instintos da populaça nem os *slogans* de grosso calibre da imprensa marrom [*Hetzepresse*] nacionalista dirigidos à populaça, mas pontos de vista políticos, deve ser claro que o tsarismo russo podia perseguir o objetivo de anexar tanto a Alemanha quanto a Lua. À cabeça da política russa estão patifes astutos, mas não loucos, e a política absolutista, apesar de suas especificidades, tem em comum com as outras o fato de que se move, não no ar rarefeito, mas no mundo das possibilidades reais, em que as coisas esbarram umas nas outras no espaço. Portanto, no que diz respeito ao temor de que nossos camaradas alemães fossem presos e desterrados por toda a vida na Sibéria, assim como o de ver introduzir o absolutismo russo no império alemão, os políticos do sanguinário tsar, apesar de toda a sua inferioridade intelectual, eram melhores materialistas históricos que os jornalistas do nosso partido. Esses políticos sabem muito bem que uma forma de Estado não pode ser "introduzida" à vontade em qualquer parte, mas que cada forma de Estado corresponde a determinado fundamento econômico-social; eles sabem, com base na própria e amarga experiência que, mesmo na Rússia, as condições para o seu domínio estão quase desaparecendo; por fim, também sabem que a reação dominante em cada país só pode suportar e só precisa das formas que lhe correspondem, e que a espécie de absolutismo que corresponde às relações entre as classes e os partidos na Alemanha é o Estado policial dos Hohenzollern e o voto censitário na Prússia.[43] Considerando sobriamente as coisas, não havia de antemão nenhum motivo para temer que o tsarismo russo, mesmo no caso improvável de uma vitória completa, se sentisse seriamente levado a mexer nesses produtos da civilização alemã.

Na realidade, entre a Rússia e a Alemanha estavam em jogo conflitos totalmente diferentes. O choque não se deu no plano da política interna, que, pelo contrário, fundou há um século uma velha e tradicional amizade entre os dois Estados graças às tendências comuns e afinidades internas. Mas, apesar da solidariedade na política interna, elas se chocaram no plano externo da caça político-mundial.

---

43 O voto censitário na Prússia era um sistema eleitoral desigual e indireto. Os que tinham direito ao voto em cada círculo eleitoral eram classificados em três classes, de acordo com o montante dos impostos que pagavam diretamente. Cada classe elegia, em votação pública, o mesmo número de delegados, que então podiam eleger os deputados. Esse direito de voto antidemocrático existiu de 1849 a 1918 para as eleições da câmara de deputados do parlamento prussiano.

O imperialismo na Rússia, assim como nos Estados ocidentais, consiste num entrelaçamento de diversos elementos. Contudo, seu objetivo mais forte não é, como na Alemanha ou na Inglaterra, a expansão econômica do capital faminto de acumulação, mas o interesse político do Estado. É certo que a indústria russa – o que é absolutamente típico da produção capitalista – devido à precariedade do mercado interno, há muito tempo exporta também para o Oriente, a China, a Pérsia, a Ásia Central, e o governo tsarista procura, por todos os meios, incentivar essa exportação que lhe dá o fundamento desejado para a sua "esfera de interesses". Mas aqui a política de Estado é o elemento que impele, não o que é impelido. Nas tendências conquistadoras do tsarismo exprime-se, por um lado, a expansão tradicional de um império poderoso, cuja população conta hoje com 170 milhões de pessoas e que, por razões econômicas e estratégicas, procura obter o livre acesso aos mares, desde o Oceano Pacífico, no leste, ao Mediterrâneo, no sul. Por outro lado, intervém o interesse vital do absolutismo, a necessidade de afirmar uma posição respeitável na competição geral dos grandes Estados no campo imperialista, a fim de garantir por parte do capitalismo estrangeiro o crédito financeiro sem o qual o tsarismo é absolutamente inviável. Além disso, como em todas as monarquias, comparece por fim o interesse dinástico que, em virtude da oposição cada vez mais violenta entre a forma de governo e a grande massa da população, necessitava permanentemente, como remédio político indispensável, do prestígio externo e de afastar as dificuldades internas.

Contudo, os interesses burgueses modernos também constituem cada vez mais um elemento do imperialismo no império tsarista. O jovem capitalismo russo que no regime absolutista não pode naturalmente chegar a um desenvolvimento completo, e que, *grosso modo*, não pode sair do estágio primitivo do sistema de rapina, vê diante de si um grandioso futuro nos imensos recursos naturais do gigantesco império. Não há dúvida de que quando o absolutismo for varrido, a Rússia – pressupondo que o estágio internacional da luta de classes ainda lhe conceda esse prazo – se tornará rapidamente o primeiro Estado capitalista moderno. É o pressentimento desse futuro e o apetite de acumulação, por assim dizer, antecipado, que enchem a burguesia russa de um ímpeto marcadamente imperialista e que a levam a anunciar com veemência suas pretensões na partilha do mundo. Esse ímpeto histórico encontra, ao mesmo tempo, apoio nos poderosíssimos interesses atuais da burguesia russa. Em primeiro lugar, está o interesse evidente da indústria de armamentos e de seus fornecedores; a indústria pesada, fortemente cartelizada, também representa na Rússia um grande papel. Em segundo lugar, está a oposição ao "inimigo interno", ao proletariado revolucionário, que fez crescer, em particular, o apreço da burguesia russa pelo militarismo e pelo efeito diversionista do evangelho político-mundial, e que uniu a burguesia em torno do regime contrarrevolucionário. O imperialismo dos círculos burgueses na Rússia, sobretudo os liberais, cresceu a olhos vistos na atmosfera tempestuosa da revolução e, nesse batismo moderno, conferiu uma característica moderna à tradicional política exterior do império tsarista.

O objetivo principal, tanto da política tradicional do tsarismo quanto do apetite moderno da burguesia russa, são os Dardanelos que, segundo a célebre frase de Bismarck, dão a chave da casa para as possessões russas no Mar Negro. Em virtude desse objetivo, a Rússia, desde o século XVIII, conduziu uma série de guerras sangrentas com a Turquia, assumiu a missão de libertar os Bálcãs e, a serviço dessa missão, empilhou uma montanha de cadáveres em Ismail, Navarin, Sinope, Silistria e Sebastopol, em Plevna e Schipka. A defesa dos irmãos eslavos e cristãos contra as atrocidades turcas funcionava para os mujiques russos como uma lenda de guerra tão atraente quanto agora a defesa, pela social-democracia alemã, da civilização e da liberdade alemãs contra as atrocidades russas.

Mas a burguesia russa tinha um entusiasmo muito maior pelas perspectivas relacionadas ao Mediterrâneo que pela missão civilizadora na Manchúria e na Mongólia. Por isso, a guerra japonesa em particular foi fortemente criticada pela burguesia liberal como uma aventura sem sentido, pois desviava a política russa de sua tarefa mais importante – a dos Bálcãs. A malograda guerra contra o Japão, ainda sob outro aspecto, atuou na mesma direção. A extensão do poder russo na Ásia Oriental, na Ásia Central até o Tibete e em direção à Pérsia era de molde a inquietar vivamente a vigilância do imperialismo inglês. Preocupada com o enorme império indiano, a Inglaterra tinha de perseguir as investidas do império tsarista na Ásia com desconfiança crescente. De fato, no início do século, a oposição anglo-russa na Ásia era a mais forte oposição político-mundial na conjuntura internacional, assim como, depois desta guerra, será muito provavelmente o foco do desenvolvimento imperialista futuro. A estrondosa derrota da Rússia em 1904 e o começo da Revolução [Russa de 1905] mudaram a situação. O visível enfraquecimento do império tsarista foi seguido de uma distensão com a Inglaterra que, em 1907, levou a um acordo para devorarem juntos a Pérsia, e as relações de boa vizinhança na Ásia Central. Dessa maneira, foi obstruído o caminho para os grandes empreendimentos da Rússia no leste e suas energias voltaram-se ainda com mais força para o antigo objetivo – a política dos Bálcãs. Foi aqui que a Rússia tsarista, depois de um século de amizade fiel e sólida, entrou pela primeira vez num conflito penoso com a civilização alemã. O caminho para os Dardanelos passava pelo cadáver da Turquia, mas havia um século que a Alemanha considerava a "integridade" desse cadáver sua mais importante tarefa em política mundial. É evidente que os métodos da política russa nos Bálcãs mudaram diversas vezes, e que a Rússia, durante algum tempo – irritada com a "ingratidão" dos eslavos dos Bálcãs que ela tinha libertado, e que procuravam livrar-se da vassalagem em relação ao império do tsar –, defendeu o programa da "integridade" da Turquia, também com a mesma condição implícita de que a partilha devia ser adiada para tempos mais favoráveis. Mas agora a liquidação final da Turquia convinha tanto aos planos da Rússia quanto aos da política inglesa. Esta, por sua vez, a fim de reforçar a própria posição na Índia e no Egito, aspirava a unir, sob o cetro britânico, as regiões turcas situadas entre eles – Arábia e Mesopotâmia – num grande império muçulmano. Assim, o imperialismo russo, tal como antes o inglês, caiu no Oriente sobre o imperialismo alemão que, no papel de beneficiário privilegiado da decomposição turca, montava guarda no Bósforo.⁴⁴

Mas a política russa nos Bálcãs colidia ainda mais diretamente com a *Áustria* do que com a Alemanha. O imperialismo austríaco é o complemento político do imperialismo alemão, seu irmão siamês e, ao mesmo tempo, sua fatalidade.

A Alemanha, que ficou isolada por todos os lados em virtude de sua política mundial, encontrou na Áustria sua única aliada. A aliança com a Áustria é certamente antiga, tendo sido efetuada por Bismarck em 1879; mas, desde então, seu caráter mudou completamente. Assim como a oposição à França, a aliança com a Áustria adquiriu um novo conteúdo no decorrer do desenvolvimento das últimas décadas.

---

44 Em janeiro de 1908, segundo a imprensa alemã, assim escrevia o político liberal russo, Peter von Struve: "Está na hora de dizer que só existe um caminho para criar uma grande Rússia e este consiste em direcionar todas as forças para uma região onde a civilização russa possa exercer uma real influência. Essa região é *toda a bacia do Mar Negro*, ou seja, todos os países europeus e asiáticos que têm saída para o Mar Negro. Aqui possuímos uma base real para um domínio econômico incontestável: *homens, hulha e ferro*. É sobre essa base real – e unicamente sobre ela –, mediante um trabalho civilizatório incansável, que precisa ser apoiado em todas as direções pelo Estado, que se poderá criar uma grande Rússia economicamente forte". No começo da atual guerra mundial o mesmo Struve escrevia, ainda antes da intervenção da Turquia: "Entre os políticos alemães, surge uma política da autonomia turca, que se condensa na ideia e no programa da egiptização da Turquia sob a proteção da Alemanha. O Bósforo e os Dardanelos deveriam tornar-se um Suez alemão. Mesmo antes da guerra turco-italiana, que alijou a Turquia da África, e antes da guerra dos Bálcãs, que quase a jogou para fora da Europa, a tarefa de manter a Turquia e sua independência no interesse da consolidação política e econômica da Alemanha surgia claramente aos olhos desta. Depois das guerras mencionadas, essa tarefa não mudou senão na medida em que a extrema fraqueza da Turquia aparecia claramente; nessas circunstâncias, uma aliança devia de fato degenerar num protetorado ou numa tutela que finalmente levaria o império otomano ao nível do Egito. Ora, *é muitíssimo claro que um Egito alemão no Mar Negro e no Mar de Mármara seria absolutamente intolerável de um ponto de vista russo.* Por isso, não é de espantar que o governo russo tenha imediatamente protestado contra as diligências que tinham essa política em vista, ou seja, *contra a missão do general Liman von Sanders*, que não somente devia reorganizar o exército turco, mas *também comandar um corpo do exército em Constantinopla.* Formalmente a Rússia obteve satisfações quanto a essa questão, mas na realidade a situação não mudou absolutamente nada. *Nessas circunstâncias, em dezembro de 1913, era iminente uma guerra entre a Rússia e a Alemanha: o caso da missão militar* de Liman von Sanders tinha revelado que a política da Alemanha visava à 'egiptização' da Turquia. *Só essa nova direção da política alemã teria bastado para provocar um conflito armado entre a Alemanha e a Rússia.* Portanto, *em dezembro de 1913*, entrávamos numa época de amadurecimento de um conflito que devia inevitavelmente adquirir o caráter de um conflito mundial". (N. R. L.)

Bismarck pensava simplesmente em defender as possessões obtidas nas guerras de 1864-1870. A Tríplice Aliança concluída por ele tinha um caráter totalmente conservador no sentido de que representava a renúncia definitiva da Áustria a entrar na confederação alemã, a reconciliação com o estado de coisas criado por Bismarck, a confirmação do desmembramento nacional da Alemanha e a hegemonia militar da grande Prússia. As inclinações da Áustria em direção aos Bálcãs desagradavam a Bismarck tanto quanto as aquisições alemãs na África do Sul. Em seu *Gedanken und Erinnerungen* [Pensamentos e recordações] ele diz:

> É natural que os habitantes da bacia do Danúbio tenham necessidades e planos que ultrapassam as fronteiras atuais da monarquia austro-húngara; e a constituição do império alemão mostra o caminho pelo qual a Áustria pode chegar à reconciliação entre os seus interesses políticos e materiais, os quais se encontram entre a tribo romena na fronteira oriental e o Golfo de Cattaro. *Mas não é tarefa do império alemão emprestar o sangue e os bens de seus súditos para realizar os desejos de seus vizinhos.* [Grifos de RL]

Certa vez exprimiu o mesmo, de maneira mais drástica, com a célebre frase de que a Bósnia não valia para ele os ossos de um granadeiro da Pomerânia. Que Bismarck não pensava efetivamente em pôr a Tríplice Aliança a serviço dos desejos de expansão da Áustria mostra-o muito bem um "tratado de ressegurança" concluído com a Rússia em 1887,[45] pelo qual o império alemão, em caso de guerra entre a Rússia e a Áustria, não entraria ao lado da última, mas conservaria uma "neutralidade benevolente".

A partir do momento em que se deu a guinada imperialista na política alemã, suas relações com a Áustria também se modificaram.

---

45 No original: 1884. Esse tratado entre a Alemanha e a Rússia obrigava os dois Estados a conservarem uma "neutralidade benevolente" em caso de guerra com um terceiro Estado. O tratado não deveria ser utilizado se a Rússia atacasse a Áustria ou se a Alemanha atacasse a França.

A Áustria-Hungria fica entre a Alemanha e os Bálcãs, ou seja, no caminho do ponto crucial da política oriental alemã. Ter a Áustria como adversária equivaleria para a Alemanha a renunciar a todos os seus planos políticos mundiais por causa do isolamento geral em que se pôs a política alemã. Também no caso do enfraquecimento e da desagregação da Áustria-Hungria, o que seria idêntico à imediata liquidação da Turquia e a um extraordinário fortalecimento da Rússia, dos Estados balcânicos e da Inglaterra, a Alemanha realizaria a unificação nacional e se fortaleceria, mas o sopro de vida da política imperialista alemã se extinguiria.[46] A salvação e a conservação da monarquia habsburguesa tornava-se assim, logicamente, tarefa acessória do imperialismo alemão, tal como a conservação da Turquia era sua tarefa principal.

A Áustria, no entanto, representa um contínuo estado de guerra latente nos Bálcãs. Desde que o irresistível processo de dissolução da Turquia conduziu à formação e consolidação dos Estados balcânicos na proximidade imediata da Áustria, começou também a oposição entre o Estado habsburguês e seus jovens vizinhos. É evidente que o nascimento de Estados nacionais independentes e viáveis na proximidade imediata da monarquia, a qual, composta de fragmentos dessas mesmas nacionalidades, só sabe governá-las com a autoridade de parágrafos ditatoriais, devia acelerar a decomposição dessa monarquia deteriorada. A inviabilidade interna da Áustria revela-se justamente na sua política balcânica, e, em particular, na relação com a Sérvia. Apesar de seus apetites imperialistas que se lançavam indistintamente ora sobre Salônica, ora sobre Durazzo [Durrës], a Áustria não era capaz de anexar a Sérvia, mesmo que esta não tivesse aumentado sua força e extensão com as duas guerras balcânicas. Ao anexar a Sérvia, a Áustria fortaleceria de maneira perigosa em seu interior uma das mais recalcitrantes nacionalidades eslavas do sul,

---

46 No panfleto imperialista "Por que a guerra alemã?", lemos: "A Rússia já tinha antes tentado nos aliciar oferecendo-nos uma Áustria alemã, aqueles 10 milhões de alemães que tiveram que ficar de fora quando da nossa unificação nacional em 1866 e em 1870/1871. Se lhes entregássemos a monarquia dos Habsburgo, poderíamos receber a recompensa pela traição". (N. R. L.)

que, apesar de seu brutal e estúpido governo reacionário, ela já quase não conseguia dominar.[47] Mas a Áustria também não pode tolerar o normal desenvolvimento independente da Sérvia, tirando proveito dele mediante relações comerciais normais, pois a monarquia habsburguesa não é a organização política de um Estado burguês, mas simplesmente um cartel frouxo de algumas *cliques* de parasitas sociais que, enquanto o edifício podre da monarquia ainda se mantém, querem se aproveitar ao máximo dos poderes estatais. No interesse dos agricultores húngaros e do encarecimento artificial dos produtos agrícolas, a Áustria proibiu a importação de gado e fruta da Sérvia, cortando esse país agrário da principal saída para os seus produtos. No interesse dos cartéis industriais austríacos, coagiu a Sérvia a adquirir produtos industriais, a preços mais altos, unicamente da Áustria. A fim de manter a dependência econômica e política da Sérvia, impediu que, por meio de uma aliança com a Bulgária, ela alcançasse a leste o acesso ao Mar Negro, e a oeste impediu que, com a compra de um porto na Albânia, alcançasse o acesso ao Adriático. A política balcânica da Áustria tinha, portanto, como objetivo o estrangulamento da Sérvia. Mas ao mesmo tempo ela estava dirigida, sobretudo, contra o estabelecimento de relações mútuas e o desenvolvimento interno dos Estados balcânicos, constituindo um perigo constante para eles. O imperialismo austríaco era uma ameaça permanente à existência e às possibilidades de desenvolvimento dos Estados balcânicos, ora pela anexação da Bósnia, ora pelas pretensões sobre o Sanjak de Novibazar [parte do atual Kosovo] e sobre Salônica, ora pelas pretensões sobre a costa albanesa. Para satisfazer essas tendências da Áustria e por causa da concorrência da Itália também foi preciso criar, depois da segunda guerra

---

47 O *Kölnische Zeitung* escrevia depois do atentado de Sarajevo, ou seja, na véspera da guerra, quando as cartas da política oficial alemã ainda não tinham sido mostradas: "Aquele que não está informado da situação perguntar-se-á por que, apesar dos favores prestados à Bósnia, a Áustria não é benquista no país, mas é, ao contrário, odiada pelos sérvios, que constituem 42% da população. A resposta só será compreendida por quem conhece realmente o povo e a situação; quem está longe, especialmente quem está acostumado aos conceitos e às condições europeias, a ouvirá sem entender: *a administração da Bósnia foi um desastre total em termos de funcionamento e de ideias básicas*, e em parte ainda hoje, passada mais de uma geração (desde a ocupação), essa ignorância decididamente criminosa é culpada pela real situação que reina no país". (N. R. L.)

balcânica, a caricatura de uma "Albânia livre" sob a égide de um príncipe alemão que, desde o primeiro momento, nada mais era que um joguete das intrigas entre os rivais imperialistas.

Assim, na última década, a política imperialista da Áustria tornou-se um freio ao desenvolvimento progressivo normal nos Bálcãs, levando por si mesma a um dilema inevitável: ou a monarquia habsburguesa ou o desenvolvimento capitalista dos Estados balcânicos! Os Bálcãs, que se tinham emancipado do domínio turco, viam-se perante a nova tarefa de varrer do caminho o obstáculo representado pela Áustria. Historicamente, a liquidação da Áustria-Hungria é apenas o prosseguimento da desagregação da Turquia e, é, como ela, uma exigência do processo de desenvolvimento histórico.

Mas esse dilema não permitia nenhuma outra solução a não ser a guerra, e precisamente a guerra mundial. Com efeito, atrás da Sérvia estava a Rússia, que não podia renunciar à sua influência sobre os Bálcãs nem ao papel de "protetora" sem desistir de todo o seu programa imperialista no Oriente. Em oposição direta à política austríaca, a política russa visava a unir os Estados balcânicos, naturalmente sob o protetorado russo. A Liga Balcânica, cuja vitória na guerra de 1912 havia liquidado quase inteiramente a Turquia europeia, era obra da Rússia, que tinha como intenção que ela fosse principalmente dirigida contra a Áustria. É verdade que, apesar de todos os esforços da Rússia, a Liga Balcânica naufragou já na segunda guerra balcânica, mas a Sérvia, que saiu vitoriosa dessa guerra, tornou-se dependente da aliança com a Rússia da mesma forma que a Áustria se tornava sua inimiga mortal. A Alemanha, atrelada ao destino da monarquia habsburguesa, viu-se obrigada a defender, passo a passo, a política balcânica ultrarreacionária desta última e, assim, a entrar numa oposição duplamente exacerbada com a Rússia.

Mas, além disso, a política balcânica da Áustria levava ao conflito com a Itália, que estava vivamente interessada na liquidação tanto da Áustria quanto da Turquia. O imperialismo da Itália encontra nas possessões italianas da Áustria o pretexto mais próximo e mais cômodo, porque o mais popular, para sua vontade de expansão que, por causa da reordenação das coisas nos Bálcãs, se dirige sobretudo à costa albanesa do Adriático, situada em frente. A Tríplice Aliança, que já sofrera um rude golpe na guerra de Trípoli, foi completamente esvaziada pela aguda crise dos Bálcãs desde as duas guerras balcânicas, e as duas potências centrais foram levadas a uma oposição exacerbada com o mundo inteiro. O imperialismo alemão, acorrentado a dois cadáveres em decomposição, tomava diretamente o caminho da guerra mundial.

De resto, era uma viagem plenamente consciente. Sobretudo a Áustria, como força propulsora, havia anos corria para a ruína, com uma cegueira fatal. Sua *clique* dirigente clerical-militar, com o arquiduque Francisco Fernando e seu criado, o barão Von Chlumecky, à cabeça, desejavam pretextos formais para atacar. Em 1909, para desencadear o furor bélico necessário nos países alemães, a Áustria fez expressamente fabricar pelo prof. Friedmann os famosos documentos que revelavam uma conspiração diabólica da Sérvia, cheia de ramificações, contra a monarquia habsburguesa, e que continham somente um pequeno erro: serem falsos de A a Z. Alguns anos mais tarde a notícia divulgada durante dias a respeito do horrível martírio do cônsul Prochaska em Ueskub devia cair como faísca no barril de pólvora; enquanto isso Prochaska, belo e formoso, passeava assobiando pelas ruas de Ueskub. Por fim, veio o atentado de Sarajevo, o crime verdadeiramente revoltante, havia tanto tempo desejado. "Se alguma vez uma vítima mortal teve um *efeito libertador, redentor* foi esta", exultavam os porta-vozes do imperialismo alemão. Os imperialistas austríacos estavam ainda mais exultantes e decidiram utilizar os cadáveres dos arquiduques enquanto estavam frescos.[48] Após um rápido entendimento com Berlim, a guerra foi decidida

---

48 Ver "Por que a guerra alemã?", p.21. O órgão da *clique* do arquiduque, *Groß-Österreich*, escrevia toda semana artigos incendiários no seguinte estilo: "Se quisermos vingar dignamente a morte do arquiduque herdeiro do trono Francisco Fernando, levando em conta seus sentimentos, *então é preciso executar tão rápido quanto possível o testamento político* da vítima inocente de um desenvolvimento funesto da situação no sul do império. *Há já seis anos esperamos pela libertação final de todas as tensões que nos oprimem* e que sentimos tão cruelmente em toda a nossa política. É porque sabemos que a Áustria, nova e grandiosa, a Grande-Áustria feliz, libertadora de seus povos só pode nascer de uma guerra, *que nós queremos a guerra*. Queremos a guerra porque estamos profundamente convencidos de que apenas por meio de uma guerra nosso ideal pode ser alcançado de maneira radical e rápida: *uma Grande-Áustria forte*, na qual floresce

e o ultimato, enviado, o estopim que iria pôr fogo nos quatro cantos do mundo capitalista.

Mas o incidente de Sarajevo só forneceu o pretexto. Causas e conflitos para a guerra, tudo estava maduro havia muito tempo; a constelação que hoje vivenciamos estava pronta havia uma década. A cada ano e a cada acontecimento político dos últimos tempos ela se aproximava um passo: a revolução turca, a anexação da Bósnia, a crise do Marrocos, a expedição de Trípoli, as duas guerras balcânicas. Todos os projetos de lei dos últimos anos foram apresentados levando diretamente em consideração a guerra como uma preparação consciente para o inevitável ajuste de contas geral. Cinco vezes no decorrer dos últimos anos a guerra não rebentou por um fio: no verão de 1905, quando pela primeira vez a Alemanha anunciou peremptoriamente suas pretensões no caso do Marrocos; no verão de 1908, quando a Inglaterra, a Rússia e a França, depois do encontro dos monarcas em Reval por causa da questão macedônia, quiseram enviar um ultimato à Turquia e a Alemanha, a fim de defendê-la, se dispunha a entrar em guerra, o que só foi evitado pela eclosão da revolução turca;[49] no começo de 1909, quando a Rússia se mobilizou em resposta à anexação da Bósnia pela Áustria, ao que a Alemanha declarou formalmente em São Petersburgo que estava pronta a entrar na guerra ao lado da Áustria; no verão de 1911, quando o Panther foi enviado a Agadir, o que teria certamente deflagrado a guerra se a Alemanha não tivesse renunciado a parte do Marrocos e se contentado com o Congo; e por

---

ao clarão luminoso de um grande e ditoso futuro a concepção austríaca de Estado, a ideia de missão austríaca de levar aos *povos dos Balcãs* a liberdade e a civilização [*Kultur*]. Desde que morreu o grande homem cuja mão poderosa, cuja energia inquebrantável teria criado a Grande-Áustria da noite para o dia, desde então desejamos tudo da guerra. Esta é a última carta na qual apostamos tudo! É provável que a enorme excitação que reina na Áustria e na Hungria depois desse atentado leve à explosão contra a Sérvia e mais tarde também contra a Rússia. O arquiduque Francisco Fernando, como indivíduo, pôde apenas preparar, mas não implementar esse imperialismo. *Oxalá sua morte seja o sacrifício necessário para levar adiante o entusiasmo imperialista em toda a Áustria*". (N. R. L.)

49 "Pelo lado da política alemã estávamos, naturalmente, informados do que deveria acontecer, e hoje já não traímos qualquer segredo ao dizer que, como outras frotas europeias, *também as forças navais alemãs se encontravam em condições de intervir imediatamente*" (Rohrbach, *Der Krieg in der deutschen Politik*, p.32). (N. R. L.)

fim, no começo de 1913, quando a Alemanha, vendo que a Rússia tinha a intenção de invadir a Armênia, esclareceu formalmente pela segunda vez em São Petersburgo que estava pronta a entrar em guerra. Portanto, há oito anos que a presente guerra mundial está no ar. Se ela foi continuamente adiada, isso aconteceu unicamente porque, todas as vezes, um dos lados concernidos ainda não havia concluído seus preparativos militares. Sobretudo na aventura do *Panther* em 1911 esta guerra mundial já estava madura – sem o casal de arquiduques assassinados, sem os aviadores franceses sobre Nuremberg e sem a invasão russa da Prússia oriental. A Alemanha simplesmente a adiou para um momento mais conveniente. Aqui também só é preciso ler a exposição sincera dos imperialistas alemães:

> Agora que o chamado lado pan-germânico critica a fraqueza da política alemã durante a crise do Marrocos em 1911, basta lembrar, para eliminar essa falsa ideia, que quando enviamos o Panther a Agadir, a reconstrução do canal ligando o Mar do Norte ao Mar Báltico ainda estava em obras, que a construção de uma grande fortaleza marítima na Helgolândia ainda não havia terminado e que nossa frota de encouraçados e acessórios, em face do poder marítimo inglês, apresentava uma condição nitidamente desfavorável comparada a três anos depois. Tanto o canal, quanto a Helgolândia e o poderio da frota estavam, em comparação com o presente ano de 1914, fortemente atrasados, e ainda não podiam ser utilizados na guerra. *Numa situação como essa, sabendo-se que um pouco mais tarde haverá condições bem mais favoráveis, querer provocar uma guerra decisiva, teria sido simplesmente loucura.*[50] [Grifos de RL]

Primeiro era preciso equipar a frota naval alemã e fazer aprovar os grandes projetos de lei militares no Reichstag.[51] No verão de 1914 a Alemanha sentiu-se preparada para a guerra, ao passo que a

---

50 Rohrbach, *Der Krieg und die Deutsche Politik*, p.41.
51 No fim de março de 1913 foi apresentado ao Reichstag um projeto de lei militar e de defesa que previa o maior reforço das Forças Armadas desde o início do império alemão. Uma parte dos recursos necessários viria de uma contribuição extraordinária para a defesa e de um imposto

França ainda penava para instituir o serviço militar de três anos e a Rússia ainda não tinha aprontado o programa naval nem o exército. Tratava-se de aproveitar firmemente a situação. O mesmo Rohrbach, não apenas o mais sério porta-voz do imperialismo alemão, mas também, pelo estreito contato com os círculos dirigentes da política alemã, quase sua voz oficiosa, escrevia sobre a situação em julho de 1914:

> Para nós, isto é, para a Alemanha e a Áustria-Hungria, nossa principal preocupação, dessa vez, era que uma transigência passageira e aparente da Rússia nos obrigasse moralmente a esperar *até que a Rússia e a França estivessem realmente preparadas.*[52]

Em outras palavras: a principal preocupação em julho de 1914 era que a "ação de paz" do governo alemão tivesse êxito, que a Rússia e a Sérvia pudessem ceder. Tratava-se, dessa vez, de as *coagir* à guerra. E a coisa deu certo. "É com profunda dor que vimos malograr nossos incansáveis esforços para manter a paz mundial" etc.

Quando os batalhões alemães invadiram a Bélgica, quando o Reichstag alemão foi colocado perante o fato consumado da guerra e do estado de sítio, isso não era um raio em céu azul, uma situação nova, inesperada, um acontecimento que nesse contexto político pudesse ser uma surpresa para a bancada social-democrata. A guerra mundial, que começou oficialmente no dia 4 de agosto, era a mesma para a qual a política imperialista alemã e internacional trabalhava incansavelmente havia décadas, a mesma cuja aproximação a social-democracia alemã, havia dez anos, também incansavelmente, profetizava quase ano a ano, a mesma que os parlamentares, os jornais e as brochuras social-democratas estigmatizaram mil vezes como um frívolo crime imperialista, que nada tinha a ver com a civilização nem com o interesse nacional, sendo, pelo contrário, o oposto direto de ambos.

---

sobre os bens acima de 10 mil marcos; a parte restante recairia sobre a população trabalhadora. Em 30 de junho de 1913 o projeto foi aprovado no Reichstag.
52 Rohrbach, op. cit., p.82-83.

E de fato. Nesta guerra não se trata da "existência e do desenvolvimento pacífico da Alemanha", como diz a declaração da bancada social-democrata, não se trata da civilização alemã, como escreve a imprensa social-democrata, e sim dos lucros atuais do Deutsche Bank na Turquia Asiática e dos lucros futuros dos Mannesmann e Krupp no Marrocos; trata-se da existência e do caráter reacionário da Áustria, esse "monte de podridão organizada que se chama monarquia habsburguesa", como escrevia o *Vorwärts* em 25 de julho de 1914; trata-se das ameixas e dos porcos húngaros, e do parágrafo 14, das cornetas das crianças e da civilização de Friedmann-Prochaska, da manutenção do domínio turco dos Baschi-Bosuken[53] na Ásia Menor e da contrarrevolução nos Bálcãs.

Uma grande parte da imprensa de nosso partido ficou moralmente indignada com o fato de as pessoas de "cor e os selvagens", os negros, os sikhs, os maori serem levados à guerra pelos adversários da Alemanha. Ora, esses povos representam na guerra atual mais ou menos o mesmo papel que os proletários socialistas dos Estados europeus. E se os maori da Nova Zelândia, segundo os comunicados da Reuter, desejavam ardentemente quebrar a cabeça pelo rei da Inglaterra, mostravam assim tanta consciência dos próprios interesses quanto a bancada social-democrata alemã, que confundiu a manutenção da monarquia habsburguesa, da Turquia e do cofre do Deutsche Bank com a existência, a liberdade e a civilização do povo alemão. Contudo, havia certamente uma grande diferença: os maori, ainda havia uma geração, praticavam o canibalismo e não a teoria marxista.

V

E o tsarismo! Esse foi sem dúvida determinante para a atitude do partido, sobretudo no primeiro momento da guerra. Em sua declara-

---

53 Os Baschi-Bosuks eram tropas irregulares e bem armadas, de má fama por causa de sua crueldade e dos saques. Apareceram pela primeira vez na guerra entre a Rússia e a Turquia em 1853.

ção, a bancada social-democrata lançou a palavra de ordem: contra o tsarismo! A imprensa social-democrata, a partir daí, imediatamente travou uma luta em defesa de toda "a civilização" europeia.

O *Volksstime* de Frankfurt escrevia em 31 de julho:

> Já faz muito tempo que a social-democracia alemã acusa o tsarismo de ser o refúgio sanguinário da reação europeia: desde a época em que Marx e Engels observavam com olhar penetrante cada movimento desse regime bárbaro, até hoje, quando enche as prisões com prisioneiros políticos, tremendo, no entanto, diante de qualquer movimento operário. *Agora, sob as bandeiras de guerra alemãs, chegou a oportunidade* de ajustar contas com essa detestável sociedade.

O *Pfälzische Post*, em Ludwigshafen, no mesmo dia:
"Este é um princípio estabelecido por nosso inesquecível August Bebel. Trata-se da luta da civilização [*Kultur*] contra a barbárie [*Unkultur*], e dela o proletariado também participa."

No *Münchener Post* de 1º de agosto:
"No dever de defender o país contra o tsarismo sanguinário, não nos deixaremos transformar em cidadãos de segunda classe."

O *Volksblatt* de Halle, em 5 de agosto:

> Se é verdade que fomos atacados pela Rússia – e é o que todas as informações reconheceram até agora – é evidente que a social--democracia aprova todos os meios de defesa. O tsarismo precisa ser expulso do país com toda a força!

E em 18 de agosto:

> Mas agora que os dados foram lançados, agora não é mais somente o dever de defender a pátria e de conservar a própria nação que põe as armas em nossas mãos, assim como nas de todos os outros alemães, mas também a consciência de que o inimigo contra o qual lutamos no leste é ao mesmo tempo o inimigo de todo progresso e de

toda a civilização [...]. *A derrota da Rússia é simultaneamente a vitória da liberdade na Europa.*

O *Volksfreund* de Braunschweig escrevia em 5 de agosto:

> A pressão irresistível do poder militar arrasta tudo consigo. Mas os trabalhadores com consciência de classe não seguem apenas o poder externo, eles obedecem à sua própria convicção quando defendem o solo em que se encontram da invasão vinda do leste.

O *Arbeiterzeitung* de Essen escrevia já em 3 de agosto:

> Se agora este país está ameaçado pelas resoluções da Rússia, então os social-democratas, perante o fato de que se trata de combater o sanguinário tsarismo russo, os milhões de crimes contra a liberdade e a civilização [*Kultur*], não se deixarão superar por ninguém no país no que se refere ao cumprimento do dever e à disposição para o sacrifício [...]. Abaixo o tsarismo! Abaixo o refúgio da barbárie! Essa é a palavra de ordem.

Do mesmo modo, o *Volkswacht* de Bielefeld, em 5 de agosto: "A palavra de ordem é por todo lado a mesma: *contra o despotismo russo e sua perfídia!*"

O jornal do partido de Eberfeld, em 5 de agosto:

> É do interesse vital de toda a Europa ocidental eliminar o tsarismo monstruoso e assassino. Mas esse interesse da humanidade é sufocado pela voracidade das classes capitalistas da Inglaterra e da França que querem impedir ao capital alemão as possibilidades de lucro exercidas até agora.

O *Rheinische Zeitung* de Colônia: "Amigos, cumpri o vosso dever, aonde quer que o destino vos mande! *Vós lutais pela civilização europeia*, pela liberdade da vossa pátria e pelo vosso próprio bem-estar".

O *Schleswig-Holsteinische Volkszeitung* de 7 de agosto escrevia:

> É evidente que vivemos na época do capitalismo e que, com toda certeza, também teremos lutas de classes depois da grande guerra. Mas essas lutas de classes ocorrerão num Estado mais livre do que aquele que conhecemos hoje, essas lutas de classes limitar-se-ão antes ao domínio econômico e quando o tsarismo russo tiver desaparecido será impossível tratar os social-democratas como excluídos, como cidadãos de segunda classe, como desprovidos de direitos políticos.

Em 11 de agosto, o *Hamburger Echo* clamava:

> Pois nós não temos somente que conduzir a guerra de defesa contra a Inglaterra e a França, nós temos, sobretudo, que conduzir a guerra contra o tsarismo, o que fazemos com todo o entusiasmo. Pois esta é uma guerra em prol da civilização [*Kultur*].

E o órgão do partido em Lübeck, ainda em 4 de setembro:

> Se a liberdade da Europa for salva, uma vez que a guerra foi desencadeada, a Europa tem que agradecer *à força das armas alemãs. É contra o inimigo mortal de toda democracia e de toda liberdade que se dirige nosso principal combate.*

Eis o que ecoava, num coro polifônico, a imprensa do partido alemão.

No estágio inicial da guerra, o governo alemão aceitou a ajuda oferecida: com mão negligente espetou no capacete os louros de libertador da civilização europeia. Sim, ele consentiu, embora com visível mal-estar e uma graça bastante torpe, no papel de "libertador das nações". O comando geral "dos dois grandes exércitos" [*fun die beide graufbe Armees*] tinha até mesmo aprendido a trapacear às escondidas e, na Polônia russa, fazia cócegas por trás dos *peiot* [*hinter den Ohrlocken*] dos "bicões [*Schnorrer*] e conspiradores".⁵⁴ Da mesma forma, foi prometido o reino dos céus aos poloneses, naturalmente ao preço de cometerem "alta traição" em massa contra o regime tsarista, a mesma "alta traição" por cuja suposta tentativa o duala Manga Bell, nos Camarões, foi enforcado em meio ao alarido da guerra, sem tambores nem trombetas, e sem um fastidioso processo judicial.⁵⁵ E a imprensa do Partido Social-Democrata aderiu a todos esses saltos de urso [*Barensprünge*] do imperialismo alemão em dificuldades. Enquanto a bancada parlamentar no Reichstag cobria o cadáver do chefe duala com um silêncio discreto, a imprensa social-democrata enchia os ares com um alegre canto de cotovia sobre a liberdade levada pelas "coronhas alemãs" às pobres vítimas do tsarismo.

O órgão teórico do partido, *Die Neue Zeit*, escrevia no número de 28 de agosto:

> A população fronteiriça do império do "Paizinho" *saudou com gritos de alegria a chegada das tropas alemãs*, pois aos poloneses e judeus dessa região só lhes foi dado provar o conceito de pátria na forma da corrupção e do chicote. Pobres diabos, sujeitos realmente sem pátria, esses súditos maltratados do sanguinário Nicolau, mesmo que tivessem vontade, nada teriam a defender senão seus grilhões e, *por isso, vivem e se agitam agora no desejo e na esperança de que as coronhas alemãs, brandidas por punhos alemães, queiram dentro em pouco aniquilar todo o sistema tsarista* [...]. Enquanto o trovão da guerra mundial explode sobre suas cabeças, na classe trabalhadora alemã vive igualmente uma

---

54 O Comando Geral no leste divulgara um panfleto em iídiche com o título "An de Jidden Polens" [Aos judeus da Polônia], que certamente Rosa Luxemburgo conhecia e por isso, nesta passagem, usa palavras em iídiche, como "*fun die beide graußfe Armees*" e o termo "*Schnorrer*". Os alemães prometeram aos poloneses instituir o reino da Polônia a fim de fazer que se sublevassem contra o tsar da Rússia, o que esclarece a frase logo a seguir: "foi prometido o reino dos céus aos poloneses [...]" (agradeço essas informações a Christine Krauss e Werner Abel). A expressão "hinter den Ohrlocken" significa, ao pé da letra, por trás dos cachos, numa referência aos judeus ortodoxos que usam cachos de cabelo [*peiot*] à frente das orelhas.

55 Em 1914, a tribo dos duala, no litoral dos Camarões, sublevou-se contra o domínio alemão. A insurreição foi violentamente reprimida e o chefe Manga Bell foi enforcado em 8 de agosto de 1914.

vontade política com objetivos claros: defender-se no Ocidente contra os aliados da barbárie oriental, a fim de concluir com eles uma paz honrosa e, *na aniquilação do tsarismo, utilizar cavalos e homens até o último suspiro*.[56] [Grifos de RL]

Depois que a bancada social-democrata atribuiu à guerra o caráter de defesa da nação e da civilização alemãs, a imprensa social-democrata atribui-lhe o caráter de libertadora das nações estrangeiras. Hindenburg tornava-se o executor testamentário de Marx e Engels.

Nesta guerra, a memória pregou indiscutivelmente ao nosso partido uma peça fatal: enquanto ele esquecia completamente todos os seus princípios, promessas e resoluções adotados nos Congressos internacionais, justo no momento em que se tratava de aplicá-los, para seu azar lembrou-se de um "legado" de Marx, tirando-o da poeira dos tempos precisamente no momento em que só podia servir para enfeitar o militarismo prussiano, que Marx queria combater utilizando "homens e cavalos até o último suspiro". Foram os toques de trombeta gelados da *Nova Gazeta Renana* e da revolução alemã de março [de 1848] contra a Rússia dos servos de Nicolau I que, no ano da graça de 1914, penetraram subitamente nos ouvidos da social-democracia alemã e lhe puseram nas mãos as "coronhas alemãs", lado a lado com os *junkers* prussianos, contra a Rússia da grande Revolução [de 1905].

Mas justamente aqui se trata de fazer uma "revisão" e de examinar as palavras de ordem da revolução de março [de 1848] à luz da experiência histórica de quase setenta anos.

Em 1848, o tsarismo russo era de fato o "refúgio da reação europeia". Produto autóctone das condições sociais russas, em cuja base medieval, de economia natural, estava profundamente enraizado, o absolutismo era o protetor e, ao mesmo tempo, o guia todo-poderoso da reação monárquica, abalada pela revolução burguesa e, sobretudo na Alemanha, pela fragmentação em pequenos Estados. Ainda em 1851, Nicolau I podia dar a entender em Berlim, pelo cônsul prussiano Von

---

56 Volkskrieg. *Die Neue Zeit*, Stuttgart, v.2, n.32, p.872, Jg. 1913-14.

Rochow, que ele "certamente gostou muito de ver, em novembro de 1848, a revolução ser reprimida pela raiz com a entrada do general Von Wrangel em Berlim" e que "ainda havia outros momentos em que não se precisava dar uma má Constituição". Ou, noutra feita, numa advertência a Manteuffel: que ele "tinha a certeza de que o ministério real, sob a liderança de Hochdero, defenderia energicamente os direitos da coroa perante as Câmaras, e que faria valer os princípios conservadores". O mesmo Nicolau ainda podia igualmente conceder a ordem de Alexandre Nevski a um ministro-presidente prussiano em reconhecimento por seus "esforços constantes [...] visando a reforçar a ordem legal na Prússia".

A guerra da Crimeia trouxe a esse respeito uma grande modificação. Ela provocou a bancarrota militar e, consequentemente, também a bancarrota política do antigo sistema. O absolutismo russo viu-se obrigado a percorrer o caminho das reformas, a modernizar-se, a adaptar-se às condições burguesas, estendendo assim o dedo mindinho ao diabo, que agora o segura firmemente pelo braço e que, por fim, agarrará tudo. Os resultados da guerra da Crimeia eram, também, uma amostra instrutiva do dogma da libertação que as "coronhas" podiam levar a um povo subjugado. A bancarrota militar em Sedan deu à França a República. Mas essa República não era um presente da soldadesca de Bismarck: naquela época, como hoje, a Prússia não tinha nada a oferecer aos outros povos a não ser o próprio regime de *junkers*. Na França, a República era o fruto internamente amadurecido das lutas sociais desde 1789 e das três revoluções. O *crash* de Sebastopol teve o mesmo efeito que o de Jena: a falta de um movimento revolucionário dentro do país levou apenas à renovação e à reconsolidação externas do antigo regime.

Mas as reformas dos anos 1860 na Rússia,[57] que abriram caminho ao desenvolvimento capitalista-burguês, só podiam ser realizadas com

---

57 A derrota da Rússia na Guerra da Crimeia (1853-1856) exacerbou de tal maneira a situação política interna do país que as classes dominantes foram obrigadas a introduzir uma série de reformas entre 1861 e 1870. As mais importantes: o fim da servidão (1861), a formação de

os meios financeiros de uma economia capitalista-burguesa. E esses meios foram fornecidos pelo capital europeu ocidental – da Alemanha e da França. A partir dessa época criou-se a nova situação que permanece até hoje: o absolutismo russo é mantido pela burguesia da Europa ocidental. Não é mais o "rublo russo" que corre nas câmaras diplomáticas, como ainda em 1854 o príncipe Guilherme da Prússia se queixava amargamente, "até a antecâmara do rei", mas, ao contrário, é o ouro alemão e francês que corre para São Petersburgo, para aí alimentar o regime tsarista que, sem essa seiva vivificante, teria havia muito tempo cumprido sua missão. Desde então o tsarismo deixou de ser simplesmente um produto das condições russas: as condições capitalistas da Europa ocidental são sua segunda raiz. Sim, a partir dessa época a situação altera-se cada vez mais a cada década. Na mesma medida em que o desenvolvimento do capitalismo russo corrói a raiz autóctone da autocracia na própria Rússia, ele reforça cada vez mais a outra, a da Europa ocidental. Ao apoio financeiro se junta, em medida crescente, o apoio político, por causa da concorrência entre a França e a Alemanha desde a guerra de 1870. Quanto mais forças revolucionárias se erguem contra o absolutismo no seio do próprio povo russo, tanto mais elas esbarram na resistência proveniente da Europa ocidental, que concede reforço moral e político pela retaguarda ao tsarismo ameaçado. Quando, no início dos anos 1880, o movimento terrorista do velho socialismo russo havia, por algum tempo, abalado gravemente o regime tsarista e destruído sua autoridade interna e externa, foi justamente então que Bismarck concluiu com a Rússia seu tratado de ressegurança, dando-lhe apoio na política internacional. Por sua vez, quanto mais a Rússia era cortejada pela política alemã, tanto mais, naturalmente, lhe eram abertos sem limites os cofres da burguesia francesa. Bebendo dessas duas fontes de auxílio, o absolutismo prorrogava doravante sua existência lutando internamente contra a maré enchente do movimento revolucionário.

órgãos de autogestão no campo e na cidade (1864), mudanças na instrução pública (1863), na justiça (1864) e na censura (1865).

O desenvolvimento capitalista, que o tsarismo mimava com as próprias mãos, deu finalmente frutos: a partir dos anos 1890, começou o movimento de massas revolucionário do proletariado russo. Os alicerces do tsarismo puseram-se a estremecer e a vacilar no próprio país. O antigo "refúgio da reação europeia" vê-se obrigado a conceder em breve até mesmo "uma má Constituição", e doravante tem mesmo que procurar um "refúgio" salvador diante da maré enchente na própria pátria. E ele o encontra – na Alemanha. A Alemanha de Bülow anula a dívida de gratidão que a Prússia de Wrangel e Manteuffel havia contraído. A situação sofre uma inversão direta: a ajuda prestada pela Rússia contra a Revolução Alemã [de 1848] é trocada pela ajuda prestada pela Alemanha contra a Revolução Russa [de 1905]. Espionagens, expulsões, extradições – uma regular "caçada aos demagogos" dos benditos tempos da Santa Aliança desencadeia-se na Alemanha contra os russos que combatem pela liberdade, perseguindo-os até a soleira da Revolução Russa. Em 1904, no processo de Königsberg, a caçada encontra não somente seu coroamento, mas ilumina como um *flash* todo o período do desenvolvimento histórico desde 1848, a total reviravolta das relações entre o absolutismo russo e a reação europeia. *Tua res agitur!* [É tua a coisa!], grita um ministro da justiça prussiano às classes dominantes alemãs, apontando com o dedo os alicerces vacilantes do regime tsarista na Rússia. "*O estabelecimento de uma República democrática na Rússia deveria exercer a mais sensível influência na Alemanha*", esclarece em Königsberg o primeiro procurador Schütze.[58] "*Se a casa de meu vizinho está em chamas, a minha também corre perigo.*" E seu assistente Caspar enfatiza:

> De resto, a permanência, ou não, do bastião do absolutismo exerce naturalmente uma influência considerável sobre os interesses públicos alemães. *É indubitável que as chamas de um movimento revolucionário podem facilmente atingir a Alemanha.*

---

58 No original: Schulze.

Aqui saltava finalmente aos olhos como a toupeira do desenvolvimento histórico solapa as coisas, as coloca de ponta-cabeça, enterrando a antiga frase sobre o "refúgio da reação europeia". A reação europeia, em primeiro lugar a dos *junkers* prussianos, é agora o refúgio do absolutismo russo. Este se mantém graças a ela, e é nela que pode ser mortalmente atingido. O destino da Revolução Russa viria a confirmá-lo.

A Revolução foi esmagada. Mas, se examinarmos mais profundamente as causas de seu fracasso provisório, veremos que são instrutivas a respeito da posição da social-democracia alemã na guerra atual. Duas causas podem explicar a derrota da rebelião russa em 1905--1906, apesar de seu dispêndio de energia revolucionária, clareza de objetivos e tenacidade extraordinários. A primeira consiste no caráter interno da própria Revolução: em seu enorme programa histórico, na massa de problemas econômicos e políticos que levantou, tal como fizera um século antes a grande Revolução Francesa e dos quais alguns, como a questão agrária, são absolutamente insolúveis no quadro da atual ordem social; na dificuldade de criar uma forma de Estado moderna para a dominação de classe da burguesia contra a resistência contrarrevolucionária do conjunto da burguesia do império. Desse ponto de vista, a Revolução Russa fracassou justamente por ser uma revolução proletária com tarefas burguesas ou, se quisermos, uma revolução burguesa com métodos de combate proletário-socialistas, uma colisão entre duas épocas em meio a relâmpagos e trovões, um fruto, tanto do desenvolvimento atrasado das relações de classe na Rússia, quanto de seu superamadurecimento na Europa ocidental. Assim, também a derrota em 1906 não é sua bancarrota, mas simplesmente a conclusão natural do primeiro capítulo, ao qual, com a necessidade de uma lei natural, outros devem seguir-se. A segunda causa era, mais uma vez, de natureza externa: ela residia na Europa ocidental. A reação europeia novamente corria em ajuda de seu protegido em apuros. Não ainda com pólvora e chumbo, embora já em 1905 as "coronhas alemãs em punhos alemães" só estivessem à espera de um sinal de São Petersburgo para invadir a vizinha Polônia. Mas ajudou-se o tsarismo com instrumentos igualmente eficientes, com subsídios financeiros e alianças políticas. Com dinheiro francês ele conseguiu os cartuchos com que abateu os revolucionários russos, e da Alemanha recebeu o reforço moral e político para subir das profundezas do ultraje a que tinha sido empurrado pelos torpedos japoneses e os punhos dos proletários russos. Em 1910, em Potsdam, a Alemanha oficial recebeu o tsarismo russo de braços abertos. A recepção do [tsar] manchado de sangue [*Blutbesudelten*] às portas da capital do império alemão não significava apenas a bênção da Alemanha ao estrangulamento da Pérsia, mas, sobretudo, ao trabalho de carrasco da contrarrevolução russa; era o banquete oficial da "civilização" alemã e europeia sobre o suposto túmulo da Revolução Russa. Mas que estranho! Naquela época, quando ela assistia em sua própria casa a esse banquete fúnebre realizado sobre a hecatombe da Revolução Russa, a social-democracia alemã ficou completamente calada, tendo esquecido totalmente o "legado de nossos velhos mestres" do ano de 1848. Enquanto no começo da guerra, desde que a polícia permitisse, o menor jornal do partido se embriagava com expressões sanguinárias contra o carrasco da liberdade russa, o ano de 1910, quando o carrasco era festejado em Potsdam, não emitiu nenhum som, nenhum protesto, nenhum artigo de solidariedade com a liberdade russa, não pronunciou nenhum veto contra o apoio à contrarrevolução russa! E, no entanto, a viagem triunfal do tsar pela Europa em 1910 revelou melhor do que qualquer outra coisa que os proletários russos abatidos não eram apenas vítimas da reação em sua terra natal, mas também na Europa ocidental, que hoje, assim como nas lutas de março de 1848, as cabeças ensanguentadas fogem não somente da reação em seu próprio país, mas também de seu "refúgio" no exterior.

No entanto, a fonte viva da energia revolucionária do proletariado russo é tão inesgotável quanto o cálice de seus sofrimentos sob o duplo regime do chicote, do tsarismo e do capital. Depois de um período da mais desumana cruzada da contrarrevolução, o fermento revolucionário recomeçou. Desde 1911, desde o massacre de Lena, a massa trabalhadora retomou a luta, a maré começou a subir e a fazer espuma. Segundo os relatos oficiais, em 1910 as greves econômicas na Rússia abrangiam 46.623 trabalhadores e 256.385 dias; em 1911, 96.730 trabalhadores e 768.556 dias; nos primeiros cinco meses de 1912, 98.771 trabalhadores e 1.214.881 dias. As greves de massa, ações de protesto e manifestações políticas abrangiam, em 1912, 1.005.000 de trabalhadores, e em 1913, 1.272.000. No ano de 1914, a maré subiu, num murmúrio abafado, sempre mais ameaçadora e mais alta. Em 22 de janeiro, para festejar o início da revolução, houve uma greve de massas de 200 mil trabalhadores. Em junho, tal como antes de irromper a revolução de 1905, a grande labareda atingiu o Cáucaso, em Baku, onde 40 mil trabalhadores fizeram uma greve de massas. Logo a seguir a chama alcançou São Petersburgo: ali, em 17 de julho, 80 mil trabalhadores entraram em greve, em 20 de julho, 200 mil, em 23 de julho a greve geral começou a espalhar-se por todo o império russo, imediatamente se ergueram barricadas, a revolução estava em marcha. Mais alguns meses e ela certamente apareceria de bandeiras desfraldadas. Mais alguns anos e talvez pudesse paralisar o tsarismo, a ponto de este não poder mais servir na dança imperialista de todos os Estados, planejada para 1916. Isso talvez tivesse modificado toda a constelação política mundial e estragado os planos do imperialismo.

Mas, pelo contrário, a reação alemã frustrou novamente os planos revolucionários do movimento russo. De Viena e Berlim desencadeou-se a guerra que sepultou a Revolução Russa sob os escombros – talvez novamente durante anos. "As coronhas alemãs" não esmagaram o tsarismo, mas os seus opositores. Ajudaram o tsarismo na guerra mais popular que a Rússia conheceu em um século. Dessa vez tudo contribuiu para o prestígio moral do governo russo: a guerra provocada por Viena e Berlim, evidente para todo mundo fora da Alemanha, a "união nacional" [*Burgfrieden*] na Alemanha e o delírio nacionalista que desencadeou o destino da Bélgica, a necessidade de correr em socorro da República francesa – nunca o absolutismo teve uma posição tão favorável numa guerra europeia. A bandeira da revolução tremulando ao vento, cheia de esperanças, afundou no turbilhão selvagem da guerra, mas caiu com honra e voltará a sair tremulando dessa carnificina brutal – apesar das "coronhas alemãs", apesar da vitória ou da derrota do tsarismo nos campos de batalha.

As insurreições nacionais na Rússia também fracassaram. As "nações" [que faziam parte do império russo], evidentemente, caíram menos no engodo da missão libertadora das tropas de Hindenburg que a social-democracia alemã. Os judeus, povo prático que são, podiam fazer essa simples operação aritmética nos dedos: os "punhos alemães", que nem sequer tinham conseguido "esmagar" a reação na própria Prússia, por exemplo, o voto censitário, eram ainda menos capazes de esmagar o absolutismo russo. Os poloneses, abandonados a uma guerra triplamente infernal, não podiam certamente responder em voz alta à promissora mensagem de saudação de seus "libertadores" vindos de Wreschen [Września], onde se inculcava o Pai-Nosso em alemão às crianças polonesas, deixando-as com vergões sangrentos no corpo,[59] nem à das comissões de colonização prussianas;[60] mas eles poderiam em silêncio ter traduzido a expressão de Götz von Berlichingen[61] num polonês ainda mais vigoroso. Todos eles, poloneses, judeus e russos, logo perceberam que as "coronhas alemãs", que lhes despedaçavam a cabeça, não lhes levavam a liberdade, e sim a morte.

Mas a lenda da libertação criada nesta guerra pela social--democracia alemã com o legado de Marx é mais do que uma piada de mau gosto, é uma leviandade. Para Marx, a Revolução Russa significava uma guinada mundial. Todas as suas perspectivas políticas e

---

59 Em Wreschen, uma cidade da antiga província de Posen, no dia 20 de maio de 1901, crianças polonesas apanharam durante horas, porque não queriam responder em alemão às perguntas do professor. O polonês tinha sido tolerado nas escolas, e a introdução do alemão como língua obrigatória levou a protestos. Os pais, indignados, que tentaram entrar na escola para proteger os filhos, foram mais tarde punidos por uma corte prussiana, porque teriam cometido "atos atrozes contra o Estado".

60 A chamada comissão de colonização, que exercia suas atividades com base na lei de colonização [*Ansiedlungsgesetz*] de 1886, intensificada em 1893 e 1902, e dispunha de milhões de marcos para "reforçar o elemento alemão nas províncias da Prússia ocidental e em Posen", devia adquirir propriedades polonesas com dinheiro público. Estas seriam cedidas a latifundiários e, quando parceladas, a colonos alemães.

61 No terceiro ato da peça de Goethe, *Götz von Berlichingen*, o personagem diz, em resposta ao bispo de Bamberg, que pedia sua rendição: "Mas ele, diga-lhe, ele pode lamber-me o cu!" [*Er aber, sags ihm, er kann mich im Arsche lecken!*].

históricas estavam ligadas a esta ressalva: "enquanto a revolução não eclodir na Rússia". Marx acreditava na Revolução Russa e esperava por ela, embora ainda tivesse diante dos olhos a Rússia dos servos. A revolução, entretanto, chegou. Ela não venceu ao primeiro golpe, mas já não pode ser banida, está na ordem do dia e acaba justamente de se levantar. E, de repente, os social-democratas alemães avançam com as "coronhas alemãs", declarando a nulidade da Revolução Russa, riscando-a da história. De repente, sacam os registros de 1848: viva a guerra contra a Rússia! Mas no ano de 1848 havia revolução na Alemanha, e, na Rússia, reação intransigente, desesperada. Em contrapartida, no ano de 1914, a Rússia tinha a revolução no corpo, enquanto na Alemanha dominavam os *junkers* prussianos. Não foi a partir das barricadas, como Marx em 1848, mas diretamente da cave dos pandures [*Pandurenkeller*],[62] onde um tenentezinho os mantinha presos, que os "libertadores da Europa" alemães se lançaram em sua missão civilizadora contra a Rússia! Fraternalmente abraçados, como um povo unido com os *junkers* prussianos, que são o refúgio mais sólido do tsarismo, abraçados numa "união sagrada" [*burgfriedlich*] com os ministros e procuradores de Königsberg, lançaram-se contra o tsarismo, e as "coronhas" esmagaram a cabeça dos proletários russos!

Dificilmente se pode pensar numa farsa histórica mais sanguinária, num escárnio mais brutal da Revolução Russa e do legado de Marx. Ela constitui o episódio mais sombrio da atitude política da social-democracia durante a guerra.

Na verdade, a libertação da civilização europeia devia ser apenas um episódio. O imperialismo alemão abandonou rapidamente a más-

---

62 Referência à cela existente na cave do castelo de Saverne, cidade da Alsácia, onde, no fim de 1913, certo tenente prussiano, Von Forstner, declarou aos recrutas que podiam impunemente abater um alsaciano em caso de briga ou discussão, prometendo dez marcos como recompensa por cada "Wacke" (vadio, expressão pejorativa designando os alsacianos) abatido. Essa declaração provocou enorme indignação na cidade; o oficial que comandava o regimento decretou então o estado de sítio, prendeu muita gente na cave dos pandures (os pandures eram soldados de infantaria irregulares, integrados ao exército austro-húngaro no século XVIII; por influência austríaca foram criadas unidades de pandures em alguns outros exércitos da Europa Central), tudo isso aprovado pelo governo alemão.

cara incômoda, a frente voltou-se de maneira aberta contra a França, e, sobretudo, contra a Inglaterra. Depressa, uma parte da imprensa do partido também acompanhou essa guinada. Em vez do tsar sanguinário, ela votou ao desprezo geral a pérfida Albion e seu espírito de merceeiro; em vez de libertar a civilização europeia do absolutismo russo, passou a libertá-la do domínio marítimo da Inglaterra. A situação confusa e sem saída em que o partido tinha se metido não podia manifestar-se mais vivamente do que nas obstinadas tentativas da melhor parte de sua imprensa que, assustada com a frente reacionária, se esforçava por todo lado para reconduzir a guerra ao objetivo original, por comprometê-la com o "legado de nossos mestres", quer dizer, com um mito que a própria social-democracia havia criado! "Com o coração pesado tive que mobilizar meu exército contra um vizinho com o qual ele combateu em tantos campos de batalha. Com pesar sincero, vi acabar uma amizade fielmente preservada pela Alemanha." Era simples, franco e honesto. A bancada e a imprensa social-democrata transformaram esse estilo num artigo da *Nova Gazeta Renana*. Mas quando a retórica das primeiras semanas de guerra foi enxotada pelo prosaico estilo lapidar do imperialismo, a única e fraca explicação para a atitude da social-democracia alemã virou pó.

VI

O outro aspecto da atitude da social-democracia era a aceitação oficial da união sagrada [*Burgfrieden*], quer dizer, a suspensão da luta de classes enquanto durasse a guerra. A declaração da bancada, lida no Reichstag em 4 de agosto de 1914, era precisamente o primeiro ato desse abandono da luta de classes: seu teor já havia sido combinado com os deputados do governo imperial e dos partidos burgueses; o ato solene de 4 de agosto era uma peça patriótica preparada nos bastidores, visando ao povo e ao exterior, em que a social-democracia, ao lado dos outros participantes, já representava o papel por ela adotado.

A aprovação dos créditos pela bancada deu a palavra de ordem a todas as instâncias dirigentes do movimento operário. As lideranças sindicais determinaram a suspensão imediata de todas as lutas salariais e, apelando para os deveres patrióticos da união sagrada, comunicaram-no oficialmente aos empresários. A luta contra a exploração capitalista foi voluntariamente suspensa durante a guerra. Essas mesmas lideranças sindicais assumiram o fornecimento de força de trabalho urbana aos agricultores, de modo a garantir que as colheitas fossem feitas com tranquilidade. A liderança do movimento das mulheres social-democratas proclamou a união com as mulheres burguesas visando, em comum, a um "serviço nacional das mulheres", de modo a fazer que a mais importante força de trabalho do partido que ficou no país depois da mobilização, em vez de fazer agitação social-democrata, se empenhasse no samaritanismo nacional, como distribuição de sopas, aconselhamentos etc. Na época das leis contra os socialistas, o partido utilizara as eleições parlamentares, sobretudo para difundir o esclarecimento e afirmar sua posição, apesar de todos os estados de sítio e perseguições à imprensa social-democrata. Agora, durante as segundas eleições parlamentares para o Reichstag, parlamentos locais [*Landtagen*] e municípios [*Kommunalvertretungen*], a social-democracia renunciou oficialmente a qualquer luta eleitoral, quer dizer, a qualquer agitação e esclarecimento na perspectiva da luta de classes proletária, e reduziu as eleições parlamentares a seu simples conteúdo burguês: ao recolhimento de mandatos, em acordo pacífico com os partidos burgueses. A aprovação do orçamento pelos representantes social-democratas nos parlamentos locais e municipais – à exceção dos parlamentos da Prússia e da Alsácia-Lorena –, com um apelo solene à união nacional, marcou a ruptura brutal com a prática anterior à deflagração da guerra. A imprensa social-democrata, salvo raras exceções, exaltava ruidosamente o princípio da unidade nacional no interesse vital do povo alemão. No momento da deflagração da guerra advertiu contra a retirada das somas depositadas nas caixas econômicas e, assim, fez o que pôde para impedir a perturbação da vida econômica no país, garantindo o recurso aos significativos fundos das caixas econômicas para os empréstimos de guerra; advertia as proletárias para que não descrevessem aos maridos no campo de batalha a sua miséria e a dos filhos, nem o abastecimento insuficiente por parte do Estado, aconselhando-as a que, pela descrição da encantadora felicidade familiar "e pela *apresentação favorável da ajuda* que até então havia sido prestada, atuassem de maneira tranquilizadora e exaltante".[63] Enaltecia o trabalho educador do movimento operário moderno como excelente meio para ajudar a condução da guerra, de que é exemplo a amostra clássica a seguir:

> Só se conhecem os verdadeiros amigos na necessidade. Esse antigo provérbio tornou-se no momento expressão da verdade. Os social-democratas, atormentados, maltratados, perseguidos levantam-se como um só homem para proteger a pátria, e as centrais sindicais alemãs, às quais, com frequência, se faz tão difícil a vida na Alemanha prussiana, relatam unanimemente que seus melhores homens se encontram no exército. Mesmo jornais de empresários, do gênero do *Generalanzeiger*, noticiam esse fato e observam que estão convencidos de que "esses homens" cumprirão seu dever como os outros, e que ali onde *eles* estão talvez a pancadaria seja mais pesada.
>
> Mas nós estamos convencidos de que nossos instruídos sindicalistas podem fazer mais do que "dar porradas". No fim, com os exércitos de massa modernos, a condução da guerra não se tornou fácil para os generais; os modernos obuses da infantaria, com os quais se pode atingir um "alvo" a cerca de 3 mil metros, e com precisão até a 2 mil metros, tornam completamente impossível para os condutores do exército fazer avançar grandes contingentes de tropas em colunas de marcha cerrada. É preciso "alargar" cuidadosamente, e esse "alargamento" exige mais uma vez um número bem maior de patrulhas e uma tal disciplina e clareza de visão, não só dos destacamentos como dos homens isolados, que nesta guerra se verá realmente como os sindicatos atuaram de maneira educativa e até que ponto se pode confiar nessa educação em dias tão difíceis como os de agora. O soldado russo e o

---

63   Ver o artigo do jornal do partido em Nuremberg, reproduzido no *Hamburger Echo*, de 6 out. 1914. (N. R. L.)

soldado francês podem realizar prodígios de bravura, mas o sindicalista alemão os superará no que toca à reflexão fria e calma. Além disso, frequentemente nas zonas de fronteira o pessoal organizado conhece caminhos e atalhos como os bolsos das calças, muitos funcionários sindicais têm conhecimento de línguas etc. *Assim, se se disse que no ano de 1866 o avanço das tropas prussianas foi uma vitória do mestre-escola, dessa vez se poderá falar de uma vitória do funcionário sindical.*[64]

O órgão teórico do partido, *Die Neue Zeit* (nº 32, de 25 de setembro de 1914), declarava:

> Enquanto a questão for simplesmente de *vitória ou derrota*, todas as outras serão rechaçadas, inclusive a da *finalidade da guerra. Logo, com maior razão, serão rechaçadas todas as diferenças entre os partidos, as classes, as nações no interior do exército e da população.*[65] [Grifos de RL]

E em seu nº 8, de 27 de novembro de 1914, a mesma *Neue Zeit* esclarecia no capítulo "Os limites da Internacional":

> A guerra mundial separa os socialistas em diferentes campos e, sobretudo, em diferentes campos nacionais. *A Internacional é incapaz de impedi-lo.* [Grifos de RL]
> Isso significa que ela não é um instrumento eficaz na guerra, que *é essencialmente um instrumento da paz.*[66]

Sua "grande tarefa histórica" seria a "luta pela paz, a luta de classes na paz".

Assim, a social-democracia declara que, com o 4 de agosto de 1914 e até a futura conclusão da paz, a luta de classes não existe. Com o primeiro

---

64 *Volksstime*, Frankfurt, 18 ago. 1914.
65 Kautsky, Wirkungen des Krieges. *Die Neue Zeit*, Stuttgart, v.2, n.32, p.975, Jg. 1913-1914.
66 Id., Die Internationale und der Krieg. *Die Neue Zeit*, Stuttgart, v.1, n.33, p.248, Jg. 1914-1915.

tiro de canhão Krupp na Bélgica, a Alemanha transformou-se no país das maravilhas da solidariedade de classes e da harmonia social.

Mas, a rigor, como imaginar esse milagre? Sabe-se que a luta de classes não é uma invenção, uma livre criação da social-democracia, para que ela possa suprimi-la à vontade e espontaneamente por certo tempo. A luta de classes proletária é mais antiga que a social--democracia; é um produto elementar da sociedade de classes, que irrompe com o começo do capitalismo na Europa. Não foi a social--democracia que primeiro conduziu o proletariado moderno à luta de classes; pelo contrário, o proletariado criou a social-democracia para que levasse consciência dos objetivos e concatenação aos diferentes fragmentos locais e temporais da luta de classes. O que então mudou com a deflagração da guerra? Será que deixaram de existir a propriedade privada, a exploração capitalista, a dominação de classe? Será que os proprietários, num acesso de patriotismo, declararam: agora, em face da guerra, enquanto ela durar, entreguemos os meios de produção, as terras, as fábricas, os instrumentos para que entrem de posse da coletividade, renunciemos ao usufruto exclusivo dos bens, acabemos com todos os privilégios políticos e sacrifiquemo-los no altar da pátria enquanto ela estiver em perigo? A hipótese é completamente absurda e lembra as cartilhas infantis. E, no entanto, esse seria o único pressuposto que, logicamente, teria podido levar a classe trabalhadora a declarar: a luta de classes está suspensa. Mas, naturalmente, não foi o que aconteceu. Pelo contrário, todas as relações de propriedade, a exploração, a dominação de classe, e mesmo a privação de direitos em suas várias formas permaneceram intactas na Alemanha prussiana. O troar dos canhões na Bélgica e na Prússia oriental não modificou absolutamente nada na estrutura econômica, social e política da Alemanha.

A supressão da luta de classes foi, assim, uma medida totalmente unilateral. Enquanto permaneceu o "inimigo interno" da classe trabalhadora – a exploração e a opressão capitalistas –, as lideranças da classe trabalhadora – a social-democracia e os sindicatos –, com generosidade patriótica, entregaram sem combate, durante a guerra, a classe trabalhadora a esse inimigo. Enquanto as classes dominantes continuaram totalmente armadas com seus direitos de proprietários e senhores, a social-democracia ordenou o "desarmamento" ao proletariado.

O milagre da harmonia de classes, da confraternização de todas as camadas numa sociedade burguesa moderna já havia sido vivenciado uma vez – na França, em 1848. "Assim, na mente dos proletários", escreve Marx em *Lutas de classes na França*,

> que em geral confundiam a aristocracia financeira com a burguesia; na imaginação dos bravos republicanos, que negavam mesmo a existência das classes ou a admitiam, no máximo, como consequência da monarquia constitucional; nas frases hipócritas das facções burguesas, até então excluídas do poder, a *dominação da burguesia* tinha sido abolida com a instauração da República. Naquela época, todos os monarquistas se transformaram em republicanos e todos os milionários de Paris em trabalhadores. A palavra que correspondia a essa supressão imaginária das relações de classes era *fraternité* [fraternidade], a confraternização e a fraternidade gerais. Essa confortável abstração dos antagonismos de classe, esse nivelamento sentimental dos interesses de classe contraditórios, essa exaltação entusiástica acima da luta de classes, a *fraternité*, esse foi verdadeiramente o lema da revolução de fevereiro […]. O proletariado de Paris refestelou-se nessa generosa embriaguez de fraternidade […]. O proletariado de Paris, que via na República a sua própria criação, aclamava naturalmente cada ato do governo provisório, que lhe permitia tomar lugar mais facilmente na sociedade burguesa. Deixou-se utilizar docilmente por Caussidière no serviço policial para proteger a propriedade em Paris, assim como deixou que Louis Blanc apaziguasse os conflitos salariais entre trabalhadores e patrões. Era seu *point d'honneur* [questão de honra] manter intocada, aos olhos da Europa, a honra burguesa da República.

Assim, em fevereiro de 1848, o proletariado de Paris, ingenuamente iludido, também aboliu a luta de classes, mas, bem entendido, depois de ter esmagado a Monarquia de Julho e imposto a República com sua ação revolucionária. O 4 de agosto de 1914 foi a Revolução de Fevereiro posta de ponta-cabeça: a supressão das oposições de classe não sob a República, mas sob a monarquia militar, não depois de uma vitória do povo sobre a reação, mas depois de uma vitória da reação sobre o povo, não pela proclamação da *liberté, égalité, fraternité*, mas pela proclamação do estado de sítio,[67] o estrangulamento da liberdade de imprensa e a supressão da Constituição! O governo proclamou solenemente a união nacional e obteve de todos os partidos a promessa de respeitá-la de maneira leal. Mas, como político experiente, não confiou muito na promessa e garantiu a "união nacional" – com os meios tangíveis da ditadura militar. A bancada social-democrata aceitou inclusive isso, sem qualquer protesto ou resistência. Nem uma só palavra de protesto na declaração da bancada no Reichstag em 4 de agosto ou em 2 de dezembro contra a bofetada do estado de sítio. Com a união nacional e os créditos de guerra a social-democracia aprovava, calada, o estado de sítio, que a largava amordaçada aos pés das classes dominantes. Assim, ela reconhecia ao mesmo tempo que o estado de sítio, o amordaçamento do povo, a ditadura militar eram necessários para a defesa da pátria. Mas o estado de sítio era dirigido contra ninguém mais que a social-democracia. Somente do lado dela se podia esperar resistência, dificuldades e ações de protesto contra a guerra. No mesmo momento em que, com a aprovação da social-democracia, se proclamava a união nacional, ou seja, a suspensão das oposições de classe, a própria social-democracia foi declarada em estado de sítio e proclamada a luta contra a classe trabalhadora em sua forma mais exacerbada, a da ditadura militar. Como fruto de sua capitulação, a social-democracia obteve o que teria obtido, se tivesse resistido resolutamente, no deplorável caso de uma derrota: o estado de sítio! Para justificar a aprovação dos créditos, a declaração solene da bancada parlamentar recorreu ao princípio socialista da autodeterminação das nações. O primeiro passo da "autodeterminação" da nação alemã nesta

---

67 O estado de sítio, proibindo todas as manifestações de oposição, foi decretado em 31 de agosto de 1914.

guerra consistia na camisa de força do estado de sítio, na qual se punha a social-democracia! Raramente na história se viu um partido cair em maior ridículo.

Aceitando a união nacional, a social-democracia renegou a luta de classes durante a guerra. Mas assim ela renegava a base da própria existência, da própria política. Qual é o seu alento senão a luta de classes? Que papel podia ela representar durante a guerra depois de ter abandonado seu princípio vital, a luta de classes? Ao renegar a luta de classes durante a guerra, a social-democracia despediu-se de si mesma como partido político ativo, como representante da política dos trabalhadores. Mas assim também arrancou da mão sua arma mais importante: a crítica da guerra do ponto de vista particular da classe trabalhadora. Ela entregou a "defesa da pátria" às classes dominantes, contentando-se com pôr a classe trabalhadora sob seu comando e cuidar para que houvesse tranquilidade durante o estado de sítio, ou seja, contentou-se com representar o papel de policial da classe trabalhadora.

Mas com sua atitude a social-democracia também comprometeu muito gravemente além da duração desta guerra a causa da liberdade alemã, da qual cuidam agora os canhões Krupp, segundo a declaração da bancada. Nos círculos dirigentes da social-democracia conta-se muito com a perspectiva de que depois da guerra, como recompensa por sua atitude patriótica, será concedida à classe trabalhadora uma significativa ampliação das liberdades democráticas e a igualdade de direitos burguesa. Mas nunca na história as classes dominantes concederam direitos políticos às classes dominadas como gorjeta por sua atitude para agradar-lhes. Pelo contrário, a história está cheia de exemplos em que a palavra foi indignamente quebrada pelos dominantes, mesmo em casos de promessas solenes feitas antes da guerra. Na realidade, com sua atitude, a social-democracia não garantiu a futura ampliação das liberdades políticas na Alemanha, mas abalou as liberdades possuídas antes da guerra. O modo pelo qual na Alemanha se suporta há longos meses, sem nenhuma luta, a supressão da liberdade de imprensa, da liberdade de reunião, da vida pública, assim como o estado de sítio, até com algum aplauso justamente do lado social-democrata,[68] não tem exemplo na história das sociedades modernas. Na Inglaterra reina total liberdade de imprensa, na França a imprensa está longe de ser tão amordaçada quanto na Alemanha. Em nenhum país a opinião pública desapareceu tão completamente quanto na Alemanha, sendo simplesmente substituída pela "opinião" oficial, pelas ordens do governo. Mesmo na Rússia só se conhece o temível lápis vermelho do censor, que destrói a opinião oposicionista; em contrapartida, é totalmente desconhecida a disposição pela qual a imprensa oposicionista deve imprimir artigos prontos, fornecidos pelo governo, e deve defender determinadas concepções em seus artigos que lhe são ditadas e recomendadas pelos funcionários do governo em "conversas confidenciais com a imprensa". Até mesmo na Alemanha durante a guerra de 1870 não se vivenciou nada parecido com a situação atual. A imprensa gozava de liberdade ilimitada e, para grande cólera de Bismarck, acompanhava o que acontecia na guerra com críticas muitas vezes acerbas, e com uma viva luta de opiniões, sobretudo a respeito dos objetivos da guerra, da questão das anexações, das questões constitucionais etc. Mas quando Johann Jacoby[69] foi preso, uma tempestade de indignação varreu a Alemanha, e o próprio Bismarck repudiou o insolente atentado da reação como um erro grosseiro. Era essa a situação na Alemanha, depois que Bebel e Liebknecht, em nome da classe trabalhadora alemã, rejeitaram rudemente qualquer vínculo com os patriotas delirantes que então governavam. Foi preciso que viesse a patriótica social-democracia com seus quatro milhões e meio de eleitores, a tocante festa de reconciliação

---

68 O *Volksstime* de Chemnitz escreveu em 21 de outubro de 1914: "Em todo caso, a censura militar na Alemanha, tomada como um todo, é mais decente e razoável que na França ou na Inglaterra. A gritaria sobre censura, que muitas vezes esconde a falta de uma tomada de posição firme sobre os problemas da guerra, só ajuda os inimigos da Alemanha a espalhar a mentira de que a Alemanha seria uma segunda Rússia. Quem acredita seriamente não poder escrever, sob a atual censura militar, segundo suas convicções, esse deixa cair a pena da mão e cala-se". (N. R. L.)

69 Médico e jornalista, de 1830 a 1870, dirigente político burguês-democrático. Protestou contra a anexação da Alsácia-Lorena, sendo preso em 1870. Em 1872 entrou no Partido Social--Democrata dos Trabalhadores.

da união nacional e a aprovação dos créditos de guerra pela bancada social-democrata para que fosse imposta à Alemanha a mais terrível ditadura militar que um povo emancipado jamais suportou. Que hoje seja possível que na Alemanha não só a imprensa burguesa, mas também a imprensa social-democrata, tão desenvolvida e influente, aceite tal coisa sem nenhuma luta, sem a mínima tentativa de resistir, é um fato que tem o mais funesto significado para o destino da liberdade alemã. Ele demonstra que tal sociedade não tem hoje nela mesma nenhum fundamento para as liberdades políticas, já que pode passar sem liberdade tão facilmente e sem qualquer atrito. Não esqueçamos que o miserável grau de direitos políticos que existia no império alemão antes da guerra não era, como na França e Inglaterra, fruto de grandes e repetidas lutas revolucionárias, e não estava, por meio de sua tradição, firmemente ancorado na vida do povo, mas foi presente da política de Bismarck após uma contrarrevolução vitoriosa que durara mais de duas décadas. A Constituição alemã não tinha amadurecido nos campos da revolução, mas no jogo diplomático da monarquia militar prussiana, como o cimento com o qual essa monarquia militar construiu o atual império alemão. Os perigos para o "livre desenvolvimento da Alemanha" não residem na Rússia, como pensava a bancada parlamentar, eles residem na própria Alemanha. Residem nessa particular origem contrarrevolucionária da Constituição alemã, residem naqueles elementos de poder reacionários da sociedade alemã que, desde a fundação do império, conduziram uma constante guerra silenciosa contra a miserável "liberdade alemã". São eles: os *junkers* a leste do Elba, os provocadores da grande indústria, o *Zentrum* ultrarreacionário, a degradação do liberalismo alemão, o regime pessoal e o que resultou de todos esses elementos juntos: o domínio do sabre, o curso de Saverne que logo antes da guerra festejava seus triunfos na Alemanha. Esses são os perigos reais para a civilização e o "livre desenvolvimento" da Alemanha. E agora todos esses elementos reforçam em grande medida a guerra, o estado de sítio e a atitude da social-democracia. Há com certeza uma desculpa puramente liberal para a atual paz de cemitério na Alemanha: ela seria apenas uma renúncia "provisória" enquanto durasse a guerra. Mas um povo politicamente maduro não pode renunciar "temporariamente" aos direitos políticos e à vida pública, assim como um ser humano vivo não pode "renunciar" a respirar. Um povo que, por sua atitude, admite que durante a guerra o estado de sítio é necessário, admitiu assim que a liberdade política é, em geral, supérflua. A tolerante aprovação do atual estado de sítio pela social-democracia – e a concessão dos créditos sem nenhuma reserva, assim como a aceitação da união nacional não significam senão isso – deve, na mesma medida, atuar de modo desmoralizador sobre as massas populares, que são o único apoio da Constituição na Alemanha, assim como atua de modo a encorajar e fortalecer a reação reinante, inimiga da Constituição.

Mas, renunciando à luta de classes, nosso partido privou-se ao mesmo tempo de ter uma influência eficaz sobre a duração da guerra e sobre o formato da conclusão de paz. E aqui a sua própria declaração oficial dava-lhe uma bofetada. Um partido que protestava de maneira solene contra todas as anexações, ou seja, contra as inevitáveis consequências lógicas da guerra imperialista, caso fosse militarmente bem-sucedida, ao aceitar a união nacional entregava simultaneamente todos os meios e armas que, na sua perspectiva, eram apropriados à mobilização das massas populares e da opinião pública. Isso teria permitido exercer uma pressão eficaz e, assim, controlar a guerra e influenciar a paz. Pelo contrário, ao assegurar ao militarismo, mediante a união nacional, a tranquilidade na retaguarda, a social-democracia permitiu que ele continuasse o seu caminho sem qualquer consideração por outros interesses que não os das classes dominantes, desencadeou suas desenfreadas tendências imperialistas intrínsecas, que aspiram justamente às anexações, e que a elas conduzem necessariamente. Em outras palavras: a social-democracia, ao aceitar a união nacional e o desarmamento político da classe trabalhadora, condenou seu próprio protesto solene contra toda anexação a permanecer letra morta.

Mas com isso ainda se conseguiu outra coisa: o prolongamento da guerra! E aqui se pode ver claramente que perigosa armadilha constitui para a política proletária o dogma agora corrente de que só podíamos resistir à guerra enquanto ela fosse uma ameaça. Uma vez em guerra, o papel da política social-democrata teria terminado, pois então tratar-se-ia apenas da vitória ou da derrota, quer dizer, a luta de classes cessa enquanto durar a guerra. Na realidade, *começa* para a política social-democrata a maior tarefa depois da deflagração da guerra. Diz a resolução adotada por unanimidade pelos representantes do partido e dos sindicatos alemães em 1907, no Congresso Internacional de Stuttgart, e mais uma vez confirmada no Congresso da Basileia em 1912:

> Mas se mesmo assim a guerra fosse deflagrada seria dever da social-democracia *defender seu fim rápido* e empenhar-se com todas as forças para *utilizar a crise econômica e política* introduzida com a guerra *visando a sacudir [Aufrüttelung] o povo e, assim, acelerar a abolição da dominação de classe capitalista.* [Grifos de RL]

O que fez a social-democracia nesta guerra? Exatamente o oposto da prescrição dos Congressos de Stuttgart e da Basileia: com a concessão dos créditos e a manutenção da união nacional, ela atua por todos os meios para impedir a crise econômica e política e que a guerra sacuda as massas. Ela "se empenha com todas as forças" para salvar a sociedade capitalista da anarquia que resulta da guerra, agindo assim para prolongá-la indefinidamente e aumentar o número de suas vítimas. Pelo que se diz – como se pode ouvir frequentemente dos deputados no Reichstag –, não teria morrido nenhum homem a menos no campo de batalha, quer a bancada social-democrata tivesse ou não aprovado os créditos de guerra. Sim, a imprensa de nosso partido defendia em geral a opinião de que, pelo nosso povo, devíamos justamente colaborar e apoiar a "defesa da pátria", a fim de reduzir tanto quanto possível as vítimas ensanguentadas da guerra. A política executada obteve o contrário: somente por causa da atitude "patriótica" da social-democracia, graças à união nacional na retaguarda, é que a guerra imperialista pôde, sem temor, desencadear sua fúria. Até então, o medo da agitação interna, da cólera do povo necessitado era o pesadelo constante das classes dominantes e, por isso, o freio mais eficaz aos seus desejos bélicos. São conhecidas as palavras de Von Bülow de que agora era sobretudo por medo da social-democracia que se procurava adiar qualquer guerra tanto quanto possível. Rohrbach diz na página VII de *Krieg und die Deutsche Politik* [A guerra e a política alemã]: "Se não ocorrerem catástrofes naturais, então a única coisa que poderia forçar a Alemanha à paz seria a fome dos sem-pão". Ele pensava evidentemente numa fome que se apresenta, que se faz ouvir e notar, e que aconselha as classes dominantes a levá-la em consideração. Escutemos finalmente o que diz um eminente militar e teórico da guerra, o general Von Bernhardi. Em sua grande obra *Vom heutigen Krieg* [Da guerra atual], escreve ele:

> Assim, *os modernos exércitos de massa* dificultam a condução da guerra sob os mais diferentes aspectos. Mas, além disso, eles representam em si e para si *um elemento de perigo que não se deve subestimar.*
>
> O mecanismo desse tipo de exército é tão grande e complicado que só pode ser operado e dirigido se toda a engrenagem trabalhar, pelo menos em conjunto, de maneira confiável, impedindo fortes abalos morais de grande alcance. Evidentemente não se pode contar com a eliminação total de tais fenômenos numa guerra cheia de peripécias, nem contar somente com lutas vitoriosas. Porém eles podem ser superados desde que se manifestem em escala limitada. Mas se grandes massas concentradas saem de repente do controle da liderança, se entram em pânico, se o abastecimento em grande escala fracassa e o espírito de insubordinação se apodera das tropas, então essas massas se tornam não só incapazes de resistir ao inimigo, como se tornam um perigo para si mesmas e para o próprio comando do exército; ao romperem com o compromisso da disciplina, atrapalham arbitrariamente o curso das operações colocando a liderança perante tarefas que ela não é capaz de cumprir.
>
> *A guerra com os modernos exércitos de massa é, portanto, em todas as circunstâncias, um jogo arriscado*, que exige muito das forças pessoais e financeiras do Estado. Em tais circunstâncias é muito natural que por todo lado sejam tomadas decisões que permitam *pôr rapidamente*

fim à guerra logo que é deflagrada e eliminar rapidamente a enorme tensão decorrente do recrutamento de nações inteiras. [Grifos de RL]

Políticos burgueses e autoridades militares, dessa forma, consideravam um "jogo arriscado" a guerra com modernos exércitos de massa; esse era o elemento mais eficaz para impedir os atuais detentores do poder de tramar a guerra e, caso fosse deflagrada, para que levassem em consideração seu fim rápido. A atitude da social-democracia nesta guerra, agindo em todas as direções para amortecer a "enorme tensão", dissipou os temores, derrubou os únicos diques que se opunham à maré cheia do militarismo. Sim, foi preciso que acontecesse alguma coisa que nunca, nem em sonhos, um Bernhardi ou um político burguês tivesse considerado possível: no campo da social-democracia retumbou a palavra de ordem "resistir", ou seja, continuar a carnificina. E assim, há meses, os milhares de vítimas que cobrem os campos de batalha caem sobre a nossa consciência.

VII

Mas como, apesar de tudo, não pudemos impedir o deflagrar da guerra, agora que ela está aí, que o país se encontra diante de uma invasão inimiga, devemos deixar nosso próprio país sem defesa, abandoná-lo ao inimigo – os alemães aos russos, os franceses e belgas aos alemães, os sérvios aos austríacos? Não diz o princípio socialista do direito à autodeterminação das nações que todo povo tem o direito e o dever de proteger sua liberdade e independência? Quando a casa pega fogo, não é preciso antes de tudo apagá-lo, em vez de procurar os culpados que atearam o fogo? Esse argumento da "casa em chamas" teve um grande papel na atitude dos socialistas dos dois lados, tanto na Alemanha quanto na França. Também fez escola nos países neutros; traduzido em holandês significa: quando o barco está furado, não é preciso, antes de tudo, tentar calafetá-lo?

Não há dúvida de que um povo que capitula perante o inimigo externo é um povo indigno, assim como é indigno o partido que capitula perante o inimigo interno. Os bombeiros da "casa em chamas" só esqueceram uma coisa: que na boca dos socialistas a defesa da pátria significa algo diferente de representar o papel de carne de canhão sob o comando da burguesia imperialista. Antes de qualquer coisa, no que se refere à "invasão": será ela realmente o bicho-papão diante do qual desaparece toda luta de classes no interior do país, como que esconjurada e paralisada por uma magia todo-poderosa? Segundo a teoria policial do patriotismo burguês e do estado de sítio, toda luta de classes é um crime contra os interesses da defesa do país, porque pode ameaçar e enfraquecer a força defensiva da nação. A social-democracia oficial deixou-se impressionar com essa gritaria. E, no entanto, a história moderna da sociedade burguesa mostra constantemente que para essa sociedade a invasão estrangeira não é o horror dos horrores que hoje se pinta, mas o meio preferido utilizado e comprovado contra o "inimigo interno". Os Bourbon e os aristocratas franceses não apelaram para a invasão do país contra os jacobinos? Em 1849, a contrarrevolução austríaca e dos estados pontifícios não apelou para a invasão francesa contra Roma, para a russa contra Budapeste? Em 1850, na França, o "partido da ordem" não ameaçou abertamente com a invasão dos cossacos a fim de submeter a Assembleia Nacional? E não foram acordados, pelo famoso tratado de 18 de maio de 1871 entre Jules Favre, Thiers & cia. e Bismarck, a libertação do exército bonapartista prisioneiro e o apoio direto das tropas prussianas para esmagar a Comuna de Paris? Essa experiência histórica bastou há 45 anos para que Karl Marx desmascarasse o embuste das "guerras nacionais" dos Estados burgueses modernos. Diz ele no famoso Manifesto do Conselho Geral da Internacional sobre o caso da Comuna de Paris:

> Que depois da mais tremenda guerra dos tempos modernos, o exército vitorioso e o exército vencido tenham se unido para juntos massacrarem o proletariado – um acontecimento tão inaudito comprova, não, como acredita Bismarck, o esmagamento definitivo da nova sociedade ascendente, mas o completo desmoronamento da velha sociedade burguesa. *A guerra nacional constituía o empreendimento*

mais heroico de que a velha sociedade ainda era capaz, e ela revela-se agora como puro embuste dos governos, sem nenhum outro objetivo a não ser adiar a luta de classes, sendo posta de lado assim que a luta de classes explode em guerra civil. A dominação de classe já não pode se esconder sob o uniforme nacional; os governos nacionais se unem contra o proletariado![70] [Grifos de RL]

Assim, na história burguesa invasão e luta de classes não se opõem, como pretende a lenda oficial, mas uma é meio e manifestação da outra. E se para as classes dirigentes a invasão representa um meio comprovado contra a luta de classes, da mesma forma, para as classes ascendentes, a mais violenta luta de classes sempre se revelou o melhor meio contra a invasão. No começo dos tempos modernos, a história turbulenta das cidades, sobretudo das italianas, agitadas por inúmeras revoltas internas e hostilidades externas, a história de Florença, de Milão, com seu combate secular contra os Hohenstaufen, mostra que a violência e o ímpeto das lutas de classe internas não só não enfraquecem a força de defesa da comunidade em relação ao exterior, mas, ao contrário, que somente do fogo dessas lutas sobe a chama poderosa, suficientemente forte para oferecer resistência a toda investida do inimigo externo. Mas o exemplo clássico de todos os tempos é a grande Revolução Francesa. Se alguma vez vigorou o "inimigos por todos os lados" foi na França de 1793, no coração da França, em Paris! Se Paris e a França não foram outrora liquidadas pela maré cheia da Europa coligada, pela invasão por todos os lados, se, pelo contrário, no decorrer do inaudito combate, enquanto aumentavam o perigo e o ataque inimigo, elas lhes opuseram uma resistência cada vez maior, se derrotaram cada nova coligação do inimigo pelo milagre renovado de um inesgotável ânimo combativo, foi graças ao desencadeamento ilimitado das forças internas da sociedade no grande conflito de classes. Hoje, com a perspectiva de um século, é claramente visível que só a mais exacerbada expressão daquele conflito, que só a ditadura do povo

---

70 Marx, *A guerra civil na França.*

de Paris e o seu radicalismo brutal puderam tirar da nação os meios e as forças suficientes para defender e afirmar a sociedade burguesa que acabava de nascer contra um mundo de inimigos: contra as intrigas da dinastia, contra as maquinações dos aristocratas traidores da pátria, contra as tramoias do clero, a insurreição na Vendeia, a traição dos generais, a resistência de sessenta departamentos e capitais de província e contra os exércitos e as frotas reunidos da coligação monárquica europeia. Os séculos atestam assim que não é o estado de sítio, mas que a luta de classes brutal, despertando a autoconsciência, a coragem para o sacrifício e a força moral das massas populares, é a melhor proteção e a melhor defesa do país contra inimigos externos.

A social-democracia incorreu no mesmo quiproquó trágico quando, para justificar sua atitude nesta guerra, recorreu ao direito à autodeterminação das nações. É verdade, o socialismo reconhece a cada povo o direito à independência e à liberdade, a dispor livremente de seu próprio destino. Mas é um verdadeiro escárnio em relação ao socialismo designar os atuais Estados capitalistas como expressão do direito à autodeterminação das nações. Em qual desses Estados, até agora, determinou a nação as formas e condições de sua existência nacional, política ou social?

O que significa a autodeterminação do povo alemão, o que ela quer, isso foi proclamado e defendido pelos democratas de 1848, os pioneiros do proletariado alemão, Marx, Engels e Lassalle, Bebel e Liebknecht: *é a grande República alemã unificada*. Foi por esse ideal que os combatentes de Março deram a vida nas barricadas em Viena e Berlim, foi para realizar esse programa que Marx e Engels queriam em 1848 forçar a Prússia a entrar em guerra contra o tsarismo russo. A primeira condição para realizar esse programa nacional era liquidar o "monte de podridão organizada" chamado monarquia dos Habsburgo, e suprimir a monarquia militar prussiana, tal como as duas dúzias de monarquias anãs na Alemanha. A derrota da revolução alemã, a traição da burguesia alemã aos próprios ideais democráticos conduziram ao regime de Bismarck e à sua criação: a grande Prússia atual, com as vinte pátrias sob um capacete pontudo, que se chama império alemão. A Alemanha atual foi edificada sobre o túmulo da Revolução de Março, sobre os escombros do direito do povo alemão à autodeterminação nacional. A guerra atual, que, juntamente com a manutenção da Turquia, tem como objetivo manter a monarquia dos Habsburgo e reforçar a monarquia militar prussiana, é um enterro renovado dos mortos de Março e do programa nacional da Alemanha. E é uma ironia da história verdadeiramente diabólica que os social-democratas, os herdeiros dos patriotas alemães de 1848, se movimentem nesta guerra com a bandeira do "direito à autodeterminação das nações" na mão! Ou será que a Terceira República com suas possessões coloniais em quatro continentes e as atrocidades coloniais em dois continentes é uma expressão da "autodeterminação" da nação francesa? Ou o império britânico com a Índia e o domínio de um milhão de brancos sobre uma população de cinco milhões de negros na África do Sul? Ou talvez a Turquia, o império tsarista? Somente um político burguês, para quem as raças dos senhores representam a humanidade e as classes dominantes representam a nação, pode falar de "autodeterminação nacional" em relação aos Estados coloniais. No sentido socialista desse conceito não existe nenhuma nação livre se sua existência estatal repousar sobre a escravização de outros povos, pois os povos coloniais também contam como povos e membros do Estado. O socialismo internacional reconhece às nações o direito a serem livres, independentes, com direitos iguais, mas somente ele pode criar essas nações, apenas ele pode realizar o direito à autodeterminação dos povos. Essa palavra de ordem do socialismo, assim como todas as outras, não é uma santificação do existente, mas uma indicação e um estímulo para a política revolucionária, transformadora e ativa do proletariado. Enquanto existirem Estados capitalistas, sobretudo enquanto a política mundial [*Weltpolitik*] imperialista determinar e configurar a vida interna e externa dos Estados, o direito à autodeterminação nacional não terá absolutamente nada em comum com essa prática, tanto na guerra quanto na paz.

E mais: no ambiente imperialista atual não pode mais haver, de forma alguma, guerra de defesa nacional, e toda política socialista que não levar em consideração esse ambiente histórico determinante, que, em meio ao turbilhão mundial, se deixa dirigir somente pelo ponto de vista isolado de um país, está de antemão construída sobre areia.

Tentamos mostrar anteriormente o pano de fundo do conflito atual entre a Alemanha e os seus adversários. Era necessário iluminar melhor as verdadeiras molas propulsoras e as conexões internas da guerra atual, porque na tomada de posição de nossa bancada no Reichstag, assim como em nossa imprensa, a defesa da existência, da liberdade e da civilização alemãs representava o papel decisivo. Em oposição a isso é preciso ater-se à verdade histórica: trata-se de uma guerra preventiva, preparada há anos pelo imperialismo alemão por meio de seus objetivos político-mundiais [*weltpolitischen*] e provocada conscientemente no verão de 1914 pela diplomacia alemã e austríaca. Além disso, numa avaliação geral da guerra mundial e de seu significado para a política de classe do proletariado, a questão da defesa ou do ataque, a questão do "culpado" não tem nenhuma importância. Se a Alemanha está pouquíssimo interessada em autodefesa, o mesmo se passa com a França e a Inglaterra, pois o que estas "defendem" não é sua posição nacional, mas sua posição político-mundial [*weltpolitische*], suas velhas possessões imperialistas ameaçadas pelos ataques do novo--rico alemão. Se não há dúvida de que as incursões do imperialismo alemão e austríaco no Oriente estimularam o incêndio mundial, da mesma forma o imperialismo francês devorando o Marrocos, o inglês preparando o roubo da Mesopotâmia e da Arábia, assim como todas as medidas para garantir seu despotismo na Índia, o russo com sua política nos Bálcãs dirigida para Constantinopla arrastaram e empilharam o combustível, graveto por graveto. A corrida armamentista representou um papel essencial como mola propulsora para deflagrar a catástrofe, mas tratava-se de uma competição entre todos os Estados. E se com a política de Bismarck em 1870 a Alemanha colocou a primeira pedra da corrida armamentista europeia, essa política foi anteriormente beneficiada pela do Segundo Império [francês] e em seguida incentivada pela política aventureira militar e colonial da Terceira República [francesa], com sua expansão na Ásia Oriental e na África.

Os socialistas franceses tinham sido levados à ilusão da "defesa nacional", em particular pelo fato de que nem o governo francês nem o povo como um todo tinham a menor intenção bélica em julho de 1914. "Na França hoje estão todos, sincera e honestamente, sem reservas e incondicionalmente a favor da paz", atestava Jaurès no último discurso de sua vida, às vésperas da guerra, na Casa do Povo de Bruxelas. O fato é absolutamente verdadeiro e pode explicar psicologicamente a indignação que se apoderou dos socialistas franceses quando a guerra criminosa foi imposta ao seu país. Mas esse fato não basta para avaliar a guerra mundial como um fenômeno histórico nem para uma tomada de posição política proletária a esse respeito. A história da qual nasceu a guerra atual não começou só em julho de 1914, mas tem sua origem décadas atrás quando, com a necessidade de uma lei da natureza, se urdiu fio por fio a rede cerrada da política mundial imperialista até que ela abraçou os cinco continentes – um formidável complexo histórico de fenômenos, cujas raízes descem às profundezas plutônicas do devir [*Werden*] econômico e cujos ramos mais distantes apontam para um novo mundo confuso que está começando, fenômenos que, por sua enorme grandeza, tornam sem conteúdo os conceitos de culpa e expiação, defesa e ataque.

A política imperialista não é obra de um, nem de alguns Estados, ela é produto do desenvolvimento mundial do capital num determinado grau de maturação; é primordialmente um fenômeno internacional, um todo indivisível, que só é compreensível em todas as suas relações recíprocas e *do qual nenhum Estado isolado pode escapar.*

É somente a partir daqui que se pode avaliar corretamente a questão da "defesa nacional" na presente guerra. O Estado nacional, a unidade e a independência nacionais eram o escudo ideológico sob o qual se constituíram os grandes Estados burgueses na Europa central no século passado. O capitalismo é incompatível com o particularismo dos pequenos Estados [*Kleinstaaterei*], com a fragmentação econômica e política; para desenvolver-se precisa de um território tão grande quanto possível, interiormente unificado, e de uma cultura intelectual, sem os quais nem as necessidades da sociedade podem elevar-se ao nível adequado à produção capitalista de mercadorias, nem o mecanismo da moderna dominação de classe burguesa pode funcionar. Antes que o capitalismo tivesse se transformado numa economia mundial abrangendo toda a Terra, ele procurou criar um território unificado nos limites nacionais de um Estado. Esse programa – que dado o tabuleiro de xadrez político e nacional transmitido pela Idade Média feudal somente podia ser executado pela via revolucionária – realizou-se apenas na França, durante a grande Revolução. No resto da Europa, assim como a revolução burguesa em geral, ele se tornou uma obra incompleta, ficou a meio caminho. O império alemão e a Itália atual, a conservação da Áustria-Hungria e da Turquia até hoje, o império russo e o império mundial britânico são disso provas vivas. O programa nacional só representou um papel histórico como expressão ideológica da burguesia ascendente aspirando ao poder de Estado até que a dominação de classe burguesa mal ou bem se instalou nos grandes Estados da Europa central, criando neles os instrumentos e as condições indispensáveis.

Desde então o imperialismo enterrou completamente o velho programa democrático-burguês, erigindo em programa da burguesia de todos os países a expansão além das fronteiras nacionais, sem qualquer consideração pelos contextos nacionais. É certo que a fraseologia nacional permaneceu. Mas seu conteúdo real e sua função transformaram-se em seu contrário: essa fraseologia serve apenas como parco pretexto para as aspirações imperialistas e como grito de guerra nas rivalidades imperialistas, como único e último meio ideológico com o qual as massas populares podem ser capturadas para o seu papel de carne de canhão nas guerras imperialistas.

A tendência geral da atual política capitalista domina a política dos Estados particulares como uma lei muito poderosa, que age cegamente, tal como as leis da concorrência econômica determinam de maneira categórica as condições de produção do empreendedor particular.

Suponhamos por um instante – a fim de examinar o fantasma da "guerra nacional" que domina atualmente a política social-

-democrata – que num dos Estados contemporâneos a guerra tenha de fato começado como uma pura guerra de defesa nacional, de tal modo que o sucesso militar conduziu, antes de tudo, à ocupação de territórios estrangeiros. Mas na presença de grupos capitalistas altamente influentes, interessados em aquisições imperialistas, os apetites de expansão são despertados no decorrer da própria guerra, e a tendência imperialista, que no começo da guerra estava em germe ou adormecida, brotará como num clima de estufa, determinando o caráter da guerra, seus objetivos e consequências. E mais: o sistema de alianças entre os Estados militares, que há décadas domina as relações políticas entre os Estados, implica que cada uma das partes beligerantes, a partir de considerações puramente defensivas, procure trazer aliados para o seu lado. Dessa maneira novos países são sempre envolvidos na guerra e, assim, inevitavelmente, os círculos imperialistas da política mundial são afetados e novos são criados. De um lado, a Inglaterra envolveu o Japão, levou a guerra da Europa para a Ásia Oriental e pôs na ordem do dia o destino da China, atiçou as rivalidades entre o Japão e os Estados Unidos e entre a Inglaterra e o Japão, ou seja, acumulou mais material para futuros conflitos. Do outro lado, a Alemanha arrastou a Turquia para a guerra, o que coloca de imediato a liquidação da questão de Constantinopla, dos Bálcãs como um todo e do Oriente Próximo. Quem não compreende que, em suas causas e em seus pontos de partida a guerra mundial era já uma guerra puramente imperialista, pode em todo caso reconhecer que, depois desses resultados, a guerra devia, nas atuais condições, transformar-se de modo inteiramente mecânico e inevitável num processo imperialista de partilha do mundo. Sim, foi praticamente isso que aconteceu desde o primeiro instante de sua existência. O equilíbrio de forças entre as partes beligerantes, permanentemente instável, obriga cada uma delas, de um ponto de vista puramente militar, a fortalecer a própria posição ou a evitar os perigos de novas hostilidades; e também, por meio de negociatas intensivas com povos e países, a manter na rédea curta os países neutros. Vejam-se de um lado as "ofertas" germano-austríacas, de outro as anglo-russas na Itália, Romênia, Grécia e Bulgária. A pretensa "guerra de defesa nacional" tem como resultado espantoso, mesmo nos Estados neutros, provocar uma mudança geral na situação das possessões e nas relações de poder, expressamente voltada para a expansão. E, por fim, o próprio fato de todos os Estados capitalistas terem possessões coloniais que, mesmo que a guerra comece como uma "guerra de defesa nacional", são nela envolvidas com base em considerações puramente militares, na medida em que cada Estado beligerante procura ocupar as colônias do adversário ou, pelo menos, a provocar uma insurreição – veja-se o confisco das colônias alemãs pela Inglaterra e a tentativa de desencadear a "guerra santa" nas colônias inglesas e francesas – esse fato também transforma automaticamente qualquer guerra atual numa conflagração mundial imperialista.

Assim, o próprio conceito de uma guerra de defesa modesta, virtuosa e patriótica, que hoje está na cabeça de nossos parlamentares e jornalistas, é uma pura ficção que mostra falta de compreensão histórica do todo e de suas conexões mundiais. Não são as declarações solenes e nem mesmo as intenções sinceras dos assim chamados dirigentes políticos que decidem o caráter da guerra, mas a natureza histórica da sociedade e sua organização militar.

O esquema de uma pura "guerra de defesa nacional" talvez pudesse, à primeira vista, servir a um país como a Suíça. Mas a Suíça justamente não é um Estado nacional, não sendo, portanto, modelo para os Estados atuais. A própria existência "neutra" e o luxo de ter uma milícia não passam de frutos negativos do estado de guerra latente entre as grandes potências militares que a circundam, e só perdurará enquanto ela puder ajustar-se a essa situação. O destino da Bélgica mostra como tal neutralidade é rapidamente espezinhada na guerra mundial pelas botas grosseiras do imperialismo. Aqui chegamos especialmente à situação dos pequenos Estados. A Sérvia constitui decididamente o exemplo clássico que hoje põe à prova a "guerra nacional". Se há um Estado que, de acordo com todas as considerações formais exteriores, tem do seu lado o direito de defesa nacional, esse Estado é a Sérvia. Privada de sua unidade nacional pelas anexações da Áustria, ameaçada por esta em sua existência nacional e por ela forçada à guerra, a Sérvia luta, tanto quanto se pode julgar, de acordo com uma verdadeira guerra de defesa, pela existência, liberdade e cultura de sua nação. Se a tomada de posição da bancada social-democrata alemã for correta, então os social-democratas sérvios, que protestaram contra a guerra no parlamento de Belgrado e que recusaram os créditos de guerra, são claramente traidores dos interesses vitais do próprio país. Na realidade, os sérvios Laptchevic e Kaclerovic não somente estão inscritos com letras de ouro na história do socialismo internacional, como mostraram ao mesmo tempo uma penetrante visão histórica das reais circunstâncias da guerra, prestando assim um excelente serviço ao seu país e ao esclarecimento de seu povo. Formalmente a Sérvia encontra-se sem dúvida numa guerra de defesa nacional. Mas as inclinações de sua monarquia e de suas classes dirigentes, tais como os esforços das classes dirigentes de todos os Estados atuais, indiferentes às fronteiras nacionais, dirigem-se para a expansão, adquirindo assim um caráter agressivo. É o que acontece com a inclinação da Sérvia para a costa do Adriático, onde, às costas dos albaneses, entrou numa verdadeira competição imperialista com a Itália, cujo resultado foi decidido pelas grandes potências, sem a Sérvia. Contudo, o mais importante é o seguinte: por trás do nacionalismo sérvio encontra-se o imperialismo russo. A própria Sérvia é somente uma peça no grande jogo de xadrez da política mundial, e uma apreciação da guerra neste país que não leve em conta essas amplas conexões, o pano de fundo da política mundial em geral, ficará solta no ar. Exatamente a mesma coisa aplica-se à última guerra dos Bálcãs. Considerados isoladamente e de modo formal, os jovens Estados balcânicos estavam em seu mais perfeito direito histórico ao realizar o velho programa democrático do Estado nacional. Contudo, no contexto histórico real, que fez dos Bálcãs foco e ponto sensível da política mundial imperialista, também as guerras balcânicas eram apenas um fragmento do conflito geral, um elo na cadeia funesta dos acontecimentos que, com fatal necessidade, conduziram à presente guerra mundial. Na Basileia, a social--democracia internacional preparou a mais entusiástica ovação para os socialistas dos Bálcãs por sua recusa decidida a colaborar moral ou politicamente na guerra dos Bálcãs e por desmascararem a verdadeira fisionomia dessa guerra, julgando assim de antemão a atitude dos socialistas alemães e franceses na guerra atual.

Mas hoje todos os pequenos Estados, como a Holanda, se encontram na mesma situação dos Estados balcânicos. "Quando o barco está furado, é preciso pensar, antes de tudo, em calafetá-lo." E, de fato, o que poderia levar a pequena Holanda a agir senão, pura e simplesmente, a defesa nacional, a defesa da existência e da independência do país? Se levarmos apenas em consideração as *intenções* do povo holandês, e mesmo de suas classes dirigentes, trata-se evidentemente da questão da defesa nacional. Mas a política proletária, que se baseia no conhecimento histórico, não pode guiar-se pelas intenções subjetivas de um país particular; ela precisa orientar-se pelo conjunto da situação política mundial internacional. Também a Holanda, queira ou não, é apenas uma pequena peça de toda a engrenagem da política mundial e da diplomacia atuais; isso logo ficaria claro no caso de ela se deixar efetivamente arrastar para o torvelinho da guerra mundial. Primeiro de tudo, seus adversários também procurariam dar um golpe contra suas colônias. Assim, a estratégia da Holanda se dirigiria espontaneamente para a manutenção de suas atuais possessões, a defesa da independência nacional do povo flamengo no Mar do Norte se ampliaria concretamente na defesa de seu direito de dominar e explorar os malaios no arquipélago do Índico oriental. Mas isso não basta: o militarismo holandês, entregue a si mesmo, quebrar-se-ia como uma casca de noz no turbilhão da guerra mundial e a Holanda logo se tornaria também, quer quisesse ou não, membro de um dos consórcios dos grandes Estados bélicos e seria, portanto, também por esse lado, portadora e instrumento de tendências puramente imperialistas.

Assim, o caráter da guerra em cada país é sempre determinado pelo ambiente histórico do imperialismo atual e esse ambiente faz que *hoje em dia as guerras de defesa nacional não sejam mais possíveis de forma alguma*.

Era também o que Kautsky escrevia havia alguns anos apenas em sua brochura *Patriotismus und Sozialdemokratie* [Patriotismo e social--democracia]:

Embora o patriotismo da burguesia e do proletariado sejam dois fenômenos totalmente distintos e mesmo opostos, existem situações nas quais ambos os tipos de patriotismo podem convergir para atuar em conjunto, inclusive numa guerra.

A burguesia e o proletariado de uma nação têm igual interesse na sua independência e autonomia, em eliminar e manter afastado qualquer tipo de opressão e exploração por uma nação estrangeira [...]. Nas lutas nacionais, que nasceram dessas aspirações, o patriotismo do proletariado sempre se uniu ao da burguesia [...]. Porém, desde que o proletariado se transformou numa força que se torna perigosa para as classes dominantes a cada grande convulsão do Estado; desde que no final de uma guerra a revolução ameaça, tal como foi demonstrado pela Comuna de Paris de 1871 e pelo terrorismo russo após a guerra russo-turca, também a burguesia dessas nações, que não são, ou são pouco independentes e unificadas, abandonou efetivamente seus objetivos nacionais quando estes só são alcançáveis pela derrubada do governo, uma vez que ela odeia e teme mais a revolução do que ama a independência e a grandeza da nação. Por isso ela renuncia à independência da Polônia e permite que continuem a existir configurações estatais tão antediluvianas quanto a Áustria e a Turquia que há já uma geração pareciam destinadas a desaparecer.

Assim, nas partes civilizadas da Europa, revoluções ou guerras não têm mais origem em lutas nacionais. Aqueles problemas nacionais que ainda hoje só podem ser ali resolvidos pela revolução ou pela guerra, a partir de agora só podem encontrar solução após a vitória do proletariado. Então eles adquirem logo, graças à solidariedade internacional, uma forma completamente diferente da que têm hoje na sociedade da exploração e da opressão. O proletariado dos países capitalistas, em suas atuais lutas práticas, não precisa mais ocupar-se com esses problemas; ele tem que dedicar toda a sua força a outras tarefas.[71]

---

71 Kautsky, *Patriotismus und Sozialdemokratie*, p.12-14.

"Entretanto diminui cada vez mais a probabilidade de que alguma vez ainda o patriotismo proletário e o burguês se unam para defender a liberdade do próprio povo." A burguesia francesa uniu-se ao tsarismo. A Rússia já não é um perigo para a liberdade da Europa ocidental porque está enfraquecida pela revolução. "Nessas condições não é mais de se esperar em nenhum lugar *uma guerra de defesa da liberdade da nação* na qual poderiam unir-se o patriotismo burguês e o proletário."[72] [Grifos de RL]

Já vimos que tinham acabado as oposições que ainda no século XIX podiam coagir muitos povos livres a entrar numa guerra contra seus vizinhos; vimos que o militarismo atual também está muito longe de destinar-se à defesa de interesses populares importantes, servindo apenas à defesa do lucro; *não serve para garantir a independência e a integridade da própria nacionalidade, que ninguém ameaça, mas apenas para garantir e ampliar as conquistas de além-mar,* que só fomentam o lucro capitalista. *As oposições atuais entre os Estados já não podem trazer uma guerra à qual o patriotismo proletário não tivesse que se opor da maneira mais categórica.*[73] [Grifos de RL]

O que resulta de tudo isso para a atitude prática da social-democracia na guerra atual? Devia ela declarar: já que esta é uma guerra imperialista, que este Estado não corresponde ao direito de autodeterminação socialista nem ao ideal nacional [*nationalem Ideal*],[74] então ele é indiferente para nós e o abandonamos ao inimigo? O deixar andar e o deixar fazer [*Gehen und Geschehenlassen*] passivos não poderão jamais ser norma para o comportamento de um partido revolucionário como a social-democracia. O papel da social-democracia como vanguarda do proletariado em luta não é colocar-se sob o comando das classes dominantes para defender o Estado de classes existente, nem ficar si-

---

72 Ibid., p.15-16.
73 Ibid., p.23.
74 No original: *idealen National*.

lenciosamente de lado à espera do fim da tempestade, mas adotar uma política de classes independente que em cada grande crise da sociedade burguesa fustigue *para diante* as classes dirigentes, forçando a crise a ir além de si mesma. Em vez de encobrir a guerra imperialista sob o manto falacioso da defesa nacional, tratava-se justamente de levar a *sério* o direito de autodeterminação dos povos e a defesa nacional, transformando-os em alavanca revolucionária *contra* a guerra imperialista. O mais elementar requisito da defesa nacional consiste em que a nação tome a defesa em suas próprias mãos. O primeiro passo para isso é a *milícia*, ou seja, não apenas o armamento imediato de toda a população adulta masculina, mas também, em primeiro lugar, a decisão do povo sobre a guerra e a paz; além disso, que seja imediatamente eliminada toda privação de direitos políticos, pois a maior liberdade política é necessária como fundamento da defesa popular. Proclamar essas verdadeiras medidas de defesa nacional, exigir sua realização, essa era a primeira tarefa da social-democracia. Durante quarenta anos mostramos às classes dominantes e às massas populares que *somente* a milícia é capaz de defender realmente a pátria e torná-la invencível. E agora, ao chegar a primeira grande prova, transferimos a defesa do país, como se fosse algo inteiramente evidente, para as mãos do exército permanente – carne de canhão sob a palmatória das classes dominantes. Pelo visto, nossos parlamentares nem sequer perceberam que ao acompanharem com "votos ardentes" essa carne de canhão ao campo de batalha como se fosse a verdadeira defesa da pátria, ao admitirem, sem mais, que o exército real permanente da Prússia era seu verdadeiro salvador na hora da maior necessidade, eles renunciavam assim claramente ao ponto capital de nosso programa político, a milícia, e reduziam a fumo o significado prático dos nossos quarenta anos de agitação em favor da milícia, fazendo dela um capricho doutrinário-utópico que ninguém mais levará a sério.[75]

75 "Se, apesar de tudo, a bancada social-democrata no Reichstag aprovou agora por unanimidade os créditos de guerra", escrevia em 6 de agosto o órgão do partido em Munique, "se fez ardentes votos de sucesso a todos que se puseram a caminho para defender o império alemão, isso não era uma "manobra tática", mas a consequência totalmente natural da atitude de um partido

Os mestres do proletariado internacional entendiam de outra maneira a defesa da pátria. Quando em 1871, na Paris sitiada pelos prussianos, o proletariado tomou a rédea nas mãos, Marx escreveu entusiasmado sobre sua ação:

> Paris, centro e sede do antigo poder governamental e, ao mesmo tempo, centro de gravidade social da classe trabalhadora francesa, Paris levantou-se em armas contra a tentativa de Thiers e dos nobres senhores de terras para restabelecer e perpetuar o antigo poder governamental, a eles legado pelo império. Paris somente podia resistir porque, devido ao cerco, tinha ficado sem exército, e em seu lugar pusera uma guarda nacional formada majoritariamente por trabalhadores. Tratava-se agora de transformar esse fato numa instituição permanente. *O primeiro decreto da Comuna foi, portanto, a supressão do exército permanente e sua substituição pelo povo armado* [...].
>
> Se a Comuna era a verdadeira representante de todos os elementos saudáveis da sociedade francesa e, por conseguinte, *o verdadeiro governo nacional*, ao mesmo tempo, como governo dos trabalhadores, como precursora audaciosa da emancipação do trabalho, ela era, no pleno sentido da palavra, internacional. Sob os olhos do exército prussiano, que tinha anexado à Alemanha duas províncias francesas, a Comuna anexava à França os trabalhadores do mundo inteiro (Manifesto do Conselho Geral da Internacional).[76] [Grifos de RL]

E o que pensavam nossos velhos mestres sobre o papel da social-democracia numa guerra como a atual? Em 1892, Friedrich Engels escrevia o seguinte sobre os fundamentos da política que, numa grande guerra, cabem ao partido do proletariado:

> que sempre esteve disposto a pôr um exército popular *no lugar de um sistema que lhe parecia mais a expressão da dominação de classe do que a vontade de defesa da nação contra ataques insolentes*". Parecia!! – Na *Neue Zeit* a guerra atual é mesmo diretamente erigida em "guerra popular", o exército permanente em "exército popular" (ver n.20 e n.23 de ago./set.1914). O escritor militar social-democrata Hugo Schulz, num relatório de guerra de 24 de agosto de 1914, elogia o "forte espírito de milícia" que está "vivo" no exército dos Habsburgo! (N. R. L.)

76 Marx, *A guerra civil na França*.

Uma guerra em que russos e franceses invadissem a Alemanha seria para esta uma luta de vida ou morte, na qual sua existência nacional *só poderia ser assegurada mediante a aplicação das medidas mais revolucionárias*. O governo atual, se não for forçado a isso, certamente não desencadeará a revolução. Mas nós temos um partido forte, *que pode forçá-lo a isso ou substituí-lo se for necessário – o Partido Social-Democrata*.

E não esquecemos o exemplo admirável que a França nos deu em 1793. O jubileu do centenário de 1793 aproxima-se. Se a sede de conquistas do tsar e a impaciência chauvinista da burguesia francesa quiserem retardar o avanço vitorioso, porém pacífico dos socialistas alemães – podem ter certeza – estes estão dispostos a mostrar ao mundo *que os proletários alemães de hoje não são indignos dos* sans-culottes *de há cem anos e que 1893 pode ser colocado ao lado de 1793*. E se os soldados do senhor Constans puserem o pé em território alemão eles serão saudados com as palavras da *Marselhesa*:

Quoi, ces cohortes étrangères
Feraient la loi dans nos foyers![77]

Numa palavra: a paz garante a vitória do Partido Social-Democrata Alemão por aproximadamente dez anos. A guerra lhe traz a vitória dentro de dois ou três anos, ou a ruína completa ao menos por quinze ou vinte anos.[78] [Grifos de RL]

Quando Engels escreveu isso tinha em mente uma situação completamente diferente da de hoje. Ele ainda tinha perante os olhos o velho império tsarista, ao passo que nós, desde então, conhecemos a grande Revolução Russa. Ademais, pensava numa verdadeira guerra de defesa nacional da Alemanha contra dois ataques simultâneos a leste e a oeste. E, por fim, ele superestimou a maturidade da situação na Alemanha e as perspectivas da revolução social – os verdadeiros lutadores costumam, na maioria das vezes, superestimar o ritmo do

---

77 Do francês: "O quê, essas coortes estrangeiras/ Fariam a lei em nossos lares!". (N. T.)
78 Engels, *Socialism in Germany*. Disponível em: <http://www.marxists.org/archive/marx/works/1892/01/socialism-germany.htm>.

desenvolvimento. Mas, em todo caso, o que se depreende claramente de sua exposição é que Engels não entendia por defesa nacional, no sentido da política social-democrata, o apoio ao governo militar dos *junkers* prussianos e do seu Estado-Maior, mas uma ação revolucionária segundo o modelo dos jacobinos franceses.

Sim, os social-democratas têm o dever de defender seu país numa grande crise histórica. E justamente aí reside o grave delito da bancada social-democrata no Reichstag que, na declaração de 4 de agosto de 1914, proclamou solenemente: "Não abandonamos a pátria na hora do perigo", mas no mesmo instante desmentia suas palavras. Ela *abandonou* a pátria na hora do maior perigo. Pois naquela hora o primeiro dever perante a pátria era mostrar-lhe o verdadeiro pano de fundo dessa guerra imperialista, romper a teia de mentiras patrióticas e diplomáticas que encobria esse atentado à pátria; declarar em alto e bom som que para o povo alemão, nesta guerra, tanto a vitória quanto a derrota são fatídicas; resistir até ao limite contra o amordaçamento da pátria pelo estado de sítio; proclamar a necessidade de armar imediatamente o povo e de o deixar decidir sobre a guerra e a paz; exigir com toda a energia a sessão permanente da representação popular durante a guerra, para assegurar o controle vigilante da representação popular sobre o governo e do povo sobre a representação popular; exigir a abolição imediata de toda privação de direitos políticos, pois somente um povo livre pode defender eficazmente seu país; e, por fim, opor ao programa imperialista da guerra, voltado para a manutenção da Áustria e da Turquia, isto é, da reação na Europa e na Alemanha, o velho programa verdadeiramente nacional dos patriotas e democratas de 1848, o programa de Marx, Engels e Lassalle, a palavra de ordem da grande República alemã unificada. Eis a bandeira que devia ter sido mostrada à frente do país, verdadeiramente nacional, libertadora e de acordo com as melhores tradições da Alemanha, assim como da política de classes internacional do proletariado.

A grande hora histórica da guerra mundial exigia claramente uma ação política decidida, uma tomada de posição de grande alcance, abrangente, uma soberana orientação do país que só a social-

-democracia podia dar. Em vez disso, produziu-se por parte da representação parlamentar da classe trabalhadora, que naquele momento tinha a palavra, uma falha lamentável, sem igual. A social-democracia – graças à sua liderança – não adotou uma política equivocada, mas como partido de classe único, com uma visão de mundo própria, não adotou *absolutamente* política *alguma*, apagando-se por completo; sem fazer qualquer crítica, abandonou o país externamente ao terrível destino da guerra imperialista, e internamente à ditadura do sabre, assumindo, além disso, a responsabilidade pela guerra. A declaração da bancada no Reichstag diz que ela teria apenas aprovado os meios para defender o país, tendo em contrapartida rejeitado a responsabilidade pela guerra. Precisamente o oposto é verdadeiro. A social-democracia não precisava de modo algum aprovar os meios para *essa* "defesa", isto é, para a carnificina humana imperialista pelos exércitos da monarquia militar, pois a sua utilização não dependia em nada da aprovação da social-democracia – esta estava em minoria perante a compacta maioria de três quartos do Reichstag burguês. Com sua aprovação voluntária, a bancada social-democrata conseguiu apenas uma coisa: demonstrar a unidade de todo o povo na guerra, proclamar a união nacional [*Burgfrieden*], ou seja, suspender a luta de classes, extinguir a política oposicionista da social-democracia durante a guerra, portanto, assumir a corresponsabilidade moral pela guerra. Com sua aprovação espontânea dos meios, ela pôs *nessa* estratégia o carimbo da defesa democrática da pátria, apoiou e confirmou a desorientação das massas a respeito das verdadeiras condições e tarefas para a defesa da pátria.

Assim, o grave dilema entre os interesses da pátria e a solidariedade internacional do proletariado, o trágico conflito que levou nossos parlamentares, embora "de coração pesado", para o lado da guerra imperialista, é pura imaginação, pura ficção nacionalista burguesa. Tanto na guerra quanto na paz existe antes perfeita harmonia entre os interesses do país e os interesses de classe da Internacional proletária: ambos exigem o mais enérgico desenvolvimento da luta de classes e a mais enfática defesa do programa social-democrata.

Mas o que deveria fazer nosso partido para dar ênfase à sua oposição à guerra e a essas exigências? Deveria proclamar a greve de massas? Ou exortar os soldados a recusarem-se a servir? Assim costuma ser posta a questão. Responder afirmativamente a tais perguntas seria tão ridículo quanto se o partido quisesse decretar: "Se a guerra eclodir nós faremos a revolução". As revoluções não são "feitas", e grandes movimentos populares não são encenados com receitas técnicas tiradas do bolso das instâncias partidárias. Pequenos círculos de conspiradores podem "preparar" um golpe para um dia e uma hora determinados, podem, no momento preciso, dar a algumas dúzias de correligionários o sinal para "atacar". Movimentos de massa em grandes momentos históricos não podem ser dirigidos com tais meios primitivos. A "mais bem preparada" greve de massas pode justamente, em circunstâncias em que a direção do partido dá o "sinal", falhar de maneira lamentável ou, depois de um primeiro arranque, cair completamente por terra. Se de uma forma ou outra se realizam grandes manifestações populares e ações de massa, o que decide é toda uma multidão de fatores econômicos, políticos e psíquicos, a tensão das oposições de classe num dado momento, o grau de esclarecimento, o amadurecimento da disposição das massas para a luta, que são imponderáveis e que nenhum partido pode fabricar artificialmente. Essa é a diferença entre as grandes crises históricas e as pequenas operações-desfile [*Paradeaktionen*] que um partido bem disciplinado pode realizar ordenadamente em tempos de paz sob a batuta das "instâncias". A hora histórica exige a cada momento formas correspondentes de movimento popular e *cria por si mesma novos* e improvisados meios de luta, antes desconhecidos, seleciona e enriquece o arsenal do povo, indiferente a todas as prescrições dos partidos.

Assim, os dirigentes da social-democracia, como vanguarda do proletariado com consciência de classe, não tinham que dar prescrições e receitas ridículas de natureza técnica, e sim *a palavra de ordem política, a clareza sobre as tarefas e os interesses políticos do proletariado na guerra*. Na verdade, o que se disse das greves de massa na Revolução Russa pode aplicar-se a qualquer movimento de massas:

Mas se a direção da greve de massas, no sentido de comandar, de avaliar e cobrir seus custos, é tarefa do próprio período revolucionário, em outro sentido, totalmente diferente, a direção da greve de massas cabe à social-democracia e aos seus órgãos diretivos. Em vez de quebrar a cabeça com o lado técnico, com o mecanismo da greve de massas, a social-democracia é chamada, também em pleno período revolucionário, a tomar a sua direção *política*. A tarefa mais importante da "direção" no período das greves de massas consiste em dar a palavra de ordem da luta, em orientá-la, em estabelecer a *tática* da luta política de tal modo que, em cada fase e em cada instante do combate, seja realizada a soma total do poder existente do proletariado, já desencadeado e posto em marcha, e que esse poder se exprima pela posição do partido na luta; é preciso que a tática da social-democracia, no tocante à sua energia e rigor, jamais esteja *abaixo* do nível da correlação de forças real, mas que, ao contrário, ultrapasse esse nível. E essa direção transforma-se por si mesma, até certo ponto, em direção técnica. Uma tática social-democrata consequente, resoluta, que se esforce para avançar provoca na massa um sentimento de segurança, de autoconfiança e de combatividade; uma tática hesitante, fraca, alicerçada na subestimação do proletariado, paralisa e desorienta as massas. No primeiro caso, as greves de massa explodem "por si mesmas" e sempre "oportunamente"; no segundo caso, permanecem ineficazes as exortações diretas da direção à greve de massas.[79]

A prova de que não se trata da forma exterior, técnica da ação, mas de seu *conteúdo* político é, por exemplo, o fato de que nesse caso podia justamente a *tribuna parlamentar* – o único lugar audível de longe e visível internacionalmente – ter-se tornado um instrumento poderoso para despertar o povo, se tivesse sido utilizada pelos representantes social-democratas para formular, de maneira clara e distinta, os interesses, as tarefas e as exigências da classe trabalhadora nesta crise.

---

79 Ver "Greve de massas, partido e sindicato", no v.I desta coletânea (p.263). (N. E.)

Teriam as massas, por sua atitude, dado importância a essas palavras de ordem da social-democracia? Ninguém o pode dizer sob pressão. Mas isso também não é, de forma alguma, decisivo. Contudo, nossos parlamentares, "cheios de confiança", deixaram os generais do exército prussiano-alemão marchar para a guerra sem que tivessem exigido, antes da aprovação dos créditos, uma garantia especial de que venceriam impreterivelmente, de que as derrotas seriam impossíveis. O que é válido para os exércitos militares, também é válido para os exércitos revolucionários: entram em combate onde ele se apresenta, sem exigir previamente a certeza do sucesso. No pior dos casos a voz do partido teria ficado de início sem efeito visível. Sim, a atitude viril de nosso partido teria provavelmente tido como recompensa as maiores perseguições, tal como tinha acontecido com Bebel e Liebknecht em 1870. "[...] mas o que isso significa?", dizia simplesmente Ignaz Auer em seu discurso sobre as festas de Sedan, em 1895. "Um partido que quer conquistar o mundo deve respeitar os seus princípios, sem levar em consideração os perigos que isso implica; estaria perdido, se agisse de outra forma!"[80]

Escrevia o velho Liebknecht,

> nadar contra a corrente nunca é fácil, e quando a corrente se lança com a rapidez e a fúria torrenciais de um Niágara, é sem dúvida muito difícil.
>
> Os antigos camaradas ainda se lembram da *perseguição aos socialistas* no ano da mais profunda "vergonha nacional": a vergonhosa *lei contra os socialistas*, de 1878. Naquela época milhões de pessoas viam em cada social-democrata um assassino e um criminoso comum, como em 1870 viam um traidor da pátria e um inimigo mortal. Tais explosões da "alma popular" têm, por sua gigantesca força elementar, algo de assombroso, de atordoante, de asfixiante. Sentimo-nos impotentes perante um poder superior – uma verdadeira *force majeure* [força

---

80 Auer, op. cit., p.6.

maior], que elimina qualquer dúvida. Não temos adversário palpável. É como uma epidemia – está nas pessoas, no ar, por todo lado.

Contudo, a explosão de 1878 não era em nada comparável à de 1870 em força e selvageria. Não é somente o furacão das paixões humanas que verga, derruba, arrebenta tudo que apanha – acrescente-se a isso a maquinaria do militarismo em plena e terrível atividade; e nós entre as engrenagens de ferro, cujo toque significava a morte, e entre a maquinaria que zumbia à nossa volta e que podia agarrar-nos a todo instante. Ao lado da força elementar dos espíritos desenfreados, o mais perfeito mecanismo da arte de matar que o mundo tinha visto até então. E tudo isso trabalhando da maneira mais selvagem – todas as caldeiras aquecidas a ponto de explodir. Onde fica então a força individual, a vontade individual? Sobretudo quando sabemos que somos uma pequena minoria e que não temos um ponto de apoio seguro no próprio povo.

O nosso partido estava ainda em formação. Tínhamos perante nós uma prova extremamente difícil, antes de ter sido criada a organização necessária. Quando sucedeu a perseguição aos socialistas, no ano da vergonha para os nossos inimigos e no ano da glória para a social-democracia, tínhamos já uma organização tão forte e tão ramificada que cada um, consciente de um apoio poderoso, estava fortalecido, e que ninguém inteligente podia acreditar que o partido acabasse.

Naquela época portanto era difícil nadar contra a corrente. Mas o que se podia fazer? O que tinha que ser, tinha que ser [*Was sein mußte, mußte sein*]. Isso significava: cerrar os dentes e deixar vir o que viesse. Não havia tempo de ter medo [...].

Assim, Bebel e eu [...] não perdíamos tempo com precauções. Nós não podíamos bater em retirada, tínhamos que ficar no nosso posto, acontecesse o que acontecesse.[81]

---

81 *Der Leipziger Hochverratsprozeß vom Jahre 1872* [O processo de alta traição de Leipzig de 1872], p.389, 392.

Eles ficaram no seu posto e a social-democracia alemã alimentou-se durante quarenta anos da força moral que empregou naquela época contra um mundo de inimigos.

Era o que aconteceria dessa vez. Num primeiro momento talvez nada mais se conseguisse a não ser salvar a honra do proletariado alemão; que milhares e milhares de proletários que agora perecem, escondidos nas trincheiras, não morressem com a alma confusa e acabrunhada, mas com centelhas de luz no cérebro, pois o que na vida lhes era mais caro, a social-democracia internacional, libertadora dos povos, não era uma ilusão. Porém, a voz corajosa de nosso partido logo teria agido como poderoso contravapor à embriaguez chauvinista e à inconsciência da multidão, teria preservado do delírio os círculos populares mais esclarecidos, teria dificultado o trabalho de intoxicação e de emburrecimento do povo pelos imperialistas. A cruzada contra a social-democracia teria curado as massas populares da embriaguez bem rapidamente. Em seguida, no decorrer da guerra, à medida que crescesse em todos os países a ressaca da interminável e horrenda carnificina, à medida que as complicações da guerra imperialista aparecessem cada vez mais claramente, que o alarido mercantil dos especuladores sedentos de sangue se tornasse mais atrevido, tudo que é vivo, honesto, humano, progressista se reuniria sob a bandeira da social-democracia. E, sobretudo, no turbilhão, na queda e no colapso gerais a social-democracia alemã, como um rochedo no mar bravio, teria permanecido o grande farol da Internacional pelo qual todos os outros partidos de trabalhadores logo se teriam orientado. A enorme autoridade moral de que usufruía a social-democracia alemã em todo o mundo proletário até o 4 de agosto de 1914 também teria provocado, sem qualquer dúvida e num prazo curto, uma mudança nessa confusão geral. Dessa maneira, a atmosfera e a pressão das massas populares a favor da paz teriam aumentado em todos os países, teriam apressado o fim do massacre e diminuído o número de suas vítimas. O proletariado alemão teria permanecido a sentinela do socialismo e da emancipação da humanidade – o que seria certamente uma obra patriótica, digna dos discípulos de Marx, Engels e Lassalle.

VIII

Apesar da ditadura militar e da censura à imprensa, apesar da falha da social-democracia, apesar da guerra fratricida, a luta de classes ergue-se, com força elementar, da "união nacional", e a solidariedade internacional dos trabalhadores das emanações sangrentas dos campos de batalha. Não nas tentativas débeis de galvanizar artificialmente a velha Internacional, não nas promessas solenes que aqui e ali são renovadas para que logo *depois* da guerra voltemos a ficar juntos. Não, agora, na guerra e a partir da guerra ressurge, com força e ímpeto totalmente novos, o fato de que o proletariado de todos os países tem um só e mesmo interesse. A própria guerra mundial refuta a ilusão que criou.

Vitória ou derrota! Essa é a palavra de ordem do militarismo dominante em cada um dos países beligerantes, que foi aceita, como um eco, pelos dirigentes social-democratas. Para os proletários da Alemanha, França, Inglaterra ou Rússia agora deveria somente tratar-se de vitória ou derrota no campo de batalha, tal como para as classes dominantes desses países. Assim que ribombassem os canhões, cada proletariado deveria estar interessado na vitória do próprio país, e, portanto, na derrota dos outros países. Vejamos o que uma vitória pode trazer ao proletariado.

Segundo a versão oficial aceita sem crítica pelos dirigentes da social-democracia, a vitória representa para a Alemanha a perspectiva de um crescimento econômico ilimitado e sem obstáculos, enquanto a derrota representa a ruína econômica. Essa concepção apoia-se mais ou menos no esquema da guerra de 1870. Porém, o florescimento capitalista que se seguiu na Alemanha à guerra de 1870 não foi consequência da guerra, mas da unificação política, ainda que na figura deformada do império alemão criado por Bismarck. O crescimento econômico foi resultado da unificação, *apesar* da guerra e dos múltiplos obstáculos reacionários que ela trouxe consigo. A guerra vitoriosa teve como resultado o fortalecimento da monarquia militar na Alemanha e o regime dos *junkers* prussianos, ao passo que a derrota da França contribuiu para liquidar o [segundo] império e instaurar a [terceira] República. Mas hoje as coisas são completamente diferentes em todos os Estados beligerantes. Hoje a guerra não funciona como um método dinâmico que contribua para dar ao jovem capitalismo nascente as pre-condições políticas indispensáveis ao seu desenvolvimento "nacional". Quando muito a guerra assume esse caráter na Sérvia, e somente se ela for considerada um fragmento isolado. Reduzida ao seu significado histórico objetivo, a atual guerra mundial como um todo consiste na luta competitiva pela dominação mundial, pela exploração das últimas zonas não capitalistas do mundo por parte de um capitalismo desenvolvido que já atingiu seu pleno florescimento. Daí resulta o caráter totalmente diferente da própria guerra e de seus efeitos. O alto grau do desenvolvimento econômico da produção capitalista manifesta-se aqui na técnica extraordinariamente avançada, isto é, no poder destrutivo dos armamentos que alcançou quase o mesmo nível em todos os países beligerantes. A organização internacional da indústria do assassinato reflete-se atualmente no equilíbrio militar, produzido de maneira incessante pelas decisões parciais e oscilações dos pratos da balança, que retarda sem cessar uma decisão geral. Por seu lado, a indecisão dos resultados militares implica que novas reservas de massas de povo dos países beligerantes, assim como dos países até agora neutros, continuem sendo lançadas ao fogo. A guerra encontra por toda parte um acúmulo de apetites e de conflitos imperialistas, produz ela mesma novos apetites e conflitos, propagando-se como incêndio na estepe. Porém, quanto mais massas e países são arrastados de todos os lados para a guerra mundial, tanto mais ela se prolonga. Mesmo antes de qualquer decisão em termos de vitória ou derrota militar, vê-se como resultado da guerra um fenômeno desconhecido nas guerras anteriores dos tempos modernos: a ruína econômica de todos os países beligerantes e, num grau ainda maior, a dos países formalmente não beligerantes. A cada mês que a guerra se prolonga esse resultado se reforça e se agrava, fazendo que os esperados frutos de um sucesso militar retrocedam por uma década. Em última instância, nem a vitória nem a derrota podem modificar qualquer coisa a esse resultado; pelo contrário, ele torna mais do que duvidosa uma decisão puramente militar, e leva, com maior probabilidade ainda, a que a guerra finalmente acabe no mais extremo esgotamento mútuo. Nessas condições, mesmo uma Alemanha vitoriosa – caso os provocadores de guerra imperialistas conseguissem realizar o sonho audaz de conduzir o massacre até a eliminação completa de todos os adversários – obteria apenas uma vitória de Pirro. Teria como troféus a anexação de algumas regiões despovoadas e reduzidas à miséria e, sob o próprio teto, a ruína escarninha, que aparecerá assim que forem afastados o cenário pintado de uma economia financeira sustentada com empréstimos de guerra e as aldeias de Potemkin,[82] mantidas em funcionamento pelos fornecimentos de guerra, onde reina o "inabalável bem-estar do povo". O mais superficial dos observadores vê claramente que mesmo o Estado mais vitorioso não pode pensar em nenhuma reparação de guerra minimamente capaz de curar as feridas provocadas por ela. Uma compensação para isso e um complemento da "vitória" talvez fossem oferecidos pela ruína econômica maior do campo oposto vencido, da França e da Inglaterra, ou seja, daqueles países a que a Alemanha está estreitamente ligada por relações econômicas e de cujo bem-estar o seu próprio revigoramento depende ainda mais. É esse o quadro em que no pós-guerra – uma guerra "vitoriosa", bem entendido – o povo alemão trataria, na realidade, de cobrir mais tarde os gastos de guerra "aprovados" com antecedência pelos patrióticos representantes do povo, ou seja, ele poria sobre seus ombros uma imensa carga de impostos juntamente com uma reação militar reforçada, sendo esse o único fruto permanente e tangível da "vitória".

Se procurarmos agora imaginar as piores consequências de uma derrota, elas são – excluindo as anexações imperialistas –, traço por traço, semelhantes à imagem que resultou da consequência inevitável da vitória: atualmente os efeitos da própria maneira de conduzir a

---

82 Reza a lenda que no século XVIII, o príncipe Potemkin, amante de Catarina II da Rússia, construiu falsas aldeias ao longo do rio Dnieper para dar à tsarina, que viajava de barco, uma falsa impressão de prosperidade.

guerra são de natureza tão profunda e de tão grande alcance que o resultado militar não pode senão modificá-los muito pouco.

Contudo, suponhamos por um instante que o Estado vitorioso resolvesse livrar-se da grande ruína e lançá-la sobre o adversário vencido, estrangulando seu desenvolvimento econômico com toda espécie de obstáculos. Será que pode avançar a luta sindical da classe operária alemã no pós-guerra se a ação sindical dos trabalhadores franceses, ingleses, belgas e italianos for tolhida pelo retrocesso econômico? Até 1870 o movimento operário ainda caminhava sozinho em cada país; suas decisões eram tomadas em cidades isoladas. Foi em Paris, em suas ruas, que as batalhas do proletariado foram derrotadas e decididas. Mas o movimento operário atual, sua laboriosa luta econômica cotidiana e sua organização de massas estão, em todos os países de produção capitalista, baseados na cooperação. Se é válido o princípio de que a causa dos trabalhadores só pode prosperar sobre a base de uma vida econômica pulsando sadia e vigorosamente, então isso valerá não só para a Alemanha, mas também para a França, Inglaterra, Bélgica, Rússia, Itália. E se o movimento operário estagnar em todos os Estados capitalistas da Europa, se ali existirem salários baixos, sindicatos fracos, pouca força dos explorados para resistir, então é impossível que o movimento sindical floresça na Alemanha. Desse ponto de vista, para a luta econômica do proletariado a perda é, no final das contas, exatamente a mesma, quer o capitalismo alemão se reforce à custa do francês, quer o inglês se reforce à custa do alemão.

Mas voltemo-nos agora para as consequências políticas da guerra. Aqui a diferenciação pode ser mais fácil que no terreno econômico. Desde sempre os socialistas simpatizaram e tomaram partido pelo lado beligerante que defendia o progresso histórico contra a reação. Nesta guerra mundial qual lado representa o progresso e qual representa a reação? É claro que essa questão não pode ser respondida com base nas marcas distintivas externas dos Estados beligerantes, tais como "democracia" ou "absolutismo", mas somente baseando-se nas tendências objetivas da posição que cada lado representa na política mundial. Antes de podermos julgar o que uma vitória alemã pode trazer a seu proletariado, precisamos ter em vista que influência ela pode ter sobre a configuração geral da situação política europeia. A vitória incontestável da Alemanha teria como primeira consequência a anexação da Bélgica e provavelmente também de algumas regiões a leste e oeste e de uma parte das colônias francesas; levaria também à preservação da monarquia habsburguesa que se enriqueceria com novos territórios, e, por fim, à preservação de uma fictícia "integridade" da Turquia sob protetorado da Alemanha, isto é, a simultânea transformação, de uma ou de outra forma, da Ásia Menor e da Mesopotâmia em províncias alemãs de fato. Isso teria como consequência a efetiva hegemonia militar e econômica da Alemanha na Europa. Todos esses resultados de uma decisiva vitória militar da Alemanha são de se esperar, não por corresponderem aos desejos dos agitadores imperialistas na guerra atual, mas por serem consequência inteiramente inevitável da posição adotada pela Alemanha na política mundial, por decorrerem dos conflitos em que o país entrou com a Inglaterra, França e Rússia, e que no decorrer da própria guerra cresceram extraordinariamente em relação às suas dimensões iniciais. Mas basta ter presentes esses resultados para ver que em nenhuma circunstância eles produziriam qualquer equilíbrio estável na política mundial. Por mais que a guerra também signifique a ruína de todos os envolvidos e talvez ainda mais dos vencidos, as preparações para uma nova guerra mundial sob a liderança da Inglaterra começarão no dia seguinte ao da conclusão da paz, a fim de sacudir o jugo do militarismo prussiano-alemão que pesaria sobre a Europa e a Ásia Menor. Uma vitória da Alemanha seria apenas o prelúdio de uma imediata segunda guerra mundial, e desse modo apenas o sinal de nova e febril corrida armamentista, assim como do desencadeamento da mais negra reação em todos os países e, em primeiro lugar, na própria Alemanha. Por sua vez, a vitória da Inglaterra e da França conduziria muito provavelmente à perda de pelo menos uma parte das colônias assim como da Alsácia-Lorena e, muito seguramente, à bancarrota da posição do imperialismo alemão na política mundial. Mas isso significa o desmembramento da Áustria-Hungria e a total liquidação da Turquia. Por mais que esses dois Estados sejam formações arquirreacionárias e que sua queda corresponda às exigências do desenvolvimento progressivo no atual ambiente concreto da política mundial, a queda da monarquia habsburguesa e da Turquia só poderia levar a vender em liquidação seus países e povos à Rússia, Inglaterra, França e Itália. Porém, tal grandiosa partilha do mundo e tal deslocamento do poder nos Bálcãs e no Mediterrâneo seriam inevitavelmente seguidos pela Ásia, com a liquidação da Pérsia e um novo desmembramento da China. Com isso, o conflito anglo-russo, assim como o conflito anglo-japonês passariam ao primeiro plano da política mundial, o que, em conexão direta com a liquidação da atual guerra mundial, talvez trouxesse consigo uma nova guerra mundial por causa de Constantinopla; em todo caso, abriria novas e inevitáveis perspectivas para ela. Portanto, também por esse lado, a vitória [da França e da Inglaterra] conduz à nova e febril corrida armamentista em todos os Estados – evidentemente com a Alemanha derrotada à frente – e assim a uma era de unânime domínio do militarismo e da reação em toda a Europa com uma nova guerra mundial como objetivo final.

Logo, a política proletária, do ponto de vista do progresso e da democracia, caso ela devesse tomar partido por um dos lados nesta guerra, e considerando globalmente a política mundial e suas perspectivas futuras, ficaria aprisionada entre Cila e Caríbdis; nessas circunstâncias, a questão da vitória ou da derrota para a classe trabalhadora europeia representa, tanto no plano político quanto no econômico, uma escolha desesperada entre duas surras. Portanto, não passa de funesta ilusão os socialistas franceses suporem que a derrota militar da Alemanha atingirá o militarismo ou mesmo o imperialismo na cabeça e abrirá caminho para a democracia pacífica no mundo. Pelo contrário, o imperialismo e o militarismo a seu serviço não terão absolutamente nenhum prejuízo a cada vitória e a cada derrota nesta guerra, salvo num único caso: se o proletariado internacional, mediante sua intervenção revolucionária, puser fim a esses cálculos.

A lição mais importante da guerra atual para a política do proletariado é o fato inabalável de que nem na Alemanha nem na França, nem na Inglaterra nem na Rússia, ela deve ecoar sem crítica a palavra de ordem *vitória ou derrota*, uma palavra de ordem que só tem conteúdo real do ponto de vista do imperialismo, e que para cada grande Estado é idêntica à questão do ganho ou da perda de seu poderio político-mundial, das anexações, das colônias e do predomínio militar. Para o proletariado europeu como um todo, a vitória ou a derrota de cada um dos campos beligerantes são hoje, do seu ponto de vista de classe, igualmente funestas. É justamente *a guerra* como tal, independentemente de qual seja seu fim em termos militares, que representa a maior derrota concebível para o proletariado europeu; é o aniquilamento da guerra e a mais rápida obtenção da paz pela ação combativa internacional do proletariado que podem trazer a única vitória à causa proletária. E somente essa vitória pode provocar, ao mesmo tempo, a verdadeira salvação da Bélgica e da democracia na Europa.

Na guerra atual, o proletariado com consciência de classe não pode identificar sua causa com nenhum dos campos militares. Será que se segue daí que a atual política proletária exige ater-se ao *status quo*, que não temos nenhum outro programa de ação a não ser o desejo de que tudo permaneça como antes da guerra? Mas a situação existente nunca foi nosso ideal, nunca foi expressão da autodeterminação dos povos. E mais: a situação anterior não pode ser salva de modo algum, ela não existe mais, ainda que subsistam as habituais fronteiras entre os Estados. Mesmo antes do ajuste formal de seus resultados, a guerra trouxe uma imensa confusão nas relações de poder, na avaliação das forças recíprocas, nas alianças e conflitos, submeteu a uma revisão tão profunda as relações entre os Estados e entre as classes no interior da sociedade, destruiu tantas antigas ilusões e potências, criou tantos ímpetos novos e tantas tarefas novas que o retorno à velha Europa anterior à de 4 de agosto de 1914 está tão fora de questão quanto o retorno a uma situação pré-revolucionária mesmo depois de uma revolução derrotada. A política do proletariado também não conhece "marcha à ré", ela só pode avançar; ela precisa ir sempre além do que existe e do que acaba de ser criado. É somente nesse sentido que ela pode opor sua própria política aos dois campos imperialistas na guerra mundial.

Mas tal política não pode consistir em que os partidos social-democratas, cada um por si ou em conjunto, passem a competir nas conferências internacionais na elaboração de projetos e na invenção de receitas para a diplomacia burguesa, mostrando como esta deve concluir a paz, a fim de possibilitar um futuro desenvolvimento pacífico e democrático. Todas as reivindicações em prol do "desarmamento" total ou parcial, da abolição da diplomacia secreta, do desmembramento de todos os grandes Estados em pequenos Estados nacionais, e outras reivindicações semelhantes são, sem exceção, totalmente utópicas enquanto a dominação de classe capitalista tiver as rédeas nas mãos. Tanto mais que sob a orientação imperialista atual ela não pode renunciar ao militarismo moderno, à diplomacia secreta, ao grande Estado centralizado multinacional; na verdade, se formos mais coerentes, todos os postulados em questão desembocam nesta simples "reivindicação": abolição do Estado de classes capitalista. Não é com conselhos e projetos utópicos que permitiriam mediante reformas atenuar, domesticar, amortecer o imperialismo nos quadros do Estado burguês que a política proletária pode reconquistar o lugar que lhe cabe. O problema real que a guerra mundial colocou aos partidos socialistas e de cuja solução depende o destino futuro do movimento operário é *a capacidade de ação das massas proletárias na luta contra o imperialismo*. O que falta ao proletariado internacional não são postulados, programas, palavras de ordem, mas ações, resistência eficaz, capacidade de atacar o imperialismo no momento decisivo – precisamente durante a guerra – e pôr em prática a velha palavra de ordem "guerra à guerra!". Aqui está Rodes, trata-se de saltar, aqui está o nó górdio da política proletária e de seu futuro daqui em diante.

O imperialismo, com toda a sua brutal violência política, com a cadeia ininterrupta de catástrofes sociais que provoca, é certamente uma necessidade histórica para as classes dominantes do mundo capitalista contemporâneo. Nada seria mais funesto para o próprio proletariado, a partir desta guerra mundial, do que alimentar qualquer ilusão, qualquer esperança na possibilidade de um desenvolvimento idílico e pacífico do capitalismo. Mas para a política proletária a conclusão que resulta da necessidade histórica do imperialismo não é que deva capitular perante ele para doravante, à sua sombra, alimentar-se das migalhas de suas vitórias.

A dialética histórica move-se precisamente por meio de contradições, e para cada necessidade no mundo estabelece também o seu contrário. A dominação da classe burguesa é sem dúvida uma necessidade histórica, mas também o é a rebelião da classe trabalhadora contra ela; o capital é uma necessidade histórica, mas também o é seu coveiro, o proletariado socialista; a dominação mundial do imperialismo é uma necessidade histórica, mas também o é sua destruição pela Internacional proletária. Existem sempre duas necessidades históricas em conflito entre si, e a nossa, a necessidade do socialismo, tem maior fôlego. Nossa necessidade justifica-se totalmente no momento em que a outra, a dominação da classe burguesa, deixa de ser portadora do progresso histórico, quando se transforma em freio, em perigo para o desenvolvimento futuro da sociedade. A ordem social capitalista, como revela justamente a atual guerra mundial, alcançou esse ponto.

O ímpeto da expansão imperialista do capitalismo, como expressão de sua maturidade máxima, de seu último período de vida, tem, no plano econômico, a tendência a transformar o mundo inteiro num mundo de produção capitalista, a varrer todas as formas de produção e de sociedade obsoletas, pré-capitalistas, a transformar em capital todas as riquezas da terra e todos os meios de produção, e as massas trabalhadoras do povo de todas as zonas em escravos assalariados. Na África e na Ásia, dos mares do extremo norte ao extremo sul da América, nos mares do sul, os últimos vestígios de antigas comunidades comunistas primitivas, de relações de dominação feudais, de economias camponesas patriarcais, de produções artesanais seculares são aniquilados, esmagados pelo capital; povos inteiros são exterminados, civilizações antiquíssimas são arrasadas para se introduzir a forma mais moderna de extorquir lucro. Essa brutal marcha triunfal através do mundo, em que o capital abre caminho acompanhado pelo uso da violência, do roubo e da infâmia, teve um lado luminoso: criou as precondições para o seu desaparecimento definitivo, produziu a dominação mundial capitalista, à qual só pode seguir-se a revolução socialista mundial. Este foi o único aspecto civilizador e progressista da assim chamada grande obra civilizadora nos países primitivos. Para os economistas e políticos burgueses liberais, ferrovias, fósforos suecos, esgotos e lojas significam "progresso" e "civilização". Essas obras em si, enxertadas nas condições primitivas, não significam civilização nem progresso, porque são compradas ao preço da rápida ruína econômica e cultural dos povos, os quais sofrem de uma só vez todas as calamidades e todos os horrores de duas épocas: a das relações de dominação da economia natural tradicional e a da exploração capitalista mais moderna e refinada. Somente como precondição material para abolir a dominação do capital, para abolir a sociedade de classes em geral, é que as obras da marcha triunfal do capitalismo pelo mundo carregavam a marca do progresso num sentido histórico mais amplo. Nesse sentido, em última análise, o imperialismo trabalhava para nós.

A atual guerra mundial representa uma guinada nesse percurso. Pela primeira vez, as bestas ferozes que a Europa capitalista soltava no resto do mundo irromperam agora de uma só vez no coração da Europa. Um grito de horror percorreu o mundo quando a Bélgica, essa pequena joia preciosa da cultura europeia, quando os mais veneráveis monumentos culturais do norte da França caíram em cacos sob o impacto ensurdecedor de uma força destrutiva cega. O "mundo civilizado" havia assistido indiferente a esse mesmo imperialismo consagrar-se à mais cruel aniquilação de dez mil Hereros, quando os gritos enlouquecidos dos que morriam de sede e os estertores dos moribundos encheram o deserto do Kalahari;[83] quando em Putumayo, no espaço de dez anos, quarenta mil homens foram torturados até a morte por um bando de capitães de indústria europeus, e o resto do povo transformado em estropiados; quando na China, a fogo e sangue, uma civilização antiquíssima foi abandonada a todos os horrores da

---

83 Em 1904, o povo dos Hereros, no sudoeste da África, revoltou-se contra a dominação colonial do imperialismo alemão. As tropas coloniais alemãs, na campanha de repressão sob o comando do general Lothar von Trotha, levaram os nativos para o deserto, cortaram-lhes a água, abandonando-os a uma morte cruel.

destruição e da anarquia pela soldadesca europeia; quando a Pérsia, impotente, foi estrangulada no nó corredio, cada vez mais apertado, da tirania estrangeira; quando em Trípoli os árabes foram submetidos a ferro e fogo ao jugo do capital e de sua civilização, e suas casas foram arrasadas. Esse "mundo civilizado" só hoje descobriu que a mordida das feras imperialistas é mortal, que suas exalações são perversas. Ele só o percebeu quando as feras enterraram as garras afiadas no seio da própria mãe, a civilização burguesa europeia. E mesmo essa percepção venceu sob a forma distorcida da hipocrisia burguesa, em que cada povo só reconhece a infâmia no uniforme nacional do outro. "Os bárbaros alemães!" – como se cada povo que se prepara para o assassinato organizado não se transformasse nesse momento mesmo numa horda de bárbaros. "As atrocidades cossacas!" – como se a guerra mesma não fosse a atrocidade das atrocidades, como se a exaltação da carnificina humana como heroísmo, num jornal da juventude socialista, não fosse exemplo de cossaquismo intelectual na verdadeira civilização!

Mas a fúria atual da bestialidade imperialista nos campos da Europa produz outro efeito que o "mundo civilizado" não vê com horror, de coração partido: *é o desaparecimento em massa do proletariado europeu*. Nunca antes uma guerra exterminara em tais proporções camadas inteiras da população, nunca, de um século para cá, atacara dessa maneira todos os grandes e antigos países civilizados da Europa. Milhões de vidas humanas são aniquiladas nos Vosgos, nas Ardenas, na Bélgica, na Polônia, nos Cárpatos, no Save, milhões ficam estropiados. Mas, desses milhões, nove décimos constituem o povo trabalhador da cidade e do campo. É nossa força, nossa esperança que ali são ceifadas em fileiras, como erva caindo diariamente sob a foice. São as melhores forças do socialismo internacional, as mais inteligentes, as mais educadas, os portadores das mais sagradas tradições e os heróis mais audazes do movimento operário moderno, as vanguardas de todo o proletariado, os trabalhadores da Inglaterra, França, Bélgica, Alemanha, Rússia que são agora amordaçados e massacrados em massa. São precisamente esses trabalhadores dos países capitalistas dirigentes da Europa que têm a missão histórica de realizar a revolução socialista. Apenas da Europa, apenas dos países capitalistas mais antigos é que pode, quando chegar a hora, partir o sinal da revolução social que libertará a humanidade. Somente os trabalhadores ingleses, franceses, belgas, alemães, russos, italianos podem juntos liderar o exército dos explorados e oprimidos dos cinco continentes. Quando chegar a hora, somente eles podem ajustar contas com o capitalismo por sua obra de aniquilação global, exercer vingança pelos crimes seculares cometidos contra todos os povos primitivos. Mas para que o socialismo possa avançar e vencer é preciso um proletariado forte, capaz de agir, educado, e massas cujo poder reside tanto na sua cultura intelectual quanto no seu número. E essas massas, precisamente, estão sendo dizimadas pela guerra mundial. A fina flor dos homens maduros e dos jovens, centenas de milhares cuja educação socialista, na Inglaterra e na França, na Bélgica, na Alemanha e na Rússia, foi produto de um trabalho de décadas de esclarecimento e agitação, outras centenas de milhares que podiam ser conquistados no futuro para o socialismo, caem e apodrecem miseravelmente nos campos de batalha. O fruto de décadas de sacrifício e de esforços de gerações é destruído em poucas semanas, as tropas nucleares do proletariado internacional são atingidas em suas raízes vitais.

A sangria da matança de junho [de 1848] paralisou por uma década e meia o movimento operário francês. A sangria da carnificina da Comuna [de Paris] fez que ele recuasse novamente por mais de uma década. O que agora ocorre é um massacre de massas como nunca existiu, que reduz cada vez mais a população trabalhadora adulta de todos os países dirigentes civilizados às mulheres, aos velhos e aos aleijados, uma matança que ameaça exaurir o movimento operário europeu. Mais uma guerra mundial como esta e as perspectivas do socialismo ficarão enterradas sob as ruínas empilhadas pela barbárie imperialista. É muito mais que a infame destruição de Liège ou da catedral de Reims. É um atentado, não à cultura burguesa do passado, mas à cultura socialista do futuro, um golpe mortal contra aquela força que traz em seu âmago o futuro da humanidade, a única que pode salvar os preciosos tesouros do passado e transmiti-los a uma sociedade melhor. Aqui o capitalismo mostra sua caveira, aqui ele revela que seu direito histórico à existência acabou, que a continuidade de sua dominação não é mais reconciliável com o progresso da humanidade.

Porém, aqui se revela igualmente que a atual guerra mundial não é somente um gigantesco assassinato, mas também o suicídio da classe trabalhadora europeia. Pois são os soldados do socialismo, os proletários da Inglaterra, França, Alemanha, Rússia, da própria Bélgica, que há meses se massacram uns aos outros, obedecendo às ordens do capital, são eles que enterram a fria arma assassina no coração uns dos outros, são eles que, agarrados num abraço mortal, cambaleiam juntos para o túmulo.

"Alemanha, Alemanha acima de tudo! Viva a democracia! Viva o tsar e o pan-eslavismo! Dez mil tendas, garantia total! Cem mil quilos de toucinho, café artificial, entrega imediata!"... Os dividendos sobem, e os proletários caem. E com cada um deles desce ao túmulo um combatente do futuro, um soldado da revolução, um salvador da humanidade do jugo do capitalismo.

A loucura só acabará e o espectro sangrento do inferno só desaparecerá quando os trabalhadores na Alemanha e na França, na Inglaterra e na Rússia finalmente acordarem da embriaguez, se derem fraternalmente as mãos e encobrirem o coro bestial dos fomentadores da guerra e o grito rouco das hienas capitalistas com o antigo e poderoso grito de guerra do trabalho: proletários de todos os países, uni-vos!

É obra de muitos[1]

Um fato incontestável vigorou na ciência durante muito tempo: nas origens da história da civilização os seres humanos levavam uma existência isolada, no máximo o homem e a mulher se juntavam para procriar e, quanto ao resto, cada um e cada uma iam vivendo, contando só consigo mesmo. O ser humano isolado com sua arma ou instrumento rústico – eis a imagem com que começa a história da humanidade tal como foi pensada e exposta pela maioria dos estudiosos.

Lippert, famoso historiador da civilização, logo no início de sua descrição dos tempos primitivos, diz o seguinte: "Mas esta é a característica dos tempos primitivos: os cuidados vitais se encontravam no patamar mais baixo, limitados no espaço ao indivíduo, e limitados no tempo ao instante da sensação de necessidade". E em outra passagem ele enfatiza mais uma vez claramente que, "em resumo, durante muito tempo na época primitiva, cada um procurava para si

---

1 Título original: *Die Menge tut es*. Artigo não assinado. Segundo Wilhelm Rodominsky, que ficou encarregado da redação e da publicação de *Freie Jugend* [Juventude Livre], depois da conferência da juventude socialista de oposição entre 23 e 24 de abril de 1916 em Jena, o artigo é de Rosa Luxemburgo. Publicado originalmente em *Freie Jugend*, n.1, 25 ago. 1916, p.3-5.

o sustento, em ajuda mútua, numa espécie de divisão do trabalho; em suma, não existia proteção da sociedade". Outro estudioso altamente respeitado, Ratzel, admite contudo que todo progresso da civilização humana só foi possível graças à ação conjunta de muitos, acreditando porém que o estado social da civilização teria justamente sido precedido por outro em que os seres humanos levavam uma vida isolada. "O mais importante passo da barbárie para a civilização", diz ele, "é a saída do ser humano individual do isolamento total ou temporário, que está inseparavelmente ligado aos estágios mais baixos da humanidade natural".

A mesma ideia predomina na economia política. Os criadores da economia política burguesa, Adam Smith e David Ricardo, ao referir-se às condições econômicas primitivas da humanidade, falam habitualmente de um pescador e de um caçador primitivo isolados, que se encontram por acaso em qualquer lugar e trocam "mercadorias" entre si. Mas também o conhecido professor Bücher, de Leipzig, nosso contemporâneo, ensina a seus estudantes que, por exemplo, o rústico povo dos bosquímanos na África vive "buscando individualmente o sustento": "Cada um e cada uma comem cru aquilo que agarram com as mãos ou que com as unhas esgaravatam do solo". E, segundo o professor Bücher, o que vale para os bosquímanos também é válido para os demais povos chamados primitivos (rústicos) que ainda hoje vivem nos países coloniais. Longa e prolixamente ele descreve "a busca individual do sustento praticada por todos esses povos, durante séculos". Antes, a ciência era tão dominada por essa ideia de homens isolados vivendo totalmente sozinhos num lugar qualquer da remota pré-história, cada um por si, que o próprio Lassalle ficou enredado nela. Ele diz na sua principal obra econômica publicada em 1864, *Capital e trabalho*, procurando esclarecer a origem do desenvolvimento econômico para o seu adversário Schulze aus Delitzsch, o apóstolo liberal das cooperativas de consumo: "Observe o índio nas florestas da América que de arco em punho caça o seu sustento". E explica a Shulze o "estado primitivo do trabalho individual, isolado" em que não existia nenhuma divisão do trabalho, pois não existia nenhum trabalho conjunto entre os diferentes seres humanos.

Essa concepção, tão difundida, é uma das ideias mais falsas e mais grosseiras pela qual a ciência burguesa é responsável. A ela se contrapõe, antes de tudo, o conhecimento das ciências naturais, segundo o qual os seres humanos próximos da espécie animal, como os macacos, nunca foram vistos vivendo isolados, mas sempre em bandos. Em seguida, contrapõe-se a consideração de que, comparado aos outros animais, um ser originariamente tão pouco equipado na luta pela vida quanto o homem sucumbiria de modo infalível se não tivesse podido, desde o início, pela união de vários indivíduos, proteger-se de alguma forma dos perigos e facilitar seu sustento. Lancemos ainda um olhar à nossa volta: a observação nos diz que, desde as viagens de descoberta e de pesquisa, o nosso conhecimento do modo de vida dos chamados povos "selvagens" se ampliou e aprofundou; que nunca em nenhum lugar dos cinco continentes foram encontrados seres humanos vivendo isolados, nem nunca deles se ouviu falar; que, em contrapartida, mesmo o "mais selvagem" povo conhecido vive e trabalha, não de maneira dispersa, mas em hordas, maiores ou menores, isto é, em massa, uns com os outros.

Por fim, à fábula do "ser humano isolado" dos tempos primitivos se contrapõe o que sabemos sobre os próprios tempos primitivos pelo que diretamente restou nas antigas e diferentes camadas do solo. Assim, a maioria das cavernas de onde foram desenterrados antiquíssimos esqueletos ou restos de ossos humanos e de animais abatidos, tal como instrumentos feitos pela mão do homem; as impressionantes pilhas de conchas no litoral de vários continentes, reconhecidas como restos de comida de antiquíssimos habitantes da Terra; também as palafitas descobertas nos lagos da Suíça e da Itália mostram uma imagem da vida social de muitos seres humanos juntos e não, de modo algum, indivíduos vivendo isoladamente.

Uma reflexão séria sobre os fundamentos e a natureza da civilização humana apoia fortemente esses testemunhos diretos dos tempos remotos. Qual é o cerne da civilização humana? O que distingue o ser humano do restante do mundo animal? A linguagem, o trabalho com instrumentos fabricados por ele, a arte. Todos esses sinais da existência humana seriam impensáveis sem uma duradoura cooperação social de massa. Somente na vida em conjunto e no relacionamento de muitos seres humanos uns com os outros apareceram as necessidades superiores que levaram à descoberta e à criação de todos os meios civilizados de trabalho e de vida. E apenas mediante a troca permanente das observações e das experiências de muitos aumentou cada vez mais o tesouro do conhecimento da natureza, que abriu caminho para o domínio gradual da natureza exterior pelo trabalho humano. Porém, a linguagem e a natureza, esses pilares indispensáveis da existência humana, nada mais são que meios de comunicação, de entendimento entre os membros da mesma sociedade humana.

Juntando tudo o que pudemos observar sobre a origem e a continuação do desenvolvimento da civilização, o que foi transmitido e o que reconhecemos mediante uma reflexão profunda, devemos chegar à importante e imperiosa conclusão de que a civilização humana como um todo é obra da cooperação social de muitos, é obra das massas.

E o que vale para os tempos remotos é válido para toda a história da humanidade até hoje. Essa história fervilha de lendas heroicas, de grandes atos individuais, está cheia da glória de sábios monarcas, audazes generais, arrojados viajantes em busca de descobertas, inventores geniais, libertadores heroicos. Mas toda essa bela e colorida atividade dos indivíduos é, por assim dizer, apenas a florida roupagem exterior da história humana. À primeira vista, o bem e o mal, a felicidade e a miséria dos povos são obra de governantes ou de grandes homens isolados. Na realidade são os povos, as próprias massas sem nome que fazem seu destino, sua felicidade e sua dor. Reza a lenda grega que, em tempos remotos, Prometeu, um semideus, roubou o fogo do céu e entregou-o aos homens para que o usassem. Não, na realidade o uso do fogo é fruto dos esforços de incontáveis seres humanos que por longos milênios da pré-história avançaram tateando da existência animal rumo à luz da civilização. As imponentes pirâmides no deserto africano trazem o nome de seus criadores, faraós célebres. Não, as pirâmides são na realidade obra de milhares e milhares de escravos pacientes que, num penoso trabalho forçado, ergueram gemendo os testemunhos de pedra de sua própria escravização. Fazia parte do domínio do faraó a paciência dos milhões que curvavam o pescoço a seu jugo e se deixavam dominar. A glória militar de Napoleão encheu um século de história. Mas as expedições militares de Napoleão foram apenas a consequência imperiosa da grande Revolução Francesa. Esta, contudo, não foi obra de heróis isolados, de Danton, Robespierre ou Marat, e sim das massas camponesas francesas, dos artesãos e trabalhadores parisienses que decidiram libertar-se eles mesmos do jugo do feudalismo medieval. E até as próprias guerras, quer sob Napoleão, quer sob um dos célebres generais de hoje, na realidade não são feitas por imperadores, generais ou diplomatas, mas pelos povos, pelas próprias massas. Nenhuma guerra é possível se as massas populares, com entusiasmo guerreiro ou pelo menos com paciência submissa, não forem responsáveis por ela. Senão como teriam os generais seus milhões de soldados para mandar às trincheiras, e como teriam os governos os bilhões que recebem dos impostos pagos pelas massas para custear as guerras?

E, assim como a miséria, o bem-estar dos povos só é possível como obra de milhões. Abolir a exploração e a opressão na sociedade, introduzir outras condições em que não existam senhores nem escravos, mas seres humanos livres e iguais trabalhando pelo bem-estar geral, em que não exista mais guerra, mas a confraternização de todos os povos – nada disso pode cair do céu como um presente misericordioso de heróis individuais. A libertação da classe trabalhadora só pode ser obra da própria classe trabalhadora, diz o Manifesto Comunista de Marx e Engels. Enquanto os milhões de trabalhadores de todos os países não compreenderem que precisam se libertar a si mesmos, não terão fim a exploração, a miséria, a pobreza nem o massacre recíproco dos povos.

Mas as massas trabalhadoras, homens e mulheres, velhos e jovens começam a compreender isso. Por essa razão nosso poeta da liberdade, Heinrich Heine, cantava há já quase um século:

Ich rate euch, nehmt euch in acht,
Es bricht noch nicht, jedoch es kracht;
[...] Die Menge tut es.[2]

---

2 Trecho final do poema de Heinrich Heine, intitulado "Die Menge tut es": Eu vos aconselho, tende cautela,/ Não se rompe ainda, contudo estala;/ [...] É obra de muitos. (N. T.)

Carta aberta aos amigos políticos[1]

Sobre cisão, unidade e saída

Desde 4 de agosto de 1914 estabeleceu-se na social-democracia alemã um processo de decomposição e desagregação que não tem um dia, não tem uma hora de descanso e que se realiza com o rigor e a lógica de um processo natural. Cada novo passo no caminho da política imperialista, cada nova investida incontestável das potências dominantes visando a reforçar sua posição de poder, cada convocação, cada missão do Reichstag a serviço da política dominante, sim, simplesmente cada novo dia em que a guerra continua, constituem simultaneamente para a social-democracia mais um desabamento de suas vigas, mais um desmoronamento de seus muros apodrecidos. Cada nova ação do imperialismo triunfante exclui a social-democracia como elemento determinante da política ativa, elimina-a e extingue-a progressiva-

---

[1] Título original: *Offene Briefe an Gesinnungsfreunde*. Texto assinado por Gracchus, pseudônimo de Rosa Luxemburgo, e publicado originalmente em *Der Kampf*, n.31, 6 jan. 1917.

mente da vida pública na Alemanha como partido com uma política particular, como órgão dos interesses de classe do proletariado.

Quem abranger esse imenso processo histórico em toda a sua amplitude e profundidade não pode encarar senão com um dar de ombros e um sorriso de comiseração, tanto os cuidados diligentes dos socialistas governamentais Scheidemann & cia. que, mediante toda espécie de truques e vigarices, pretendem com o tempo fundar seu domínio sobre o conjunto do partido, quanto a indignação bem comportada da suave oposição em torno de Haase-Ledebour, quando se acredita suspeita de "tendências à cisão". As divertidas disputas entre as duas tendências para saber qual das duas quer verdadeiramente "cindir" o partido e os esforços zelosos de cada uma para atribuir à adversária a responsabilidade por esse crime monstruoso são em si uma bela contribuição ao fato de que toda a concepção sobre as condições fundamentais de existência do partido, no fundo, é talhada da mesma madeira, tanto na direita quanto no pântano.[2] Associações, instâncias, conferências, assembleias gerais, livros-caixa, carteirinhas de membros, eis "o partido" para os camaradas ao estilo de Scheidemann assim como para os camaradas ao estilo de Haase. Tanto uns quanto outros não percebem que associações, instâncias, carteirinhas de membros e livros-caixa se transformam em farrapos sem valor no instante em que o partido deixa de exercer a política exigida por sua natureza. Tanto uns quanto outros não percebem que suas disputas sobre a questão da cisão ou da unidade da social-democracia alemã não passam de uma briga a respeito das barbas do imperador, visto que hoje a social-democracia alemã como um todo já não existe mais.

Imaginemos por um instante que na Basílica de São Pedro, em Roma, esse venerável templo da fé cristã, esse precioso monumento da cultura religiosa, numa bela manhã – a pena quase se recusa a escrevê-lo – em vez do culto católico, se desencadeasse aos olhos de

---

2 Pântano [*Sumpf*] designa, para Rosa Luxemburgo, a oposição moderada que, em fevereiro de 1917, é expulsa do SPD e forma o USPD.

todos uma orgia desavergonhada, como num bordel. Imaginemos algo ainda mais espantoso, pensemos que os padres, nessa orgia, tivessem conservado as sotainas, os ornamentos e os incensários que usavam anteriormente na missa solene. Será que então a Basílica de São Pedro ainda seria uma igreja, ou seria algo totalmente diferente? As paredes altas ainda seriam certamente as mesmas, os altares e os paramentos sacerdotais seriam os antigos, mas depois de olharem para dentro horrorizados todos recuariam assustados e perguntariam consternados: o que aconteceu com a Igreja no mundo inteiro?

Pois bem, a Igreja é uma casa onde se reza a Deus, e a social-democracia é um partido que conduz a luta de classes do proletariado. Abandonando oficialmente a luta de classes, a social-democracia alemã, como o poder irresistível de uma avalanche despencando, recaiu no seu processo de decomposição e hoje abriga sob seu telhado torto tendências tão divergentes, elementos por natureza tão distantes e tão mortalmente inimigos como burguesia e proletariado, imperialismo e socialismo, Estado de classes e confraternização internacional dos povos.

É desse ponto de vista que se deve julgar o projeto político em formato de bolso com que a suave oposição do centro se apresentou nesta situação histórica sem precedentes na história universal. Todo o projeto se esgota e, ao mesmo tempo, se critica numa palavra: "Volta!". Eles querem voltar às circunstâncias que existiam antes da irrupção da guerra mundial, querem reaver a sua social-democracia alemã tal como era até 4 de agosto de 1914. Querem voltar à "antiga e comprovada tática" com suas "fulgurantes vitórias" de eleição em eleição para o Reichstag, voltar às batalhas vitoriosas contra o "revisionismo" de congresso em congresso do partido, à paciente cantilena de agitação em favor da solidariedade internacional do trabalho, voltar às 47 reuniões de massa cotidianas que, conduzidas pela batuta, "transcorreram magnificamente", com suas retumbantes resoluções adotadas "unanimemente" e seu triplo "viva!" à "social-democracia alemã internacional, revolucionária e libertadora dos povos", voltar às "semanas vermelhas" que copiavam em miniatura o grande milagre do Senhor e que faziam em sete dias, diante da admiração piedosa do mundo, 150 mil "social-democratas". Volta, volta aos bons tempos do encantador e confortável autoengano.

> Stell auf den Tisch die duftenden Reseden.
> Die letzen rotten Astern trag herbei,
> Und laß uns wieder von der Liebe reden,
> Wie einst im Mai [...].³

Mas infelizmente o pequeno projeto tem um grande buraco: a antiga social-democracia alemã, como era "outrora em maio", já não existe; só existe uma, a que nasceu em agosto. Aquela social-democracia alemã d'antanho, com sua "antiga e comprovada tática", jaz esmagada sob as rodas do carro triunfante do imperialismo. A saudade do pântano querendo voltar ao partido tal como era antes da guerra mundial é uma das utopias mais infantis que esta terrível guerra produziu, só havendo uma coisa que se pode comparar a essa em puerilidade: é a tocante candura política com que os dirigentes do pântano, os Haase, Ledebour, Dittmann pretendem agora ressuscitar de entre os mortos a antiga e gloriosa social-democracia que antes eles mesmos contribuíram para enterrar e sobre cujo túmulo dançaram durante um ano e meio, comportando-se, em meio à guerra mundial de hoje, exatamente como antes da guerra, "fiéis à velha e comprovada tática", entoando no Reichstag exatamente os mesmos discursos do tempo de Adão, como se nada tivesse acontecido.

E enquanto no primeiro plano do partido se representa essa inocente peça satírica de uma oposição virada para trás e que, por isso, só oferece seu traseiro macio ao assalto do presente, consuma-se no interior do partido um processo trágico em termos de história mundial: o cerco mortal das tropas de elite do proletariado alemão pelos tentáculos do capital alemão. A dominação exercida pelas instâncias

---

3 "Coloca sobre a mesa os resedás perfumados./ Traz as últimas sécias vermelhas,/ E deixa-nos ainda falar de amor,/ Como outrora em maio [...]." *Lied* de Richard Strauss a partir de um poema de Hermann von Gilm (1812-1864). (N. T.)

do partido e dos sindicatos – dos Scheidemann e consortes assim como dos Legien e consortes – sobre o operariado organizado não passa, em essência, da mais brutal vitória da burguesia alemã sobre a classe trabalhadora jamais obtida ou mesmo sonhada. As massas atraídas pelas bandeiras da social-democracia e dos sindicatos para lutar contra o capital encontram-se hoje, justamente por meio dessas organizações e nessas organizações, sob o jugo da burguesia, como nunca haviam estado desde o início das condições capitalistas modernas.

Resulta daí uma conclusão decisiva sobre a questão da "cisão e unidade" do partido também para aqueles que aspiram a sair do colapso do movimento operário avançando, e não retrocedendo. Por mais louváveis e compreensíveis que sejam a impaciência e a cólera amarga provocadas nos dias de hoje pela fuga do partido de muitos de seus melhores elementos, fuga é fuga, e para nós é uma traição às massas que se debatem e sufocam no nó corredio dos Scheidemann e Legien, abandonadas à mercê da burguesia. Pode-se "sair" de pequenas seitas e conventículos quando eles não nos convêm mais, para fundar novas seitas e conventículos. Não passa de fantasia imatura querer libertar o conjunto da massa dos proletários do jugo pesado e perigoso da burguesia mediante a simples "saída" [do partido], precedendo-a nesse caminho com um exemplo corajoso. Jogar fora a carteirinha do partido e ter a ilusão de ter-se libertado representa, só que de ponta-cabeça, o mesmo que idolatrar a carteirinha do partido e ter a ilusão de poder; ambas são apenas os diferentes polos do cretinismo organizativo, essa doença constitutiva da velha social-democracia alemã. A desagregação da social-democracia alemã é um processo histórico de grandes dimensões, um conflito geral entre a classe trabalhadora e a burguesia, e não podemos nos esquivar enojados desse campo de batalha, ficando de lado no nosso cantinho, debaixo de um arbusto, para respirar um ar mais puro. Trata-se de levar essa luta gigantesca ao extremo. Trata-se de unir forças e de puxar, até que arrebente, o nó mortal da social-democracia alemã oficial e dos sindicatos livres oficiais colocado pela classe dominante na garganta das massas perdidas e traídas; trata-se de apoiar as massas ludibriadas nessa dificílima luta por sua libertação, de defendê-las fielmente de peito aberto. A liquidação desse "monte de podridão organizada" que hoje se chama social-democracia alemã não é um assunto privado que possa ser resolvido por indivíduos ou grupos isolados. Ela acompanhará a guerra mundial como um complemento inevitável; e como uma importante questão de poder, que diz respeito ao espaço público, deve ser decidida empregando todas as forças. Nesse conflito geral com as instâncias da social-democracia e dos sindicatos os dados da luta de classes na Alemanha serão lançados por décadas, e de maneira decisiva; nessas circunstâncias vale para cada um de nós, até o último: "Aqui estou, não posso agir de outro modo!"[4]

---

4   Palavras atribuídas a Lutero, que Rosa Luxemburgo cita com frequência.

Olhar retrospectivo sobre a Conferência de Gotha[1]

O relato pormenorizado da Conferência de Gotha[2] publicado agora na imprensa permite que círculos maiores de camaradas tenham uma ideia da Conferência e adotem em relação a ela uma posição crítica. Isso é particularmente importante. Nós queremos romper definitivamente com o antigo costume da social-democracia alemã oficial que caracterizava cada congresso do partido como um "marco" necessário, que elogiava o alto nível dos debates e que, "apesar da grande intensidade das polêmicas", abençoava a unidade alcançada. Precisamos é de examinar a fundo e verificar, de maneira completa e rigorosa, o que

---

1 Título original: *Rückblick auf die Gothaer Konferenz*. Artigo assinado sob o pseudônimo de Gracchus e publicado originalmente em *Der Kampf*, n.51, 25 mai. 1917.
2 Numa conferência da oposição em Gotha (6 a 8 de abril de 1917), foi fundado o Partido Social-Democrata Independente da Alemanha (USPD). O Grupo "Internationale" (Liga Spartakus), liderado por Rosa Luxemburgo entre outros, apesar das divergências em termos táticos e de princípios com a tendência centrista, adere ao USPD, mantendo porém a autonomia organizativa e linha política própria.

foi feito, precisamos de autocrítica impiedosa, de verdade sem disfarce. Só assim se pode hoje prestar serviço ao socialismo.

A fim de alcançarmos o ponto de vista correto para avaliar os trabalhos da Conferência deve-se, antes de tudo, fazer a seguinte pergunta: qual era precisamente, a partir da situação geral do movimento operário, a tarefa da reunião de Gotha?

É óbvio que ela devia – isso é evidente – organizar os elementos de oposição ao socialismo governamental para dar início ao renascimento de um movimento operário socialista na Alemanha, fundado na luta de classes.

Mas todo trabalhador que pensa vê claramente que, a partir do colapso e da ignomínia atuais, é impossível um renascimento do movimento operário se não houver clareza sobre as causas desse colapso e dessa ignomínia. Quem não considera que a violenta crise histórico-mundial do socialismo alemão e internacional, desde a irrupção da guerra, é um fenômeno que caiu do céu por acaso deve entender que o colapso de 4 de agosto de 1914 já estava sem dúvida enraizado na essência do movimento operário *antes* de 4 de agosto de 1914. É igualmente claro que enquanto não se conhecerem as verdadeiras raízes do mal não se pode pensar em extirpá-lo nem em erigir uma nova construção sobre bases firmes.

Segue-se daí que o ponto de partida, o primeiro passo para criar um novo movimento socialista na Alemanha deve consistir num profundo e radical *enfrentamento do passado*. Somente a partir da fonte da autocrítica, de uma verificação severa e profunda dos próprios erros programáticos, táticos e organizativos é que se podem obter diretrizes claras para o futuro. Com isso não queremos dizer que em Gotha deveriam ter sido elaboradas sutilezas teóricas, academicamente profundas. Não, tratava-se de proceder, em seus traços fundamentais, a uma verificação *política* da prática da social-democracia alemã e dos sindicatos, descobrir suas mais importantes deficiências no passado, pôr o dedo nas feridas, o que é igualmente nosso dever diante de cada humilde trabalhador quando fazemos agitação e o convocamos a ficar sob a bandeira da oposição. As grandes linhas das tarefas futuras somente podem provir dessa verificação do passado.

Desse ponto de vista é preciso dizer que o Congresso de Gotha, pelo menos no que se refere à comunidade de trabalho,[3] falhou completamente. Na exposição de Haase não havia nenhum traço de análise do passado, nas exposições de Ledebour e Dittmann não havia nenhum traço que iluminasse a essência e as diretrizes que devem orientar a partir de agora as novas tarefas políticas e o estatuto da organização. Haase encontrou palavras bem ácidas e precisas para designar a *clique* de Scheidemann ou o abandono dos princípios por parte de Lensch-Haenisch.[4] Mas a degenerescência atual da social-democracia não é uma questão pessoal, e o próprio fato de que seja *possível* que Scheidemann, Lensch e Haenisch estejam na social-democracia precisa de uma boa explicação. Os expositores da comunidade de trabalho nem sequer tentaram dar *essa* explicação, tirando dela novas tarefas e deveres. Isso não significa uma crítica barata às suas capacidades retóricas. Pelo contrário, esse esquivar-se a qualquer enfrentamento aberto da prática passada é um sintoma essencial da Conferência de Gotha; aí se manifesta a fisionomia política particular da comunidade de trabalho e, consequentemente, o estilo oficial do novo partido desde o seu nascimento. Em vez de uma delimitação crítica em relação ao passado, procurou-se, pelo contrário, sob todos os aspectos, ficar preso às fórmulas e esquemas obsoletos e desacreditados. A palavra de ordem do novo partido – isso foi continuamente enfatizado – deveria ser o Programa de Erfurt e as resoluções dos Congressos nacionais e internacionais. Mas o que significam atualmente essas palavras depois que os socialistas governamentais as utilizarem como bandeira para o seu contrabando e depois – *o que é decisivo* – que nem o Programa de Erfurt nem as resoluções nacionais e internacionais puderam impedir a atordoante bancarrota do movimento operário? Hoje cada criança deve ver com clareza que, sob a bandeira do programa do

---

3 Na sessão de 24 de março de 1916, dezoito deputados do centro foram expulsos da bancada do SPD e formaram a "Comunidade de trabalho social-democrata". Karl Liebknecht já havia sido expulso da bancada em 12 de janeiro de 1916 e Otto Rühle, em solidariedade, saíra em 14 de janeiro.
4 No outono de 1914, Paul Lensch e Konrad Haenisch, que faziam parte da ala radical do SPD, passaram a integrar a ala mais conservadora do partido.

partido e das resoluções dos Congressos, o conjunto do movimento operário tomou uma direção errada que o levou ao abismo. O que importava, saindo finalmente da penumbra das fórmulas, era iluminar a *prática* que levou ao colapso e abrir novos caminhos. Em vez disso, a comunidade de trabalho em Gotha procurou sempre referir-se obstinadamente ao que é antigo e organizar-se como uma simples continuação, uma restauração do antigo partido. Assim sendo, não passava de uma típica continuação das antigas tradições dos Congressos do partido alemão caracterizar as profundas diferenças de opinião nas fileiras do novo partido como meros "mal-entendidos", que o Congresso deveria fazer esquecer. A exposição de Ledebour foi também, de maneira geral, – abstraindo totalmente os erros gritantes em questões específicas – uma simples cópia das habituais exposições táticas de antigos Congressos do partido: parlamentarismo e mais nada a não ser parlamentarismo. E o projeto de organização defendido por Dittmann não foi senão cópia do antigo estatuto do partido.

Aquilo que foi totalmente negligenciado no ponto de partida procurou-se depois recuperar na luta contra os moinhos de vento das excrescências externas. Os esforços obstinados para precaver-se do burocratismo do antigo partido com os meios puramente mecânicos do estatuto da organização têm o efeito tragicômico de uma surra na própria sombra, depois que os dirigentes da oposição da comunidade de trabalho evitaram intencionalmente revelar as raízes *políticas* do burocratismo e da total degenerescência da democracia no antigo partido, eliminando-as pela raiz.

Por todas essas características assinaladas, a Conferência de Gotha foi de fato uma legítima continuação do antigo partido, e o centro partidário prosseguiu na sua função, exercida nos dez ou quinze anos anteriores à guerra: fundir as profundas contradições internas do movimento, permitindo ao partido viver da mão para a boca, sem nenhuma orientação radical.

A tendência "Internationale" foi a única que trouxe à Conferência de Gotha um elemento de crítica e de renovação do movimento. Com a condição, extremamente importante, de que tanto o programa quanto a organização fossem elaborados de acordo com os novos conhecimentos adquiridos durante a guerra mundial, com o estímulo à atividade de massas na vida partidária por meio de referendos, com a conservação da autonomia política das unidades locais da organização, e por fim com a crítica rigorosa e geral do parlamentarismo, da política defensiva da comunidade de trabalho, da sua desorientação na questão da defesa do país etc., nossa tendência, tanto no enfrentamento do passado quanto na abertura de novos caminhos, atuou ao mesmo tempo de maneira crítica e fazendo avançar.

É importante que isso seja enfatizado, não por uma mania infeliz de sempre querer ter razão ou de pretender saber tudo melhor, mas porque, nessa divisão de papéis, se manifesta claramente a verdadeira tarefa da tendência "Internationale" no novo partido e o objetivo consciente de seus membros ao entrarem nele. A tendência "Internationale" continua sendo o que era. Ela não aderiu ao novo partido por considerações oportunistas de qualquer espécie, nem visando a uma tocante reconciliação fraterna com a comunidade de trabalho, na geleia geral de uma "oposição" sem espinha dorsal. Ela aderiu ao novo partido – confiando na exacerbação da situação social geral e trabalhando conscientemente para esse fim – para fazê-lo avançar, para ser sua consciência admoestadora e nele assumir a verdadeira liderança, como expressão das enormes carências do conjunto do movimento operário no momento do recrudescimento e do confronto dos antagonismos sociais.

As organizações do grupo "Internationale" unem-se à comunidade de trabalho para uma luta comum, mas apenas no sentido em que Fígaro canta referindo-se ao conde Almaviva:

> Soll ich im Springen/
> Ihm Unterricht geben/
> Auf Tod und Leben/
> Bin ich sein Mann.[5]

---

5   "Devo saltando,/ Ensinar-lhe,/ Na morte e na vida/ Que sou seu homem." Mozart, *As bodas de Fígaro*. (N. T.)

Tanto os partidários da comunidade de trabalho quanto os "radicais de esquerda" de Bremen não querem aclamar essa importantíssima tarefa de esclarecimento crítico que atualmente faz falta ao movimento. Aqueles consideram – também nisso fiéis à antiga tradição partidária – toda crítica rigorosa e dura como uma ofensa e um aborrecimento, no melhor dos casos como resultado do famoso "mal-entendido". Estes – os "radicais de esquerda" de Bremen – consideram uma perda de tempo o conflito com a comunidade de trabalho no partido e prefeririam – de posse da receita pronta da única tática verdadeira –, sem maiores incômodos, começar imediatamente na sua própria casa asseada a fazer "o que é certo". Pena que esse método, o único correto, esqueça a coisa fundamental, a saber, a situação histórica objetiva que, em última instância, é e será decisiva para a atitude das massas. Eles esquecem que o enfrentamento com o centro do partido é sempre, ao mesmo tempo, o enfrentamento com o passado, com os erros do movimento operário e, como tal, é justamente o meio mais importante à nossa disposição para sacudir e educar as massas. Sendo a comunidade de trabalho um pedaço vivo do passado partidário que levou à bancarrota de 4 de agosto, o novo movimento deve abrir novos caminhos num permanente enfrentamento crítico com ela. Não basta que um punhado de pessoas tenha a melhor receita no bolso e que já saiba como as massas devem ser dirigidas. Essas massas precisam ser intelectualmente arrancadas às tradições dos cinquenta anos passados para se libertarem delas. E só podem fazê-lo num amplo processo de rigorosíssima e permanente autocrítica do movimento como um todo. O que os de Bremen consideram uma perda de tempo, o que a comunidade de trabalho julga como um aborrecimento é o elemento vital do futuro, a garantia do renascimento do socialismo e, como tal, dever e vocação da tendência "Internationale" no Partido Social-Democrata Independente da Alemanha.

O segundo e o terceiro volumes d'O *capital*[1]

O segundo e o terceiro volumes de *O capital* tiveram o mesmo destino do primeiro. Marx esperava poder publicá-los logo depois deste, mas muitos anos se passaram e não conseguiu terminá-los para serem impressos.

Novos estudos, cada vez mais profundos e urgentes, longas enfermidades e, por fim, a morte impediram-no de terminar a obra toda, tendo sido Engels quem editou esses dois volumes com base nos manuscritos inéditos deixados pelo amigo. Eram anotações, esboços, notas, ora capítulos inteiros terminados, ora breves observações feitas de passagem como faz um pesquisador para sua compreensão pessoal –

---

1   Título original: *Der zweite und der dritte Band* [*des "Kapitals"*]. Texto redigido na prisão em 1917 ou 1918, a pedido de Franz Mehring, para compor a biografia de sua autoria *Karl Marx: Geschichte seines Lebens* [Karl Marx – História de sua vida], publicada em 1918. Trata-se de um resumo didático dos volumes II e III de *O capital*, veiculados por Engels depois da morte do amigo e pouco conhecidos pelos socialistas da época. Este texto não menciona as reservas que Rosa Luxemburgo nutria em relação ao volume II do livro de Marx e que haviam sido expostas em *A acumulação do capital*, sua grande obra teórica publicada em 1913.

um trabalho intelectual poderoso que, com interrupções prolongadas, cobria o largo período de 1861 a 1878.

Essas circunstâncias explicam por que nos dois últimos volumes de *O capital* não devemos buscar uma solução acabada e definitiva de todos os problemas mais importantes da economia política, mas, em parte, apenas a colocação de tais problemas e indicações da direção em que se deveria procurar a solução. A principal obra de Marx, assim como toda a sua visão de mundo, não é nenhuma bíblia com verdades de última instância, acabadas e válidas para sempre, mas um manancial inesgotável de sugestões para levar adiante o trabalho intelectual, continuar pesquisando e lutando pela verdade. As mesmas circunstâncias explicam também por que, no que se refere à forma literária, o segundo e o terceiro volumes não são tão perfeitos, não têm um espírito tão brilhante, tão cintilante como o primeiro. E, no entanto, precisamente a sua forma descuidada, o simples trabalho do pensamento oferecem a muitos leitores um prazer ainda maior que o primeiro. Por seu conteúdo, esses dois volumes, que infelizmente até hoje não foram considerados em nenhuma das popularizações e continuam desconhecidos pela grande massa dos trabalhadores esclarecidos, constituem um complemento essencial e um desenvolvimento do primeiro volume, sendo indispensáveis para a compreensão do sistema como um todo.

No primeiro volume, Marx trata da questão principal da economia política: de onde vem a riqueza, qual é a fonte do lucro? Antes dele, a resposta a essa pergunta era dada em duas direções distintas.

Os defensores "científicos" do melhor dos mundos, este em que vivemos, alguns homens que, como Schulze-Delitzsch, gozavam de prestígio e confiança também com os trabalhadores, explicavam a riqueza capitalista por meio de toda uma série de razões justificadoras, mais ou menos plausíveis, e de astutas manipulações: como fruto do aumento sistemático dos preços das mercadorias com que o empresário se "indenizava" pelo capital generosamente "cedido" por ele à produção; como remuneração pelo "risco" que todo empresário corria; como salário pela "direção intelectual" da empresa, e assim por diante. De acordo com essas explicações, tratava-se apenas de apresentar como algo "justo" e, portanto, imutável a riqueza de uns e a pobreza de outros.

Em contrapartida, os críticos da sociedade burguesa, quer dizer, as escolas socialistas anteriores a Marx, explicavam a riqueza dos capitalistas, na maioria das vezes, como pura trapaça, como roubo contra os trabalhadores, provocado pela intervenção do dinheiro ou pela falta de organização do processo produtivo. A partir daí, aqueles socialistas chegavam aos mais diferentes planos utópicos, com o objetivo de acabar com a exploração por meio da abolição do dinheiro, da "organização do trabalho", e assim sucessivamente.

No primeiro volume de *O capital*, Marx descobre então a verdadeira raiz do enriquecimento capitalista. Ele não trata de buscar razões justificadoras para os capitalistas, nem lança incriminações contra a injustiça deles. Marx mostra, pela primeira vez, como nasce o lucro e como vai parar no bolso dos capitalistas. Explica isso por dois fatos econômicos decisivos: o primeiro é que a massa dos trabalhadores é formada por proletários que precisam vender sua força de trabalho como mercadoria, e o segundo é que essa mercadoria força de trabalho possui hoje um grau tão alto de produtividade que pode produzir, num certo tempo, um produto muito maior do que o necessário, nesse tempo, para a própria manutenção. Esses dois fatos, puramente econômicos e ao mesmo tempo decorrentes do desenvolvimento histórico objetivo, fazem que o fruto criado pelo trabalho proletário caia por si mesmo no colo do capitalista, acumulando-se de maneira mecânica com a continuação do sistema de assalariamento até formar um capital sempre mais poderoso.

Marx explica assim o enriquecimento capitalista não como remuneração do capitalista por supostos sacrifícios e benfeitorias, tampouco como trapaça e roubo no sentido corrente da palavra, mas como uma troca perfeitamente legal, no sentido do direito penal, entre capitalista e trabalhador, troca que se desenvolve exatamente segundo as mesmas leis de qualquer outra compra e venda de mercadorias. Para esclarecer com cuidado esse negócio irrepreensível que dá ao capitalista seus frutos de ouro, Marx teve que desenvolver até o fim, aplicando-a à mercadoria força de trabalho, a lei do valor formulada no final do século XVIII e começo do XIX pelos grandes economistas clássicos ingleses Smith e Ricardo, ou seja, a explicação das leis imanentes da troca de mercadorias. A lei do valor, o salário e a mais-valia que dela derivam, quer dizer, a explicação de como, sem nenhuma trapaça violenta, o produto do trabalho assalariado se converte por si mesmo num miserável meio de vida para o trabalhador e em riqueza ociosa para o capitalista, eis o conteúdo essencial do primeiro volume de sua obra. E nisto reside o grande significado histórico de tal volume: ele demonstrou que a exploração só e unicamente poderá acabar se for abolida a venda da força de trabalho, isto é, o sistema do assalariamento.

No primeiro volume de *O capital* passamos o tempo inteiro no local de trabalho: a fábrica, a mina ou a exploração agrícola moderna. O que aqui se expõe vale para qualquer empresa capitalista. Lidamos apenas com o capital individual como modelo de todo esse modo de produção. Ao fecharmos o livro, vemos claramente a formação cotidiana do lucro, ilumina-se até as profundezas o mecanismo da exploração. Diante de nós jazem montanhas de mercadorias de todo tipo, recém-saídas do local de trabalho ainda úmidas do suor do trabalhador e em todas elas podemos distinguir nitidamente a parte do valor que provém do trabalho não pago do proletário e que, de modo tão legítimo como a mercadoria toda, cai na posse do capitalista. Aqui as raízes da exploração ficam evidentes.

Mas ainda falta muito para que a colheita do capitalista seja levada ao celeiro. O fruto da exploração está ali, mas ainda sob uma forma de que o empresário não pode desfrutar. Enquanto o capitalista possuir esse fruto apenas na forma de mercadorias armazenadas, não pode ficar satisfeito com a exploração. Ele não é evidentemente o senhor de escravos do antigo mundo greco-romano nem o senhor feudal da Idade Média que esfolavam o povo trabalhador para manter o próprio luxo e viver à grande. O capitalista precisa de sua riqueza em dinheiro sonante, a fim de, juntamente com um "padrão de vida adequado à sua posição", usá-lo para ampliar incessantemente seu capital. Para isso precisa vender as mercadorias produzidas pelo trabalhador assalariado, com a mais-valia que nelas se encerra. A mercadoria precisa sair do depósito da fábrica e do celeiro do agricultor para o mercado; o capitalista vai seguindo a mercadoria desde seu escritório até a Bolsa, até a loja, e nós vamos com ele no segundo volume de *O capital*.

No reino da troca de mercadorias, onde se passa o segundo capítulo da vida do capitalista, surgem algumas dificuldades. Na sua fábrica, no seu baluarte, ele era o senhor. Ali dominavam a organização, a disciplina e o planejamento mais severos. Em contrapartida, no mercado a que chega com suas mercadorias, domina a mais total anarquia, a chamada livre concorrência. Aqui ninguém se preocupa com o outro e ninguém se preocupa com o todo. E, no entanto, justamente no meio dessa anarquia, o capitalista sente a que ponto depende dos outros, a que ponto depende, em todos os sentidos, da sociedade.

O capitalista precisa estar à mesma altura de todos os seus concorrentes. Se gastar mais tempo na venda definitiva de suas mercadorias do que o estritamente necessário, se não se abastecer com dinheiro suficiente para comprar a tempo as matérias-primas e tudo que for necessário para que a atividade não sofra nenhuma interrupção, se não cuidar para que o dinheiro resultante da venda das mercadorias volte às suas mãos, que não fique ocioso mas que seja investido onde dê lucro, de uma maneira ou de outra ele ficará para trás. Os últimos pagam a conta e o empresário individual que não cuidar para que seu negócio, no constante vaivém entre a fábrica e o mercado, funcione tão bem quanto na própria fábrica, por mais conscienciosamente que explore o trabalhador assalariado, não alcançará o lucro costumeiro. Uma parte do lucro "bem merecido" se fixará em outro lugar e não entrará no seu bolso.

Mas isso não é tudo. O capitalista só pode acumular riqueza produzindo mercadorias, ou seja, objetos úteis. Porém, ele precisa produzir precisamente aqueles tipos e espécies de mercadorias de que a sociedade necessita e somente na quantidade exata. Caso contrário, as mercadorias não serão vendidas nem será realizada a mais-valia que elas contêm. Mas como pode o capitalista individual saber de tudo isso? Ninguém lhe diz quais e quantos objetos úteis a sociedade necessita, justamente porque ninguém sabe. A verdade é que vivemos numa sociedade não planejada, anárquica! Cada empresário individual encontra-se na mesma situação. E, no entanto, desse caos, dessa confusão tem de sair uma totalidade que permita tanto o negócio individual dos capitalistas e seu enriquecimento quanto a satisfação das necessidades e a subsistência de toda a sociedade.

Dito de modo mais preciso, com base na confusão existente no mercado anárquico, tem que ser possível, em primeiro lugar, o movimento cíclico permanente do capital individual, a possibilidade de produzir, vender, comprar e novamente produzir, ciclo em que o capital passa constantemente da forma dinheiro à forma mercadoria e vice-versa: essas fases precisam encaixar-se umas nas outras, é preciso haver uma reserva de dinheiro para aproveitar toda conjuntura do mercado favorável à compra e para cobrir as despesas correntes da empresa; por sua vez, o dinheiro que reflui de maneira paulatina à medida que as mercadorias são vendidas deve ser de novo imediatamente investido. Os capitalistas individuais, na aparência completamente independentes uns dos outros, formam de fato uma grande irmandade em que, por meio do sistema de crédito, dos bancos, adiantam sempre uns aos outros o dinheiro necessário e tomam aquele disponível, possibilitando assim a continuação ininterrupta da produção e da venda de mercadorias, tanto para o indivíduo quanto para a sociedade. No segundo volume de sua obra, Marx mostra, totalmente de passagem, de que modo o crédito, que a economia política burguesa só consegue explicar como sendo uma sagaz instituição para "facilitar a troca de mercadorias", constitui um simples modo de vida do capital, uma articulação entre as duas fases vitais deste, a produção e o mercado, assim como entre os movimentos aparentemente soberanos dos capitais individuais.

Em segundo lugar, nessa confusão dos capitais individuais é preciso que o contínuo movimento circular da produção e do consumo de toda a sociedade seja mantido em funcionamento, de tal modo que fiquem garantidas as condições da produção capitalista: criação de meios de produção, sustento da classe trabalhadora e enriquecimento progressivo da classe capitalista, ou seja, acumulação e emprego progressivos do capital social total. Como o todo se forma dos inúmeros movimentos dos capitais individuais dissociados uns dos outros? Como esse movimento do todo, por meio de contínuos desvios, ora pela superabundância das conjunturas de alta, ora pelo colapso das crises, retorna ao devido lugar para, no momento seguinte, cair fora novamente? Como de tudo isso que é apenas meio para a sociedade atual – seu próprio sustento juntamente com o progresso econômico – resulta seu fim – a acumulação progressiva do capital em dimensões cada vez maiores? Embora Marx não tenha resolvido definitivamente essas questões, ele as colocou, no segundo volume de sua obra, sobre o sólido fundamento das leis imanentes.

Mas isso não esgotou ainda a espinhosa missão do capitalista. Agora que o lucro finalmente se converteu em dinheiro surge a grande questão: como repartir o butim? Muitos grupos diferentes apresentam sua reivindicação: o industrial, o comerciante, o capitalista que emprestou dinheiro, o latifundiário. Todos contribuíram, cada um com sua parte, para a exploração do trabalhador assalariado e para a venda das mercadorias produzidas por ele, e todos exigem sua parte no lucro. Porém, essa repartição constitui uma tarefa muito mais complicada do que pode parecer à primeira vista. Pois também entre os empresários, de acordo com o tipo de empresa, existem grandes diferenças no tocante ao lucro obtido, que é tirado – fresco, por assim dizer – do local de trabalho.

Em alguns ramos da produção, a fabricação e a venda das mercadorias se realizam muito rapidamente e o capital retorna com acréscimo no mais curto prazo; aqui os negócios sempre correm bem e os lucros são sempre garantidos. Em outros ramos, o capital fica preso na produção durante anos e só dá lucro depois de muito tempo. Em certos ramos da produção, o empresário tem que investir a maior parte do seu capital em meios de produção mortos: edifícios, máquinas custosas etc., que por si sós não rendem nada, não incubam lucro, por mais necessários que sejam à geração dele. Em outros ramos, o empresário pode, com gastos mínimos, aplicar seu capital sobretudo no recrutamento de trabalhadores, as galinhas diligentes que põem ovos de ouro para ele.

Assim, na própria geração do lucro existem grandes diferenças entre os capitais individuais que, aos olhos da sociedade burguesa, representam uma "injustiça" muito mais gritante que a própria "repartição" entre capitalista e trabalhador. Como estabelecer aqui um equilíbrio, uma repartição "justa" do butim, de modo que cada capitalista obtenha aquilo que é "seu"? E a verdade é que todas essas tarefas têm de ser cumpridas sem nenhuma regulamentação consciente, planejada. Na sociedade atual a repartição é tão anárquica quanto a produção. A rigor, não existe nenhuma verdadeira "repartição" que suporia algum critério social; o que existe é simplesmente troca, apenas circulação de mercadorias, apenas compra e venda. Como é que, então, apenas pela via cega da troca de mercadorias, cada grupo de exploradores e cada indivíduo desse grupo conseguem, do ponto de vista da dominação do capital, uma porção "justa" da riqueza tirada da força de trabalho do proletariado?

A essas questões responde Marx no terceiro volume de *O capital*. Como no primeiro volume ele havia analisado a produção do capital e o segredo da extração do lucro daí decorrente, e no segundo descreveu o movimento do capital entre o local de trabalho e o mercado, no terceiro volume investiga a repartição do lucro. E sempre observando as mesmas três condições fundamentais: que tudo que acontece na sociedade capitalista não é obra da arbitrariedade, mas obedece a leis determinadas, atuando regularmente, ainda que os interessados não tenham nenhuma consciência disso; que, ademais, a situação econômica não se assenta em medidas violentas visando à pilhagem e ao roubo; e, por fim, que não existe nenhuma razão social atuando sobre o todo através de atividades planejadas. É exclusivamente do mecanismo da troca, ou seja, da lei do valor e da mais-valia que dela decorre, que Marx vai pouco a pouco extraindo todos os fenômenos e relações da economia capitalista com uma lógica e uma clareza penetrantes.

Considerando essa grande obra como um todo, pode-se dizer que o primeiro volume, no qual se desenvolvem a lei do valor, o salário e a mais-

-valia, desnuda o fundamento da sociedade atual, enquanto o segundo e o terceiro volumes mostram os andares do edifício que nele se apoiam. Também se poderia dizer, com uma imagem totalmente diferente, que o primeiro volume mostra o coração do organismo social, onde é criada a seiva vivificadora, enquanto os demais volumes mostram a circulação do sangue e a alimentação do todo até as últimas células.

Nos dois últimos volumes, em correspondência com o conteúdo, nós nos movemos num terreno distinto do primeiro. Neste tratava-se da fábrica, do profundo fosso social do trabalho, onde detectávamos a fonte da riqueza capitalista. No segundo e terceiro volumes movemo-nos na superfície, no palco oficial da sociedade. O primeiro plano é ocupado pelos armazéns, bancos, bolsas, operações financeiras, "latifundiários em dificuldades" e seus interesses. O operário não representa aqui nenhum papel. Na realidade, ele também não se preocupa com essas coisas que ocorrem às suas costas depois que lhe curtiram a pele. E, no tumulto barulhento da multidão dos homens de negócios, na verdade só encontramos os operários quando em grupos, ao romper do dia, caminham lentamente para as fábricas e quando, em longos cortejos, delas são outra vez expelidos ao cair da noite.

Por isso talvez não fique claro que interesse o operário pode ter pelas inúmeras preocupações particulares dos capitalistas para obter lucro e por suas rixas quando da repartição do butim. No entanto, o segundo e terceiro volumes de *O capital* são tão necessários quanto o primeiro para o conhecimento minucioso do mecanismo da economia atual. É certo que eles não têm, para o movimento operário moderno, o significado histórico, decisivo e fundamental do primeiro volume. Mas contêm uma grande riqueza de perspectivas de valor incalculável para equipar intelectualmente o proletariado para a luta prática. Vejamos apenas dois exemplos.

No segundo volume, ao tratar de como a nutrição regular da sociedade pode resultar da disposição caótica dos capitais individuais, Marx toca também naturalmente na questão das crises. Não se deve esperar aqui nenhum tratado sistemático e doutrinário sobre as crises, mas somente algumas observações passageiras, e cuja valorização seria de grande utilidade para os trabalhadores esclarecidos e que pensam. Faz parte, por assim dizer, do estoque de reserva da agitação social-democrata, sobretudo sindical, a ideia de que as crises se produzem, antes de tudo, pela miopia dos capitalistas que simplesmente não querem entender que as massas trabalhadoras são seus melhores consumidores e que eles apenas precisam pagar-lhes salários maiores para manter uma clientela solvente, evitando assim o perigo das crises.

Por mais popular que seja essa concepção, ela é totalmente equivocada, sendo refutada por Marx com as seguintes palavras:

> É pura tautologia dizer que as crises provêm da falta de consumo solvente ou de consumidores solventes. Outras espécies de consumo além do solvente o sistema capitalista não conhece, exceto o *sub forma pauperis* [sob a forma de pobre] e o do "malandro". Que mercadorias sejam invendáveis, significa apenas que não se encontraram compradores solventes, portanto consumidores [...]. Mas, se se procura dar a essa tautologia a aparência de fundamentação mais profunda, dizendo que a classe trabalhadora recebe parte demasiadamente pequena de seu próprio produto e o mal seria remediado tão logo ela obtivesse maior participação nele, aumentando, em consequência, seus salários, basta observar que as crises são sempre preparadas justamente por um período em que os salários sobem de modo geral e a classe trabalhadora obtém *realiter* [realmente] participação maior na parte do produto anual destinada ao consumo. Tal período deveria – do ponto de vista desses cavaleiros do sadio e "simples"(!) senso comum –, ao contrário, afastar a crise. Parece, portanto, que a produção capitalista contém condições independentes de boa ou má vontade que permitem aquela relativa prosperidade da classe trabalhadora só momentaneamente e apenas como pássaro agoureiro de uma crise.[2]

De fato, as exposições do segundo e terceiro volumes nos fazem penetrar profundamente na essência das crises, que são simples

---

2   Marx, *O capital*, v.2.

consequência inevitável do movimento do capital, um movimento que em seu ímpeto violento e insaciável para acumular, para crescer, costuma ultrapassar todas as barreiras do consumo, por mais que este se amplie, aumentando o poder aquisitivo de uma camada da sociedade ou conquistando mercados totalmente novos. Portanto, também se deve dizer adeus à ideia da harmonia de interesses entre capital e trabalho, que apenas seria menosprezada pela miopia dos empresários e está latente no fundo de toda agitação sindical popular, e renunciar a toda esperança de remendar suavemente a anarquia econômica do capitalismo. A luta pelo melhoramento material do proletário assalariado tem mil armas mais eficazes em seu arsenal intelectual e não precisa de um argumento teoricamente insustentável e praticamente ambíguo.

Outro exemplo. No terceiro volume, Marx oferece pela primeira vez uma explicação científica para um fenômeno que a economia política, desde o seu nascimento, olhava com pasmo e perplexidade: em todos os ramos da produção, os capitais, por mais diferentes que sejam as condições em que são investidos, costumam render o chamado lucro "usual no país". À primeira vista esse fenômeno parece contradizer uma explicação dada pelo próprio Marx, a saber, a de que a riqueza capitalista simplesmente provinha do trabalho não pago do proletário assalariado. De fato, como pode o capitalista, que tem de investir uma parte relativamente grande de seu capital em meios de produção mortos, obter o mesmo lucro que seu colega que tem poucos gastos desse tipo e que pode assim empregar mais trabalho vivo?

Pois bem, Marx resolve o enigma com surpreendente simplicidade, ao mostrar como, ao ser vendida uma espécie de mercadoria acima de seu valor e outra, abaixo, as diferenças nos lucros se nivelam, formando-se um "lucro médio" igual para todos os ramos da produção. Sem que os capitalistas tenham a menor ideia disso, sem nenhum acordo consciente entre eles, procedem de tal maneira na troca de suas mercadorias que é como se compartilhassem em massa a mais-valia tirada de seus trabalhadores e dividissem fraternalmente entre eles a colheita coletiva da exploração, de acordo com o volume de seu capital.

Portanto, o capitalista individual não desfruta de forma alguma do lucro obtido pessoalmente, mas apenas da parte que lhe cabe no lucro obtido por todos os seus colegas.

Os diversos capitalistas figuram aqui, no que se refere ao lucro, como meros acionistas de uma sociedade anônima, em que as participações no ganho se distribuem uniformemente para cada cem, de modo que elas se distinguem, para os diversos capitalistas, apenas pela grandeza do capital que cada um investiu no empreendimento global, por sua participação proporcional no empreendimento global [...].[3]

Como essa lei da "taxa média de lucro", aparentemente tão seca, oferece uma visão profunda do sólido fundamento material da solidariedade de classe dos capitalistas, que, mesmo sendo irmãos inimigos em sua atividade cotidiana, formam, perante a classe trabalhadora, uma maçonaria forte e pessoalmente interessada na exploração coletiva dessa classe! Sem que os capitalistas tenham, naturalmente, a menor consciência dessa lei econômica objetiva, em seu instinto infalível de classe dominante manifesta-se um sentido para os próprios interesses de classe, antagônico aos do proletariado, sentido que, através de todas as tormentas da história, tem infelizmente se revelado muito mais seguro do que a consciência de classe dos trabalhadores, esclarecida de maneira científica pelas obras de Marx e Engels e nelas fundamentada.

Esses dois breves exemplos, escolhidos ao acaso, podem dar uma ideia de quantos tesouros de estímulo e aprofundamento intelectual para o operariado esclarecido ainda existem guardados nos dois últimos volumes de *O capital*, à espera de uma apresentação popular. Inacabados como estão, esses dois volumes oferecem algo infinitamente mais valioso que qualquer verdade acabada: estímulo à reflexão, à crítica e à autocrítica, que são o elemento mais original da teoria que Marx nos legou.

---

3   Ibid., v.3, t.1, p.124.

A Revolução Russa[1]

I

A Revolução Russa é o fato mais marcante da guerra mundial. Sua explosão, seu radicalismo sem igual, seu efeito duradouro desmentem à perfeição o palavreado com que a social-democracia alemã oficial, no seu zelo servil, encobriu ideologicamente no início a campanha de conquistas do imperialismo alemão: nesse palavreado, as baionetas alemãs tinham por missão derrubar o tsarismo e libertar os povos por ele oprimidos. O alcance prodigioso obtido pela revolução na Rússia, seu efeito profundo que abala todas as relações de classe, revelando o conjunto dos problemas econômicos e sociais, fazendo-a avançar, com a fatalidade de sua lógica interna, do primeiro estágio da república burguesa para fases novas – não tendo sido a queda do tsarismo senão um pequeno episódio, quase uma ninharia –, tudo isso mostra claramente que a libertação da Rússia não foi obra da guerra nem da

---

1 Título da redação: *Zur russischen Revolution*. Publicado originalmente em 1918. Traduzido de Schütrumpf (org.), *Rosa Luxemburg oder der Preis der Freiheit*, Berlin, Dietz, 2006.

derrota militar do tsarismo, não foi mérito das "baionetas alemãs em punhos alemães", como prometia o editorial da *Neue Zeit* dirigida por Kautsky, mas que ela possuía raízes profundas no próprio país e atingira a plena maturidade interna. A aventura bélica do imperialismo alemão, sob o escudo ideológico da social-democracia alemã, não provocou a revolução na Rússia; ao contrário, interrompeu-a no início durante algum tempo – após seu primeiro grande fluxo ascendente de 1911 a 1913 – para em seguida, depois da explosão, criar-lhe as condições mais difíceis e anormais.

Porém, para todo observador que reflita, esse desenvolvimento é uma prova flagrante contra a teoria doutrinária que Kautsky compartilha com o partido dos socialistas governamentais, segundo a qual a Rússia, país economicamente atrasado, essencialmente agrário, não estaria maduro para a revolução social nem para uma ditadura do proletariado. Essa teoria que só admite como possível na Rússia uma revolução burguesa – concepção de que resulta igualmente a tática da coalizão dos socialistas com o liberalismo burguês na Rússia – é, ao mesmo tempo, a da ala oportunista no movimento operário russo, os chamados mencheviques, sob a experimentada direção de Axelrod e Dan. Tanto os oportunistas russos quanto os alemães estão totalmente de acordo com os socialistas governamentais alemães nessa concepção fundamental da Revolução Russa, da qual decorre naturalmente a tomada de posição em questões de detalhe na tática. Na opinião dos três, a Revolução Russa deveria ter parado no estágio da derrubada do tsarismo, nobre tarefa que, na mitologia da social-democracia alemã, os estrategistas militares do imperialismo alemão haviam estabelecido. Se ela foi além, se estabeleceu como tarefa a ditadura do proletariado, isso aconteceu, segundo essa doutrina, por simples erro da ala radical do movimento operário russo, os bolcheviques; e todas as intempéries que a revolução enfrentou no seu desenvolvimento posterior, todas as confusões de que foi vítima, nada mais são que o simples resultado desse erro fatal. Teoricamente, essa doutrina, apresentada tanto pelo *Vorwärts* de Stampfer quanto por Kautsky como fruto do "pensamento marxista", chega à descoberta "marxista" original de que a transformação socialista é assunto nacional, por assim dizer doméstico, de cada Estado moderno em particular. Nas brumas desse esquema abstrato, um Kautsky sabe, de maneira natural, descrever com minúcias as imbricações econômicas mundiais do capitalismo, que fazem que todos os países modernos sejam organicamente interdependentes.

A revolução na Rússia – fruto do desenvolvimento internacional e da questão agrária – não pode ser resolvida nos limites da sociedade burguesa.

Na prática, essa doutrina tende a recusar a responsabilidade do proletariado internacional – do alemão em primeiro lugar – pelo destino da Revolução Russa e a negar suas conexões internacionais. O desenrolar da guerra e da Revolução Russa mostraram não a falta de maturidade da Rússia, e sim a do proletariado alemão para cumprir sua missão histórica. Enfatizar isso com toda clareza é a primeira tarefa de uma análise crítica da Revolução Russa. O destino dela dependia inteiramente dos [acontecimentos] internacionais. Assentando inteiramente a sua política na revolução mundial do proletariado, os bolcheviques deram a prova mais brilhante de sua perspicácia política, de sua fidelidade aos princípios, da força audaciosa de sua política. Aí se torna visível o salto colossal dado pelo desenvolvimento capitalista nos últimos dez anos. A revolução de 1905-1907 suscitou apenas um fraco eco na Europa. Por isso tinha de permanecer um capítulo introdutório. A continuação e o desfecho estavam ligados ao desenvolvimento europeu.

É claro que só uma crítica aprofundada e refletida, não uma apologia acrítica, será capaz de recolher esses tesouros de experiências e ensinamentos. De fato, seria loucura imaginar que o primeiro experimento histórico mundial de ditadura da classe operária, realizado nas mais difíceis condições – em plena conflagração mundial e em pleno caos provocado pelo genocídio imperialista, preso na armadilha de ferro da potência militar mais reacionária da Europa, em face da completa omissão do proletariado internacional –, que num experimento de ditadura operária em condições tão anormais, tudo o que se fez ou deixou de fazer na Rússia alcançasse o cúmulo da perfeição. Ao contrário, os conceitos elementares da política socialista e a compreensão dos pressupostos históricos necessários à realização dessa política obrigam a reconhecer que, em condições tão fatais, nem o mais gigantesco idealismo nem a mais inabalável energia revolucionária seriam capazes de realizar a democracia e o socialismo, mas apenas rudimentos frágeis e caricaturais de ambos.

Encarar isso com clareza, em todas as suas implicações e consequências profundas, é, incontestavelmente, o dever elementar dos socialistas de todos os países; pois somente a partir dessa compreensão amarga é que se poderá medir toda a extensão da responsabilidade específica do proletariado internacional no que se refere ao destino da Revolução Russa. Aliás, é apenas por esse meio que se verá a importância decisiva de uma ação internacional conjunta na revolução proletária – condição fundamental, sem a qual a maior habilidade e os mais sublimes sacrifícios do proletariado de um único país enredam-se inevitavelmente numa confusão de contradições e erros.

Também não há dúvida de que as cabeças inteligentes que dirigem a Revolução Russa, Lênin e Trotsky, só deram alguns passos decisivos em seu caminho espinhoso, semeado de armadilhas de todos os tipos, dominados por grandes dúvidas e pelas mais violentas hesitações interiores; nada pode estar mais longe deles do que ver a Internacional aceitar tudo o que fizeram, sob dura pressão, no fervilhante turbilhão dos acontecimentos, como modelo sublime de política socialista, digno da admiração acrítica e da imitação fervorosa.

Seria igualmente errado temer que um exame crítico dos caminhos seguidos até aqui pela Revolução Russa possa abalar perigosamente o prestígio e o exemplo fascinante do proletariado russo, o único capaz de vencer a inércia fatal das massas alemãs. Nada mais falso. O despertar da combatividade revolucionária da classe operária alemã não pode provir, como que por encanto, de qualquer operação de sugestão praticada segundo o espírito dos métodos de tutela da social-democracia alemã – que Deus a tenha –, que incitaria a massa a crer cegamente numa autoridade imaculada, quer a das próprias "instâncias", quer a do "exemplo russo". A capacidade de o proletariado alemão realizar ações históricas não pode nascer da fabricação de um entusiasmo revolucionário acrítico; ao contrário, só nascerá da compreensão da terrível gravidade, de toda a complexidade das tarefas a cumprir, da maturidade política e da autonomia intelectual, da capacidade de julgamento crítico das massas, sistematicamente abafadas ao longo de décadas, sob os mais diversos pretextos, pela social-democracia alemã. Analisar de maneira crítica a Revolução Russa em todo o seu contexto histórico é o melhor meio de educar os trabalhadores alemães e os de outros países para as tarefas resultantes da situação atual.

II

O primeiro período da Revolução Russa, desde a sua explosão em março até a revolução de outubro, corresponde exatamente, em seu curso geral, ao esquema evolutivo das grandes revoluções inglesa e francesa. É o desenvolvimento típico de todo primeiro grande conflito generalizado das forças revolucionárias engendradas no seio da sociedade burguesa, contra as amarras da velha sociedade.

Ele progride naturalmente em linha ascendente: moderados no início, os objetivos radicalizam-se cada vez mais e, paralelamente, passa-se da coalizão de classes e partidos à dominação exclusiva do partido mais radical.

No primeiro momento, em março de 1917, os "cadetes" – isto é, a burguesia liberal – estavam à cabeça da revolução. A primeira vaga global da maré revolucionária arrastou tudo e todos: a quarta Duma – o mais reacionário produto do reacionaríssimo sufrágio censitário das quatro classes,[2] proveniente do golpe de Estado[3] – transformou-se

---

2   De acordo com a lei eleitoral de dezembro de 1905, os eleitores foram divididos em quatro cúrias. Nessa divisão, segundo a posição e a propriedade, os proprietários de terras mantinham privilégios especiais e o número de deputados operários e camponeses foi reduzido. Após o golpe de Estado de 1907, foram acrescentadas novas limitações a esse direito de voto antidemocrático, de tal maneira que a dominação dos grandes proprietários de terras e da grande burguesia era garantida na Duma, e os povos das demais nacionalidades do império russo não possuíam nenhum direito de voto, ou apenas um direito extremamente limitado.
3   No dia 3 de junho de 1907, o governo tsarista dissolveu a II Duma imperial e prendeu os membros da bancada social-democrata. Simultaneamente introduziu uma nova lei eleitoral sem o consentimento da Duma imperial. Esse golpe de Estado permitiu ao governo manter uma

subitamente num órgão da revolução. Todos os partidos burgueses, inclusive a direita nacionalista, formaram de repente uma falange contra o absolutismo. Este caiu ao primeiro assalto, quase sem luta, como um órgão carcomido em que bastava tocar para que desmoronasse. Da mesma forma, a breve tentativa da burguesia liberal de salvar pelo menos a dinastia e o trono espatifou-se em poucas horas. Em dias, horas, o avanço impetuoso do desenvolvimento saltou distâncias para as quais, outrora, a França precisara de décadas. Constatou-se aqui que a Rússia realizou os resultados de um século de desenvolvimento europeu e, sobretudo, que a revolução de 1917 foi a continuação direta da revolução de 1905-1907, e não um presente dos "libertadores" alemães. Em março de 1917, o movimento retomou sua obra precisamente no ponto em que a havia deixado dez anos antes. A República democrática foi, desde a primeira investida, o produto acabado, internamente maduro, da revolução.

Então começou a segunda e mais difícil tarefa. Desde o primeiro momento, a força motriz da revolução havia sido a massa do proletariado urbano. Mas suas reivindicações não se esgotavam com a democracia política; ao contrário, dirigiam-se para a questão candente da política internacional: a paz imediata. Ao mesmo tempo, a revolução se apoiava na massa do exército, que fazia a mesma reivindicação de paz imediata, e na massa dos camponeses, que punha em primeiro plano a questão agrária, pivô da revolução desde 1905. Paz imediata e terra – esses dois objetivos implicavam a cisão no interior da falange revolucionária. A reivindicação de paz imediata estava em contradição absoluta com a tendência imperialista da burguesia liberal, cujo porta-voz era Miliukov;[4] a questão agrária era, no início, um espantalho para a outra ala da burguesia, a nobreza proprietária de terras, mas, em seguida, foi considerada um atentado à sacrossanta propriedade

---

maioria de direita na Duma e transformar a IV Duma imperial, eleita em 1912, num órgão de poder das "camadas reacionárias da burocracia tsarista, amalgamadas com os proprietários de terras escravocratas e com as altas camadas da burguesia" (Lênin, *Werke*, v.19, p.29).

4   O líder dos cadetes P. N. Miliukov era ministro do Exterior do Governo Provisório.

privada em geral, tornando-se um ponto sensível para o conjunto das classes burguesas.

Assim, no dia seguinte ao da primeira vitória da revolução, começou em seu seio uma luta interna em torno das duas questões principais: a paz e a questão agrária. A burguesia liberal adotou uma tática diversionista e evasiva. As massas trabalhadoras, o exército e os camponeses pressionavam cada vez mais violentamente. Não há dúvida de que o próprio destino da democracia política da República estava ligado à questão da paz e à questão agrária. As classes burguesas que, submersas pela primeira vaga tempestuosa da revolução, se tinham deixado arrastar até a forma do Estado republicano, começaram imediatamente a procurar pontos de apoio na retaguarda e a organizar em segredo a contrarrevolução. A expedição dos cossacos de Kaledin contra São Petersburgo[5] revelou de maneira clara essa tendência. Se essa agressão tivesse sido coroada de êxito, seria selada a sorte, não somente das questões da paz e da terra, mas também da democracia e da própria República. As consequências inevitáveis teriam [sido] a ditadura militar acompanhada de um regime de terror contra o proletariado e, em seguida, a volta à monarquia.

Isso permite medir o que tem de utópico e, no fundo, de reacionário na tática dos socialistas da tendência Kautsky, os mencheviques.

É francamente espantoso observar como esse homem diligente,[6] nos quatro anos da guerra mundial, com seu incansável trabalho de escriba, tranquila e metodicamente, abriu buracos no socialismo de maneira sucessiva, transformando-o numa peneira, sem nenhum lugar intacto. A serenidade acrítica com que seus seguidores assistem a esse trabalho aplicado do seu teórico oficial e engolem, sem piscar, cada uma de suas novas descobertas só pode ser comparada à serenidade dos

---

5   O líder dos cossacos A. M. Kaledin mobilizou os cossacos do Don e apoiou as tropas contrarrevolucionárias que, em agosto de 1917, chefiadas por L. G. Kornilov, marcharam contra Petrogrado [nome de São Petersburgo de 1914 a 1924, quando passou a chamar-se Leningrado] para derrotar a revolução e instituir uma ditadura militar. Liderados pelos bolcheviques, trabalhadores e soldados enfrentaram os contrarrevolucionários, levando-os a uma derrota completa.
6   Karl Kautsky.

seguidores de Scheidemann e cia., quando estes últimos, na prática, esburacam, passo a passo, o socialismo. De fato, ambos os trabalhos se completam perfeitamente e Kautsky, o guardião oficial do templo marxista, na realidade apenas executa de forma teórica, desde o início da guerra, o que os Scheidemann fazem na prática: 1º) a Internacional, instrumento da paz; 2º) o desarmamento e sociedade das nações; por fim, 3º) a democracia, não o socialismo.

Obcecados pela ficção do caráter burguês da Revolução Russa – pois a Rússia ainda não estaria madura para a revolução social –, eles agarraram-se desesperadamente à coalizão com os liberais burgueses, isto é, quiseram unir à força os elementos que, separados pela natural marcha interna do desenvolvimento revolucionário, haviam entrado em violenta contradição recíproca. Os Axelrod e Dan queriam a todo custo colaborar com as classes e os partidos que ameaçavam mais perigosamente a revolução e sua primeira conquista, a democracia.

Nessa situação, coube à tendência bolchevique o mérito histórico de ter proclamado e seguido, desde o início, com uma coerência férrea, a única tática que podia salvar a democracia e fazer avançar a revolução. Todo o poder exclusivamente nas mãos das massas trabalhadoras e camponesas, nas mãos dos sovietes – essa era de fato a única saída para as dificuldades em que a revolução havia caído, o golpe de espada que cortava o nó górdio –, tirava a revolução do impasse e deixava o campo livre para que ela continuasse a se desenvolver sem entraves.

O partido de Lênin foi, assim, o único na Rússia que compreendeu, nesse primeiro período, os verdadeiros interesses da revolução, foi o elemento que a fez avançar e, nesse sentido, o único partido que praticou uma política realmente socialista.

Isso explica também por que os bolcheviques, minoria proscrita, caluniada e acuada por todos os lados no início da revolução, se tornaram, num tempo muito curto, seus dirigentes e puderam reunir, sob a sua bandeira, todas as massas realmente populares: o proletariado urbano, o exército, os camponeses, assim como os elementos revolucionários da democracia, a ala esquerda dos socialistas revolucionários.

Depois de poucos meses, a situação real da Revolução Russa resumia-se à alternativa: vitória da contrarrevolução ou ditadura do proletariado, Kaledin ou Lênin. Essa situação objetiva a que chega rapidamente toda revolução, uma vez dissipada a primeira embriaguez, resultou na Rússia das questões concretas e candentes da paz e da terra, para as quais não existia solução nos limites da revolução "burguesa".

Com isso, a Revolução Russa apenas confirmou a lição fundamental de toda grande revolução, cuja lei vital é a seguinte: ela precisa avançar muito rápida e decididamente, abater com mão de ferro todos os obstáculos e pôr seus objetivos sempre mais longe, ou será logo jogada aquém de seu frágil ponto de partida e esmagada pela contrarrevolução. Parar, marcar passo, contentar-se com o primeiro objetivo alcançado, isso não existe numa revolução. E quem quiser transpor para a tática revolucionária essa sabedoria caseira das guerrinhas parlamentares mostra apenas que a psicologia, que a própria lei vital da revolução lhe é tão estranha quanto toda experiência histórica, que permanece um livro fechado a sete chaves.

Vejamos o decorrer da Revolução Inglesa desde que explodiu em 1642. Pela lógica das coisas, primeiro as tergiversações débeis dos presbiterianos, a guerra hesitante contra o exército real em que os chefes presbiterianos evitaram deliberadamente uma batalha decisiva e uma vitória contra Carlos I levaram à necessidade imperiosa de que os Independentes os expulsassem do parlamento e tomassem o poder. E, em seguida, ocorreu o mesmo no interior do exército dos Independentes: a massa subalterna e pequeno-burguesa dos soldados, os "niveladores" de Lilburn, formava a tropa de choque de todo o movimento independente e, por fim, os elementos proletários da massa dos soldados, os que iam mais longe no tocante à transformação social e se exprimiam no movimento dos "diggers" representavam, por sua vez, o fermento do partido democrático dos "niveladores".

Sem a influência dos elementos proletários revolucionários sobre o espírito da massa dos soldados, sem a pressão da massa democrática dos soldados sobre a camada dirigente burguesa do partido independente, não se teria chegado à "depuração" do Longo Parlamento, expulsando os presbiterianos, nem à conclusão vitoriosa da guerra contra o exército dos *gentlemen* e contra os escoceses, nem ao processo contra Carlos I e à sua execução, nem à supressão da Câmara dos Lordes e à proclamação da República.

E o que aconteceu na grande Revolução Francesa? A tomada do poder pelos jacobinos, depois de quatro anos de lutas, demonstrou-se o único meio de salvar as conquistas da revolução, efetivar a República, destroçar o feudalismo, organizar a defesa revolucionária interna e externa, sufocar as conspirações da contrarrevolução e propagar por toda a Europa a vaga revolucionária vinda da França.

Kautsky e seus correligionários russos, que desejavam que a Revolução Russa conservasse o "caráter burguês" de sua primeira fase, são a exata contrapartida dos liberais alemães e ingleses do século passado que distinguiam assim os dois célebres períodos da grande Revolução Francesa: a "boa" revolução da primeira fase, a fase girondina, e a "má", após a tomada do poder pelos jacobinos. Essa concepção liberal, superficial da história, não precisava naturalmente compreender que, sem a tomada do poder por esses jacobinos "sem medida", até mesmo as tímidas meias conquistas da fase girondina logo teriam sido soterradas sob as ruínas da revolução, e que a alternativa real à ditadura jacobina, tal como posta pela marcha inexorável do desenvolvimento histórico no ano de 1793, não era a democracia "moderada", e sim a restauração dos Bourbon! Em nenhuma revolução, o "justo meio" pode ser mantido, pois sua lei natural exige decisões rápidas: ou a locomotiva subirá a encosta histórica a todo vapor até o cume, ou, arrastada pelo próprio peso, voltará à planície de onde partiu, arrastando consigo para o abismo os que, sem esperança de salvação, com suas fracas forças, queriam detê-la no meio do caminho.

Assim se explica que, em toda revolução, o único partido capaz de conquistar a direção e o poder é aquele que tem a coragem de lançar palavras de ordem mobilizadoras e tirar daí todas as consequências. Assim se explica o papel lamentável dos mencheviques russos, os Dan, Tseretelli etc., que no início exerciam enorme influência sobre as massas, mas após um longo período de oscilações, após se terem recusado com unhas e dentes a tomar o poder e assumir as responsabilidades, foram varridos de cena de maneira inglória.

O partido de Lênin foi o único que compreendeu as exigências e os deveres de um partido verdadeiramente revolucionário e que assegurou a continuidade da revolução com a palavra de ordem de todo o poder às mãos do proletariado e do campesinato.

Os bolcheviques resolveram dessa forma a célebre questão da "maioria do povo", pesadelo que sempre oprimiu os social-democratas alemães. Pupilos incorrigíveis do cretinismo parlamentar, eles transpõem simplesmente para a revolução a sabedoria caseira do jardim de infância parlamentar: para fazer alguma coisa, é preciso ter antes a maioria. Portanto, também na revolução, conquistemos primeiro a "maioria". Mas a dialética real das revoluções inverte essa sabedoria de toupeira parlamentar: o caminho não leva à tática revolucionária pela maioria; ele leva à maioria pela tática revolucionária. Só um partido que saiba dirigir, isto é, fazer avançar, ganha seus seguidores na tempestade. A resolução com que Lênin e seus companheiros lançaram no momento decisivo a única palavra de ordem mobilizadora – todo o poder ao proletariado e campesinato! – fez de uma minoria perseguida, caluniada, "ilegal", cujos dirigentes, como Marat, precisavam esconder-se nas caves, quase de um dia para o outro, a dona absoluta da situação.

Os bolcheviques também estabeleceram imediatamente, como objetivo da tomada do poder, o mais avançado e completo programa revolucionário: não se tratava de garantir a democracia burguesa, e sim a ditadura do proletariado, tendo como fim a realização do socialismo. Eles adquiriram assim o imperecível mérito histórico de terem proclamado, pela primeira vez, os objetivos finais do socialismo como programa imediato da prática política.

Tudo o que, num momento histórico, um partido pode dar em termos de coragem, energia, perspicácia revolucionária e coerência foi plenamente realizado por Lênin, Trotsky e seus companheiros. Toda a honra e capacidade de ação revolucionárias, que faltaram à social--democracia ocidental, encontravam-se nos bolcheviques. Com sua insurreição de outubro, não somente salvaram, de fato, a Revolução Russa, mas também a honra do socialismo internacional.

III

Os bolcheviques são os herdeiros históricos dos niveladores ingleses e dos jacobinos franceses. Mas a tarefa concreta que lhes coube na Revolução Russa, após a tomada do poder, era incomparavelmente mais difícil que a de seus antecessores.[7] Com certeza a palavra de ordem exortando os camponeses à imediata tomada e partilha das terras[8] era a fórmula mais sumária, mais simples e lapidar para atingir um duplo fim: aniquilar a grande propriedade fundiária e vincular imediatamente os camponeses ao governo revolucionário. Como medida política para fortalecer o governo proletário-socialista era uma tática excelente. Mas, infelizmente, ela tinha duas faces, e seu reverso, a tomada imediata das terras pelos camponeses, não tem nada a ver com uma agricultura socialista.

No plano agrário a reestruturação socialista das condições econômicas pressupõe duas coisas: primeiro, a nacionalização justamente da grande propriedade fundiária, pois ela representa uma concentração, a mais avançada do ponto de vista técnico, dos meios de produção e dos métodos agrícolas, sendo a única que pode servir de ponto de partida para uma economia socialista no campo. Embora, naturalmente, não seja necessário confiscar do pequeno camponês o seu pedacinho de

---

7   Nota de Rosa Luxemburgo na margem superior, sem indicar onde seria inserida: "Importância da questão agrária. Já em 1905. Em seguida, na III Duma, os camponeses de direita! Questão camponesa e defesa, exército".

8   Segundo o decreto sobre a terra do 2º Congresso Geral dos Sovietes Russos, de 8 de novembro de 1917, e a "comissão eleitoral camponesa" nele incluída, a propriedade privada do solo foi suprimida, e as propriedades dos latifundiários, as terras dos príncipes, dos mosteiros e da Igreja foram desapropriadas sem indenização. O solo foi dividido segundo o princípio da utilização igual, ou seja, segundo determinadas normas de trabalho e de consumo. A forma de utilização do solo, se individual, comunitária ou coletiva, ficava a critério dos aldeões. Terras com empreendimentos altamente desenvolvidos não deviam ser divididas, e sim transferidas para as mãos da comunidade ou do Estado.

terra, e se possa deixar tranquilamente a seu critério convencer-se das vantagens da exploração coletiva que o levarão a aderir primeiro ao agrupamento cooperativo e, por fim, ao sistema de exploração social coletiva, é evidente que toda reforma econômica socialista no campo deve começar pela grande e média propriedade fundiária.

Nesse caso, é preciso, antes de tudo, transferir o direito de propriedade à nação, ou, o que vem a ser o mesmo num governo socialista, ao Estado; somente isso oferece a possibilidade de organizar a produção agrícola numa grande e coerente perspectiva socialista.

Mas, em segundo lugar, um dos pressupostos dessa reestruturação consiste em suprimir a separação entre agricultura e indústria, traço característico da sociedade burguesa, para dar lugar à sua interpenetração e fusão, a uma completa formação da produção agrícola e industrial segundo perspectivas unificadas. Independentemente de como será nos detalhes a gestão prática – municipal, como propõem alguns, ou centralizada no Estado –, a condição prévia, em todo caso, é uma reforma unificada partindo do centro, tendo por premissa a nacionalização das terras. Nacionalização da grande e média propriedade fundiária, unificação da indústria e da agricultura são os dois aspectos fundamentais de toda reforma econômica socialista, sem os quais não existe socialismo.

Que o governo dos sovietes na Rússia não tenha realizado essas reformas consideráveis, quem pode recriminá-lo por isso? Seria um gracejo de mau gosto exigir ou esperar que Lênin e seus companheiros, no breve período em que estão no poder, no meio do turbilhão impetuoso das lutas internas e externas, pressionados por todos os lados por inimigos e resistências sem conta, tivessem dado conta ou apenas começado a dar conta de uma das tarefas mais difíceis, e mesmo, podemos dizer tranquilamente, da tarefa mais difícil da transformação socialista! Também nós, no Ocidente, uma vez no poder, apesar de condições bastante favoráveis, quebraremos alguns dentes com essa dura noz, antes de termos saído das dificuldades mais simples dentre as mil complexas dessa gigantesca tarefa!

Contudo, em todo caso, um governo socialista que chegou ao poder deve fazer uma coisa: tomar medidas no sentido desses pré-

-requisitos fundamentais para uma posterior reforma socialista das condições agrárias; deve, pelo menos, evitar tudo o que barra o caminho a essas medidas.

Ora, a palavra de ordem lançada pelos bolcheviques – apropriação imediata e repartição das terras pelos camponeses – devia precisamente agir no sentido inverso. Não só não é uma medida socialista como bloqueia o caminho que para lá conduz, acumulando dificuldades insuperáveis para a reestruturação das condições agrárias em sentido socialista.

A tomada das terras pelos camponeses conforme a sumária e lapidar palavra de ordem de Lênin e seus amigos – Vão e tomem as terras! – levou simplesmente a uma passagem brusca e caótica da grande propriedade fundiária à propriedade fundiária camponesa. Não foi criada a propriedade social, e sim uma nova propriedade privada: dividiu-se a grande propriedade em médias e pequenas propriedades, a grande exploração relativamente avançada em pequenas explorações primitivas que, no plano técnico, trabalham com os meios da época dos faraós. E mais: essa medida e a maneira caótica, puramente arbitrária, como foi aplicada não eliminaram as diferenças de propriedade no campo, mas as agravaram. Embora os bolcheviques recomendassem ao campesinato formar comitês de camponeses, a fim de fazer da apropriação das terras da nobreza uma espécie de ação coletiva, é claro que esse conselho genérico não podia mudar nada no tocante à prática efetiva e à real correlação de forças no campo. Com ou sem comitês, os camponeses ricos e os usurários, que formavam a burguesia rural e que de fato detinham o poder local em toda a aldeia russa, foram certamente os principais beneficiários da revolução agrária. Mesmo sem ver, é evidente para todo mundo que, ao fim da partilha das terras, as desigualdades econômicas e sociais no seio do campesinato não foram eliminadas e sim exacerbadas, assim como acabaram agravados os antagonismos de classe. Mas esse deslocamento de forças ocorreu, incontestavelmente, em detrimento dos interesses proletários e socialistas.

Discurso de Lênin sobre a centralização necessária da indústria, a nacionalização dos bancos, do comércio e da indústria. Por que não das terras? Aqui, ao contrário, descentralização e propriedade privada.

O próprio programa agrário de Lênin antes da revolução era outro. Retomou-se a palavra de ordem dos tão denegridos socialistas revolucionários, ou, mais exatamente, a palavra de ordem do movimento espontâneo do campesinato.

Para introduzir princípios socialistas nas condições agrárias, o governo soviético procurou, em seguida, criar comunas agrárias compostas de proletários, na maioria elementos urbanos desempregados. Mas pode-se facilmente prever que os resultados desses esforços, comparados à situação do campo como um todo, permanecem necessariamente ínfimos, não podendo sequer ser considerados na análise da questão.[9] (Após o parcelamento, em pequenas explorações, da grande propriedade fundiária, o ponto de partida mais apropriado para a economia socialista, procura-se agora criar, com base em pequenas unidades, explorações comunistas modelo.) Nas condições dadas, essas comunas têm apenas o valor de um experimento, não de uma reforma social abrangente.

Anteriormente, uma reforma socialista no campo teria quando muito encontrado a resistência de uma pequena casta de grandes proprietários fundiários nobres e capitalistas e de uma pequena minoria da rica burguesia rural, cuja expropriação por uma massa popular revolucionária é uma brincadeira de crianças. Agora, após a "tomada de posse", a coletivização socialista da agricultura tem um novo inimigo, uma massa de camponeses proprietários que aumentou, se fortaleceu enormemente e que defenderá com unhas e dentes, contra todo atentado socialista, sua propriedade recentemente adquirida. Agora, a questão da futura socialização da agricultura, ou seja, na Rússia, a questão da produção em geral tornou-se um tema de conflito e de luta entre o proletariado urbano e a massa camponesa. O boicote das cidades pelos camponeses, que retêm os víveres para obter lucros exorbitantes, exatamente como os *junkers* prussianos, mostra a que ponto

---

9 Nota de Rosa Luxemburgo, na margem esquerda, sem indicar onde seria inserida: "Monopólio dos cereais com recompensas. *Agora post festum* querem introduzir a luta de classes nas aldeias!".

o conflito se agravou. O pequeno camponês francês tornou-se o mais intrépido defensor da grande Revolução Francesa, que lhe doara as terras confiscadas aos emigrados. Como soldado de Napoleão, levou a bandeira francesa à vitória, atravessou toda a Europa e aniquilou o feudalismo num país após outro. Talvez Lênin e seus amigos esperassem que sua palavra de ordem em relação ao setor agrário produzisse efeito semelhante. Mas o camponês russo, tendo tomado a terra por conta própria, não pensou nem em sonhos em defender a Rússia e a revolução, à qual devia a terra. Aferrou-se à sua nova propriedade e abandonou a revolução aos seus inimigos, o Estado à ruína, a população urbana à fome.

A revolução agrária de Lênin criou no campo uma nova e poderosa camada popular de inimigos do socialismo, cuja resistência será muito mais perigosa e obstinada do que foi a da aristocracia fundiária.

Os bolcheviques são em parte culpados pela transformação da derrota militar no colapso e na desagregação da Rússia. Eles próprios agravaram de maneira considerável as dificuldades objetivas da situação com uma palavra de ordem,[10] que puseram em primeiro plano na sua política, o assim chamado direito das nações à autodeterminação,[11] ou o que na realidade se escondia por trás desse palavreado: a desagregação do Estado russo. A fórmula, constantemente proclamada com uma obstinação doutrinária, sobre o direito das diferentes nacionalidades do império russo a decidirem elas mesmas seu destino, "até inclusive o direito de se separarem do Estado russo", era um dos cavalos de batalha particulares de Lênin e de seus companheiros quando se opunham à guerra de Miliukov e de Kerenski.[12] Ela constituía

---

10 No original: política.
11 O governo soviético defendia o princípio da autodeterminação das nações. Considerava que as nações oprimidas pelo tsarismo não deviam ser forçadas a ficar presas à Rússia.
12 O governo provisório com P. N. Miliukov como ministro do Exterior continuou a guerra e garantiu aos países da Entente cumprir todas as obrigações implicadas na aliança entre eles e a Rússia, a fim de conduzir a guerra até a "vitória final". Essa política prosseguiu com o novo governo constituído em maio de 1917, em que A. F. Kerenski era ministro da Guerra e da Marinha, e que, em julho de 1917, lançou uma ofensiva que teve um saldo de 60 mil vítimas. Os bolcheviques opuseram-lhe a reivindicação de uma paz imediata sem anexações,

o eixo de sua política interna depois da insurreição de outubro e toda a plataforma dos bolcheviques em Brest-Litovsk,[13] a única arma que tinham para opor à posição de força do imperialismo alemão.

Em primeiro lugar, o que choca na obstinação e na intransigência com que Lênin e seus companheiros se agarraram a essa palavra de ordem é o fato de ela estar em flagrante contradição, não só com seu anterior pronunciado centralismo político, mas também com sua atitude perante os outros princípios democráticos. Enquanto manifestavam um desprezo glacial pela Assembleia Constituinte, pelo sufrágio universal, pela liberdade de imprensa e de reunião, em suma, por todo o aparato das liberdades democráticas fundamentais das massas populares, cujo conjunto constituía o "direito à autodeterminação" na própria Rússia, eles tratavam o direito das nações à autodeterminação como a joia da política democrática, por amor do qual era preciso calar todas as considerações práticas da crítica realista. Enquanto não se tinham deixado impressionar minimamente pelo voto popular para a Assembleia Constituinte na Rússia – voto popular fundado no sufrágio mais democrático do mundo, dado na plena liberdade de uma república popular – e, após austeras considerações críticas, simplesmente declararam nulo seu resultado, em Brest defenderam o "voto popular" das nações não russas para decidir fazer, ou não, parte do Estado russo, apresentando-o como o verdadeiro paládio da liberdade e da democracia, a quinta-essência inalterada da vontade popular, a instância suprema, a instância decisiva na questão do destino político das nações.

Essa contradição flagrante é tanto mais incompreensível que as formas democráticas da vida política em todos os países, como veremos em seguida, constituem de fato os mais preciosos e indispensáveis

---

considerando anexações que Polônia, Finlândia, Ucrânia e demais regiões não russas fossem mantidas à força na federação dos Estados russos.

13 Durante as negociações de paz em Brest-Litovsk, o governo soviético exigiu a autodeterminação de todas as nações dos países envolvidos na guerra, incluindo o direito de separação e formação de um Estado autônomo para cada uma delas. Esse direito deveria ser concretizado por um referendo, em determinadas precondições, de toda a população das regiões em pauta,

fundamentos da política socialista, ao passo que o ilustre "direito das nações à autodeterminação" não passa de oca fraseologia pequeno-burguesa, disparate.

De fato, qual é o significado desse direito? Faz parte do bê-á-bá da política socialista que ela combata, como qualquer espécie de opressão, também a opressão de uma nação por outra.

Se, apesar de tudo, políticos tão lúcidos e críticos quanto Lênin, Trotsky e seus amigos, que não fazem senão dar de ombros ironicamente a qualquer espécie de fraseologia utópica como desarmamento, sociedade das nações etc., dessa vez fizeram um cavalo de batalha de uma frase oca precisamente da mesma categoria, isso ocorreu, parece-nos, por uma espécie de política circunstancial. Lênin e seus companheiros estimavam que não havia meio mais seguro de vincular as numerosas nacionalidades não russas no seio do Império russo à causa da revolução, à causa do proletariado socialista, do que lhes conceder, em nome da revolução e do socialismo, a liberdade – total e sem limites – de disporem de seu destino. Era uma política análoga à que os bolcheviques adotaram em relação aos camponeses, cuja fome de terra pensavam satisfazer com a palavra de ordem de apropriação direta das terras da nobreza, vinculando-os assim à bandeira da revolução e do governo proletário. Infelizmente, nos dois casos o cálculo revelou-se completamente falso. Enquanto Lênin e seus companheiros esperavam, de maneira evidente, como defensores da liberdade das nações até o "separatismo", fazer da Finlândia, Ucrânia, Polônia, Lituânia, dos países bálticos, das populações do Cáucaso etc. aliados fiéis da Revolução Russa, nós assistimos ao espetáculo inverso: uma após outra, essas "nações" utilizaram a liberdade recém-oferecida para se aliarem como inimigas mortais da Revolução Russa ao imperialismo alemão, e levarem, sob sua proteção, a bandeira da contrarrevolução à própria Rússia. Um exemplo típico é o episódio com a Ucrânia, em Brest,[14]

---

14 A assembleia ucraniana, a Rada Central, em 27 de janeiro de 1918, assinou um tratado com as potências da Europa Central, embora nessa época já não detivesse mais poder efetivo, pois os soviéticos haviam vencido em quase toda a Ucrânia. Por esse tratado, a Alemanha tinha

que provocou uma guinada decisiva nas negociações, assim como em toda a situação política interna e externa dos bolcheviques. A atitude da Finlândia, Polônia, Lituânia, dos países bálticos, das nações do Cáucaso, mostra do modo mais convincente que não se trata aqui de uma exceção fortuita, e sim de uma decisão típica.

Certamente, em todos esses casos, não foram na realidade as "nações" que praticaram essa política reacionária, mas somente as classes burguesas e pequeno-burguesas, que, na mais violenta oposição às próprias massas proletárias, deformaram o "direito à autodeterminação nacional", fazendo dele um instrumento de sua política de classe contrarrevolucionária. Mas – e aqui chegamos ao centro da questão – é exatamente nisso que reside o caráter utópico e pequeno-burguês desse palavreado nacionalista: na dura realidade da sociedade de classes, sobretudo numa época de antagonismos muitíssimo exacerbados, ele se transforma simplesmente num meio de dominação das classes burguesas. Os bolcheviques tiveram que aprender, em seu detrimento e no da revolução que, sob a dominação do capitalismo, não existe autodeterminação da "nação", que, numa sociedade de classes, cada classe da nação aspira a se "autodeterminar" de um modo diferente, que, para as classes burguesas, as considerações sobre a liberdade nacional vêm muito depois das considerações sobre a dominação de classe. A burguesia finlandesa, assim como a pequena burguesia ucraniana, pôs-se totalmente de acordo ao preferir a dominação alemã à liberdade nacional, caso esta tivesse de estar ligada aos perigos do "bolchevismo".

A esperança de transformar em seu contrário essas relações de classe reais por meio de "plebiscitos" – em Brest tudo girava em torno dessa ideia – e de obter um voto majoritário a favor da fusão com a Revolução Russa graças à confiança na massa popular revolucionária, essa esperança, caso tenha sido seriamente acalentada por Lênin e Trotsky, dava mostras de um otimismo incompreensível e, se era apenas uma estocada tática no duelo com a política de força dos alemães,

o direito de ocupar a Ucrânia, e nas negociações de Brest-Litovsk, em 27 e 28 de janeiro de 1918, exigiu anexações em termos de ultimato.

significava brincar de forma perigosa com o fogo. Mas, mesmo sem a ocupação militar alemã, esse esplêndido "plebiscito", caso tivesse ocorrido nos países limítrofes, dado o estado de espírito da massa camponesa e de grandes camadas de proletários ainda indiferentes, dada a tendência reacionária da pequena burguesia e os mil meios de que a burguesia dispunha para influenciar o voto, teria muito provavelmente chegado por toda parte a um resultado que daria pouca alegria aos bolcheviques. A regra infalível quando se trata de plebiscitos sobre a questão nacional pode ser assim enunciada: ou as classes dominantes se arranjam para impedi-los quando não lhes convêm, ou, quando se realizam, procuram influenciar os resultados por todos os meios e truques, de tal modo que nunca poderemos introduzir o socialismo pelo plebiscito.

Aliás, o fato de ter colocado a questão das aspirações nacionais e das tendências particularistas em plena luta revolucionária, e mesmo tê-la posto em primeiro plano por ocasião da paz de Brest, erigindo-a em senha [*schibboleth*] da política socialista e revolucionária, lançou a maior confusão nas fileiras do socialismo e abalou, precisamente nos países limítrofes, a posição do proletariado. Na Finlândia, o proletariado socialista, enquanto lutou fazendo parte da compacta falange revolucionária da Rússia, já tinha uma posição de força dominante; detinha a maioria na Dieta [Parlamento], no exército, reduzira a burguesia à impotência completa e era senhor da situação no país. No início do século, quando ainda não tinham sido inventadas as inépcias do "nacionalismo ucraniano", com seus *karboventse* [moeda ucraniana] e seus "universais" [assembleia nacional de toda a Ucrânia], quando Lênin ainda não tinha feito da "Ucrânia independente" o seu cavalo de batalha, a Ucrânia era a fortaleza do movimento revolucionário russo. Foi de lá, de Rostov, de Odessa, da bacia do Donetz, que, de 1902 a 1904, correram as primeiras torrentes de lava da revolução, transformando todo o Sul da Rússia num mar de chamas e preparando, assim, a explosão de 1905; isso se repetiu na atual revolução – o proletariado do Sul da Rússia constituiu as tropas de elite da falange proletária. Desde 1905, a Polônia e os países bálticos eram os centros mais poderosos e seguros da revolução; ali o proletariado socialista representava um papel preponderante.

Como é possível que em todos esses países a contrarrevolução triunfe de maneira súbita? Foi precisamente separando-o da Rússia que o movimento nacionalista paralisou o proletariado e o entregou à burguesia nacional dos países limítrofes. Em vez de no espírito de uma autêntica política de classe internacionalista, que, aliás, defendiam, se esforçarem para realizar a mais compacta coordenação das forças revolucionárias em todo o território do império, em vez de defenderem com unhas e dentes a integridade do império russo como território da revolução, em vez de oporem a todas as tendências separatistas nacionalistas este mandamento político supremo: a coesão indissolúvel dos proletários de todas as nações no âmbito da Revolução Russa, os bolcheviques, com sua retumbante fraseologia nacionalista sobre o "direito à autodeterminação até a constituição de Estados separados", forneceram, em contrapartida, à burguesia de todos os países limítrofes, o mais desejado e esplêndido pretexto, forneceram literalmente a bandeira de suas aspirações contrarrevolucionárias. Em vez de prevenir os proletários dos países limítrofes contra todo separatismo, mostrando-o como uma armadilha puramente burguesa, e de sufocar, com mão de ferro, as tendências separatistas no ovo – o uso da força, nesse caso, significava agir de verdade no sentido e no espírito da ditadura proletária –, ao contrário, com sua palavra de ordem, confundiram as massas de todos os países limítrofes, entregando-as à demagogia das classes burguesas. Encorajando dessa maneira o nacionalismo, eles próprios provocaram e prepararam a desagregação da Rússia, pondo na mão de seus inimigos o punhal que eles iriam enterrar no coração da Revolução Russa.

Certamente, sem a ajuda do imperialismo alemão, sem "as coronhas alemãs em punhos alemães", como escrevia a [revista] *Neue Zeit* de Kautsky, jamais os Lubinsky e outros canalhas da Ucrânia, jamais os Erich e Mannerheim na Finlândia, nem os barões bálticos, teriam acabado com as massas proletárias socialistas de seus países. Mas o separatismo nacional foi o cavalo de Troia com que os "companheiros" alemães, de baioneta em punho, se introduziram em todos esses países. Os antagonismos de classe reais e a correlação de forças militar provocaram a intervenção da Alemanha. Mas os bolcheviques é que forneceram a ideologia que mascarou essa campanha da contrarrevolução: eles fortaleceram a posição da burguesia e enfraqueceram a do proletariado. A melhor prova é a Ucrânia, que deveria representar um papel tão fatal nos destinos da Revolução Russa. O nacionalismo ucraniano na Rússia era completamente diferente do tcheco, do polonês ou do finlandês, nada mais que um simples capricho, uma frivolidade de algumas dúzias de intelectuais pequeno-burgueses, sem raízes na situação econômica, política ou intelectual do país, sem qualquer tradição histórica, pois a Ucrânia nunca formou um Estado ou uma nação, não tinha nenhuma cultura nacional, exceto os poemas românticos e reacionários de Chevtchenko. Na verdade, é como se, numa bela manhã, os habitantes do litoral norte da Alemanha quisessem fundar, por causa de Fritz Reuter, uma nação baixo-alemã e um Estado independente! E com sua agitação doutrinária sobre o "direito à autodeterminação até inclusive etc.", Lênin e seus companheiros inflaram artificialmente essa farsa ridícula de alguns professores e estudantes universitários, transformando-a num fator político. Deram importância à farsa inicial, até que ela adquiriu uma terrível gravidade: transformou-se não num movimento nacional sério, que não tem nem nunca teve raízes, mas em estandarte, em bandeira unificadora da contrarrevolução! Desse ovo estéril saíram, em Brest, as baionetas alemãs.

As fórmulas vazias têm por vezes na história da luta de classes um significado muito real. O destino fatal do socialismo quis que nesta guerra mundial ele fosse escolhido para fornecer pretextos ideológicos à política contrarrevolucionária. Quando a guerra explodiu, a social-democracia alemã apressou-se em enfeitar o saqueio do imperialismo alemão com um escudo ideológico tirado do quarto de despejos do marxismo, declarando que se tratava da expedição libertadora contra o tsarismo russo, desejada por nossos velhos mestres em 1848. Aos antípodas do socialismo governamental, os bolcheviques, com seu palavreado sobre a "autodeterminação", estava reservado levar água ao moinho da contrarrevolução e fornecer assim uma ideologia, não só para o estrangulamento da própria Revolução Russa, mas também para a liquidação de toda a guerra mundial de acordo com os planos contrarrevolucionários. Temos boas razões para examinar, nessa perspectiva, a política dos bolcheviques a fundo. O "direito das nações à autodeterminação", acoplado à Sociedade das Nações e ao desarmamento pela graça de Wilson, constitui o grito de guerra no confronto iminente entre o socialismo internacional e o mundo burguês. É evidente que o palavreado sobre a autodeterminação e o movimento nacional em seu conjunto constitui atualmente o maior perigo para o socialismo internacional; a Revolução Russa e as negociações de Brest acabam de reforçá-los de maneira considerável. Teremos que analisar essa plataforma de maneira ainda mais detalhada. Os destinos trágicos dessa fraseologia na Revolução Russa, em cujos espinhos os bolcheviques iam se prender e ferir até sangrar, devem servir de advertência ao proletariado internacional.

A ditadura da Alemanha é a consequência de tudo isso. Da paz de Brest ao "tratado complementar"![15] As duzentas vítimas expiatórias de Moscou.[16] Essa situação engendrou o terror e o esmagamento da democracia.

---

15 O tratado complementar russo-alemão, de 27 de agosto de 1918, estipulava que, com a determinação das fronteiras orientais da Estônia e da Livônia, a Alemanha precisava evacuar os territórios ocupados a leste. Assim, a Alemanha evacuaria o território a leste da Beresina, com a condição de que a Rússia soviética pagasse as somas estipuladas no acordo financeiro. A Rússia soviética renunciava à soberania sobre a Estônia, Livônia e Geórgia. No acordo financeiro russo-alemão, de 27 de agosto de 1918, a Rússia soviética era obrigada a pagar 6 bilhões de marcos à Alemanha.
16 Com o assassinato do embaixador alemão, Wilhelm Graf von Mirbach-Harff, os socialistas-revolucionários de esquerda começaram, no dia 6 de julho de 1918, em Moscou, um golpe para derrubar o governo soviético. A insurreição foi derrotada e cem socialistas revolucionários foram presos.

IV

Examinaremos esse ponto mais de perto por meio de alguns exemplos.

Na política dos bolcheviques, a conhecida dissolução da Assembleia Constituinte, em novembro de 1917, representou um papel preponderante. Essa medida foi determinante para sua posição posterior, representando de certa maneira uma guinada em sua tática. É fato que Lênin e seus companheiros, até a vitória de outubro, exigiam com estardalhaço a convocação de uma Assembleia Constituinte, e que justamente a política de contemporização do governo Kerenski nesse ponto constituía uma das acusações dos bolcheviques contra esse governo, dando-lhes motivo para os mais violentos ataques. Em sua interessante brochura intitulada *Da revolução de outubro ao tratado de paz de Brest*, Trotsky diz que a insurreição de outubro significou a "salvação da Constituinte" assim como da revolução em geral. E continua: "Quando dizíamos que o caminho que levava à Assembleia Constituinte não passava pelo pré-parlamento de Tsereteli, e sim pela tomada do poder pelos sovietes, éramos absolutamente sinceros".[17]

E agora, depois dessas declarações, o primeiro passo de Lênin após a Revolução de Outubro foi dispersar essa mesma Assembleia Constituinte à qual a revolução devia conduzir. Quais podem ter sido as razões para tão surpreendente guinada? Trotsky dá uma longa explicação na obra mencionada, e nós reproduzimos aqui seus argumentos.[18]

---

17 Trotsky, *Von der Oktober Revolution bis zum Brester Friedens-Vertrag*, p.90.
18 O escrito de Trotsky não consta do original. Ele escreve: "Se os meses que precederam a Revolução de Outubro constituíram um período em que as massas se deslocaram para a esquerda e em que os operários, os soldados e os camponeses afluíram irresistivelmente para o lado dos bolcheviques, esse processo manifestou-se no seio do Partido Socialista-Revolucionário por um fortalecimento da ala esquerda à custa da ala direita. Mas nas listas eleitorais estabelecidas pelos socialistas revolucionários, os velhos nomes da ala direita ainda representavam três quartos dos candidatos [...]. É preciso acrescentar a isso que as próprias eleições ocorreram nas primeiras semanas após a Revolução de Outubro. A notícia da mudança realizada espalhava-se de maneira relativamente lenta, em círculos concêntricos, partindo da capital para a província e das cidades para as aldeias. Em muitos lugares, as massas camponesas pouco sabiam do que se passava em Petrogrado e em Moscou. Eles votaram em 'Terra e Liberdade' e os representantes que elegeram para os comitês rurais colocavam-se,

Tudo isso é perfeito e muito convincente. Só admira que pessoas tão inteligentes como Lênin e Trotsky não tenham chegado à conclusão evidente que decorria dos fatos citados. Já que a Assembleia Constituinte havia sido eleita muito antes da guinada decisiva, a Revolução de Outubro, e refletia em sua composição a imagem de um passado obsoleto e não do novo estado de coisas, a conclusão impunha-se por si mesma: dissolver essa Constituinte caduca, logo natimorta, e convocar imediatamente eleições para uma nova! Eles não queriam e não podiam confiar os destinos da revolução a uma assembleia que refletia a Rússia de ontem, a Rússia de Kerenski, o período das hesitações e da coalizão com a burguesia. Muito bem! Então nada mais restava além de convocar de imediato em seu lugar uma assembleia saída da Rússia renovada e mais avançada.

Em vez disso, com base nas insuficiências específicas da Assembleia Constituinte reunida em outubro, Trotsky conclui que toda Assembleia Constituinte é supérflua e generaliza mesmo essas insuficiências, proclamando a inutilidade, durante a revolução, de toda representação popular resultante de eleições populares gerais.

> Graças à luta aberta e direta pelo poder governamental, as massas trabalhadoras acumulam em muito pouco tempo uma experiência política considerável e sobem rapidamente, em seu desenvolvimento, a um nível mais elevado. O pesado mecanismo das instituições democráticas segue tanto mais dificilmente esse desenvolvimento, quanto maior for o país e mais imperfeito seu aparato técnico.[19]

E, assim, chegamos ao "mecanismo das instituições democráticas em geral". Pode-se, antes de tudo, objetar que essa apreciação das

---

na maior parte do tempo, sob a bandeira dos 'Narodniki'. Mas, assim, as massas camponesas votavam em Kerenski e Avksentiev, que dissolveram esses comitês rurais e prenderam seus membros [...]. Esse estado de coisas mostra claramente a que ponto a Constituinte estava atrasada em relação ao desenvolvimento da luta política e aos reagrupamentos no interior dos partidos". (N. R. L.)

19 Ibid., p.93.

instituições representativas exprime uma concepção um tanto esquemática e rígida, que contradiz expressamente a experiência histórica de todas as épocas revolucionárias. Segundo a teoria de Trotsky, toda assembleia eleita reflete apenas, de uma vez por todas, o estado de espírito, a maturidade política e o humor do eleitorado no momento preciso em que vai às urnas. O organismo democrático seria sempre o reflexo da massa no dia da eleição, assim como o céu estrelado, segundo Herschel, não nos mostra nunca os astros tais como são quando os vemos, mas tais como eram no momento em que, de uma distância incomensurável, enviavam suas mensagens luminosas para a Terra. Nega-se então qualquer relação intelectual viva entre os eleitos e o eleitorado, qualquer influência recíproca constante entre ambos.

Como toda experiência histórica contradiz isso! Esta mostra-nos, ao contrário, que o fluido vivo do estado de espírito popular banha constantemente os organismos representativos, penetra-os, orienta-os. Senão como seria possível assistir de tempos em tempos, em todo parlamento burguês, às divertidíssimas cabriolas dos "representantes do povo" que, subitamente animados por um "espírito novo", produzem entonações inteiramente inesperadas? Como seria possível que, de tempos em tempos, as múmias mais ressequidas assumissem ares juvenis e os pequenos Scheidemann de todas as espécies encontrassem de repente em seu peito tons revolucionários – quando a cólera ruge nas fábricas, nas oficinas, nas ruas?

Tal influência constantemente viva do estado de espírito e da maturidade política das massas sobre os organismos eleitos, justamente numa revolução, seria impotente perante o esquema rígido das etiquetas partidárias e das listas eleitorais? Muito pelo contrário! É justamente a revolução que, por sua efervescência e seu ardor, cria essa atmosfera política leve, vibrante, receptiva, na qual as vagas do estado de espírito popular, a pulsação da vida do povo, influem de maneira instantânea e do modo mais extraordinário sobre os organismos representativos. É exatamente sobre isso que se assentam sempre as cenas célebres e impressionantes, no estágio inicial de todas as revoluções, em que velhos parlamentos reacionários ou muito moderados, eleitos no antigo regime por um sufrágio restrito, transformam-se subitamente em porta-vozes heroicos da insurreição, em revolucionários românticos e impetuosos. O exemplo clássico é o famoso Longo Parlamento na Inglaterra: eleito e convocado em 1642, ficou sete anos no posto e [refletiu] em seu interior todas as mudanças do estado de espírito popular, a maturidade política, a divisão das classes, a progressão da revolução até seu apogeu, desde a reverente escaramuça inicial com a coroa, quando o *speaker* falava de joelhos, até a supressão da Câmara dos Lordes, a execução de Carlos I e a proclamação da República.

Essa extraordinária metamorfose não se repetiu da mesma forma nos Estados gerais na França, no parlamento de Luís Filipe eleito pelo sufrágio censitário e mesmo – o último e mais impressionante exemplo está bem próximo de Trotsky – na IV Duma russa que, eleita no ano da graça de 1912,[20] sob o mais estrito domínio da contrarrevolução sentiu subitamente, em fevereiro de 1917, o vento juvenil da revolta e transformou-se no ponto de partida da revolução?

Tudo isso mostra que "o pesado mecanismo das [...] democráticas"[21] encontra um corretivo poderoso exatamente no movimento vivo e na pressão constante da massa. E quanto mais democrática a instituição, quanto mais viva e forte a pulsação da vida política da massa, tanto mais imediata e precisa é a influência que ela exerce – apesar das etiquetas partidárias rígidas, das listas eleitorais obsoletas etc. É claro que toda instituição democrática tem seus limites e lacunas, o que, aliás, compartilha com todas as instituições humanas. Só que o remédio encontrado por Lênin e Trotsky – suprimir a democracia em geral – é ainda pior que o mal que devia impedir; ele obstrui a própria fonte viva a partir da qual podem ser corrigidas todas as insuficiências congênitas das instituições sociais: a vida política ativa, sem entraves, enérgica das mais largas massas populares.

---

20 No original: "1909".
21 Reticências no original. A citação integral diz: "o pesado mecanismo das instituições democráticas".

Peguemos outro exemplo surpreendente: o direito de voto elaborado pelo governo dos sovietes.[22] Não é muito claro que significado prático se pode atribuir a esse direito de voto. Da crítica feita por Lênin e Trotsky às instituições democráticas depreende-se que recusam fundamentalmente representações populares saídas de eleições gerais e que não querem senão apoiar-se nos sovietes. Por isso não se vê bem por que, mesmo assim, foi elaborado um sistema de sufrágio universal. Aliás, que se saiba, o sufrágio universal nunca foi aplicado; nunca se ouviu falar de eleições para qualquer espécie de representação popular que o tivesse por base. Pode-se supor que tenha permanecido apenas um produto teórico de gabinete; mas tal como é, constitui um produto surpreendente da teoria bolchevique da ditadura. Todo direito de voto, assim como em geral todo direito político, não deve ser medido por esquemas abstratos de "justiça" nem pela fraseologia burguesa democrática, mas pelas condições sociais e econômicas segundo as quais foi talhado. Esse direito de voto foi elaborado pelo governo dos sovietes para o período de transição entre a forma social burguesa-capitalista e a forma socialista, para o período da ditadura do proletariado. Segundo a interpretação dada por Lênin e Trotsky dessa ditadura, o direito de voto só é concedido aos que vivem do próprio trabalho e recusado a todos os outros.

Ora, é claro que semelhante direito de voto só tem sentido numa sociedade que esteja economicamente em condições de permitir, a todos que queiram trabalhar, viver de maneira digna e decente do próprio trabalho. Seria esse o caso da Rússia atual? Dadas as monstruosas dificuldades em que se debate a Rússia soviética, isolada do mercado mundial e privada de suas principais fontes de matérias-primas, dada a terrível desorganização da vida econômica em geral, a brusca revi-

---

22 De acordo com a Constituição, tinham o direito de votar e ser votados, independentemente de credo, nacionalidade e residência, os seguintes cidadãos com mais de 18 anos: "Todos os que para a sua subsistência realizam trabalho produtivo e socialmente útil, assim como pessoas ocupadas no trabalho doméstico, por meio do qual as primeiras podem realizar trabalho útil, assim como trabalhadores e empregados de todos os tipos e categorias ocupados na indústria, comércio, agricultura, camponeses e cossacos que cultivam a terra, na medida em que não utilizam trabalho assalariado visando ao lucro". (N. R. L.)

ravolta nas condições de produção em consequência das transformações nas relações de propriedade na agricultura, indústria e comércio, é óbvio que inúmeras existências foram subitamente desenraizadas, atiradas para fora do caminho, sem nenhuma possibilidade objetiva de empregar sua força de trabalho no mecanismo econômico. Isso não se refere apenas à classe dos capitalistas e dos proprietários fundiários, mas também à grande camada da pequena-burguesia e da própria classe trabalhadora. É fato que o encolhimento da indústria provocou um êxodo maciço do proletariado urbano para o campo, à procura de colocação na agricultura. Nessas condições, um direito de voto político, que tem como premissa econômica o trabalho obrigatório para todos, é uma medida totalmente incompreensível. Sua intenção é privar de direitos políticos apenas os exploradores. E enquanto as forças de trabalho produtivas são desenraizadas em massa, o governo soviético, em contrapartida, vê-se com frequência obrigado a arrendar, por assim dizer, a indústria nacional a seus antigos proprietários capitalistas. O governo soviético também se viu obrigado, [em] abril de 1918, a selar um acordo com as cooperativas de consumo burguesas. Por fim, a utilização de especialistas burgueses [revelou-se] indispensável. Outra consequência da mesma orientação é que camadas crescentes do proletariado são mantidas pelo Estado com fundos públicos, na qualidade de guardas vermelhos etc. Na realidade, ela priva de direitos camadas cada vez maiores da pequena burguesia e do proletariado, para as quais o organismo econômico não prevê nenhum meio que permita exercer a obrigação de trabalhar.

É um contrassenso fazer do direito de voto um produto utópico, um produto da imaginação, desligado da realidade social. E precisamente por isso não constitui um instrumento sério da ditadura proletária.[23]

---

23 Na margem esquerda, sem indicar o local da inserção, Rosa Luxemburgo registrou: "Um anacronismo, uma antecipação da situação jurídica que convém a uma base econômica socialista já realizada, não ao período de transição da ditadura proletária".

Quando, após a Revolução de Outubro, toda a camada média, a *intelligentsia* burguesa e pequeno-burguesa boicotaram durante meses o governo soviético, paralisando as estradas de ferro, os correios, o telégrafo, as escolas e o aparelho administrativo, insurgindo-se assim contra o governo dos trabalhadores, impunham-se todas as medidas de pressão para quebrar com mão de ferro a resistência contra ele: privação dos direitos políticos, dos meios de subsistência etc. Dessa forma, se exprimia com efeito a ditadura socialista, que não deve recuar perante nenhum meio coercitivo para impor ou impedir certas medidas no interesse de todos. Em contrapartida, um direito de voto que priva vastas camadas da sociedade de direitos; que as exclui politicamente do quadro social, sem ser capaz, economicamente, de criar um lugar para elas no interior desse quadro; uma privação de direitos que não é uma medida concreta visando a um fim concreto, mas uma regra geral de efeito duradouro, não constitui uma necessidade da ditadura, e sim uma improvisação incapaz de sobreviver.[24]

Mas a Assembleia Constituinte e o direito de voto não esgotam a questão: é preciso considerar ainda a supressão das garantias democráticas essenciais a uma vida pública sadia e à atividade política das massas trabalhadoras – liberdade de imprensa, direito de associação e de reunião, ilegais para todos os adversários do governo soviético.[25] A argumentação de Trotsky, citada anteriormente, sobre o peso das insti-

---

24 Na margem esquerda, sem indicar o local da inserção, Rosa Luxemburgo escreveu:
"Tanto os sovietes como espinha dorsal, quanto a Constituinte e o *sufrágio universal*".
Numa página solta, sem número, lê-se também:
"Os bolcheviques qualificavam os sovietes de reacionários porque, diziam eles, eram compostos em sua maioria por camponeses (delegados dos camponeses e delegados dos soldados). Quando os sovietes ficaram do seu lado, transformaram-se nos justos representantes da opinião popular. Mas essa brusca reviravolta estava ligada apenas à *paz* e à questão agrária".
25 "A ditadura proletária reprime os exploradores, a burguesia – por isso não é hipócrita, não lhes promete liberdade e democracia –, dando, porém, aos trabalhadores a verdadeira democracia. Somente a Rússia soviética deu a toda a enorme maioria dos trabalhadores uma liberdade e uma democracia desconhecidas, impossíveis e impensáveis em qualquer República burguesa; com essa finalidade, por exemplo, tirou à burguesia seus palácios e vilas (caso contrário, a liberdade de reunião é uma hipocrisia), com essa finalidade tirou aos capitalistas as gráficas e o papel (caso contrário, a liberdade de imprensa para a maioria trabalhadora é uma mentira)" (Lênin, *Werke*, v.28, p.97-98).

tuições eleitorais democráticas não basta, nem de longe, para justificar esses ataques. Em contrapartida, é um fato patente, incontestável, que sem imprensa livre, sem livre associação e reunião, a dominação de vastas camadas populares é totalmente impensável.

Lênin diz: o Estado burguês é um instrumento para oprimir a classe trabalhadora, o Estado socialista – um instrumento para oprimir a burguesia. Este seria, por assim dizer, o Estado capitalista de cabeça para baixo. Essa concepção simplista negligencia o essencial: a dominação de classe da burguesia não requer a formação nem a educação política de toda a massa do povo, pelo menos não além de certos limites estreitamente traçados. Para a ditadura proletária ela é o elemento vital, o ar sem o qual não pode viver.

"Graças à luta aberta e direta pelo poder governamental [...]."[26] Aqui Trotsky contradiz-se e contradiz os próprios companheiros de partido da maneira mais espantosa. Justamente por isso ser verdade é que, ao sufocarem a vida pública, obstruíram a fonte da experiência política e a evolução ascendente. Ou então seria preciso admitir que essa experiência e essa evolução eram necessárias até a tomada do poder pelos bolcheviques, que elas haviam atingido seu apogeu e que doravante tinham-se tornado supérfluas. (Discurso de Lênin: a Rússia foi conquistada para o socialismo!!!)

Na realidade é o contrário! As tarefas gigantescas que os bolcheviques enfrentaram, com coragem e determinação, exigiam precisamente a mais intensiva formação política das massas e acúmulo de experiências... {Liberdade somente para os partidários do governo, somente para os membros de um partido – por mais numerosos que sejam –, não é liberdade. Liberdade é sempre a liberdade de quem pensa de modo diferente. Não por fanatismo pela "justiça", mas porque tudo quanto há de vivificante, salutar, purificador na liberdade

---

[26] Reticências no original. A citação completa diz: "Graças à luta aberta e direta pelo poder governamental, as massas trabalhadoras acumulam em muito pouco tempo uma experiência política considerável e sobem rapidamente, em seu desenvolvimento, a um nível mais elevado" (Trotsky, op. cit., p.93).

política depende desse caráter essencial e deixa de ser eficaz quando a "liberdade" se torna privilégio.}[27]

O pressuposto tácito da teoria da ditadura no sentido Lênin-Trotsky é de que a transformação socialista seria uma coisa para a qual o partido revolucionário tem no bolso uma receita pronta, que só precisa de energia para ser realizada.[28] Infelizmente – ou, se quisermos, felizmente –, não é assim. Muito longe de ser uma soma de prescrições prontas, que bastaria aplicar, a realização prática do socialismo como sistema econômico, social e jurídico é uma coisa totalmente envolta nas brumas do futuro. O que temos em nosso programa são apenas alguns grandes marcos orientadores que indicam em que direção é preciso procurar as medidas a tomar, indicações, aliás, de caráter sobretudo negativo. Sabemos mais ou menos o que suprimir primeiro para deixar o caminho livre à economia socialista; em contrapartida, nenhum programa de partido socialista nem nenhum manual de socialismo esclarecem de que tipo serão as milhares de medidas concretas, práticas, grandes e pequenas necessárias a cada passo para introduzir os princípios socialistas na economia, no direito, em todas as relações sociais. Não é uma lacuna, mas, pelo contrário, é justamente a vantagem do socialismo científico sobre o utópico. O sistema social socialista não deve nem pode ser senão um produto histórico, nascido da própria escola da experiência, na hora da sua realização, nascido da história viva fazendo-se, que, exatamente como a natureza orgânica, da qual faz parte em última análise, tem o belo hábito de produzir sempre, com uma necessidade social real, os meios de satisfazê-la, ao mesmo tempo que a tarefa a realizar, a sua solução. E, assim, é claro que o socialismo, por sua própria *natureza*, não pode ser outorgado nem introduzido por decreto. Ele pressupõe

---

[27] As frases entre chaves seguem o texto de Rosa Luxemburgo – *Breslauer Gefängnismanuskripte zur Russischen Revolution*. Textkritische Ausgabe. Leipzig, 2001, p.34. (N. T.)

[28] Nota na margem esquerda, sem indicar a inserção:
"Se os bolcheviques forem honestos, não vão querer negar que precisaram caminhar às apalpadelas, fazer tentativas, experimentos, ensaios de todos os tipos, e que boa parte das medidas tomadas não são pérolas. Certamente é o que nos acontecerá a todos, quando começarmos, mesmo que as condições não sejam por todo lado tão difíceis".

uma série de medidas coercitivas – contra a propriedade etc. Pode-se decretar o negativo, a destruição, mas *não* o positivo, a construção. Terra nova. Mil problemas. Só a experiência {é} capaz de corrigir e de abrir novos caminhos. Só uma vida fervilhante e sem entraves chega a mil formas novas, improvisações, mantém a *força criadora*, corrige ela mesma todos os seus erros. Se a vida pública dos Estados de liberdade limitada é tão medíocre, tão miserável, tão esquemática, tão infecunda, é justamente porque, excluindo a democracia, ela obstrui a fonte viva de toda riqueza e de todo progresso intelectual. (Prova: o ano de 1905 e os {meses} de fevereiro a outubro de 1917.) No plano político, mas também econômico e social. É preciso que toda a massa popular participe. Senão o socialismo é decretado, outorgado por uma dúzia de intelectuais fechados num gabinete.

Controle público absolutamente necessário. Senão a troca de experiências fica só no círculo fechado dos funcionários do novo governo. Corrupção inevitável. (Palavras de Lênin, *Mitteilungs-Blatt*, n.36.)[29] A prática do socialismo exige uma transformação completa no espírito das massas, degradadas por séculos de dominação da classe burguesa. Instintos sociais em vez de instintos egoístas; iniciativa das massas em vez de inércia; idealismo, que faz superar todos os sofrimentos etc. Ninguém sabe disso melhor, nem descreve com mais precisão, nem repete com mais obstinação do que Lênin.[30] Só

---

29 No original, por engano, Rosa Luxemburgo menciona o n.29. O artigo "Após a Revolução Russa" foi publicado no *Mitteilungs-Blatt des Verbandes der sozialdemokratischen Wahlverein Berlins und Umgegend*, n.36, 8 dez. 1918. Ele contém uma reprodução bem minuciosa, quase literal do trabalho de Lênin, *Die nächsten Aufgaben der Sowjetmacht*.

30 Nota na margem esquerda, sem indicar a inserção:
"Discurso de Lênin sobre a disciplina e a corrupção./ 'Também entre nós, assim como em todo lado, a anarquia será inevitável. O elemento lumpemproletário é inerente à sociedade burguesa, não podendo ser separado dela. Provas: 1º) Prússia oriental, as pilhagens dos 'cossacos';/ 2º) Explosão geral do roubo e da pilhagem na Alemanha ('fraudes', empregados dos correios e estradas de ferro, polícia, total apagamento das fronteiras entre a boa sociedade e os bandidos);/ 3ª A rápida depravação dos dirigentes sindicais. Contra isso, medidas de terror draconianas são impotentes. Pelo contrário, elas corrompem ainda mais. O único antídoto: idealismo e *atividade* social das massas, liberdade *política* ilimitada".
Numa folha solta, sem indicação de onde seria inserida, encontra-se a seguinte reflexão:
"Em toda revolução, a luta contra o lumpemproletariado constitui um problema em si, de grande importância. Na Alemanha, assim como em toda parte, também teremos que enfrentar

que ele se engana completamente quanto aos meios. Decretos, poder ditatorial dos contramestres, punições draconianas, domínio do terror, tudo isso são paliativos. O único caminho que leva ao renascimento é a própria escola da vida pública, a mais ampla e ilimitada democracia, *opinião* pública. É justamente o domínio do terror que desmoraliza.

Se tudo isso for suprimido, o que resta na realidade? No lugar dos organismos representativos saídos de eleições populares gerais, Lênin e Trotsky puseram os sovietes como a única representação verdadeira das massas trabalhadoras. Mas abafando a vida política em todo o país, a vida dos sovietes ficará cada vez mais paralisada. Sem eleições gerais, sem liberdade ilimitada de imprensa e de reunião, sem livre debate de opiniões, a vida se estiola em qualquer instituição pública, torna-se uma vida aparente em que só a burocracia

isso. O elemento lumpemproletário é profundamente inerente à sociedade burguesa, não apenas como camada particular, como dejeto social que cresce de forma gigantesca, sobretudo quando as muralhas da ordem social desmoronam, mas como elemento integrante de toda a sociedade. Os acontecimentos na Alemanha – e, mais ou menos, em todos os outros Estados – mostraram com que facilidade todas as camadas da sociedade burguesa caem na depravação. A gradação entre os aumentos abusivos de preços, as fraudes dos proprietários poloneses nobres, os fictícios negócios de ocasião, a adulteração de gêneros alimentícios, a trapaça, a corrupção de funcionários, o roubo, o assalto e a pilhagem se apagou de tal forma que as fronteiras entre os cidadãos honrados e os bandidos desapareceram. Repete-se aqui o mesmo fenômeno da depravação constante e rápida das virtudes burguesas quando transplantadas além-mar para um solo social estranho, em condições coloniais. Com a supressão das barreiras e dos apoios convencionais da moral e do direito, a sociedade burguesa, cuja lei vital intrínseca consiste na mais profunda imoralidade – a exploração do homem pelo homem –, cai, diretamente e sem freio, na simples depravação. A revolução proletária terá, por toda parte, que combater esse inimigo, instrumento da contrarrevolução./ Contudo, mesmo nesse caso, o terror é uma espada sem gume, ou melhor, uma espada de dois gumes. A mais draconiana justiça militar é impotente contra a irrupção das desordens lumpemproletárias. Com efeito, todo regime de estado de sítio que se prolonga leva invariavelmente ao arbítrio, e todo arbítrio tem um efeito depravador sobre a sociedade. O único meio eficaz nas mãos da revolução proletária, também aqui, consiste em tomar medidas radicais de natureza política e social, na transformação rápida das garantias sociais da vida da massa e em desencadear o idealismo revolucionário, que só pode subsistir graças a uma vida intensamente ativa das massas, numa liberdade política ilimitada./ Assim como, contra as infecções e os germes infecciosos, a ação livre dos raios solares é o meio mais eficaz, purificador e terapêutico, também a própria revolução e seu princípio renovador – a vida intelectual, a atividade e a autorresponsabilidade das massas que ela suscita, portanto a mais ampla liberdade política como forma – são o único sol que cura e purifica".

subsiste como o único elemento ativo. A vida pública adormece progressivamente, algumas dúzias de chefes partidários, de uma energia inesgotável e de um idealismo sem limites, dirigem e governam; entre eles, na realidade, uma dúzia de cabeças eminentes dirige, e a elite do operariado é convocada de tempos em tempos para reuniões, a fim de aplaudir os discursos dos chefes e votar de maneira unânime as resoluções propostas; portanto, no fundo, é uma *clique* que governa – de fato, uma ditadura, não a do proletariado, e sim a de um punhado de políticos, isto é, uma ditadura no sentido burguês, no sentido da dominação jacobina (o intervalo entre os congressos dos sovietes passou de três para seis meses!). E mais: esse estado de coisas produz necessariamente um recrudescimento da selvageria na vida pública: atentados, execução de reféns etc. É uma lei objetiva, todo-poderosa, a que nenhum partido pode fugir.

O erro fundamental da teoria de Lênin-Trotsky consiste precisamente em opor, tal como Kautsky, a ditadura à democracia. "Ditadura *ou* democracia", assim é posta a questão, tanto pelos bolcheviques quanto por Kautsky. Este se decide naturalmente pela democracia, isto é, pela democracia *burguesa*, visto que é a alternativa que propõe à transformação socialista. Em contrapartida, Lênin-Trotsky se decidem pela ditadura em oposição à democracia e, assim, pela ditadura de um punhado de pessoas, isto é, pela ditadura *burguesa*. São dois polos opostos, ambos igualmente muito afastados da verdadeira política socialista. Quando o proletariado toma o poder não pode nunca, segundo o bom conselho de Kautsky, renunciar à transformação socialista, com o pretexto de que "o país não está maduro", e consagrar-se apenas à democracia, sem se trair a si mesmo e sem trair a Internacional e a revolução. Ele tem o dever e a obrigação de tomar imediatamente medidas socialistas da maneira mais enérgica, mais inexorável, mais dura, por conseguinte, exercer a ditadura, mas a ditadura da *classe*, não a de um partido ou de uma *clique*; ditadura da classe, isso significa que ela se exerce no mais amplo espaço público, com a participação sem entraves, a mais ativa possível, das massas populares, numa democracia sem limites. "Como marxistas, nunca fomos idólatras da democracia formal", escreve Trotsky.³¹ Certamente, nunca fomos idólatras da democracia formal. Também nunca fomos idólatras do socialismo nem do marxismo. Deve-se concluir daí que devemos, à maneira de Cunow-Lensch-Parvus, jogar o socialismo e o marxismo no quarto de despejos quando nos atrapalha? Trotsky e Lênin são a negação viva dessa pergunta. Nunca fomos idólatras da democracia formal só pode significar que sempre fizemos distinção entre o núcleo social e a forma política da democracia *burguesa*; que sempre desvendamos o áspero núcleo da desigualdade e da servidão sociais escondido sob o doce invólucro da igualdade e da liberdade formais – não para rejeitá--las, mas para incitar a classe trabalhadora a não se contentar com o invólucro, incitá-la a conquistar o poder político para preenchê-lo com um conteúdo social novo. A tarefa histórica do proletariado, quando toma o poder, consiste em instaurar a democracia socialista no lugar da democracia burguesa, e não em suprimir toda democracia. A democracia socialista não começa somente na Terra prometida, quando tiver sido criada a infraestrutura da economia socialista, como um presente de Natal, já pronto, para o bom povo que, entretanto, apoiou fielmente o punhado de ditadores socialistas. A democracia socialista começa com a destruição da dominação de classe e a construção do socialismo. Ela começa no momento da conquista do poder pelo partido socialista. Ela nada mais é que a ditadura do proletariado.

Perfeitamente: ditadura! Mas essa ditadura consiste na maneira de *aplicar* a democracia, não na sua supressão; ela se manifesta nas intervenções enérgicas e resolutas pondo em causa os direitos adquiridos e as relações econômicas da sociedade burguesa, sem o que a transformação socialista não pode ser realizada. Mas tal ditadura precisa ser obra da *classe*, não de uma pequena minoria que dirige em nome da classe; quer dizer, ela deve, a cada passo, resultar da participação ativa das massas, ser imediatamente influenciada por elas, ser submetida ao controle público no seu conjunto, emanar da formação política crescente das massas populares.

---

31 Trotsky, op. cit.

Os bolcheviques procederiam também dessa maneira se não sofressem a terrível pressão da guerra mundial, da ocupação alemã e de todas as dificuldades anormais daí decorrentes, dificuldades que obrigatoriamente desfiguram qualquer política socialista, mesmo impregnada das melhores intenções e dos mais belos princípios.

Um argumento brutal nesse sentido consiste na utilização abundante do terror pelo governo dos conselhos, sobretudo no último período, antes do colapso do imperialismo alemão, desde o atentado contra o embaixador da Alemanha. A verdade banal de que as revoluções não são batizadas com água de rosas é em si mesma bem pobre.

Pode-se compreender tudo o que se passa na Rússia como uma cadeia inevitável de causas e efeitos, cujos pontos de partida e de chegada consistem na omissão do proletariado alemão e na ocupação da Rússia pelo imperialismo alemão. Seria exigir de Lênin e seus companheiros algo sobre-humano pedir-lhes que nessas circunstâncias ainda criassem, por um passe de mágica, a mais bela democracia, a mais exemplar ditadura do proletariado e uma economia socialista florescente. Com sua atitude decididamente revolucionária, sua energia exemplar e sua inabalável fidelidade ao socialismo internacional, eles na verdade realizaram o que era possível em condições tão diabolicamente difíceis. O perigo começa quando querem fazer da necessidade virtude, fixar em todos os pontos da teoria uma tática que lhes foi imposta por essas condições fatais e recomendar ao {proletariado} internacional imitá-la como modelo da tática socialista. Assim, põem-se de maneira desnecessária como exemplo e escondem seu mérito histórico, que é real e incontestável, sob os passos em falso impostos pela necessidade; ao querer fazer entrar no seu arsenal, como novas descobertas, todos os equívocos introduzidos na Rússia por necessidade e coerção, e que, no final das contas, eram apenas irradiações da falência do socialismo internacional nesta guerra mundial, prestam um mau serviço ao socialismo internacional, por amor do qual lutaram e sofreram.

Os socialistas governamentais alemães sempre podem gritar que a dominação dos bolcheviques na Rússia é uma caricatura da ditadura do proletariado. Quer tenha sido, ou seja, o caso, isso só aconteceu porque foi o produto da atitude do proletariado alemão, ela mesma uma caricatura da luta de classes socialista. Todos nós vivemos sob a lei da história, e a política socialista só pode ser executada internacionalmente. Os bolcheviques mostraram que podem fazer tudo que um partido verdadeiramente revolucionário é capaz de realizar nos limites das possibilidades históricas. Eles não devem querer fazer milagres. Pois uma revolução proletária exemplar e perfeita num país isolado, esgotado pela guerra mundial, estrangulado pelo imperialismo, traído pelo proletariado internacional, seria um milagre. O que importa é distinguir, na política dos bolcheviques, o essencial do acessório, a substância da contingência. Neste último período, em que lutas finais decisivas são iminentes no mundo inteiro, o problema mais importante do socialismo, a questão candente da atualidade, era e é não esta ou aquela questão de detalhe da tática, e sim a capacidade de ação do proletariado, a energia revolucionária das massas, a vontade do socialismo de chegar ao poder. Portanto, Lênin, Trotsky e seus amigos foram os *primeiros* a dar o exemplo ao proletariado mundial, e até agora continuam sendo os *únicos* que, como Hutten, podem exclamar: eu ousei!

Isso é o essencial e *permanente* na política dos bolcheviques. *Nesse* sentido, o que permanece como seu mérito histórico imperecível é que, conquistando o poder político e colocando o problema prático da realização do socialismo, abriram caminho ao proletariado internacional e fizeram progredir consideravelmente, no mundo inteiro, o conflito entre capital e trabalho. Na Rússia o problema só podia ser colocado. Ele não podia ser resolvido na Rússia, ele só pode ser resolvido internacionalmente. E, *nesse sentido*, o futuro pertence por toda parte ao "bolchevismo".

A tragédia russa[1]

Desde a paz de Brest-Litovsk[2] a Revolução Russa ficou numa situação muito ambígua. A política que guiou os bolcheviques é evidente: paz a qualquer preço para dar tempo de respirar, estabelecer e reforçar entrementes a ditadura proletária na Rússia, realizar o maior número possível de reformas no sentido do socialismo e esperar, assim, a irrupção da revolução proletária internacional, acelerando-a

---

1 Título original: *Die russische Tragödie*. Artigo não assinado e publicado em *Spartakus im Kriege, Die illegalen Flugblätter des Spartakusbundes im Kriege, gesammelt und eingeleitet von Ernst Meyer* [Spartakus na guerra. Os panfletos ilegais da Liga Spartakus na guerra, reunidos e apresentados por Ernst Meyer], em que Rosa Luxemburgo é indicada como autora. A redação das Cartas de Spartakus [*Spartakusbriefe*] publicou o artigo com a seguinte nota: "Este artigo exprime temores que também são muito difundidos em nossos círculos – temores que nascem da *situação objetiva* dos bolcheviques e não de sua atitude *subjetiva*. Publicamos o artigo sobretudo por sua conclusão: sem Revolução Alemã não há salvação para a Revolução Russa, não há esperança para o socialismo nesta guerra mundial. Existe apenas *uma* solução: o levantamento em massa do proletariado alemão". Publicado originalmente em *Spartakus*, n.11, set. 1918. In: *Spartakusbriefe*, p.453-60.
2 Em 3 de março de 1918 foi assinado um tratado de paz entre a Rússia, de um lado, e a Alemanha, Áustria-Hungria, Turquia e Bulgária, do outro. O tratado, que a Rússia foi obrigada a aceitar, extremamente oneroso para ela do ponto de vista das perdas territoriais, foi anulado depois da revolução de novembro na Alemanha.

ao mesmo tempo pelo exemplo russo. Dado o absoluto cansaço da guerra por parte das massas populares russas e, simultaneamente, a desorganização militar deixada pelo tsarismo, a continuação da guerra parecia levar ao aniquilamento inútil da Rússia; logo, não havia outra saída possível a não ser a rápida conclusão da paz. Era esse o cálculo de Lênin e seus companheiros.

Ele era ditado por duas ideias puramente revolucionárias: a fé inquebrantável na revolução europeia do proletariado como única saída e consequência inevitável da guerra mundial, e a decisão, igualmente inquebrantável, de defender até o fim o poder conquistado na Rússia, utilizando-o para a mais enérgica e radical transformação.

Mas, em sua maior parte, esse era um cálculo sem a anuência do proprietário, a bem dizer, sem o militarismo alemão, ao qual a Rússia, pela paz em separado, tinha se entregado incondicionalmente. Na realidade, a paz de Brest nada mais era que a capitulação do proletariado revolucionário russo diante do imperialismo alemão. Certamente, Lênin e seus amigos não se enganaram sobre os fatos nem enganaram os outros. Eles admitiram com franqueza a capitulação. No entanto, infelizmente enganaram-se quanto à esperança de, ao preço dessa capitulação, poder de verdade ganhar tempo para respirar, de, mediante uma paz em separado, poder salvar-se realmente das chamas infernais da guerra mundial. Eles não levaram em consideração o fato de que a capitulação da Rússia em Brest-Litovsk provocaria um enorme reforço da política imperialista pangermânica, o que significaria justamente o enfraquecimento das chances de um levantamento revolucionário na Alemanha; não o fim da guerra com a Alemanha, mas somente o começo de um novo capítulo dessa guerra.

De fato, a "paz" de Brest-Litovsk é uma quimera. Nem por um instante ela reinou entre a Rússia e a Alemanha. De Brest-Litovsk até hoje a guerra continuou, uma guerra particular, unilateral: avanço alemão sistemático e, passo a passo, recuo silencioso dos bolcheviques. A ocupação da Ucrânia, da Finlândia, da Livônia, da Estônia, da Crimeia, do Cáucaso, de regiões cada vez maiores ao Sul da Rússia – eis o resultado do "estado de paz" desde Brest-Litovsk.

E isso significava, em primeiro lugar, estrangulamento da revolução e vitória da contrarrevolução em todos os bastiões revolucionários da Rússia. Pois a Finlândia, os países bálticos, a Ucrânia, o Cáucaso, os territórios do Mar Negro – tudo isso é a *Rússia*, ou seja, o terreno da *Revolução Russa*, contra o que gosta de tagarelar a fraseologia vazia e pequeno-burguesa sobre o "direito das nações à autodeterminação".

Em segundo lugar, isso significa também que a parte grã-russa do terreno revolucionário fica isolada das regiões de trigo, carvão, petróleo, ou seja, das mais importantes fontes de vida econômicas da revolução.

Em terceiro lugar, todos os elementos contrarrevolucionários no interior da Rússia são encorajados e fortalecidos para resistirem contra os bolcheviques e suas medidas.

Em quarto lugar, a Alemanha passa a ter papel de árbitro nas relações políticas e econômicas da Rússia com as próprias províncias – Finlândia, Polônia, Lituânia, Ucrânia, Cáucaso – e com sua vizinha: a Romênia.

A consequência geral dessa ingerência ilimitada da Alemanha em relação à Rússia foi, naturalmente, um extraordinário fortalecimento da posição do imperialismo alemão, tanto no interior quanto no exterior, o que atiçou de maneira evidente a resistência e a vontade belicosa dos países da Entente até a incandescência, ou seja, prolongou e endureceu a guerra mundial. E mais: a falta de resistência da Rússia, revelada pela progressiva ocupação alemã, devia naturalmente seduzir também a Entente e o Japão para uma contraofensiva em território russo, a fim de impedir a enorme preponderância da Alemanha e, ao mesmo tempo, satisfazer os apetites imperialistas à custa do colosso indefeso. Agora, o Norte e o Leste da Rússia europeia, assim como toda a Sibéria, estão isolados e os bolcheviques apartados das últimas fontes de vida.

Dessa maneira a Revolução Russa, como resultado final da paz de Brest, é cercada, esfomeada, estrangulada por todos os lados.

E mesmo no interior, mesmo no terreno que a Alemanha ainda deixou aos bolcheviques, o poder e a política revolucionários deviam seguir caminhos ambíguos. Os atentados contra Mirbach e Eichhorn[3] são uma resposta compreensível ao regime de terror instaurado pelo imperialismo alemão na Rússia. É certo que a social-democracia sempre rejeitou o terror como ato individual, mas somente porque lhe opunha um meio mais eficaz, a luta de massas, e não porque preferisse suportar de forma passiva o despotismo reacionário. Pretender que os socialistas revolucionários de esquerda tenham realizado esses atentados instigados ou a mando da Entente é naturalmente apenas uma das falsificações oficiosas do WTB [Wolffs Telegraphisches Büro, agência de notícias Wolff]. Ou esses atentados deveriam ser o sinal para uma insurreição em massa contra o domínio alemão, ou eram apenas atos de vingança impulsivos, motivados pelo desespero ou pelo ódio do sanguinário domínio alemão. Independentemente da intenção, eles trouxeram consigo uma severa ameaça à causa da revolução na Rússia, a saber, a cisão no interior do agrupamento socialista dominante até agora. Eles introduziram uma brecha entre os bolcheviques e os socialistas revolucionários de esquerda, criaram um abismo e uma inimizade mortal entre as duas alas do exército revolucionário.

Certamente também as diferenças sociais, o conflito entre os camponeses proprietários e o proletariado rural, entre outros, teriam mais cedo ou mais tarde provocado a ruptura entre os bolcheviques e os socialistas revolucionários de esquerda. Até o atentado contra Mirbach parecia que as coisas não tinham ainda chegado tão longe. Em todo caso, o fato é que os socialistas revolucionários de esquerda apoiavam os bolcheviques. A Revolução de Outubro,[4] que levou os bolcheviques ao poder, a dissolução da Constituinte, as reformas que os bolcheviques fizeram até agora teriam sido praticamente impossíveis sem a colaboração dos socialistas revolucionários de esquerda. Brest-Litovsk e suas consequências introduziram a primeira brecha entre as duas alas. O imperialismo alemão aparece agora como o árbi-

---

3   Em 6 de julho de 1918, o embaixador da Alemanha, o conde Mirbach-Harff, foi assassinado em Moscou por um socialista revolucionário de esquerda. Em 30 de julho de 1918 passou-se o mesmo com o marechal von Eichhorn, comandante em chefe das tropas da Ucrânia.
4   No original: Revolução de Novembro.

tro das relações dos bolcheviques com seus aliados de ontem na revolução, assim como arbitra suas relações com as províncias em torno da Rússia e com os Estados vizinhos. Tudo isso evidentemente aumenta as enormes resistências contra o poder e o trabalho de reformas dos bolcheviques, fazendo diminuir de modo considerável a base em que aquele se assenta. Talvez o conflito interno e a cisão entre os elementos heterogêneos da revolução fossem em si inevitáveis, como o são no momento da radicalização progressiva de qualquer revolução em marcha. Mas *agora* o conflito ocorreu de fato devido ao domínio do sabre alemão sobre a Revolução Russa. O imperialismo alemão é a estaca revirando-se na carne da Revolução Russa.

Mas com isso não acabaram os perigos! O círculo de ferro da guerra mundial, que parecia ter-se rompido a Leste, novamente se fecha por completo em torno da Rússia e do mundo: a Entente se aproxima do Norte e do Leste com os tchecoslovacos[5] e os japoneses – consequência natural e inevitável do avanço da Alemanha a Oeste e ao Sul. As chamas da guerra mundial serpenteiam pelo solo russo e em breve sepultarão a Revolução Russa. No final das contas, revelou-se impossível para a Rússia escapar sozinha à guerra mundial – mesmo ao preço dos maiores sacrifícios.

E agora, na estação final de seu caminho espinhoso, o pior ameaça os bolcheviques: como um espectro sinistro, vemos aproximar-se uma aliança entre eles e a Alemanha! Esse seria, sem dúvida, o último elo da corrente fatal que a guerra mundial colocou na garganta da Revolução Russa: primeiro o recuo, depois a capitulação e, por fim, uma aliança com o imperialismo alemão. Assim, a guerra mundial à qual ela queria escapar a todo custo não faria senão lançar a Revolução Russa no polo oposto – do campo da Entente sob o tsar, para o campo da Alemanha sob os bolcheviques.

---

5 Depois da Revolução de Outubro, o governo soviético autorizou o corpo de exército tchecoslovaco, formado por antigos prisioneiros, a voltar ao seu país passando por Vladivostok. Esses militares se amotinaram contra o governo soviético e foram derrotados pelo Exército Vermelho no final de 1919.

É um feito glorioso que o primeiro gesto do proletariado revolucionário russo, depois que a revolução eclodiu, tenha sido a recusa de continuar seguindo na sombra do imperialismo franco-inglês. Mas, diante da situação internacional, servir ao exército do imperialismo alemão é ainda muito pior.

Trotsky teria declarado que se a Rússia pudesse escolher entre a ocupação japonesa e a ocupação alemã, escolheria a última porque a Alemanha está muito mais madura para a revolução que o Japão. É evidente quanto essa especulação é despropositada. Não se trata só do Japão como adversário da Alemanha, mas também da Inglaterra e da França, e ninguém pode hoje dizer que as condições internas são aí mais ou menos favoráveis à revolução proletária que na Alemanha. Mas, além disso, o raciocínio de Trotsky é falso na medida em que cada reforço e cada vitória do militarismo alemão enterram justamente as perspectivas e as possibilidades de uma revolução na Alemanha.

Contudo, além dessas ideias pretensamente realistas, existem outras bem diferentes que devemos levar em consideração. Para o socialismo internacional, uma aliança dos bolcheviques com o imperialismo alemão seria o mais terrível golpe moral que lhe poderia ser dado. A Rússia era o único, era o último reduto em que o socialismo revolucionário, a pureza dos princípios, os bens ideais ainda tinham curso; era para onde se dirigiam os olhares de todos os elementos sinceramente socialistas na Alemanha e na Europa inteira, a fim de se curar do nojo provocado pela prática do movimento operário europeu ocidental, de se armar de coragem para esperar com paciência, de acreditar nas obras ideais, nas palavras sagradas. Com o grotesco "acasalamento" entre Lênin e Hindenburg se apagaria no Leste a fonte de luz moral. É evidente que os detentores do poder alemães põem a pistola no peito do governo soviético e aproveitam-se de sua situação desesperada para forçá-los a essa aliança monstruosa. Mas esperamos que Lênin e seus amigos não cedam por nenhum preço, que gritem diante dessa impertinência: até aqui e nada mais!

Uma revolução socialista assentada em baionetas alemãs, uma ditadura proletária sob o guarda-chuva administrativo do imperialismo alemão – essa seria a coisa mais monstruosa que ainda poderíamos vivenciar. E, além disso, seria *pura utopia*. Para não dizer que o prestígio moral dos bolcheviques seria aniquilado em seu próprio país, que perderiam toda liberdade de movimento e toda independência mesmo na política interna e que, em pouco tempo, sumiriam completamente do palco. Mesmo uma criança vê, já faz tempo, que a Alemanha apenas hesita e está à espreita da ocasião para, com a ajuda de Miliukov, de alguns paramilitares ucranianos e russos [*Hetmans*] e de sabe Deus quais cavalheiros duvidosos e marionetes, pôr fim à glória bolchevique, estrangular o próprio Lênin e seus companheiros, depois que eles, como os ucranianos, os Lubinski e consortes, representaram o papel de cavalo de Troia.

Só *então* todos os sacrifícios feitos até agora e o grande sacrifício da paz de Brest teriam sido em vão, pois, no final das contas, teriam sido comprados ao preço da bancarrota moral. Qualquer declínio político dos bolcheviques num combate leal contra forças superiores e contra o desfavor da situação histórica seria preferível a esse declínio moral.

Os bolcheviques certamente cometeram muitos erros em sua política e talvez ainda estejam cometendo – que se mencione uma revolução em que nenhum erro tenha sido cometido! A ideia de uma política revolucionária sem erros, sobretudo nessa situação totalmente inaudita, é tão absurda que não seria digna senão de um professor alemão. Se, numa situação excepcional, um simples voto no Reichstag, os assim chamados dirigentes do socialismo alemão perdem a chamada cabeça, e ali onde o simples abc do socialismo lhes indica claramente o caminho, o coração lhes cai aos pés e eles esquecem inteiramente o socialismo como uma lição mal aprendida – como é que se quer que um partido, numa situação histórica de fato espinhosa e inédita, na qual deseja mostrar ao mundo caminhos totalmente novos, não cometa nenhum erro?

Contudo, a situação fatal em que os bolcheviques hoje se encontram, assim como a maior parte de seus erros são uma consequência do caráter fundamentalmente insolúvel do problema diante do qual foram colocados pelo proletariado internacional e, em primeiro lugar, pelo proletariado alemão. Instaurar a ditadura proletária e a transformação socialista num só país, cercado pelo rígido domínio da reação imperialista e fulminado pela mais sangrenta guerra mundial da história humana, é a quadratura do círculo. *Todo* partido socialista devia fracassar e perecer diante dessa tarefa – quer tivesse como estrela-guia da sua política a vontade de vencer e a fé no socialismo internacional, quer a renúncia a si mesmo.

Gostaríamos de ver esses bananas chorões, os Axelrod, os Dan, os Grigoriants e outros que tais que agora, com espuma nos lábios, gritam por socorro e que no exterior vivem se queixando e encontram – vejam só! – almas que compartilham esses sentimentos, almas de heróis como Ströbel, Bernstein e Kautsky; gostaríamos de ver esses alemães no lugar dos bolcheviques! Toda a sua arrogância se esgotaria evidentemente numa aliança com os Miliukov no interior e com a Entente no exterior; além disso, no interior, eles desistiriam de qualquer reforma socialista ou até mesmo de iniciá-la, devido a essa conhecida sabedoria de eunuco, segundo a qual a Rússia é um país agrário onde o capitalismo ainda não está no ponto.

Esta é precisamente a falsa lógica da situação objetiva: *todo* partido socialista que hoje chega ao poder na Rússia *deve* seguir uma falsa tática enquanto for abandonado pelo grosso do exército proletário internacional, do qual faz parte.

A culpa pelos erros dos bolcheviques é, em última instância, do proletariado internacional e, sobretudo, da baixeza persistente e sem igual da social-democracia alemã, partido que pretendia em tempos de paz marchar à cabeça do proletariado mundial, que se arrogava o direito de ensinar e de liderar o mundo inteiro, que no próprio país contava pelo menos com dez milhões de adeptos dos dois sexos e que, de quatro anos para cá, tal como os mercenários da Idade Média, crucifica o socialismo 24 vezes por dia, sob as ordens das classes dominantes.

As notícias que hoje chegam da Rússia e a situação dos bolcheviques são um apelo comovente às últimas centelhas do sentimento de honra nas massas de trabalhadores e soldados alemães. Com sangue frio, deixaram que a Revolução Russa fosse feita em pedaços, cercada, esfomeada. Que pelo menos possam, à última hora, salvá-la do mais terrível: do suicídio moral, da aliança com o imperialismo alemão.

Só há uma solução para a tragédia em que a Rússia está enredada: a insurreição na retaguarda do imperialismo alemão, o levante das massas alemãs como sinal para o fim revolucionário internacional do genocídio. A salvação da honra da Revolução Russa é, nesta hora fatídica, idêntica à salvação da honra do proletariado alemão e do socialismo internacional.

Os pequenos Lafayette[1]

O velho e conhecido jogo da história repete-se na Alemanha segundo as regras. Quando o solo da antiga dominação de classe começa a oscilar e tremer, aparece na última hora um "ministério das Reformas". Em 1789, quando o ribombar do trovão da grande Revolução Francesa começava a ser perceptível, Luís XVI, com o coração pesado, decidiu chamar Necker para o ministério. Às vésperas da Revolução de Julho de 1830, a Restauração dos Bourbon tentou, por um instante, pôr de pé o ministério Martignac, que devia fazer concessões à oposição. E, em 1848, quando os parisienses já erguiam as primeiras barricadas, veio à tona o ministério de um dia, o de Thiers e Odilon Barrot.

O sentido e o objetivo históricos desses "ministérios das reformas" de última hora, no momento em que o temporal se levanta, são sempre os mesmos: a "renovação" do velho Estado de classe "por meio pacífi-

---

1 Título original: *Die kleinen Lafayette*. Artigo não assinado. In: *Illustrierte Geschichte der Deutschen Revolution* [História ilustrada da Revolução Alemã], Berlin, 1929, p.172-73. Rosa Luxemburgo é considerada sua autora. Publicado originalmente em *Spartakus*, n.12, out. 1918. In: *Spartakusbriefe*, Berlin, 1958, p.463-67.

co", isto é, mudar aspectos externos e ninharias, a fim de salvar o cerne e a essência da antiga dominação de classe, evitando uma renovação da sociedade, radical e verdadeira, pelo levante de massas.

O destino histórico desses ministérios de última hora também é sempre o mesmo: eles carregam a maldição da impotência, em virtude de suas meias medidas e de suas contradições internas. Instintivamente, o povo sente que são um estratagema das velhas autoridades para se manterem no poder. As velhas autoridades desconfiam deles, vendo-os como servidores pouco confiáveis de seus interesses. As forças propulsoras da história que impuseram o ministério das reformas apressam-se a superá-lo. Ele não salva nada e não impede nada, só apressa e desencadeia a revolução que devia evitar.

Esse é também o sentido e o destino futuro do ministério das reformas do príncipe Max-Gröber-Scheidemann-Payer.[2]

A única novidade nesse jogo histórico é esta: até agora prestavam-se a esse papel de para-raios de última hora apenas os liberais mais insípidos e alquebrados, um Necker, um Martignac, um Odilon Barrot. Nunca um radical decidido, um líder da oposição burguesa, um republicano se dispôs a esse papel sórdido. Agora, pela primeira vez na história, um partido que se diz social-democrata, diante da catástrofe que claramente se aproxima, se presta a representar o papel de salvador da atual dominação de classe em perigo, a tirar o vento das velas da tempestade popular que se anuncia mediante reformas e uma renovação de fachada, se presta a refrear as massas.

Eis o que essa moça política que presta favores a todo mundo, o *Vorwärts*, brada aos trabalhadores alemães:

> O objetivo de uma democracia alemã será atingido em pouco tempo *pela via das mudanças pacíficas*. Então se colocará para nós a grande

---

2 Em 3 de outubro de 1918, o príncipe Max von Baden foi nomeado chanceler com a incumbência de formar um regime parlamentar que mantivesse a monarquia e negociasse com a Entente. Desse governo faziam parte, entre outros, Adolf Gröber, líder da bancada parlamentar do *Zentrum* católico, Friedrich von Payer, vice-chanceler e líder do Partido Progressista (liberal), e Philipp Scheidemann, líder social-democrata.

questão da nova ordem econômica e *o socialismo começará sua marcha para diante*. Agora o que importa é que, daquilo que nos resta, *nada seja inutilmente destruído e aniquilado*. Nós não devemos deixar-nos guiar por sentimentos, mas apenas pela clara compreensão das necessidades do nosso povo, que passou por tantas provações. [...] Ele *precisa que se evite* tudo que *só acrescente nova infelicidade à infelicidade antiga*.

Portanto, a coisa está clara. A democracia foi alcançada, e "por meio pacífico". Um herdeiro do trono bávaro como chanceler, Scheidemann e Bauer em cadeiras ministeriais – eis a "democracia". E então começa o "socialismo". Gröber à direita, Payer à esquerda, Scheidemann no meio, um nacional-liberal atrás e o príncipe Max à frente – assim "o socialismo começará sua marcha para diante". No Manifesto Comunista, Marx e Engels pensavam, em sua ingenuidade, que a libertação da classe trabalhadora devia ser obra da classe trabalhadora. Esses tolos! Na Alemanha, a libertação da classe trabalhadora será obra dos nacional-liberais, do *Zentrum*, dos liberais e de seus moços de recados, os socialistas governamentais!

E o objetivo dessa fornicação política é "Ordem! Calma!". Apenas não atentem contra a propriedade privada nem contra a dominação do capital! Massas trabalhadoras que passam fome e frio, que trovejam e protestam, não se mexam, não "aniquilem" nada, não "destruam" nada, não acrescentem "nova infelicidade" à "infelicidade antiga". Pois o colapso da ditadura de Hindenburg e do imperialismo alemão é a "infelicidade antiga" e uma revolução proletária na Alemanha é uma "nova infelicidade". Não é de espantar que o jornal de Mosse [moderado] diga a respeito desse apelo do *Vorwärts*: "Essas diretrizes cautelosas serão resolutamente aprovadas pelos mais amplos círculos da burguesia liberal". E como!

O programa do socialismo governamental é formulado de maneira clara e distinta, com todo o cinismo dos que têm uma longa experiência de prostituição política.

E aí está a diferença fundamental entre o socialismo ministerial alemão de hoje e o socialismo ministerial francês e belga. Quando

Guesde, Sembat e Vandervelde entraram no ministério burguês não era a revolução proletária que estava começando em seus países, mas a invasão alemã.[3] Foi essa primeira e violenta maré viva do imperialismo desenfreado que os arrancou de seu ponto de vista de classe e os empurrou a colaborar com a burguesia, a fim de garantir a "defesa nacional".

Os socialistas governamentais alemães inauguraram sua colaboração ministerial com a burguesia não no começo, mas no fim da guerra, depois que o experimento ministerial na França e na Bélgica se desgastou, esfarrapou, corrompeu completamente, depois que a embriaguês das massas proletárias se dissipou e que elas voltaram à luta de classes, depois que a Revolução Russa abalou as estruturas da sociedade burguesa no mundo inteiro, depois que o imperialismo foi desmascarado militar, política e moralmente, depois que a existência do Estado de classes na Áustria entrou numa crise sem saída, depois que no exército alemão a disciplina se dissolveu e o revolucionamento da massa dos soldados está em curso, depois que na Alemanha, na Áustria e na Bulgária as massas populares estão em plena fermentação. Em resumo, depois que uma guerra de quatro anos, por sua dialética, tornou inevitável a revolução internacional do proletariado! Enquanto os Guesde e Vandervelde desertam do ponto de vista de classe no primeiro instante da guerra, diante do avanço dos batalhões alemães, os Scheidemann e Bauer entram no governo da burguesia no fim da guerra, diante do avanço ameaçador dos batalhões revolucionários do proletariado socialista. Os Guesde e Vandervelde serviam ao espantalho da "defesa nacional", os Scheidemann e Bauer servem, com profunda seriedade, à "defesa capitalista".

Por isso é simbólico que eles ocupem suas cadeiras ministeriais ao lado de um príncipe herdeiro do trono, que inaugurem sua "democracia" com uma homenagem demonstrativa e solene à *monarquia*.

---

3   Jules Guesde e Marcel Sembat, líderes do Partido Socialista francês, e Émile Vandervelde, membro do partido dos trabalhadores belga, fizeram parte dos respectivos governos no começo da guerra.

Em 5 de outubro de 1789, quando eclodiu em Paris a revolução de massas e o cortejo das mulheres parisienses se dirigia para Versalhes ao som do tambor e aos gritos de "Pão! Pão!", enquanto pálida de medo a família real com seus cortesãos se escondia no palácio, Lafayette, esse fantoche revolucionário de dois continentes,[4] representou sua célebre cena do balcão. Ele persuadiu Maria Antonieta, que tremia, a ir com ele ao balcão e ali, diante da multidão agitada, beijou solenemente a mão da rainha. Essa tocante homenagem à monarquia desorientou por um instante a multidão que até chegou a aplaudir. Mas a farsa não impediu que o drama continuasse seu curso, que Maria Antonieta logo seguisse seu esposo à guilhotina, e que o próprio Lafayette tivesse que se salvar da cólera da revolução fugindo para o exterior. Os Scheidemann e Bauer, que começam agora beijando a mão da monarquia alemã, ainda acabarão por balear os trabalhadores alemães em greve ou em manifestações. Ao entrar atualmente no governo para salvar o capitalismo, o socialismo governamental fica no caminho da futura revolução proletária. A revolução proletária passará por cima de seu cadáver. Seu primeiro grito, sua primeira etapa deve ser *Alemanha – República*.

---

4   O marquês de Lafayette foi comandante da guarda nacional durante a Revolução Francesa e general na Guerra da Independência norte-americana. Em 1792, quando os republicanos tomaram o poder, passou para o lado do inimigo.

O começo[1]

A revolução começou. Não há júbilo pelo que se alcançou, não há triunfo diante do inimigo derrotado, mas exerce-se a mais rigorosa autocrítica e poupam-se severamente as energias para continuar a obra começada. Pois o que se conseguiu é pouco e o inimigo *não* foi derrotado.

O que se conseguiu? A monarquia foi varrida, o mais alto poder governamental passou às mãos dos representantes dos trabalhadores e soldados. Mas a monarquia nunca foi o verdadeiro inimigo, ela era apenas a fachada, o rótulo do imperialismo. Não foi o Hohenzollern que atiçou a guerra mundial, que pôs fogo aos quatro cantos do mundo e que levou a Alemanha à beira do abismo. A monarquia, como todos os governos burgueses, era a gerente das classes dominantes. A burguesia imperialista, a dominação de classe capitalista – esta é a criminosa que deve ser responsabilizada pelo genocídio.

---

1 Título original: *Der Anfang*. Publicado originalmente em *Die Rote Fahne*, Berlin, n.3, 18 nov. 1918.

A abolição do domínio do capital, a realização da ordem social socialista – isto, e nada menos, é o tema histórico da presente revolução. É uma obra poderosa que não pode ser realizada pelo alto, com alguns decretos, num abrir e fechar de olhos, que só pode nascer pela própria ação consciente das massas trabalhadoras da cidade e do campo, que só pode ser levada a porto seguro através de todas as tempestades pela mais alta maturidade intelectual e pelo idealismo inesgotável das massas populares.

Do objetivo da revolução decorre claramente o seu caminho, da tarefa decorre o método. *Todo o poder nas mãos das massas trabalhadoras, nas mãos dos conselhos de trabalhadores e soldados é o que assegura a obra revolucionária diante de seus inimigos à espreita*: esta é a diretriz para todas as medidas do governo revolucionário.

Cada passo, cada ação do governo deveria, feito uma bússola, indicar esta direção:

- construção e reeleição dos conselhos locais de trabalhadores e soldados, a fim de substituir o primeiro gesto caótico e impulsivo de seu nascimento por um processo consciente de autocompreensão dos objetivos, tarefas e caminhos da revolução;
- assembleia permanente dessa representação das massas e transferência do verdadeiro poder político, do pequeno Comitê Executivo [*Vollzugsrat*], para a base ampla dos conselhos de trabalhadores e soldados;
- convocação urgente do parlamento dos trabalhadores e soldados do Reich, a fim de constituir o proletariado de toda a Alemanha como classe, como poder político compacto, e colocá-lo como baluarte e força ofensiva por trás da obra da revolução;
- organização imediata, não dos "camponeses", mas dos proletários agrícolas e pequenos camponeses que, como camada, ficaram até agora fora da revolução;
- formação de uma guarda vermelha proletária para a proteção permanente da revolução e criação da *milícia de trabalhadores*, visando a constituir, com o conjunto do proletariado, uma guarda sempre à disposição;

- eliminação dos órgãos do Estado policial absolutista-militar encarregados da administração, da justiça e do exército;
- confisco imediato dos bens e propriedades dinásticos, assim como das grandes propriedades fundiárias, como primeira medida preliminar para garantir o abastecimento do povo, uma vez que a fome é a mais perigosa aliada da contrarrevolução;
- convocação imediata do Congresso mundial dos trabalhadores para a Alemanha, a fim de salientar viva e claramente o caráter socialista e internacional da revolução, pois o futuro da Revolução Alemã está ancorado unicamente na Internacional, na revolução mundial do proletariado.

Só enumeramos os primeiros passos mais necessários. E o que faz o atual governo revolucionário?

- ele deixa o Estado, como mecanismo administrativo, continuar calmamente, de cima a baixo, nas mãos dos que ontem apoiavam o absolutismo dos Hohenzollern e nas mãos dos que amanhã serão instrumentos da contrarrevolução;
- convoca a Assembleia Nacional Constituinte, criando assim um contrapeso burguês à representação dos trabalhadores e soldados, põe a revolução nos trilhos de uma revolução burguesa, escamoteia os objetivos socialistas da revolução;
- não faz nada para destruir o poder da dominação de classe capitalista que continua a existir;
- faz tudo para acalmar a burguesia, para proclamar que a propriedade é sagrada, para garantir a inviolabilidade das relações capitalistas;
- deixa que a contrarrevolução, que começa pouco a pouco a agitar-se, se arme calmamente, sem apelar às massas, sem advertir de maneira clara o povo.

Calma! Ordem! Ordem! Calma! É o que ressoa de todos os lados, em todas as manifestações do governo, é o que ecoa exultante todo o campo burguês. O clamor contra o fantasma da "anarquia", a conhecida música infernal do burguês preocupado com o cofre-forte, a propriedade, os lucros, é a nota mais alta do dia, e o governo revolucionário dos trabalhadores e soldados suporta tranquilamente essa marcha geral de assalto ao socialismo, sim, participa dela com palavras e ações.

O resultado da primeira semana de revolução significa que no essencial nada mudou no Estado dos Hohenzollern, que o governo dos trabalhadores e soldados atua como substituto do governo imperialista que foi à bancarrota. Tudo o que ele faz é em função do medo que tem das massas trabalhadoras. Antes que a revolução adquira força, entusiasmo, ímpeto, sua única força vital – seu caráter socialista e proletário – é escamoteada.

Tudo está em ordem. O Estado reacionário do mundo civilizado não se transforma em 24 horas num Estado popular revolucionário. Soldados, que ontem, como gendarmes da reação, matavam proletários revolucionários na Finlândia, na Rússia, na Ucrânia, nos países bálticos, e trabalhadores, que deixavam tranquilamente que isso acontecesse, não se transformaram em 24 horas em portadores conscientes dos fins do socialismo.

A imagem da Revolução Alemã corresponde à maturidade interna da situação alemã. Scheidemann-Ebert são o governo dessa revolução adequado ao seu atual estágio. E os Independentes,[2] que acreditam poder fazer socialismo juntamente com Scheidemann-Ebert, aqueles que no *Freiheit* [jornal do USPD] atestam solenemente estar construindo com eles um "puro governo socialista",[3] qualificam-se assim a si mesmos como os coportadores da firma, adequados a esse primeiro estágio provisório.

Mas as revoluções não ficam quietas. Sua lei vital é avançar rapidamente, é irem além de si mesmas. O primeiro estágio, com suas contradições internas, já as impulsiona para diante. No início essa situação é compreensível, mas insustentável como condição duradoura. Para que a contrarrevolução não prevaleça em toda a linha, as massas devem estar vigilantes.

---

2 Referência ao USPD.
3 Ver An die Partei! In: *Die Freiheit*, Berlin, n.1, 15 nov. 1918.

Foi o começo. A continuação não está nas mãos dos anões que querem retardar a marcha da revolução, que querem parar a roda da história universal. A ordem do dia da história universal diz hoje: realização do objetivo final socialista. A Revolução Alemã entrou no caminho dessa brilhante constelação. Ela continuará passo a passo, com tempestade e ímpeto [*Sturm und Drang*], com luta e sofrimento, e miséria e vitória até atingir o objetivo.

Ela deve!

O antigo jogo[1]

Liebknecht assassinou 200 oficiais em Spandau.
Liebknecht foi assassinado em Spandau.
Os spartakistas tomaram de assalto o Marstall.[2]
Os spartakistas queriam invadir o *Berliner Tageblatt*[3]
armados de metralhadoras.
Liebknecht saqueia as lojas.
Liebknecht distribui dinheiro aos soldados
para incitá-los à contrarrevolução.

Os spartakistas avançam contra o parlamento. A essa notícia, a bancada do Partido Popular Progressista ali reunida entrou em pânico e a digna assembleia se dispersou, deixando atrás de si, sobre o palco onde horríveis delitos eram aguardados, chapéus, guarda-chuvas e outros objetos preciosos, quase insubstituíveis nos dias de hoje.

1 Título original: *Das alte Spiel*. Publicado originalmente em *Die Rote Fahne*. Berlin, n.3, 18 nov. 1918.
2 Marstall: edifício militar onde ficava acantonada uma unidade de marinheiros revolucionários.
3 *Berliner Tageblatt*: jornal da grande imprensa berlinense.

É assim que há uma semana circulam os boatos mais estúpidos sobre a nossa tendência. Que em algum lugar uma janela se estilhace na rua, que um pneu estoure na esquina com grande estrondo e logo algum idiota, olhando em volta com os cabelos eriçados e a espinha arrepiada, exclama: "Aha! São com certeza os spartakistas!"

Várias pessoas fizeram a Liebknecht um tocante pedido pessoal: que, por favor, excluísse o marido, o sobrinho ou a tia do massacre planejado pelos spartakistas. Eis o que se passou, em verdade vos digo, no primeiro ano, no primeiro mês da gloriosa Revolução Alemã.

Vendo isso, quem não pensa na cena da *Flauta mágica* em que o pequeno malandro Monostatos, apavorado com a sombra de Papageno, tremendo de medo, canta:

> Ich glaub', das ist der Teufel,
> Ja, ja, das ist der Teufel,
> Ach, wär' ich eine Maus,
> Wie wollt' ich mich verstecken,
> Ach, wär' ich eine Schnecken,
> Gleich kröch' ich in mein Haus.[4]

Mas, por trás desses rumores confusos, dessas fantasias ridículas, dessas absurdas histórias de bandidos e dessas mentiras desavergonhadas acontece algo muito sério: há sistema nisso. A campanha é conduzida de maneira planejada. Os rumores são fabricados deliberadamente e lançados em público: essas histórias da carochinha servem para lançar os idiotas num clima de pânico, para confundir a opinião pública, intimidar e desorientar os trabalhadores e soldados, para criar uma atmosfera de *pogrom* e apunhalar politicamente a tendência spartakista, antes que ela tenha a possibilidade de levar sua política e seus objetivos ao conhecimento das grandes massas.

---

4 "Acredito que seja o diabo,/ Sim, sim, é o diabo,/ Ah! se eu fosse um camundongo,/ Como me esconderia,/ Ah! se eu fosse um caracol,/ Logo entraria em minha casa." (N. T.)

O jogo é antigo. Basta lembrar como, há quatro anos, quando a guerra foi deflagrada, os promotores de guerra puseram em circulação, por meio de seus agentes, os boatos mais extravagantes: automóveis de ouro, aviadores franceses, fontes envenenadas, olhos furados – tudo isso para provocar um furor bélico cego e utilizar os trabalhadores como carne de canhão.[5] Hoje se procede da mesma forma, visando a desorientar as massas populares, a semear entre elas o ódio cego para que se deixem utilizar, inconsciente e acriticamente, contra a tendência spartakista.

Nós conhecemos a melodia, conhecemos a letra, inclusive os autores. São os círculos dos social-democratas dependentes,[6] dos Scheidemann, Ebert, Otto Braun, dos Bauer, Legien e Baumeister que envenenam deliberadamente a opinião pública com mentiras desavergonhadas e instigam o povo contra nós porque temem nossa crítica e têm todas as razões para temê-la.

Essa gente, que ainda uma semana antes de a revolução eclodir denunciava como crime, "golpismo", aventura, qualquer ideia de revolução na Alemanha, que declarava que a democracia já estava realizada no país, pois o príncipe Max era chanceler e Scheidemann e Erzberger andavam para lá e para cá de casaca de ministro, essa gente quer hoje persuadir o povo de que a revolução já está feita e que os objetivos principais já foram atingidos. *Eles querem retardar a continuidade da revolução, querem salvar a propriedade capitalista, a exploração capitalista!* Esta é a "ordem" e a "calma" que se quer proteger contra nós.

Aí é que está a dificuldade. E também a razão pela qual esses senhores alimentam contra nós um medo e um ódio mortais. Eles sabem perfeitamente que não saqueamos lojas, embora desejemos abolir a propriedade privada; que não nos lançamos ao assalto do Marstall nem do parlamento, embora desejemos destruir a dominação de classe da burguesia; que não assassinamos ninguém, embora desejemos de modo intransigente fazer avançar a revolução no interesse dos trabalhadores.

---

5   Cf. o começo de "A crise da social-democracia" (ver p.15).
6   Rosa Luxemburgo refere-se aos social-democratas majoritários, opondo-os aos independentes.

Com toda consciência e claras intenções, eles desfiguram nossos objetivos socialistas em aventura *lumpemproletária* para desorientar as massas. Grita-se contra os golpes, os assassinatos e outros absurdos semelhantes, mas é o socialismo que se tem em mente. Procurando apunhalar a tendência spartakista, é o coração da própria revolução proletária que se quer atingir!

Mas o jogo não terá êxito. Não nos farão calar. Camadas pouco lúcidas de trabalhadores e soldados podem ainda momentaneamente deixar-se instigar contra nós. Um retorno momentâneo da vaga contrarrevolucionária pode levar-nos de volta a uma dessas prisões que acabamos de deixar – não se pode parar a marcha férrea da revolução. Faremos nossa voz ressoar alto, as massas nos entenderão, e aí elas se voltarão tanto mais impetuosamente contra esses fabricantes de boatos e provocadores de *pogroms*. E então a tempestade destruirá, não o Marstall, as padarias ou os idiotas medrosos, mas varrerá vocês, vocês que ontem eram cúmplices da reação burguesa e do príncipe Max, vocês, tropas protetoras da exploração capitalista, vocês, patrulhas da contrarrevolução à espreita, vocês, lobos em pele de cordeiro!

Uma questão de honra[1]

Não queríamos "anistia" nem perdão para as vítimas políticas do velho poder reacionário. Exigíamos nosso *direito* à liberdade, à luta e à revolução para aquela centena de militantes corajosos e leais que definhavam nas penitenciárias e nas prisões por terem lutado, sob a ditadura militar do bando criminoso imperialista, pela liberdade do povo, pela paz e pelo socialismo. Agora estão todos em liberdade. Estamos novamente em fila, prontos para o combate. Não foram os Scheidemann e seus cúmplices burgueses, com o príncipe Max à frente, que nos libertaram. Foi a revolução proletária que fez explodir as portas de nossas prisões.

Contudo, outra categoria de habitantes infelizes desses edifícios lúgubres foi completamente esquecida. Ninguém pensou até agora nos milhares de figuras pálidas e macilentas que definham anos a fio atrás dos muros de prisões e penitenciárias expiando crimes comuns.

---

1 Título original: *Ein Ehrenpflicht*. Publicado originalmente em *Die Rote Fahne*, Berlin, n.3, 18 nov. 1918.

E, no entanto, são vítimas infelizes da infame ordem social contra a qual a revolução se dirigiu; são vítimas da guerra imperialista, que levou a miséria e a desgraça aos extremos da mais insuportável tortura; que, ao custo de uma carnificina brutal, desencadeou em naturezas fracas, dotadas de taras hereditárias, os instintos mais vis.

A justiça de classe burguesa funcionou mais uma vez como uma rede que deixa tranquilamente escapar de suas malhas os tubarões rapaces, enquanto as pequenas sardinhas nelas se debatem desamparadas. Os especuladores, que ganharam milhões com a guerra, ficaram na sua maioria impunes ou receberam penas pecuniárias ridículas; os pequenos ladrões e as pequenas ladras são punidos com penas de prisão draconianas.

Passando fome e frio nas celas quase sem aquecimento, psiquicamente abatidos pelo horror dos quatro anos de guerra, esses enjeitados sociais esperam misericórdia e alívio.

Mas esperam em vão. O último dos Hohenzollern, soberano bondoso preocupado em fazer os povos degolarem-se uns aos outros e em distribuir coroas, esqueceu-se dos infelizes. Desde a conquista de Liège não houve durante quatro anos qualquer anistia digna de menção, nem sequer no feriado oficial dos escravos alemães, o "aniversário do Kaiser".

Agora a revolução proletária precisa iluminar com um pequeno raio misericordioso a existência sombria nas prisões e nas penitenciárias, diminuir as sentenças draconianas, abolir o bárbaro sistema disciplinar – correntes, açoites! –, melhorar no que for possível o tratamento e os suprimentos médicos, a alimentação e as condições de trabalho. É uma questão de honra!

O sistema penal existente, profundamente impregnado de um brutal espírito de classe e da barbárie do capitalismo, precisa ser extirpado de vez. É preciso começar imediatamente uma reforma de base do sistema penal. É evidente que uma reforma totalmente nova, no espírito do socialismo, só pode ser estabelecida sobre o fundamento de uma nova ordem econômica e social, pois tanto crimes quanto castigos estão em última instância enraizados nas condições econômicas da sociedade. No entanto, uma medida radical pode ser adotada sem mais: a pena de morte, a maior vergonha do ultrarreacionário código penal alemão, precisa desaparecer agora! Por que hesita o governo dos trabalhadores e soldados? Será que o nobre Beccaria, que há duzentos anos denunciou em todas as línguas civilizadas a infâmia da pena de morte, não existiu para vocês, Ledebour, Barth, Däumig? Vocês não têm tempo, têm pela frente mil preocupações, mil dificuldades, mil tarefas. É verdade. Mas peguem o relógio e olhem quanto tempo leva para abrir a boca e dizer: está *abolida* a pena de morte! Ou será que entre vocês deveria haver a esse respeito um longo debate com votação? Será que nesse caso vocês também se deixariam enredar num emaranhado de formalidades, considerações de competência, questões de rubricas, carimbos e futricas semelhantes?

Ah, como é alemã esta Revolução Alemã! Como é prosaica, pedante, sem entusiasmo, sem brilho, sem grandeza. A pena de morte esquecida é somente um pequeno detalhe isolado. Mas é precisamente nesses pequenos detalhes que se costuma trair o espírito intrínseco do todo!

Peguemos qualquer livro de história da grande Revolução Francesa, por exemplo, o árido Mignet. É possível ler esse livro sem o coração palpitante e a fronte em brasa? Quem abriu qualquer página ao acaso pode largá-lo antes de ter ouvido, empolgado, sem fôlego, o último acorde desse grandioso acontecimento? É como uma sinfonia de Beethoven, intensamente poderosa, uma tempestade trovejando no órgão dos tempos, grande e soberba, tanto nos erros quanto nos acertos, tanto na vitória quanto na derrota, tanto em seu primeiro grito ingênuo de júbilo quanto em seu último suspiro. E o que acontece agora na Alemanha? A cada passo, pequeno ou grande, sente-se que são sempre os velhos e bem-comportados companheiros da defunta social-democracia alemã, para quem as carteirinhas de filiação eram tudo, os homens e o espírito, nada. Não devemos nos esquecer contudo de que não se faz história sem grandeza de espírito, sem *pathos* moral, sem gestos nobres.

Liebknecht e eu, ao deixarmos os hospitaleiros espaços onde vivemos ultimamente – ele, seus irmãos de penitenciária, de cabeça tosada, eu, minhas pobres queridas ladras e mulheres da rua com quem vivi três anos e meio debaixo do mesmo teto –, nós lhes prometemos solenemente, enquanto nos acompanhavam com o olhar triste: não os esqueceremos!

Exigimos do Comitê Executivo dos conselhos de operários e soldados um abrandamento imediato do destino dos prisioneiros em todos os cárceres da Alemanha!

Exigimos a supressão da pena de morte do código penal alemão!

Durante os quatro anos de genocídio imperialista o sangue correu em torrentes, em riachos. Agora é preciso guardar respeitosamente cada gota dessa seiva preciosa em recipientes de cristal. A mais violenta atividade revolucionária e a mais generosa humanidade – eis o único e verdadeiro alento do socialismo. Um mundo precisa ser revirado, mas cada lágrima que cai, embora possa ser enxugada, é uma acusação; e aquele que, para realizar algo importante, de maneira apressada e com brutal descuido esmaga um pobre verme, comete um crime.

A Assembleia Nacional[1]

Do *Deutschen Tageszeitung*, do *Vossischen* e do *Vorwärts* ao independente *Freiheit*, de Reventlow, Erzberger, Scheidemann a Haase e Kautsky ressoa um clamor unânime a favor da Assembleia Nacional e um grito de medo, igualmente unânime, diante da ideia de todo o poder nas mãos da classe trabalhadora.

Todo o "povo", toda a "nação" deve ser chamada a decidir sobre o destino futuro da revolução mediante uma deliberação da maioria.

Para os agentes declarados ou disfarçados das classes dominantes, essa palavra de ordem é evidente. Nós não discutimos com os guardiões dos cofres-fortes capitalistas, nem *na* Assembleia Nacional, nem *sobre* a Assembleia Nacional.

Mas os líderes independentes também formam fileiras com os guardiões do capital no tocante a essa questão decisiva.

---

1 Título original: *Die Nationalversammlung*. Publicado originalmente em *Die Rote Fahne*, Berlin, n.5, 20 nov. 1918.

Eles querem assim, como explica Hilferding na *Freiheit*,[2] que a revolução evite o uso da violência, evite a guerra civil com todos os seus horrores. Ilusões pequeno-burguesas! Eles imaginam o curso da mais poderosa revolução social desde que existe humanidade na forma de um encontro entre as diversas classes sociais para uma agradável discussão calma e "respeitável", e em seguida organizam uma votação – talvez ainda a famosa "votação por grupos".[3] E se a classe capitalista constatar que está em minoria, ela declarará com um suspiro, como partido parlamentar bem disciplinado: não há nada a fazer! Vemos que estamos em minoria. Pois bem, nós nos submetemos e entregamos aos trabalhadores todas as nossas terras, fábricas, minas, todos os nossos cofres assegurados contra incêndio e todos os nossos belos lucros...

A espécie dos Lamartine, dos Garnier-Pagès, dos Ledru-Rollin, dos ilusionistas e tagarelas pequeno-burgueses do ano de 1848 realmente não desapareceu; ela reaparece na sua versão alemã, chata, pedante e erudita – sem o brilho, o talento e o encanto da novidade – nos Kautsky, Hilferding, Haase.

Esses marxistas profundos esqueceram o abc do socialismo.

Eles esqueceram que a burguesia não é um partido parlamentar, mas uma classe dominante que se encontra de posse de todos os instrumentos de poder econômicos e sociais.

Esses senhores *junkers* e capitalistas só ficarão quietos enquanto o governo revolucionário se contentar em colar pequenos sinais de beleza no salariado capitalista. Eles só serão bem-comportados enquanto a revolução for bem-comportada, isto é, enquanto o nervo vital, a artéria da dominação de classe burguesa, a propriedade privada capitalista, o salariado, o lucro permanecerem intactos.

Que se pegue o lucro pelos colarinhos, que se ameace a propriedade privada, aí acaba a amabilidade.

---

2 Ver Hilferding, Revolutionäres Vertrauen! [Confiança revolucionária!]. In: *Die Freiheit*, Berlin, n.6, 18 nov. 1918.

3 A "votação por grupos" era um procedimento que ocorria no parlamento: os eleitores deixavam a sala e voltavam por três portas diferentes que correspondiam ao sim, ao não e à abstenção, e então eram contados.

O idílio atual em que lobos e ovelhas, tigres e cordeiros pastam pacificamente uns ao lado dos outros na Arca de Noé só perdurará enquanto não se começar a levar o socialismo a sério.

Assim que a famosa Assembleia Nacional decidir de fato realizar o socialismo em toda a sua amplitude, extirpar a dominação do capital, a luta também começará. Se a burguesia for atingida no coração – e esse coração bate no seu cofre-forte –, ela combaterá numa luta de vida ou morte por seu domínio, resistirá de mil maneiras diferentes, às claras e às escondidas, contra as medidas socialistas.

Tudo isso é inevitável. É preciso lutar energicamente, rechaçar e vencer – com ou sem Assembleia Nacional. Não é possível excluir a "guerra civil", que se procura, com temerosa inquietação, banir da revolução. Pois a guerra civil é somente outro nome para a luta de classes, e a ideia de que se pode introduzir o socialismo sem luta de classes, pela decisão de uma maioria parlamentar, é uma ridícula ilusão pequeno-burguesa.

O que se ganha então com esse desvio covarde da Assembleia Nacional? Reforça-se a posição da burguesia, enfraquece-se e desorienta-se o proletariado com ilusões vãs, desperdiçam-se e perdem-se tempo e força com "discussões" entre lobos e cordeiros; numa palavra, faz-se o jogo de todos aqueles elementos cujo objetivo e intenção é enganar a revolução proletária sobre seus objetivos socialistas e castrá-la, fazendo dela uma revolução democrático-burguesa.

Mas a questão da Assembleia Nacional não é uma questão de oportunidade, de maior "comodidade"; é uma questão de princípio, uma questão do reconhecimento socialista da revolução.

Na grande Revolução Francesa, o primeiro passo decisivo foi dado em julho de 1789, quando os três estados separados se unificaram numa Assembleia Nacional. Essa decisão marcou todo o curso posterior dos acontecimentos, foi o símbolo da vitória da nova ordem social burguesa sobre a sociedade estamental da Idade Média feudal.

Da mesma forma, o símbolo da nova ordem social socialista – cuja portadora é a revolução proletária de nossos dias –, o símbolo do caráter de classe de sua tarefa específica é o caráter de classe do órgão político que deve realizar essa tarefa: o Parlamento dos trabalhadores, a representação do proletariado urbano e rural.

A Assembleia Nacional é uma herança obsoleta das revoluções burguesas, uma casca sem conteúdo, um requisito dos tempos das ilusões pequeno-burguesas sobre o "povo unido", sobre a "liberdade, igualdade, fraternidade" do Estado burguês.

Quem hoje recorre à Assembleia Nacional reduz a revolução, consciente ou inconscientemente, ao estágio histórico das revoluções burguesas; é um agente disfarçado da burguesia ou um ideólogo inconsciente da pequena-burguesia.

A luta pela Assembleia Nacional é conduzida com o grito de guerra "democracia ou ditadura!", e mesmo os dóceis dirigentes socialistas adotam essa palavra de ordem da demagogia contrarrevolucionária sem perceber que essa alternativa é uma falsificação demagógica.

Hoje não se trata de democracia ou ditadura. A questão posta na ordem do dia pela história é: democracia *burguesa* ou democracia *socialista*. Pois a ditadura do proletariado é a democracia no sentido socialista. Ditadura do proletariado não significa bombas, golpes, confusão, "anarquia", como aparece nas falsificações conscientes dos agentes do lucro capitalista, mas é o emprego de todos os instrumentos políticos de poder para realizar o socialismo, expropriar a classe capitalista – no sentido e pela vontade revolucionária da maioria do proletariado, ou seja, no espírito da democracia socialista.

Sem a vontade e a ação conscientes da maioria do proletariado não há socialismo! Para fortalecer essa consciência, para temperar essa vontade, para organizar essa ação é necessário um órgão de classe: o Parlamento do proletariado urbano e rural.

A convocação dessa representação dos trabalhadores no lugar da tradicional Assembleia Nacional das revoluções burguesas constitui por si mesma um ato da luta de classes, uma ruptura com o passado histórico da sociedade burguesa, um instrumento poderoso para sacudir as massas proletárias do povo, uma primeira e áspera declaração de guerra aberta ao capitalismo.

Nada de tergiversações, nada de ambiguidades – há que lançar os dados. O cretinismo parlamentar era ontem uma fraqueza, hoje é um equívoco, e amanhã será uma traição ao socialismo.

Uma peça ousada[1]

Do *Kreuz-Zeitung* ao *Vorwärts*, a imprensa alemã repercute invectivas contra o "terror", o "golpismo", a "anarquia", a "ditadura".[2]

Quis tulerit Gracchos de seditione querentes?[3] Quem não se impressiona quando os guardiões do Capitólio da anarquia burguesa, quando aqueles que em quatro anos transformaram a Europa num monte de ruínas, se põem a gritar contra a "anarquia" da ditadura proletária?

As classes proprietárias que, em mil anos de história, quando da rebelião de seus escravos, não hesitaram diante de nenhum ato de violência nem diante de nenhuma infâmia para manter a proteção da "ordem", isto é, da propriedade privada e da dominação de classe,

---

1 Título original: *Ein gewagtes Spiel*. Publicado originalmente em *Die Rote Fahne*, Berlin, n.9, 24 nov. 1918.
2 No dia 21 de novembro, na primeira grande manifestação em Berlim, após o discurso de Karl Liebknecht um desconhecido subiu à tribuna e propôs prender o chefe de polícia, Emil Eichhorn, da ala esquerda dos independentes. Um grupo de spartakistas dirigiu-se à Prefeitura de Polícia e tentou invadi-la, o que resultou num policial morto e vários feridos. Esse foi o primeiro confronto sangrento desde 9 de novembro, visto por toda a imprensa como prova das intenções golpistas dos spartakistas.
3 "Quem suportará os Gracos se lamentando de uma sedição?" (Juvenal, *Sátiras*, II, 24). A frase significa que não se deve criticar nos outros os costumes que nós mesmos adotamos.

sempre gritam contra a violência e o terror – dos escravos. Os Thiers e os Cavaignac que, na matança de junho de 1848, assassinaram dez mil proletários parisienses, homens, mulheres e crianças, encheram o mundo de clamores contra as supostas "atrocidades" da Comuna de Paris.

Os Reventlow, Friedberg, Erzberger que sem pestanejar conduziram ao matadouro um milhão e meio de alemães jovens e maduros – por causa de Longwy e Briey, e por causa de novas colônias –, os Scheidemann-Ebert que durante quatro anos aprovaram todos os meios necessários à maior sangria que a humanidade conheceu, gritam agora, num coro enrouquecido, contra o "terror" e contra a suposta ameaça de um "regime de terror" por parte da ditadura do proletariado!

Esses cavalheiros podem folhear a própria história.

O terror e o regime de terror representaram justamente nas revoluções burguesas um papel bem determinado. Na grande Revolução Inglesa, assim como na grande Revolução Francesa, a execução do rei significou a ruptura histórica universal com o feudalismo, um ato necessário de autocompreensão da sociedade burguesa em ascensão que espontaneamente, no decorrer da revolução, foi chegando aos poucos ao conflito agudo com o antigo regime. No brilho do machado do carrasco sobre a cabeça de Charles Stuart, assim como no da guilhotina sobre o pescoço anafado dos Bourbon manifestava-se, de maneira fulminante, a própria sociedade burguesa que havia entrado na revolução sem ter ideia de nada, manifestava-se sua oposição irreconciliável à velha dominação feudal.

O regime de terror dos jacobinos na França nada mais foi do que uma tentativa desesperada da pequena burguesia radical de introduzir e de impor seu domínio no país numa época em que historicamente apenas a grande burguesia estava destinada a tomar o poder em toda a Europa. Foi uma tentativa de comprometer a grande Revolução com seu palavreado ideológico – liberdade, igualdade e fraternidade formais – contra o conteúdo real desse palavreado, ou seja, contra o começo do domínio da indústria e do capital financeiro. Foi uma tentativa da massa da pequena burguesia, depois que seu papel de aríete, visando a garantir as conquistas mínimas necessárias da revolução burguesa, havia perdido o prestígio, de, agarrando-se ao poder, transformar uma fase passageira da revolução em seu objetivo final, transformar o palavreado em conteúdo, o meio em finalidade. O terror dos jacobinos foi, assim, um meio para a autocompreensão das classes na sociedade burguesa e igualmente um meio para a autocompreensão das delimitações entre elas.

Resumindo: o terror e o regime de terror nas revoluções burguesas foram um meio de destruir ilusões históricas ou de defender, contra a correnteza da história, interesses sem esperança.

O proletariado socialista, graças à teoria do socialismo científico, começa a sua revolução sem nenhuma ilusão, com perfeita compreensão das últimas consequências de sua missão histórica, de sua oposição inconciliável e de sua inimizade mortal em relação à sociedade burguesa como um todo. Ele não começa a revolução para perseguir quimeras utópicas *contra* o curso da história, mas, apoiado no mecanismo férreo do desenvolvimento, para cumprir o mandamento da hora histórica: efetivar o socialismo. Como massa, como imensa maioria dos trabalhadores, o proletariado socialista deve cumprir sua missão histórica.

Assim, primeiro ele não tem necessidade de destruir as próprias ilusões com atos de violência sanguinários, de cavar um fosso entre ele e a sociedade burguesa. Ele precisa é de todo o poder político estatal, de empregar esse poder para abolir a propriedade privada capitalista, a escravidão do salário e a dominação de classe burguesa, a fim de construir uma nova ordem social socialista.

Mas existem outros que hoje precisam urgentemente do terror, do regime de terror e da anarquia; são os senhores burgueses, são todos os parasitas da economia capitalista que tremem por seus privilégios, seus lucros e seu direito de dominar. São esses que atribuem ao proletariado a culpa por uma anarquia inventada e golpes imaginários, para que seus agentes, no momento oportuno, desencadeiem golpes efetivos e uma anarquia real, visando a estrangular a revolução proletária, a deixar a ditadura socialista afundar no caos e, das ruínas da revolução, erigir para sempre a ditadura de classe do capital.

O capital com sua luta pela existência é o cérebro e o coração da atual campanha contra a vanguarda revolucionária do proletariado. A social-democracia dependente é sua mão e seu instrumento. A relação serviçal sobreviveu à revolução e tanto os senhores quanto os empregados domésticos apenas pregaram insígnias vermelhas nas roupas.

O órgão central da social-democracia dependente, o *Vorwärts*, é agora o órgão central da caçada contrarrevolucionária contra os spartakistas.

O dependente comandante de Berlim[4] armou a guarda de segurança com munição afiada contra os "ataques" imaginários dos spartakistas. Os guarda-costas dos Wels e cupinchas açulam os elementos pouco informados entre os soldados contra Liebknecht e seus amigos. Cartas de ameaça e advertências chegam até nós continuamente.

De nosso observatório histórico olhamos o espetáculo com um sorriso de sangue-frio. Vemos a peça, os atores, a direção e os papéis.

Mas, aí, pensamos o que fariam as massas do proletariado revolucionário se a campanha atingisse seu objetivo, se porventura fosse tocado um fio de cabelo daqueles que elas, com seus braços, tiraram das prisões e que reconheceram como seus dirigentes? Quem então, com sangue-frio, teria poder para fazer pregações a essas massas?

Vocês, senhores burgueses, vocês do *Vorwärts*, serviçais do capital destinado a morrer, vocês especulam, que nem homens falidos, com a última carta: com a ignorância e com a inexperiência das massas. Vocês estão à espreita do momento, vocês anseiam pelos louros dos Thiers, Cavaignac e Galliffet.

É uma peça ousada. O dia e a hora pertencem à ditadura do proletariado, ao socialismo. Quem se opuser à vaga tempestuosa da revolução socialista ficará destruído no chão.

---

4   O comandante de Berlim era o social-democrata Otto Wels.

Aos proletários de todos os países[1]

Proletários! Trabalhadores e trabalhadoras! Camaradas!
Na Alemanha a revolução celebrou seu começo. As massas de soldados que durante quatro anos foram levadas ao matadouro por causa dos lucros capitalistas, as massas de trabalhadores que durante quatro anos foram sugadas, espremidas, esfaimadas, sublevaram-se.

O terrível instrumento da opressão, o militarismo prussiano, esse flagelo da humanidade, jaz no chão destruído; seus representantes mais incontestáveis e, por conseguinte, os maiores responsáveis por esta guerra, o imperador e o príncipe herdeiro, fugiram do país. Por todo lado formaram-se conselhos de trabalhadores e soldados.

Proletários de todos os países, não estamos dizendo que na Alemanha todo o poder esteja realmente nas mãos do povo trabalhador, que já tenhamos alcançado a vitória completa da revolução proletária. Ainda estão no governo todos aqueles socialistas que, em agosto de

---

1 Título original: *An die Proletarier aller Länder*. Este manifesto da Liga Spartakus – redigido por Rosa Luxemburgo – foi publicado no jornal *Die Rote Fahne* (Berlin, n.10, 25 nov. 1918) e distribuído, ao mesmo tempo, como panfleto.

1914, abandonaram nosso bem mais precioso, a Internacional, que durante quatro anos traíram ao mesmo tempo a classe trabalhadora alemã e a Internacional.

Mas agora, proletários de todos os países, é o próprio proletariado alemão que lhes fala. Em seu nome, acreditamos ter o direito de nos apresentarmos publicamente a vocês. Desde o primeiro dia da guerra nos esforçamos para cumprir nossos deveres internacionais, combatendo com todas as forças aquele governo criminoso e julgando-o como o verdadeiro culpado por ela.

Agora, nesta hora, estamos justificados perante a história, perante a Internacional e perante o proletariado alemão. As massas concordam conosco entusiasticamente, círculos cada vez maiores do proletariado reconhecem que chegou a hora de ajustar contas com a dominação de classe capitalista.

Porém, essa grande obra não pode ser realizada unicamente pelo proletariado alemão, que só pode lutar e vencer apelando à solidariedade dos proletários do mundo inteiro.

Camaradas dos países beligerantes, nós conhecemos a situação de vocês. Sabemos bem que os seus governos, agora que conquistaram a vitória, obnubilam algumas camadas do povo com o brilho exterior dessa vitória. Sabemos que sendo bem-sucedidos no assassinato conseguiram fazer esquecer as causas e os objetivos dele.

Mas, além disso, sabemos outra coisa. Sabemos que nos seus países o proletariado fez os mais terríveis sacrifícios de vidas e bens, que está cansado desse horrível massacre, que agora voltando para casa encontra necessidade e miséria, enquanto nas mãos de poucos capitalistas se acumularam fortunas bilionárias. Ele reconheceu e continuará reconhecendo que a guerra também foi feita por seus governos para preservar as grandes riquezas. E reconhecerá inclusive que os seus governos, quando falavam de "direito e civilização" e de "proteção das pequenas nações", pensavam nos lucros do capital, assim como quando nosso governo falava de "defesa da pátria"; reconhecerá que a paz do "direito" e da "Liga das Nações" equivale à roubalheira infame da paz de Brest-Litovsk. Tanto aqui quanto acolá a mesma avidez desavergonhada, a mesma vontade de oprimir, a mesma determinação em utilizar ao extremo a prepotência brutal do ferro assassino.

O imperialismo não reconhece nenhum "acordo" em nenhum país; ele só reconhece um direito: o lucro do capital; só reconhece uma língua: a espada; só um meio: a violência. E agora, quando tanto nos seus países quanto no nosso se fala em "Sociedade das Nações", "desarmamento", "direito das pequenas nações", "autodeterminação dos povos", isso não passa do habitual palavrório mentiroso dos dominantes para adormecer a vigilância do proletariado.

Proletários de todos os países! Esta guerra deve ser a última! Nós somos culpados perante os doze milhões de vítimas assassinadas, perante as nossas crianças, perante a humanidade.

A Europa ficou arruinada pelo genocídio infame. Doze milhões de cadáveres cobrem os locais atrozes do crime imperialista. A flor da juventude, a melhor força viril do povo foi aí ceifada. Incontáveis forças produtivas foram destruídas. A humanidade quase ficou exangue com essa sangria sem precedentes na história universal. Vencedores e vencidos encontram-se à beira do abismo. A mais terrível penúria, a paralisação de todo o mecanismo produtivo, epidemias e degeneração ameaçam a humanidade.

Os grandes criminosos culpados por essa anarquia atroz, por esse caos desenfreado são as classes dominantes, incapazes de dominar a própria obra. O capital, a fera que provocou o inferno da guerra mundial, não é capaz de expulsá-la novamente, de criar uma ordem verdadeira, de assegurar pão e trabalho, paz e cultura, direito e liberdade à humanidade martirizada.

Aquilo que é preparado pelas classes dominantes como sendo a paz e o direito não passa de nova obra de violência brutal, de onde se erguem as mil cabeças da hidra da opressão, do ódio e de novas guerras sangrentas.

Somente o socialismo é capaz de realizar uma grande obra de paz duradoura, de curar as mil feridas sangrentas da humanidade, de transformar em jardins florescentes os campos da Europa pisoteados pelo cortejo bélico dos cavaleiros do apocalipse, de fazer surgir forças produtivas decuplicadas no lugar das que foram destruídas, de despertar todas as energias físicas e morais da humanidade e de pôr no lugar do ódio e da discórdia a solidariedade fraterna, a união e o respeito por tudo que tem face humana.

Teremos paz em poucas horas se os representantes do proletariado de todos os países se apertarem as mãos sob a bandeira do socialismo visando a fazer a paz. Então não haverá disputas a respeito da margem esquerda do Reno, da Mesopotâmia, do Egito, nem das colônias. Então haverá somente um povo: a humanidade trabalhadora de todas as raças e de todas as línguas. Então haverá somente um direito: a igualdade de todos os seres humanos. Então haverá somente um objetivo: bem-estar e progresso para todos.

A humanidade encontra-se diante da alternativa: decomposição e declínio na anarquia capitalista ou renascimento pela revolução social. Bateu a hora da decisão. Se vocês acreditam no socialismo, é tempo de mostrar isso com ações. Se são socialistas, trata-se de agir.

Proletários de todos os países, se agora os chamamos a um combate conjunto, não o fazemos por causa dos capitalistas alemães que, sob a firma "nação alemã", procuram escapar às consequências de seus próprios crimes; fazemo-lo por sua e por nossa causa. Reflitam: os seus capitalistas vitoriosos estão prontos para reprimir com sangue a nossa revolução, que temem como se fosse a deles. Vocês mesmos não ficaram mais livres com a "vitória", só ficaram ainda mais escravizados. Se as suas classes dominantes conseguirem estrangular a revolução na Alemanha e na Rússia, aí elas se voltarão contra vocês com força redobrada. Os seus capitalistas esperam que a vitória sobre nós e sobre a Rússia revolucionária lhes dará o poder de castigá-los com escorpiões e de erigir um império de mil anos de exploração sobre o túmulo do socialismo internacional.

Por isso o proletariado alemão olha para vocês nesta hora. A Alemanha está grávida de revolução social, mas o socialismo só pode ser realizado pelo proletariado mundial.

E é por isso que lhes fazemos este apelo: à luta! À ação! Passou o tempo dos manifestos vazios, das resoluções platônicas e das palavras tonitruantes: bateu a hora de agir para a Internacional. Nós os exortamos a eleger por todo lado conselhos de trabalhadores e soldados que tomem o poder político e façam conosco a paz.

Não são Lloyd George e Poincaré, Sonnino, Wilson e Erzberger nem Scheidemann que devem concluir a paz. A paz deve ser concluída sob a bandeira desfraldada da revolução socialista mundial.

Proletários de todos os países! Nós os chamamos a realizar a obra da emancipação socialista, a dar novamente ao mundo violentado uma face humana e de fazer verdadeiras aquelas palavras com que nos velhos tempos frequentemente nos saudávamos e com as quais nos separávamos:

A Internacional será a humanidade!

Viva a revolução mundial do proletariado!

Proletários de todos os países, uni-vos!

Em nome da Liga Spartakus
Karl Liebknecht, Rosa Luxemburgo,
Franz Mehring e Clara Zetkin

O Aqueronte em movimento[1]

Os belos pequenos planos para uma Revolução Alemã bem-comportada, domesticada, "de acordo com a Constituição", mantendo "a ordem e a calma" e considerando como sua primeira e mais urgente tarefa proteger a propriedade privada capitalista, esses pequenos planos estão indo por água abaixo: *o Aqueronte entrou em movimento!* Enquanto em cima, nos círculos governamentais, todos os meios são usados para manter um entendimento pacífico com a burguesia, embaixo a massa do proletariado se levanta e brande o punho ameaçador: *as greves começaram!* Há greves na Alta Silésia, na [fábrica] Daimler etc., e é apenas o começo. O movimento vai continuar, como é natural, fazendo vagas cada vez maiores e mais fortes.

Não poderia ser diferente. Houve uma revolução. Ela foi feita por trabalhadores, por proletários – de uniforme ou de macacão. No governo estão socialistas, representantes dos trabalhadores. E para a

---

1 Título original: *Der Acheron in Bewegung*. Artigo originalmente não assinado, mas que teria sido escrito por Rosa Luxemburgo, segundo Clara Zetkin, em *Rosa Luxemburg Stellung zur russischen Revolution* [A posição de Rosa Luxemburgo sobre a Revolução Russa], Hamburg, 1922. Publicado originalmente em *Die Rote Fahne*, Berlin, n.12, 27 nov. 1918.

massa dos trabalhadores o que mudou na sua condição de assalariado, na sua condição de vida? Absolutamente nada ou quase nada! Aqui e ali, mal algumas miseráveis concessões são feitas, o empresariado procura novamente tirar esse pouco ao proletariado.

As massas devem ficar à espera dos futuros frutos de ouro que a Assembleia Nacional lhes fará cair no colo. Devemos deslizar, suave e "calmamente", para a Terra Prometida do socialismo com longos debates, falação e decisões da maioria parlamentar.

O salutar instinto de classe do proletariado insurge-se contra o esquema do cretinismo parlamentar. A libertação da classe trabalhadora deve ser obra da própria classe trabalhadora, diz o Manifesto Comunista. E a "classe trabalhadora" não são algumas centenas de representantes eleitos que, com discursos e contradiscursos, conduzem os destinos da sociedade, e ainda menos as duas ou três dúzias de dirigentes em postos governamentais. A classe trabalhadora é a própria massa, a mais ampla massa. Somente com sua participação ativa visando a eliminar as relações capitalistas é que a socialização da economia pode ser preparada.

Em vez de ficar à espera da felicidade com os decretos do governo ou com as decisões da famosa Assembleia Nacional, a massa recorre instintivamente ao único meio real que leva ao socialismo: *à luta contra o capital*. Até agora o governo empregou todos os esforços para castrar a revolução, fazendo dela uma revolução política, e, aos brados contra qualquer ameaça "à ordem e à calma", estabelecer a harmonia entre as classes.

A massa do proletariado derruba calmamente o castelo de cartas da harmonia de classes revolucionária, agitando a temida bandeira da luta de classes.

O movimento grevista que está começando é uma prova de que a revolução política atingiu o fundamento social da sociedade. A revolução recorda-se de seu próprio fundamento original, empurra para o lado o cenário de papelão, com variações de pessoal e com decretos que ainda não mudaram a menor coisa nas relações sociais entre capital e trabalho, e sobe ela mesma ao palco dos acontecimentos.

A burguesia sente perfeitamente que se toca aqui no seu ponto mais vulnerável, que aqui acabam as brincadeiras inócuas do governo e que, frente a frente, dois inimigos mortais entram num conflito terrivelmente sério. Daí vêm a angústia mortal e o furor desabrido contra as greves. Daí os esforços febris das lideranças sindicais dependentes para apanhar o furacão que se aproxima na rede de suas velhas instanciazinhas burocráticas, paralisando e acorrentando as massas.

Esforços inúteis! Os pequenos grilhões da diplomacia sindical a serviço da dominação do capital foram perfeitamente satisfatórios no período de estagnação política anterior à guerra mundial. Mas, no período da revolução, eles fracassarão de maneira miserável. Cada revolução dos tempos modernos foi acompanhada por um tempestuoso movimento grevista: tanto na França no final do século XVIII, nas Revoluções de Julho e de Fevereiro, quanto na Alemanha, na Áustria-Hungria e na Itália. Todo grande abalo social provoca naturalmente, do solo de uma sociedade fundada na exploração e na opressão, violentas lutas de classes. Enquanto a sociedade de classes burguesa permanece no equilíbrio de seu cotidiano parlamentar, o proletariado também prossegue pacificamente na rotina da relação salarial, e suas greves têm somente o caráter de pequenas correções feitas na escravidão salarial vigente, considerada inabalável.

Assim que o equilíbrio de classes é rompido por uma tempestade revolucionária, as greves, de suave ondulação da superfície, transformam-se em ameaçadoras vagas tempestuosas; a profundidade mesma entra em movimento, o escravo não protesta apenas contra a pressão dolorosa dos grilhões, mas rebela-se contra os próprios grilhões.

Foi o que aconteceu em todas as revoluções *burguesas* até agora. No fim das revoluções, que sempre levavam ao reforço da sociedade de classes burguesa, a rebelião dos escravos proletários também costumava sucumbir e o proletariado voltava, de cabeça baixa, à rotina.

Na revolução atual as greves que rebentaram não constituem um conflito "sindical" por ninharias, por aquilo que diz respeito à relação salarial. Elas são a resposta natural das massas ao poderoso abalo que as relações capitalistas sofreram devido ao colapso do imperialismo alemão e à breve revolução política dos trabalhadores e soldados. Elas são o início de um enfrentamento geral entre capital e trabalho na Alemanha, elas anunciam o começo da formidável luta de classes direta, cujo desfecho não pode ser senão a abolição da relação salarial e a introdução da economia socialista. Elas desencadeiam a força social viva da presente revolução: a energia revolucionária de classe das massas proletárias. Elas abrem o período da atividade direta das mais amplas massas, aquela atividade em que os decretos de socialização e as medidas de qualquer corpo representativo ou governo só podem constituir o fundo sonoro.

Esse movimento grevista que está começando é simultaneamente a crítica mais lapidar da massa às quimeras de seus pretensos "dirigentes" sobre a "Assembleia Nacional". Eles já *têm* a "maioria", os proletários em greve nas fábricas e nas minas! Que tontos! Por que não convidam os empresários para um pequeno "debate" e, então, vencendo por "esmagadora maioria", impõem simplesmente todas as suas reivindicações "respeitando a ordem"? Não se trata primeiro, e formalmente, de verdadeiras ninharias, de simples detalhes da relação salarial?

Que o senhor Ebert ou o senhor Haase tentem levar esse plano lamentável aos mineiros em greve da Alta Silésia e receberão com certeza uma resposta convincente. Mas o que se desfaz, como bolhas de sabão em se tratando de ninharias, deve aguentar quando da derrubada do conjunto do edifício social!

A massa proletária, por sua simples aparição na tela da luta social de classes, passou à ordem do dia, por cima de todas as deficiências, meias medidas e covardias da revolução até agora. O Aqueronte entrou em movimento e os moleques, que à cabeça da revolução se entregam ao seu joguinho, vão dar um trambolhão, a não ser que entendam finalmente o formato colossal do drama histórico mundial em que tomam parte.

Congresso dos social-democratas independentes[1]

O caudal do período revolucionário arrasta homens, coisas e situações em seu turbilhão crítico, pondo-os à prova, refundindo-os e obrigando-os a decidir. Nomes, programas, dissensões devem se revelar passando pela prova da ação. Nenhuma meia medida, nenhuma ambiguidade resistiu. Quem não está comigo está contra mim, eis o princípio da revolução.

A social-democracia independente é, desde as origens, filha da fraqueza, e o compromisso é sua existência. Sua linha da vida começou com o compromisso de Haase que – adversário da aprovação dos créditos –, em 4 de agosto de 1914, fez a leitura da memorável declaração da bancada social-democrata, ligando seu nome ao colapso histórico universal do socialismo alemão e da Internacional.

---

[1] Título original: *Parteitag der Unabhängigen SP*. Artigo originalmente não assinado (ver nota 1, p.259). Publicado em *Die Rote Fahne*, n.14, 29 nov. 1918.

Sua ulterior pré-história consiste na aprovação por três vezes dos créditos de guerra, ou seja, em apoiar com ações, durante dois anos, os Scheidemann e cupinchas na traição à classe trabalhadora – em contradição com sua própria crítica à política da maioria.

Seu nascimento oficial como partido independente não foi um ato de determinação viril, de decisão clara por iniciativa própria, não foi um ato histórico, mas o resultado forçado da expulsão pelos Scheidemann [*Scheidemänner*],[2] um episódio de uma rixa lamentável, em torno da "disciplina partidária", com violadores da bandeira socialista.

A biografia do partido corresponde à sua origem. Ele sempre trotou na retaguarda dos acontecimentos e do desenvolvimento, nunca foi sua liderança. Entre ele e os dependentes não conseguiu nunca traçar uma linha limítrofe fundamental. Toda ambiguidade furta-cores visando a desorientar as massas – paz de compromisso, Liga das Nações, desarmamento, culto a Wilson –, toda a fraseologia da demagogia burguesa, que durante a guerra ocultou com um véu a realidade nua e crua da alternativa revolucionária, teve seu apoio solícito. Toda a atitude do partido oscilou impotente em torno da contradição principal: de um lado estava disposta a fazer dos governos burgueses as potências destinadas a prosseguir a conclusão da paz, de outro apoiava a ação de massas do proletariado.

Um espelho fiel dessa prática cheia de contradições é sua teoria eclética: uma mescla de fórmulas radicais e um abandono irreparável do espírito socialista. A palavra de ordem de defesa do país, em sentido puramente burguês, juntamente com a descoberta do líder teórico do partido [Kautsky] de que a Internacional é apenas um instrumento de paz e não um meio de lutar contra a guerra, acabou em pura justificativa da política dos Scheidemann.

Até a revolução irromper existia uma política tratando caso por caso, sem uma visão de mundo unificada que, com base em uma fonte luminosa, iluminasse o passado e o futuro da social-democracia alemã, que olhasse para as grandes linhas do desenvolvimento.

---

2   *Scheidemänner*: trocadilho com Scheidemann. Sobre a criação do USPD, ver nota 2, p.157.

Um partido formado dessa maneira, posto de repente diante das decisões da revolução, tinha que fracassar miseravelmente. O granito do fundamento, que aguenta inabalável tanto as tempestades quanto os mornos períodos de calmaria, o aço da determinação, que nos grandes momentos produz as centelhas da ação, não se encontravam ali. Uma duna de areia movediça, isso era tudo o que a social-democracia independente tinha a oferecer ao ataque dos acontecimentos.

E a sua política, a sua tática, os seus princípios se deslocaram como areia movediça. Depois de ter vivido durante os quatro anos da guerra estigmatizando os Scheidemann-Ebert como traidores do socialismo e da Internacional, como a mácula e a perdição do movimento operário, seu primeiro ato depois que a revolução eclodiu foi juntar-se a Scheidemann-Ebert num governo comum e proclamar essa prostituição de seus próprios princípios como uma política "puramente socialista".[3] Na hora em que, enfim, os objetivos finais socialistas entraram na ordem do dia, em que o mais alto dever é fazer a mais rigorosa, a mais impiedosa separação entre o campo do proletariado revolucionário e os inimigos, tanto abertos quanto disfarçados, da revolução e do socialismo, o Partido Independente apressa-se a entrar num negócio conjunto com o mais perigoso posto avançado da contrarrevolução, a desorientar as massas e a facilitar as pequenas traições.

Sua verdadeira missão como sócio da firma Scheidemann-Ebert é enganar, transformando seu claro e indubitável caráter de tropa de segurança da dominação de classe burguesa em um sistema de ambiguidades e covardias.

Esse papel dos Haase e comparsas encontra sua mais clássica manifestação no comportamento a respeito da palavra de ordem mais importante do dia, a *Assembleia Nacional*.

Apenas dois pontos de vista são possíveis nessa questão como em todas as outras. Ou se quer que a Assembleia Nacional seja um meio

---

3 Em 10 de novembro de 1918, a Assembleia Geral dos Conselhos de Trabalhadores e Soldados de Berlim ratificou como governo provisório o Conselho dos Comissários do Povo [*Rat der Volksbeauftragten*] de que faziam parte Friedrich Ebert, Otto Landsberg e Philipp Scheidemann, do SPD, e Emil Barth, Wilhelm Dittmann e Hugo Haase, do USPD.

de roubar o poder do proletariado, paralisar sua energia de classe, dissolver seus objetivos finais socialistas em poeira, ou se quer pôr todo o poder nas mãos do proletariado, desdobrar a revolução que começou numa violenta luta de classes por uma ordem social socialista e, para esse fim, construir a dominação política da grande massa dos trabalhadores, a ditadura dos conselhos de trabalhadores e soldados. A favor ou contra o socialismo, contra ou a favor da Assembleia Nacional, não existe um terceiro ponto de vista.

Também aqui o Partido Independente se esforça obstinadamente para aproximar montes e vales, para juntar fogo e água em nome da "unidade". Ele quer a Assembleia Nacional como a mais alta instância decisória e avaliadora, mas quer adiá-la ao máximo, efetivando *antes* a socialização em seus traços essenciais, mediante medidas ditatoriais do atual governo.

Essa tortuosa posição intermediária, como sempre, acaba em ambiguidade, e mesmo em desonestidade política. Ou se acredita sinceramente que a Assembleia Nacional está destinada a ser a representação decisiva do povo, logo, não se admite que essa instância suprema, diante de fatos consumados, siga atrelada *atrás* do carro das transformações sociais mais importantes; ou se acredita sinceramente na ditadura do proletariado, logo, não se faz dela de maneira apressada algo provisório na história da revolução e não se entrega sua obra, que mal começou, ao veredicto final de uma assembleia democrático-burguesa.

Um partido que na hora das maiores, mais claras e mais audazes decisões de significado histórico universal só traz à luz ambiguidades, vacilações e meias medidas, que quer fazer política exterior com o anexionista imperialista David, que quer fazer cultura e educação popular com o chauvinista alemão-nacional Haenisch, que quer fazer socialismo com o carrasco da revolução Ebert, que pela boca de Barth adverte as massas em greve a terem calma e a adotarem uma obediência cadavérica diante do chicote do empresário – um tal partido é julgado a partir de cada uma de suas palavras e de cada um de seus atos. Ele é um produto do atolamento do movimento operário alemão durante décadas. O proletariado alemão hoje precisa da liderança de um partido socialista adequado a esta grande hora. Na revolução não há nenhum lugar para o partido das meias medidas e da ambiguidade.

A desunião política do partido corresponde à desunião em suas fileiras. Grupos cada vez maiores de seus próprios correligionários encontram-se na mais terrível oposição ao grupo dirigente formado pelos elementos retrógrados Haase-Kautsky, o peso de chumbo do Partido Independente. A atual situação do partido tornou-se insustentável. Ele tem que tomar uma decisão.

A convocação urgente do Congresso, que trará clareza e resolução, tornou-se uma exigência imperiosa! A revolução precisa de armas bem afiadas. O Partido Independente em sua grande maioria terá que responder se é uma espada de Damasco[4] ou uma "espada de papelão".

"E ele atreve-se a parecer aquilo que é."

---

4   Espada bem afiada.

As massas "imaturas"[1]

Na quinta-feira passada[2] realizou-se em Berlim, no prédio do Reichstag, uma sessão dos conselhos de soldados. Ela foi turbulenta. Um grupo contrarrevolucionário, que se constituíra no dia anterior em torno do primeiro-tenente Waltz – o senhor primeiro-tenente Waltz em pessoa reconheceu ter participado dos preparativos da revolução para poder mandar informações ao Estado-Maior –, entrou coordenadamente em cena e procurou matar a revolução com o uso de potentes meios sonoros. Não conseguiu. Após prolongadas cenas barulhentas a assembleia se dissolveu com uma proposta de acordo quase unânime – talvez o único compromisso de toda essa sessão.

É muito natural que a agitação e a comoção políticas se manifestem de forma ruidosa numa época revolucionária. Cabeças quentes podem não ser o sumo produto da educação política de um povo, mas são melhores que o "velho e meritório camarada de partido" que, na

---

[1] Título original: *Die "unreife" Masse*. Artigo originalmente não assinado (ver nota 1, p.259). Publicado em *Die Rote Fahne*, Berlin, n.18, 3 dez. 1918.
[2] 28 de novembro de 1918.

noite da prestação de contas, com as pálpebras semicerradas, tira um cochilo bem-aventurado durante a leitura do relatório de gestão do secretário do partido.

Por isso nada dissemos contra a agitação e o *pathos* selvagem das massas nem quando, naquela primeira assembleia geral dos Conselhos de Trabalhadores e Soldados no Circo Busch, toda essa agitação se voltou contra nós, quando os soldados encostaram as armas no camarada Liebknecht. Nós combatíamos aqueles cuja reles demagogia levava a vontade titânica das massas por falsos caminhos; nós procurávamos e procuramos dar às massas o conhecimento claro de sua situação e de seus objetivos, deixando-lhes, porém, todo o seu entusiasmo, toda a sua tempestade e ímpeto para as gigantescas tarefas que devem levar a cabo. Procedendo assim tínhamos em mente que só com entusiasmo se podem realizar grandes coisas.

Mas para o *Vorwärts* foi diferente. Ali, um redatorzinho sentado em algum lugar da redação pergunta no tom do homem honesto, próprio a todos os embusteiros: "Palavra de honra! Vocês acreditam que uma assembleia como a de ontem está destinada a dizer, e é capaz de dizer, a palavra decisiva sobre os destinos do nosso povo?".[3]

Depois que com essa pergunta retórica proferiu sua sentença sobre a assembleia, o *Vorwärts* não perde a oportunidade de lembrar e de recomendar suas veneráveis panaceias. Primeiro: regra e ordem. Depois que todas as dádivas desse abençoado filho do céu foram devidamente louvadas, é fornecida a segunda receita: educação política e parlamentar.

Já descrevemos por diversas vezes os agradáveis frutos da educação política e parlamentar para a classe trabalhadora para que hoje desejemos voltar a pintá-los – observem-se as conquistas "revolucionárias" desse governo socialista em três semanas de revolução, observem-se os grandes feitos levados a cabo pelo senhor Ebert, "política e parla-

---

3   Nur die Demokratie kann uns retten! *Abend-Vorwärts*, Berlin, n.328a, 29 nov. 1918.

mentarmente educado", em sua negociação com Wilson.[4] Com isso já nos fartamos de "educação política e parlamentar".

Mas o *Vorwärts* não está farto. Essa única assembleia dos conselhos de soldados em Berlim, que não agrada ao seu gosto "política e parlamentarmente educado", dá-lhe a oportunidade de generalizar o caso e de prosseguir:

> Vivenciando acontecimentos como o de ontem, compreende-se claramente que o *governo soviético russo*, louvado por loucos, é uma enganação infame do povo. Nossos trabalhadores e soldados – podemos dizê-lo sem ufanismo nacionalista – são muito superiores aos russos no tocante à formação geral e à educação política. Se o sistema da Constituição conselhista fracassa em nosso país, essa é a melhor prova de que também para o povo mais educado e mais inteligente esse sistema é irrealizável, justamente por ser uma "*impossibilidade intrínseca*".[5]

E assim, "sem ufanismo nacionalista", duas constatações são feitas:

Primeiro, que os trabalhadores e soldados alemães são muito superiores aos russos no tocante à formação geral e à educação política

Em seguida, que o sistema como um todo é irrealizável, que sofre de uma impossibilidade intrínseca, porque mesmo a formação e a inteligência do povo mais educado e mais inteligente não são suficientes. E tudo isso leva a uma terceira constatação: "Só a Assembleia Nacional Constituinte nos salvará dessa confusão".[6]

A primeira constatação é perfeitamente correta. Em média o povo alemão frequentou mais a escola, aprendeu a escrever e a fazer contas de cabeça melhor que o povo russo. Paralelamente – esse é um dos fundamentos da "educação política e parlamentar" – ele também usufruiu por mais tempo que o povo russo de aulas de religião e de um

---

4   Um telegrama de Friedrich Ebert levou o governo dos Estados Unidos a prometer que distribuiria víveres somente com a condição de que o poder dos Conselhos de Trabalhadores e Soldados fosse suprimido e que a sociedade capitalista fosse garantida.
5   Nur die Demokratie kann uns retten! *Abend-Vorwärts*, Berlin, n.328a, 29 nov. 1918.
6   Ibid.

ensino patriótico da história, tendo depois recebido uma "educação político-parlamentar" na universidade da social-democracia alemã. Essa professora lhe ensinou a considerar a mais descarada guerra de rapina do mundo como defesa contra um "ataque ultrajante", os cofres-fortes dos capitalistas, sob ameaça, como seu "lar", o roubo da Bélgica e do Norte da França como "nossa justa causa" e o assassinato de seus irmãos proletários na Finlândia, Ucrânia, Livônia, Estônia, Crimeia como um combate pela "ordem e a regra".

Todo o sentido da revolução atual é que as massas, em sua revolta selvagem, se voltaram contra os resultados da "educação parlamentar e política", da escola e dos professores; já o *Vorwärts* se apronta para levá-las de novo à escola com a "Assembleia Nacional Constituinte".

É certo que assim todos eles voltariam, os senhores "política e parlamentarmente educados", os Westarp e Erzberger, os Stresemann e Gröber, os Payer e Haußmann, todos os herdeiros de uma arte adquirida durante séculos pela burguesia, para ludibriar o povo. E com eles viriam os Scheidemann e os Ebert, os David e os Lensch que, espiando os primeiros, aprenderam a pigarrear e a cuspir. Eles voltariam todos juntos e prosseguiriam no seu ofício de ludibriar o povo, que exerceram pela última vez durante os quatro anos de guerra com tremendo virtuosismo, e que acabou nos sangrentos campos de batalha da França e com a primeira ação de massas dos trabalhadores e soldados alemães.

Dando esse golpe, o *Vorwärts* se põe dignamente ao lado de seu senhor Friedrich Ebert: enquanto este tentou, de mãos dadas com o senhor Wilson, matar fisicamente a revolução fazendo-a passar fome, o *Vorwärts* procura assassiná-la espiritualmente erguendo de novo diante das massas aquele quadro de bronze que há milênios a burguesia e toda classe dominante opõem aos oprimidos e no qual está escrito: "Vocês não estão maduros; vocês nunca poderão sê-lo, é uma 'impossibilidade intrínseca'; vocês precisam de dirigentes; nós somos os dirigentes".

Agora, felizmente, eles chegaram à filosofia política dos reacionários de todos os tempos e de todos os países, mas esse espetáculo não se torna mais agradável pelo fato de o mesmo *Vorwärts*, exatamente doze horas depois de ter esclarecido "filosoficamente" num editorial que o atraso intelectual das massas é um fenômeno eterno, apelar para a vergonha, a honra e a consciência numa briga demagógica contra um membro do Comitê Executivo dos Conselhos [*Vollzugsrat*] porque este teria dito que "as massas ainda não estão maduras",[7] nem pelo fato de o *Vorwärts*, novamente um dia depois, dar ao mesmo conselho de soldados um atestado de maturidade por este ter tomado uma decisão que lhe convinha.[8] A sem-vergonhice do *Vorwärts* não se torna melhor com a hipocrisia.

Nenhum proletariado do mundo, nem mesmo o alemão, pode, de um dia para o outro, eliminar os vestígios de uma servidão milenar, os vestígios dos grilhões que os senhores Scheidemann e consortes lhe puseram. Tal como a constituição política, a constituição intelectual do proletariado não atinge seu nível mais elevado no primeiro dia da revolução. Nesse sentido, somente os combates da revolução levarão o proletariado à total maturidade.

O início da revolução foi o sinal de que esse processo de amadurecimento está começando. Ele avançará rapidamente e o *Vorwärts* tem um bom critério com o qual poderá verificar o começo da maturidade total. No dia em que seus redatores saírem de suas cadeiras, e com eles os senhores Scheidemann, Ebert, David e consortes, para se juntarem ao Hohenzollern ou Ludendorff lá onde eles estão – nesse dia terá sido alcançada a maturidade total.

---

7 Cf. Stampfer. Die Wahlen zur Nationnalversammlung. *Abend-Vorwärts*, Berlin, n.329a, 30 nov. 1918.
8 Cf. Die Soldaten für die Nationalversammlung. *Vorwärts*, n.330, 1ª dez. 1918. A reunião dos conselhos de soldados da grande Berlim, em 29 de novembro, com dois votos contra, tinha se manifestado a favor da Assembleia Nacional e de sua convocação para o dia 16 de fevereiro de 1919.

A socialização da sociedade[1]

A revolução do proletariado que agora começou não pode ter outro objetivo nem outro resultado a não ser a realização do socialismo. Antes de tudo, a classe trabalhadora deve tentar obter todo o poder político estatal. Mas para nós, socialistas, o poder político é apenas um meio. O fim para o qual devemos utilizar o poder é a transformação radical da situação econômica como um todo.

Hoje, todas as riquezas – as maiores e melhores terras, as minas e empresas, assim como as fábricas – pertencem a alguns poucos *junkers* e capitalistas privados. Por seu trabalho pesado a grande massa dos trabalhadores recebe desses *junkers* e capitalistas um magro salário para viver. O enriquecimento de um pequeno número de ociosos é o objetivo da economia atual.

---

1   Título original: *Die Sozialisierung der Gesellschaft*. Publicado originalmente em *Die junge Garde*, n.2, 4 dez. 1918, este artigo foi veiculado, com outros títulos, em vários jornais e revistas. No *Hamburger Volkszeitung* de 21 dez. 1918, na *Jugend-Internationale* (Stuttgart) de 28 dez. 1918 teve por título *Deutscher Bolschewismus* [Bolchevismo alemão], e no *Volksblatt* (Halle/Saale), de 6 jan. 1919, saiu com o título de *Vergesellschaftung* [Socialização].

Essa situação deve ser eliminada. Todas as riquezas sociais, o solo com todos os tesouros que abriga no interior e na superfície, todas as fábricas e empresas, como bem comum do povo, devem ser tirados das mãos dos exploradores. O primeiro dever de um verdadeiro governo dos trabalhadores consiste em proclamar, mediante uma série de decisões soberanas, os meios de produção mais importantes como propriedade nacional e em pô-los sob o controle da sociedade.

Só então começa de fato a tarefa mais difícil: a construção da economia em bases totalmente novas. Hoje, em cada empresa, a produção é dirigida pelo capitalista isolado por sua própria iniciativa. É o empresário quem determina o que e como deve ser produzido, quando e como as mercadorias fabricadas devem ser vendidas. Os trabalhadores jamais cuidam disso; eles não passam de máquinas vivas que têm de executar seu trabalho.

Na economia socialista tudo deve ser diferente! O empresário privado desaparece. A produção não tem mais como objetivo enriquecer um indivíduo, mas fornecer à coletividade os meios para satisfazer todas as necessidades. Como consequência, as fábricas, as empresas, as explorações agrícolas devem ser reconfiguradas de acordo com pontos de vista inteiramente novos:

Primeiro: se a produção deve ter por objetivo assegurar a todos uma vida digna, fornecer a todos alimentação abundante, vestuário e outros meios culturais de existência, então a produtividade do trabalho deve ser muito maior do que hoje. Os campos devem fornecer maiores colheitas e nas fábricas deve-se empregar a mais alta técnica; quanto às minas de carvão e minério, apenas as mais rentáveis devem ser exploradas etc. Segue-se daí que a socialização abarcará, sobretudo, as *grandes empresas* industriais e agrícolas. Não precisamos nem queremos tirar a pequena propriedade do pequeno agricultor nem do pequeno artesão que vivem penosamente do seu pedacinho de terra ou da sua oficina. Com o tempo, todos eles virão até nós voluntariamente e compreenderão as vantagens do socialismo sobre a propriedade privada.

Segundo: para que na sociedade todos possam usufruir do bem--estar, é preciso que todos trabalhem. Apenas quem executa trabalho útil para a coletividade, seja trabalho manual, seja trabalho intelectual, pode exigir da sociedade meios para a satisfação de suas necessidades. Acaba a vida ociosa que os exploradores levam hoje em dia na maioria das vezes. O *dever de trabalhar para todos* os que são capazes – exceto naturalmente crianças pequenas, velhos e doentes – é, na economia socialista, algo evidente. Quanto aos incapazes para o trabalho, a coletividade deve simplesmente cuidar deles – não como hoje, com esmolas miseráveis, mas com alimentação abundante, educação pública para as crianças, boa assistência social para os idosos, assistência médica pública para os doentes etc.

Terceiro: partindo do mesmo ponto de vista, isto é, do bem-estar da coletividade, os meios de produção, assim como a força de trabalho, devem ser inteligentemente administrados e economizados. É preciso acabar com o incessante desperdício que ocorre hoje. Assim, devem-se naturalmente eliminar as *indústrias bélicas e de munição* como um todo, pois a sociedade socialista não precisa de armas assassinas; em vez disso, os materiais valiosos e a força de trabalho aí empregados devem ser utilizados para produções úteis. As *indústrias de artigos de luxo*, que produzem atualmente todo tipo de futilidade para os ricos ociosos, assim como a criadagem pessoal, devem também desaparecer. Toda a força de trabalho aí investida encontrará ocupação mais útil e mais digna.

Se dessa maneira criarmos um povo de trabalhadores, em que todos trabalhem para todos, para o bem-estar e benefício coletivos, então, quarto: o próprio trabalho deve ser configurado de modo inteiramente distinto. O trabalho hoje em dia, tanto na indústria quanto na agricultura ou no escritório, é, na maioria das vezes, uma tortura e um fardo para o proletário. Vai-se para o trabalho porque é preciso, caso contrário não se obteriam meios de subsistência. Na sociedade socialista, em que todos trabalham em conjunto para o próprio bem-estar, deve-se naturalmente ter a maior consideração pela *saúde* do trabalhador e por seu *prazer de trabalhar*. Tempo de trabalho reduzido que não ultrapasse a eficiência normal, locais de trabalho saudáveis, todos os meios para o descanso e o revezamento no trabalho devem ser introduzidos para que cada um faça a sua parte com o maior prazer.

Porém, todas essas grandes reformas requerem o *material humano correspondente*. Hoje, atrás do trabalhador, está o capitalista com seu chicote – em pessoa ou por meio de seu contramestre, de seu capataz. A fome arrasta o proletário para trabalhar na fábrica, na grande propriedade, no escritório. O empresário cuida então para que o tempo não seja desperdiçado, para que o material não seja estragado, para que seja fornecido trabalhado bom e competente.

Na economia socialista é suprimido o empresário com seu chicote. Aqui os trabalhadores são homens livres e iguais, que trabalham para o próprio bem-estar e em benefício próprio. Isso significa trabalhar zelosamente por conta própria, por si mesmo, não desperdiçar a riqueza social, fornecer o trabalho mais correto e pontual. Cada empresa socialista precisa, naturalmente, de um dirigente técnico que tenha uma compreensão exata do assunto, que estabeleça o que é mais necessário para que tudo funcione, para que sejam atingidas a divisão do trabalho mais correta e a maior eficiência. Isso significa seguir tais ordens de boa vontade, na íntegra, manter a disciplina e a ordem sem provocar atritos nem confusões.

Resumindo: o trabalhador da economia socialista deve mostrar que também pode trabalhar zelosa e ordeiramente sem o chicote da fome, sem o capitalista e seu contramestre por trás, que pode manter a disciplina e fazer o seu melhor. Isso requer autodisciplina interior, maturidade intelectual, seriedade moral, senso de dignidade e de responsabilidade, um completo renascimento interior do proletário.

Com homens preguiçosos, levianos, egoístas, irrefletidos e indiferentes não se pode realizar o socialismo. A sociedade socialista precisa de homens que estejam, cada um em seu lugar, cheios de paixão e entusiasmo pelo bem-estar coletivo, totalmente dispostos ao sacrifício e cheios de compaixão pelo próximo, cheios de coragem e tenacidade para ousarem o mais difícil.

Mas não precisamos esperar séculos nem décadas para que tal espécie de homens se desenvolva. Precisamente agora, na luta, na revolução, as massas proletárias aprendem o idealismo necessário e adquirem rapidamente maturidade intelectual. Também precisamos de coragem e perseverança, lucidez e espírito de sacrifício para levar a revolução até a vitória. Recrutando bons combatentes para a revolução atual, criamos futuros trabalhadores socialistas, necessários como fundamento de uma nova ordem.

A juventude trabalhadora principalmente é convocada para essa grande tarefa. Como geração futura, ela formará, com toda certeza, o verdadeiro fundamento da economia socialista. E precisa mostrar já, como portadora do futuro da humanidade, que está à altura dessa grande tarefa. Existe todo um velho mundo ainda por destruir e todo um novo mundo a construir. Mas nós conseguiremos, jovens amigos, não é verdade? Nós conseguiremos! Como diz a canção:

> Uns fehlt ja nichts, mein Weib, mein Kind,
> als all das, was durch uns gedeiht,
> um so frei zu sein, wie die Vögel sind:
> nur Zeit.[2]

---

2 "Não nos falta nada, minha mulher, meu filho,/ a não ser o que através de nós cresce,/ para sermos livres como os pássaros:/ só tempo!" Final do poema de Richard Dehmel, "Der Arbeitsmann" [O trabalhador], publicado originalmente em *Aber die Liebe*, Munique, 1893. Rosa Luxemburgo troca a palavra *kühn* [audaciosos] do último verso por *frei* [livres].

Sobre o Comitê Executivo dos conselhos[1]

Em meio a uma barafunda de ataques, provocações e conspirações ocorre um fato da maior importância para os destinos da revolução: *o afastamento do Comitê Executivo dos Conselhos de Trabalhadores e Soldados* [Vollzugsrat der A. – und S.-Räte] *e sua condenação à impotência e insignificância totais.*

Lembremos de como estavam as coisas no início da revolução. A revolução de 9 de novembro foi feita por trabalhadores e soldados. A formação de Conselhos de Trabalhadores e Soldados [CTS] foi o primeiro ato, o primeiro produto duradouro, a primeira vitória visível da revolução. Os CTS eram por todo lado a encarnação do fato de que a dominação da burguesia imperialista devia ser eliminada e de que devia começar uma nova ordem política e social, no sentido das grandes massas populares, formadas por trabalhadores e soldados.

---

1 Título original: *Um den Vollzugsrat*. Artigo originalmente não assinado (ver nota 1, p.259). Publicado em *Die Rote Fahne*, n.26, 11 dez. 1918.

Os CTS eram, portanto, os órgãos da revolução, os portadores da nova ordem recém-criada, executores da vontade das massas trabalhadoras, tanto de macacão quanto de uniforme. O enorme campo do trabalho revelou-se diante dos CTS. Coube-lhes, primeiro, a tarefa de pôr em prática a vontade das massas populares revolucionárias e de reconstruir toda a maquinaria social e política do Estado num sentido proletário-socialista.

Para começar esse trabalho, os CTS, espalhados por todo o império, precisam de um órgão central que possa expressar unificadamente sua vontade e sua ação; esse órgão, o Comitê Executivo dos CTS, foi eleito no dia 10 de novembro no Circo Busch.

É certo que ele foi eleito somente pelos CTS de *Berlim*. A convocação do Parlamento do Reich [*Reichsparlament*] dos CTS não pôde ser feita de imediato, de modo que esse Comitê Executivo dos CTS devia atuar *provisoriamente* como órgão central dos trabalhadores e soldados alemães.

Portanto, o Comitê Executivo devia ser a mais alta autoridade do império alemão até a reunião do Conselho Central [*Zentralrat*] dos CTS, o portador da soberania do conjunto do povo trabalhador, o órgão supremo do poder da República socialista.

Isso era dito inclusive no primeiro manifesto em que o Comitê Executivo se apresentava, no dia 11 de novembro, um dia depois da sua constituição:

> Aos moradores e soldados da grande Berlim!
> O Comitê Executivo dos CTS, eleito pelos Conselhos de Trabalhadores e Soldados da grande Berlim, começou suas atividades.
> Todos os funcionários municipais, estaduais, federais e militares continuam ativos. *Todas as determinações desses funcionários realizam-se por ordem do Comitê Executivo dos CTS.*[2] [Grifos de RL]

---

2 *Vorwärts*, n.313, 13 nov. 1918.

Aqui se exprime claramente – sem que ninguém inferisse a menor contradição – o fato óbvio de que o Comitê Executivo representa a totalidade do poder político na República, que *todos* os outros órgãos e funcionários do império lhe estão subordinados, que são apenas órgãos que executam sua vontade.

Mas vejamos em que se transformou essa posição de poder soberana nas breves quatro semanas que desde então decorreram!

Desde o início, ao lado do Comitê Executivo, foi nomeado ao mesmo tempo um Conselho dos Comissários do Povo [*Rat der Volksbeauftragten*], o "gabinete político" de Ebert-Haase.[3]

Primeiro esse Conselho dos Comissários do Povo, resultado de um acordo paritário entre o partido dependente e o independente, foi *ratificado*, como se sabe, pela mesma assembleia geral dos CTS da grande Berlim, que elegeu o Comitê Executivo no dia 10 de novembro no Circo Busch.

Qual deveria ser a relação entre esses dois órgãos? É claro, como queriam os CTS e como declarou, sem sofrer contestação, a reunião do Comitê Executivo no dia 11 de novembro, que se o Comitê Executivo devia ser o órgão *supremo* da República, isso significava sem mais que também o "Conselho dos Comissários do Povo", isto é, Ebert-Haase, precisava ser *subordinado* ao Comitê Executivo, exatamente como todos os outros funcionários do império. O gabinete Ebert-Haase podia ser unicamente um órgão executor do Comitê Executivo e de sua vontade.

Essa, e só essa, era também a concepção que *todos* tinham no primeiro momento após a criação das duas entidades.

Mas isso não durou muito tempo. Já no dia seguinte começaram os esforços visíveis dos Scheidemann para estabelecer o gabinete de Ebert, no início como um órgão independente *ao lado* do Comitê Executivo, e então, passo a passo, *por cima* do Comitê Executivo. Verifica-se aqui mais uma vez o velho dito de Lassalle sobre a Constituição escrita e a correlação de forças real. Segundo a vontade dos CTS, o

---

3   Ver nota 3, p.265.

direito da soberania estava do lado do Comitê Executivo, mas Ebert & cia. conseguiram trazer o *poder de fato* para o seu lado.

Com intermináveis reuniões das comissões, deliberações sobre competência e manobras protelatórias as pessoas conseguiram retardar o Comitê Executivo e manter suspensa a questão das relações mútuas [entre as duas entidades]. Mas enquanto o debate era feito abertamente, o pessoal de Ebert *agia* às escondidas. Mobilizaram os elementos contrarrevolucionários, apoiaram-se na oficialidade reacionária, criaram pontos de apoio entre a burguesia e os militares e, com um cinismo sem escrúpulos, encostaram o Comitê Executivo na parede.

O golpe de 6 de dezembro,[4] que proclamou a ditadura de Ebert e liquidou o Comitê Executivo, foi o fruto maduro dessas incansáveis maquinações, a ação que devia ser seu desfecho, cujo remate é a entrada das tropas da guarda em Berlim.

Para caracterizar a situação atual do Comitê Executivo basta observar que um ato tão extraordinariamente importante quanto a entrada das tropas [em Berlim] e o seu não desarmamento ocorreu *sem a aprovação, e mesmo contra o protesto do Comitê Executivo*.

Tudo isso coroado pelo *juramento* que as tropas da guarda puseram nas mãos de Ebert: "Nós prometemos de maneira solene, em nome das tropas por nós representadas, pôr simultaneamente a nossa força à disposição da República alemã unida e de seu governo provisório, o Conselho dos Comissários do Povo".

As tropas da guarda foram assim exortadas a jurar que interviriam apenas a favor do Conselho dos Comissários do Povo. "O governo" é só o gabinete de Ebert, o Comitê Executivo nem sequer é mencionado, ele *não existe*! É como se de ar se tratasse.

---

4   Algumas tropas comandadas por oficiais reacionários tentaram dar um golpe organizado pelo comandante de Berlim, o social-democrata Otto Wels, pelo comando geral dos corpos da guarda, pelo Ministério da Guerra e pelo Ministério do Exterior, no dia 6 de dezembro de 1918. Prenderam o Comitê Executivo dos CTS de Berlim, ocuparam a redação do jornal spartakista *Die Rote Fahne*, proclamaram Friedrich Ebert presidente e na Chausseestrasse atiraram numa manifestação desarmada matando catorze pessoas e ferindo outras trinta.

Toda a ação referente à recepção das tropas, ao seu não desarmamento, ao seu juramento foi claramente feita *sem* o Comitê Executivo, às suas costas. Nós estamos firmemente convencidos de que o Comitê Executivo, assim como o resto do público, somente soube de todo o ocorrido pelos jornais.

O Comitê Executivo foi totalmente excluído dessa ação e desse juramento que, por isso mesmo, aparecem como se fossem diretamente dirigidos *contra* ele! A entrada da guarda, seu armamento, seu juramento foram uma manifestação do gabinete de Ebert, uma ostentação de poder, uma ameaça e uma provocação, em primeiro lugar contra o Comitê Executivo dos CTS!

O Comitê Executivo é uma sombra, um nada – eis o que a manifestação de Ebert, ao receber as tropas, devia dizer ao mundo inteiro.

E esse descaramento, essa autoconsciência da contrarrevolução quatro semanas depois da revolução feita pelos trabalhadores e soldados!

É claro que no Comitê Executivo eram os CTS que deviam ser atingidos, e neles a massa dos trabalhadores e soldados. *Seu* órgão, o órgão da revolução proletária, foi condenado à impotência total, o poder foi-lhe arrancado das mãos e entregue à burguesia contrarrevolucionária.

Certamente nenhum poder político deixa que o poder lhe escape, nem que seja por sua própria culpa. Apenas a incapacidade de agir e a própria indolência do Comitê Executivo facilitaram o jogo de Ebert-Scheidemann.

A vítima, porém, é a própria massa trabalhadora. Dela depende, tendo em vista o Congresso iminente do Parlamento do Reich dos CTS, criar um Comitê Executivo que não viva na sombra e arrancar a Ebert & cia., com pulso firme, o poder que ganharam ilicitamente com maquinações contrarrevolucionárias. Se os CTS de toda a Alemanha não esmagarem de maneira impiedosa o ninho de Scheidemann-Ebert, em muito pouco tempo, tal como o Comitê Executivo de hoje, eles se verão afastados e, por fim, estrangulados pela contrarrevolução vitoriosa.

O que quer a Liga Spartakus?[1]

I

Em 9 de novembro, trabalhadores e soldados destruíram na Alemanha o antigo regime. Nos campos de batalha da França, dissipara-se a ilusão sangrenta de que o sabre prussiano dominava o mundo. O bando de criminosos que havia começado o incêndio mundial e precipitado a Alemanha num mar de sangue gastara todo o seu latim. O povo que, enganado durante quatro anos a serviço do Moloch, esquecera os deveres impostos pela civilização, o sentimento da honra e a humanidade, que se deixara usar para qualquer infâmia, esse povo despertou do sono de quatro anos – à beira do abismo.

---

1 Título original: *Was will der Spartakusbund?* Este texto, publicado pela primeira vez no jornal spartakista *Die Rote Fahne* [A bandeira vermelha], em 14 de dezembro de 1918, foi redigido por Rosa Luxemburgo quando os spartakistas ainda faziam parte do Partido Social-Democrata Independente da Alemanha (USPD). Entretanto, as divergências entre spartakistas e independentes, tornadas insuperáveis, levaram à criação, no final de dezembro, do Partido Comunista Alemão (KPD). No congresso de fundação do KPD (31/12/1918 a 01/01/1919), o programa da Liga Spartakus foi adotado por unanimidade, com apenas algumas modificações de detalhe.

Em 9 de novembro, o proletariado alemão levantou-se para sacudir o jugo vergonhoso que o oprimia. Os Hohenzollern foram escorraçados, Conselhos de Trabalhadores e Soldados foram eleitos.

Mas os Hohenzollern eram apenas os gerentes da burguesia imperialista e dos *junkers*. A burguesia com sua dominação de classe, essa é a verdadeira culpada pela guerra mundial – tanto na Alemanha quanto na França, tanto na Rússia quanto na Inglaterra, tanto na Europa quanto na América. Os capitalistas de todos os países são os verdadeiros instigadores da matança dos povos. O capital internacional é o baal insaciável a cujos dentes sangrentos foram atirados milhões e milhões de vítimas humanas exaustas.

A guerra mundial pôs a humanidade diante da seguinte alternativa: ou manutenção do capitalismo, novas guerras e rápida queda no caos e na anarquia, ou abolição da exploração capitalista.

Com o fim da guerra mundial, a dominação de classe da burguesia perdeu o direito à existência. Ela já não é capaz de retirar a sociedade do terrível caos econômico que a orgia imperialista deixou atrás de si.

Meios de produção foram aniquilados em proporções enormes. Milhões de trabalhadores, a melhor e mais competente geração da classe operária, foram massacrados. Aos que ficaram vivos, ao voltarem para casa, espera-os a miséria escarninha do desemprego. A fome e as doenças ameaçam aniquilar até a raiz a força do povo. A bancarrota financeira do Estado, consequência do enorme fardo das dívidas de guerra, é inevitável.

Para sair desse tumulto sangrento, desse abismo escancarado não há outro recurso, outra saída, outra salvação a não ser o socialismo. Só a revolução mundial do proletariado pode pôr ordem nesse caos, dar a todos pão e trabalho, pôr fim ao dilaceramento recíproco entre os povos, dar à humanidade maltratada paz, liberdade e uma verdadeira civilização. Abaixo o sistema de assalariamento! Este é o lema da hora. O trabalho assalariado e a dominação de classe devem ser substituídos pelo trabalho cooperativo. Os meios de trabalho devem deixar de ser o monopólio de uma classe para tornar-se bem comum.

Chega de exploradores e explorados! Regulamentação da produção e repartição dos produtos no interesse da coletividade. Abolição, tanto do modo de produção atual, da exploração e da pilhagem, quanto do comércio atual, que não passa de fraude.

No lugar dos patrões e de seus escravos assalariados, trabalhadores que cooperam livremente! O trabalho deixa de ser um tormento, porque se torna dever de todos! Uma existência digna e humana para todos os que cumprem seus deveres para com a sociedade! Doravante, a fome não é mais a maldição que pesa sobre o trabalho, mas a punição da ociosidade!

Só numa sociedade assim serão extirpados a servidão e o ódio entre os povos. Só quando essa sociedade se concretizar, a terra deixará de ser profanada pela matança entre os homens. Só então poderemos dizer:

Esta guerra foi a última.

O socialismo é nesta hora a única tábua de salvação da humanidade. Sobre as muralhas da sociedade capitalista que desmoronam, brilha, em letras de fogo, a advertência do Manifesto Comunista:

Socialismo ou queda na barbárie!

II

A realização da sociedade socialista é a mais grandiosa tarefa que, na história do mundo, já coube a uma classe e a uma revolução. Essa tarefa exige uma completa transformação do Estado e uma completa mudança dos fundamentos econômicos e sociais da sociedade.

Essa transformação e essa mudança não podem ser decretadas por nenhuma autoridade, comissão ou parlamento: só a própria massa popular pode empreendê-las e realizá-las.

Em todas as revoluções anteriores, era uma pequena minoria do povo que conduzia a luta revolucionária, que lhe dava os objetivos e a orientação, utilizando a massa apenas como instrumento para fazer triunfar os próprios interesses, os interesses da minoria. A revolução socialista é a primeira que só pode triunfar no interesse da grande maioria e graças à grande maioria dos trabalhadores.

A massa do proletariado é chamada não só a fixar claramente o objetivo e a orientação da revolução, mas é preciso que ela mesma, passo a passo, através de sua própria atividade, dê vida ao socialismo.

A essência da sociedade socialista consiste no seguinte: a grande massa trabalhadora deixa de ser uma massa governada para viver ela mesma a vida política e econômica em sua totalidade, e para orientá-la por uma autodeterminação consciente e livre.

Assim, da cúpula do Estado à menor comunidade, a massa proletária precisa substituir os órgãos herdados da dominação burguesa – Conselho Federal [*Bundesrat*], parlamentos, conselhos municipais – por seus próprios órgãos de classe, os Conselhos de Trabalhadores e Soldados. Precisa ocupar todos os postos, controlar todas as funções, aferir todas as necessidades do Estado pelos próprios interesses de classe e pelas tarefas socialistas. E só por uma influência recíproca constante, viva, entre as massas populares e seus organismos, os Conselhos de Trabalhadores e Soldados, é que a atividade das massas pode insuflar no Estado um espírito socialista.

Por sua vez, a transformação econômica só pode realizar-se sob a forma de um processo levado a cabo pela ação das massas proletárias. No que se refere à socialização, secos decretos emitidos pelas autoridades revolucionárias supremas não passam de palavras ocas. Só o operariado, pela própria ação, pode transformar o verbo em carne. Numa luta tenaz contra o capital, num corpo a corpo em cada empresa, graças à pressão direta das massas, às greves, graças à criação dos seus organismos representativos permanentes, os trabalhadores podem alcançar o controle e, finalmente, a direção efetiva da produção.

As massas proletárias devem aprender, de máquinas mortas que o capitalista instala no processo de produção, a tornar-se dirigentes autônomas desse processo, livres, que pensam. Devem adquirir o senso das responsabilidades, próprio de membros atuantes da coletividade, única proprietária da totalidade da riqueza social. Precisam mostrar zelo sem o chicote do patrão, máximo rendimento sem o contramestre capitalista, disciplina sem sujeição e ordem sem dominação. O mais elevado idealismo no interesse da coletividade, a mais estrita autodisciplina, verdadeiro senso cívico das massas constituem o fundamento moral da sociedade socialista, assim como estupidez, egoísmo e corrupção são os fundamentos morais da sociedade capitalista.

Só pela própria atividade, pela própria experiência, pode a massa trabalhadora adquirir todas essas virtudes cívicas socialistas, assim como os conhecimentos e as capacidades necessários à direção das empresas socialistas.

A socialização da sociedade não pode ser realizada em toda a sua amplitude senão por uma luta tenaz, infatigável da massa trabalhadora em todos os pontos onde o trabalho enfrenta o capital, onde o povo e a dominação de classe da burguesia se encaram, olhos nos olhos. A libertação da classe trabalhadora deve ser obra da própria classe trabalhadora.

III

Nas revoluções burguesas, o derramamento de sangue, o terror, o assassinato político eram as armas indispensáveis nas mãos das classes ascendentes.

A revolução proletária não precisa do terror para realizar seus fins, ela odeia e abomina o assassinato. Ela não precisa desses meios de luta porque não combate indivíduos, mas instituições, porque não entra na arena cheia de ilusões ingênuas que, perdidas, levariam a uma vingança sangrenta. Não é a tentativa desesperada de uma minoria de moldar o mundo à força de acordo com o seu ideal, mas a ação da grande massa dos milhões de homens do povo, chamada a cumprir sua missão histórica e a fazer da necessidade histórica uma realidade.

Mas a revolução proletária é, ao mesmo tempo, o dobre de finados de toda servidão e de toda opressão. Eis por que, contra ela, numa luta de vida ou morte, como se fossem um único homem, se erguem todos os capitalistas, os *junkers*, os pequeno-burgueses, os oficiais, todos os aproveitadores e parasitas da exploração e da dominação de classe.

Não passa de delírio extravagante acreditar que os capitalistas se renderiam de bom grado ao veredito socialista de um parlamento, de uma Assembleia Nacional, que renunciariam tranquilamente à propriedade, ao lucro, aos privilégios da exploração. Todas as classes dominantes, com a mais tenaz energia, lutaram até o fim por seus privilégios. Os patrícios de Roma, assim como os barões feudais da Idade Média, os *gentlemen* ingleses, bem como os mercadores de escravos americanos, os boiardos da Valáquia, assim como os fabricantes de seda de Lyon – todos derramaram rios de sangue, caminharam sobre cadáveres, em meio a incêndios e crimes, provocaram a guerra civil e traíram seus países para defender privilégios e poder.

Último rebento da classe dos exploradores, a classe capitalista imperialista ultrapassa em brutalidade, em cinismo nu e cru, em abjeção todas as suas antecessoras. Ela defenderá com unhas e dentes o que tem de mais sagrado: o lucro e o privilégio da exploração. Utilizará os métodos sádicos revelados em toda a história da política colonial e no decorrer da última guerra. Moverá céu e terra contra o proletariado. Mobilizará o campesinato contra as cidades, açulará camadas operárias retrógradas contra a vanguarda socialista, utilizará oficiais para organizar massacres, tentará paralisar toda medida socialista com milhares de meios da resistência passiva, lançará contra a revolução vinte Vendeias,[2] pedirá socorro ao inimigo externo, às armas dos Clemenceau, Lloyd George e Wilson, preferindo transformar a Alemanha num monte de escombros a renunciar de bom grado à escravidão do salário.

Será preciso quebrar todas essas resistências passo a passo, com mão de ferro e uma brutal energia. À violência da contrarrevolução burguesa é preciso opor o poder revolucionário do proletariado. Aos atentados e às intrigas urdidas pela burguesia, a lucidez inquebrantá-

---

2   Vendeia: região costeira ocidental na França, centro da resistência camponesa contra a República durante a Revolução Francesa.

vel, a vigilância e a constante atividade da massa proletária. Às ameaças da contrarrevolução, o armamento do povo e o desarmamento das classes dominantes. Às manobras de obstrução parlamentar da burguesia, a organização ativa da massa dos trabalhadores e soldados. À onipresença e aos mil meios de que dispõe a sociedade burguesa, é preciso opor o poder concentrado da classe trabalhadora, elevado ao máximo. Só a frente única do conjunto do proletariado alemão, unindo o proletariado do Sul e do Norte da Alemanha, o proletariado urbano e rural, os trabalhadores e soldados, a liderança intelectual viva da revolução alemã e a Internacional, só o alargamento da revolução proletária alemã permitirá criar a base de granito sobre a qual o edifício do futuro pode ser construído.

A luta pelo socialismo é a mais prodigiosa guerra civil conhecida até hoje pela história do mundo, e a revolução proletária deve-se preparar para ela com os instrumentos necessários, precisa aprender a utilizá-los – para lutar e vencer.

Dotar a massa compacta do povo trabalhador com a totalidade do poder político para que realize as tarefas da revolução – eis a ditadura do proletariado e, portanto, a verdadeira democracia. Não há democracia quando o escravo assalariado se senta ao lado do capitalista, o proletário agrícola, ao lado do *junker*, numa igualdade falaciosa, para debater seus problemas vitais de forma parlamentar. Mas quando a massa dos milhões de proletários empunha com sua mão calosa a totalidade do poder de Estado, como o deus Thor o seu martelo, para arremessá-lo à cabeça das classes dominantes, só então haverá uma democracia que não sirva para lograr o povo.

Para permitir ao proletariado realizar essas tarefas, a Liga Spartakus exige:

Medidas imediatas para assegurar o triunfo da revolução

1º Desarmamento de toda a polícia, de todos os oficiais, assim como dos soldados de origem não proletária, desarmamento de todos os que pertencem às classes dominantes.

2º Requisição de todos os estoques de armas e munições, assim como das fábricas de armas, pelos Conselhos de Trabalhadores e Soldados.

3º Armamento do conjunto do proletariado masculino adulto que constituirá uma *milícia operária*. Formação de uma *guarda vermelha* proletária, que será a parte ativa da milícia e proteção permanente da revolução contra ataques e intrigas contrarrevolucionárias.

4º Supressão do poder de comando dos oficiais e suboficiais; substituição da obediência militar passiva pela disciplina voluntária dos soldados; eleição de todos os superiores pela tropa, com o direito permanente de revogar os mandatos; abolição da jurisdição militar.

5º Exclusão dos oficiais e *Kapitulanten*[3] de todos os conselhos de soldados.

6º Substituição de todos os órgãos políticos e de todas as autoridades do antigo regime por homens de confiança dos Conselhos de Trabalhadores e Soldados.

7º Instituição de um tribunal revolucionário que julgará os principais culpados pela guerra e por seu prolongamento: os Hohenzollern, Ludendorff, Hindenburg, Tirpitz e seus cúmplices, assim como todos os conjurados da contrarrevolução.

8º Requisição imediata de todos os estoques de víveres, com o fim de assegurar o abastecimento do povo.

Medidas políticas e sociais

1º Abolição de todos os Estados particulares; criação de uma República socialista alemã unificada.

2º Supressão de todos os parlamentos e conselhos municipais, cujas funções serão preenchidas pelos Conselhos de Trabalhadores e Soldados, assim como pelos comitês e órgãos por eles designados.

---

3 *Kapitulant*: soldado que, mediante um contrato (*Kapitulation*), se obrigava a um longo período de serviço, obtendo assim o direito à aposentadoria. (N. T.)

3º Eleição de conselhos de trabalhadores em toda a Alemanha pelo conjunto do operariado adulto de ambos os sexos, na cidade e no campo, por empresa; eleição de conselhos de soldados pela tropa, exceto os oficiais e os *Kapitulanten*; direito de os trabalhadores e soldados, a todo momento, revogarem os mandatos de seus representantes.

4º Eleição de delegados dos Conselhos de Trabalhadores e Soldados em todo o Reich para o Conselho Central [*Zentralrat*] dos Conselhos de Trabalhadores e Soldados que, por sua vez, elegerá um Comitê Executivo [*Vollzugsrat*]; este será o organismo supremo dos poderes Legislativo e Executivo.

5º O Conselho Central reunir-se-á, no mínimo, uma vez a cada três meses – sempre com reeleição dos delegados –, a fim de exercer um controle permanente sobre a atividade do Comitê Executivo e estabelecer um contato vivo entre a massa dos Conselhos de Trabalhadores e Soldados de todo o Reich, e o organismo governamental supremo que os representa. Os Conselhos de Trabalhadores e Soldados locais têm o direito, a todo momento, de revogar os mandatos e substituir seus delegados no Conselho Central, no caso de estes não agirem de acordo com o mandato que lhes foi dado. O Comitê Executivo tem o direito de nomear e depor os Comissários do povo [*Volksbeauftragten*], assim como as autoridades centrais do Reich e os funcionários.

6º Supressão de todas as diferenças de casta, de todas as ordens e de todos os títulos; total igualdade entre os sexos, no plano jurídico e social.

7º Medidas sociais importantes: redução do tempo de trabalho para lutar contra o desemprego e levar em consideração a fraqueza física do operariado, consequência da guerra mundial; fixação da jornada de trabalho em seis horas, no máximo.

8º Imediata reorganização dos sistemas de abastecimento, habitação, saúde e educação, no sentido e no espírito da revolução proletária.

Medidas econômicas imediatas

1º Confisco de todos os bens e rendas dinásticas em proveito da coletividade.

2º Anulação das dívidas do Estado e de outras dívidas públicas, assim como dos empréstimos de guerra, exceto subscrições de determinado valor, a ser fixado pelo Conselho Central dos Conselhos de Trabalhadores e Soldados.

3º Expropriação de todas as explorações agrícolas grandes e médias, constituição de cooperativas agrícolas socialistas sob uma direção central à escala do Reich; as pequenas explorações camponesas continuarão de posse de seus proprietários até estes aderirem livremente às cooperativas socialistas.

4º A República dos Conselhos expropriará todos os bancos, minas, usinas metalúrgicas, assim como todas as grandes empresas industriais e comerciais.

5º Confisco de todas as fortunas acima de certo valor, a ser fixado pelo Conselho Central.

6º Apropriação do conjunto dos transportes públicos pela República dos Conselhos.

7º Eleições, em todas as fábricas, de conselhos de fábrica que, de acordo com os conselhos operários, deverão administrar todos os assuntos internos da empresa, as condições de trabalho, controlar a produção e, finalmente, assumir a direção da empresa.

8º Instituição de uma Comissão Central de Greve que, em colaboração permanente com os conselhos de fábrica, deverá coordenar o movimento de greve que começa em todo o Reich, assegurando-lhe a orientação socialista e o apoio vigoroso do poder político dos Conselhos de Trabalhadores e Soldados.

Tarefas internacionais

Restabelecimento imediato das relações com os partidos irmãos dos outros países para dar à revolução socialista uma base internacional, estabelecer e garantir a paz pela confraternização internacional e pelo levante revolucionário do proletariado do mundo inteiro.

O que quer a Liga Spartakus!

E por que a Liga Spartakus quer isso? Porque exorta e impele a agir, porque é a consciência socialista da revolução, é odiada, perseguida, caluniada por todos os inimigos secretos ou declarados da revolução e do proletariado.

Crucifiquem-na! – gritam os capitalistas, tremendo por seus cofres-fortes.

Crucifiquem-na! – gritam os pequeno-burgueses, os oficiais, os antissemitas, os lacaios da imprensa burguesa, tremendo pelos bons petiscos que a dominação de classe da burguesia lhes permite.

Crucifiquem-na! – gritam os Scheidemann que, como Judas Iscariotes, venderam os trabalhadores à burguesia e tremem pelas trinta moedas de sua dominação política.

Crucifiquem-na! – repetem ainda, como um eco, camadas do operariado, iludidas, enganadas, mistificadas, e soldados que não sabem que acusam sua própria carne e seu próprio sangue, quando acusam a Liga Spartakus!

No ódio, na calúnia contra a Liga Spartakus une-se tudo o que é contrarrevolucionário, inimigo do povo, antissocialista, equívoco, turvo, lucífugo. Isso confirma que na Liga Spartakus bate o coração da revolução e que o futuro lhe pertence.

A Liga Spartakus não é um partido que queira chegar ao poder passando por cima da massa trabalhadora ou servindo-se dela. A Liga Spartakus é apenas a parte mais consciente do proletariado que indica a cada passo às grandes massas do operariado suas tarefas históricas, que, a cada estágio particular da revolução, representa o objetivo final socialista e que, em todas as questões nacionais, defende os interesses da revolução proletária mundial.

A Liga Spartakus recusa-se a compartilhar o poder com os Scheidemann-Ebert, esses criados da burguesia, porque considera que colaborar com eles significa trair os princípios fundamentais do socialismo, reforçar a contrarrevolução e paralisar a revolução.

A Liga Spartakus recusará igualmente chegar ao poder unicamente porque os Scheidemann-Ebert se desgastaram e os independentes caíram num impasse ao colaborar com eles.

A Liga Spartakus nunca tomará o poder a não ser pela vontade clara e inequívoca da grande maioria da massa proletária em toda a Alemanha. Ela só tomará o poder se essa massa aprovar conscientemente seus projetos, objetivos e métodos de luta.

A revolução proletária não pode chegar a uma total lucidez e maturidade senão subindo, passo a passo, o amargo gólgota de suas próprias experiências, passando por vitórias e derrotas.

A vitória da Liga Spartakus não se situa no começo, mas no fim da revolução: ela identifica-se à vitória dos milhões de homens que constituem a massa do proletariado socialista.

De pé, proletários! À luta! Trata-se de conquistar um mundo e de lutar contra um mundo. Nesta última luta de classes da história mundial pelos mais sublimes objetivos da humanidade, lançamos aos inimigos este grito: polegares nos olhos e joelhos no peito! [*Daumen aufs Auge und Knie auf die Brust!*]

A Liga Spartakus

Nas trincheiras[1]

Amanhã reunir-se-á em Berlim o Conselho Central [*Zentralrat*] dos trabalhadores e soldados de toda a Alemanha;[2] reunir-se-á a entidade na qual, pelo menos em termos organizativos, o proletariado revolucionário de toda a Alemanha, trabalhadores e soldados, vê as flores mais bonitas da árvore da revolução que desabrocha.

É possível que se tivesse uma ideia diferente dessa reunião. Talvez se tenha pensado que já a primeira vaga ascendente do movimento proletário nos traria o Conselho Central; que [também], na hora de seu nascimento, as estrelas da revolução irradiaram a luz mais brilhante, iluminando para o proletariado, no dia 9 de novembro, a pavorosa noite da guerra e da não liberdade.

---

1 Título original: *Auf die Schanzen*. Artigo originalmente não assinado (ver nota 1, p.259). Publicado em *Die Rote Fahne*, n.30, 15 dez. 1918.
2 De 16 a 21 de dezembro de 1918 reuniu-se em Berlim o 1º Congresso Nacional dos Conselhos de Trabalhadores e Soldados da Alemanha, cujos membros eram na sua grande maioria militantes do SPD. Por 344 votos a 98, eles rejeitaram a moção de manter o sistema conselhista "como fundamento da constituição da República socialista", e também a proposta de dar aos conselhos o mais alto poder legislativo e executivo, posicionando-se a favor das eleições para a Assembleia Nacional Constituinte.

Naquelas primeiras horas o Conselho Central não existia. Em seu lugar apareceu um substituto: o Comitê Central dos CTS de Berlim que tomou nas mãos as tarefas do Conselho Central – mãos demasiado fracas.

E assim o Conselho Central se reúne numa hora em que a revolução perdeu seu primeiro brilho de cometa, aquele brilho que nos primeiros dias ofuscou todos os adversários da revolução e – infelizmente – também seus partidários. Também estes acreditaram muitas vezes que com o milagre produzido no dia 9 de novembro a obra da revolução tinha terminado. Os que acreditaram que as antigas potências históricas, que as classes que dominavam havia milênios poderiam ser destituídas por massas humanas exultantes, soldados acenando e bandeiras vermelhas tremulando sob as tílias[3] [*unter den Linden*], todos esses devem ver hoje como a contrarrevolução, como o capitalismo voltou à vida. Naqueles dias, igual ao percevejo, ele só se fingiu de morto. Porém, parece-lhe já ter chegado o tempo e a possibilidade de sugar sangue de novo.

As manobras da contrarrevolução são claramente evidentes. Elas começam na hora em que conseguem incumbir Ebert-Scheidemann de serem seus agentes no governo e com isso conseguem paralisar toda a sua energia revolucionária e dirigir sua energia política para os trilhos da contrarrevolução.

O que esse governo "socialista" não realizou! A cada dia um decreto: um decreto restabelecendo as antigas organizações de funcionários; um decreto procurando restabelecer todos os conselheiros provinciais [*Landräte*], prefeitos de polícia [*Polizeipräsidenten*] e prefeitos [*Bürgermeister*] expulsos; um decreto declarando intocável a propriedade privada; um decreto declarando "independentes" os tribunais, os órgãos da justiça de classe, autorizando-os a continuar fazendo justiça de classe; um decreto determinando que os impostos devem ser pagos como foram até hoje. *Nulla dies sine linea* [nenhum dia sem linha],

---

3   *Unter den Linden*: nome da principal avenida de Berlim oriental, onde se concentravam na época as maiores manifestações. (N. T.)

nenhum dia sem decreto que não usasse uma pedrinha, que ameaça cair do edifício deteriorado da dominação capitalista, para novamente construir muros firmes.

Em circunstâncias tão favoráveis, quem reprovaria a burguesia por sentir-se suficientemente forte para tentar eliminar seus agentes, o governo Ebert-Scheidemann-Haase, e voltar a segurar as rédeas que havia perdido? Calmamente, passo a passo, ela avança. Primeiro obteve agentes para que espertamente, passando pelo desvio da Assembleia Nacional, o poder lhe volte às mãos. Com o ardor dos renegados, Ebert-Scheidemann lançaram-se à sua tarefa: trabalharam pela Assembleia Nacional dia e noite, em todas as ruas e praças, empenharam-se pela burguesia com todas as forças, promoveram golpes e deixaram que proletários fossem mortos a tiros, cortejaram os militares e fizeram continência à bandeira preta, branca e vermelha – e nem com tudo isso mereceram o agradecimento do patrão, do capitalismo.

O patrão ficou impaciente, está farto do empregado, o tempo urge, ele considera que seu dia voltou, vaia a Assembleia Nacional, quer de volta o antigo Reichstag.

Essa foi a hora em que, para a Alemanha, se reuniu o Conselho Central. O capitalismo revigorado está pronto para entrar em ação.

E a revolução? Não devemos ter ilusões a seu respeito: se a revolução acontecesse naqueles órgãos revolucionários criados nos primeiros dias, nos CTS, se a posição e o significado deles fossem medida para a posição e o significado da revolução, ela estaria em má situação.

Começou uma enorme campanha contra os CTS. Cada pequeno equívoco, que em tempos agitados é natural e que no antigo regime era um hábito cotidiano enquanto hoje é apenas falta de experiência, é exagerado como crime capital e qualificado como prova decisiva da incapacidade do sistema conselhista.

E então foram invocadas as sombras da Entente para dar o golpe de misericórdia nos conselhos. O senhor *Ebert* em primeiro lugar: foi ele quem ofereceu *voluntariamente* à América a cabeça dos conselhos em troca de víveres, tendo mesmo *pedido* que os víveres só fossem entregues em troca da cabeça dos CTS.[4] O governo de *Ebert--Scheidemann-Haase* ameaçou com o fantasma da fome na Alemanha; em todas as cabeças martelava a ideia: *ou conselhos, ou pão*.

Então chegaram as notícias: a Entente ameaçava invadir a Alemanha; todos os dias uma notícia desse tipo: a Entente está chegando, a Entente ameaça, é iminente uma nota da Entente, Clemenceau declarou –, Lloyd George declarou –, um dia depois do outro uma nova notícia, um dia depois do outro uma nova mentira.

Era tudo mentira. Não havia uma única palavra verdadeira, cada palavra impressa era produzida no Ministério do Exterior e na chancelaria do império. Neste ponto superou-se até mesmo o antigo regime, que não enganou o povo alemão de maneira tão descarada, tenaz, desavergonhada e ignóbil quanto este governo.

E os conselhos não souberam opor-se a isso. Eles deixaram nas mãos do governo, nas mãos da contrarrevolução, todo o aparato que influencia a "opinião pública" e aceitaram calados que esse governo, esse clube contrarrevolucionário, lhes ateasse diariamente fogo à casa.

Mas a fraqueza dos conselhos não é a fraqueza da revolução. *Ela* não pode ser agarrada nem aniquilada com todos esses pequenos expedientes. *Ela* está crescendo e só agora se tornará aquilo que é: revolução proletária. As greves se alastram como fogo pelo país. Ontem na Alta Silésia, hoje em Berlim, amanhã na Renânia-Westfália, em Stuttgart, em Hamburgo, os proletários se levantam; eles rompem todos os grilhões que governo, partido e sindicato forjaram à sua volta, olhos nos olhos enfrentam o seu inimigo, o capitalismo. As lantejoulas "democráticas" que muitos, inclusive socialistas [*Auchsozialisten*], tão finamente fabricaram nos primeiros dias da revolução, acabaram-se; nua, em sua forma gigantesca, levanta-se a revolução e mostra os músculos que devem despedaçar o velho mundo e formar o novo.

Aqui estão as forças em que os conselhos reunidos se podem apoiar e para as quais eles devem ser, ao mesmo tempo, servidor solícito e liderança viva. Aqui está a única fonte de onde lhes pode chegar força e vida.

---

4 Ver nota 4, p.271.

A revolução viverá sem os conselhos, os conselhos sem a revolução estão mortos.

Muito se deixou de fazer. Os conselhos seguiram seu caminho, com frequência sem clareza e timidamente, desnorteados por fórmulas transmitidas pelo partido, o olhar artificialmente limitado pelas palavras de ordem e o palavreado, a ponto de se deixarem enganar a respeito de seu papel nos acontecimentos, a respeito da violência dos próprios acontecimentos.

A realização de quatro medidas urgentes pode fazer com que o Conselho Central recupere o que foi negligenciado e garanta o lugar que lhe cabe:

1º) Ele deve eliminar o ninho da contrarrevolução, o lugar em que todos os fios da conspiração contrarrevolucionária se juntam, o gabinete Ebert-Scheidemann-Haase.

2º) Deve exigir o desarmamento de todas as tropas da linha de frente que não reconheçam incondicionalmente o poder supremo dos CTS e que são guarda pessoal do gabinete Ebert-Haase.

3º) Deve exigir o desarmamento de todos os oficiais e da guarda branca formada pelo governo Ebert-Haase e criar a guarda vermelha.

4º) Deve rejeitar a Assembleia Nacional como um atentado à revolução e aos CTS.

Transformando imediatamente essas quatro medidas em ação, os CTS ainda podem colocar-se à cabeça da revolução: o proletariado, de boa vontade, se deixará conduzir por eles; se quiserem ser uma liderança forte contra o capitalismo, o proletariado está disposto a dar-lhes tudo e a elevá-los à suprema altura, gritando:

– Todo o poder aos conselhos de trabalhadores e soldados!

Assembleia geral extraordinária do Partido Social-Democrata Independente Alemão da grande Berlim em 15 de dezembro de 1918[1]

I
Exposição sobre a política do USPD segundo um relato de jornal

O camarada Haase acabou de fazer um discurso de acusação contra sua própria política, e um discurso de defesa da política de Ebert-Scheidemann.[2] Disse que Liebknecht estava disposto a entrar no gover-

---

1 Título da edição alemã: *Außerordentliche Verbandsgeneralversammlung der Unabhängigen Sozialdemokratischen Partei Deutschlands von Groß-Berlin am 15.Dezember 1918*. Publicado originalmente em *Die Freiheit*, I, n.57, 16 dez. 1918; II, n.59, 17 dez. 1918.
2 Hugo Haase, em sua exposição, procurou justificar a participação do USPD no governo e a política do Conselho dos Comissários do Povo, assim como fundamentar a necessidade das eleições para a Assembleia Nacional.

no, mas esqueceu-se de indicar a condição imposta por ele. Essa condição era a de que o novo governo em princípio fizesse política socialista. Com essa condição estamos dispostos, ainda hoje, a entrar no governo. No que se refere aos acontecimentos na [fábrica] Schwartzkopff, um companheiro fará o relato de como o clima de unidade é, no fundo, uma fraude.[3]

Desde 9 de novembro, cinco semanas se passaram. Desde então o quadro mudou completamente. A reação está agora muito mais forte que no primeiro dia. E Haase nos diz: vejam como fomos esplendidamente longe! Seu dever teria sido mostrar-nos o progresso da contrarrevolução que teve o auxílio do governo em que Haase está. Esse governo, em vez de impedir a contrarrevolução, fortaleceu a burguesia e a reação. A burguesia não pode realmente desejar um governo que lhe seja mais favorável; ele é a folha de parreira para seus objetivos contrarrevolucionários.

O presente governo não tomou nem sequer as medidas mais elementares. Será que anulou os empréstimos de guerra? Armou o povo para defender a revolução? Para isso proibiu a Guarda Vermelha e reconheceu a Guarda Branca de Wels. No golpe de 6 de dezembro[4] todos os fios contrarrevolucionários se juntavam nas mãos de Ebert e Wels. Todos os oficiais e generais, Lequis e Hindenburg apoiam o governo e Haase nos diz que este é um governo socialista. São justamente esses métodos do governo que desnorteiam o proletariado. Depois de 6 de dezembro os independentes deviam ter saído do governo, deviam ter rejeitado a responsabilidade pelo acontecido a fim de sacudir as massas e dizer-lhes que a revolução está em perigo. Mas, como isso não aconteceu, as massas foram postas a dormir e a continuação dessa política de adormecimento foi o discurso que Haase fez hoje.

Haase enumerou os grandes feitos do novo governo – nítidas reformas burguesas que nos mostram como a Alemanha estava atrasada;

---

3   Os trabalhadores das fábricas de Berlim rejeitavam a divisão entre os partidos social-democratas, o que Rosa Luxemburgo considera um equívoco.
4   Ver nota 4, p.284.

são dívidas antigas da burguesia, e não conquistas do proletariado, embora ele tivesse atuado a seu favor.

Haase disse em seguida que não devemos imitar a tática dos russos, como se fôssemos escravos, pois a Alemanha é economicamente mais avançada. Mas nós devemos aprender com eles. Os bolcheviques tinham que primeiro juntar experiências. Nós podemos nos apropriar do fruto maduro dessas experiências.

O socialismo não é uma questão de escolha parlamentar, é uma questão de poder. Na luta de classes, os proletários e a burguesia precisam combater frente a frente, olhos nos olhos. Para isso, o proletariado tem que ser armado. Não interessam mais discussões, decisões da maioria. Haase é a favor do adiamento da Assembleia Nacional, mas ao mesmo tempo a considera uma arena da luta política. A liderança do Partido Independente fixou abril como data para a Assembleia Nacional. Os representantes dos independentes no governo mudaram de ideia, fixando-a para 16 de fevereiro.

Haase enalteceu o princípio da democracia. Logo, se o princípio da democracia deve ser válido, deve sê-lo, sobretudo, em nosso próprio partido. Mas então o Congresso do partido deve ser convocado imediatamente para que as massas possam dizer se ainda querem esse governo.

Se o Partido Social-Democrata Independente sofreu agora uma derrota nas eleições de Berlim,[5] a verdadeira causa disso é a política de Haase no governo. (Interrupção turbulenta.) Que inversão das coisas culpar a Liga Spartakus, porque justamente nós instigamos a consciência socialista das massas! Durante quatro anos Haase e seus amigos combateram os social-patriotas para finalmente fazerem as pazes com os culpados. E por isso são eles os verdadeiros culpados.

Haase quis nos censurar dizendo que nos subordinamos à opinião das massas, pois não queremos governar a não ser com o apoio das massas. Nós não nos subordinamos, assim como não ficamos à

---

5 Em 14 de dezembro de 1918 foram realizadas eleições de delegados para o Primeiro Congresso Nacional dos CTS da Alemanha. Ver nota 2, p.299.

espera. Mas queremos denunciar as meias medidas, as fraquezas de vocês. Se Haase e seus amigos saírem do governo, eles sacudirão e esclarecerão as massas. Mas se continuarem a defender o governo, as massas se sublevarão e varrerão vocês. Neste momento na revolução não há discurso, não há brochura que possa propiciar o trabalho de esclarecimento necessário. Agora se trata de chegar ao esclarecimento por meio da ação.

Sim, a situação no USPD é insustentável uma vez que nele convivem elementos que não combinam. Ou se decide fazer causa comum com os social-patriotas, ou se caminha com a Liga Spartakus. O Congresso do partido devia decidir sobre isso. Mas, ao exigirmos o Congresso, encontramos agora em Haase os mesmos ouvidos moucos que encontrávamos em Scheidemann, quando durante a guerra fazíamos a mesma exigência.

Apresento à assembleia geral a seguinte resolução: a assembleia geral extraordinária do USPD da grande Berlim exige em 15/12/1918:

1º a saída imediata dos representantes do USPD do governo Ebert-Scheidemann;

2º a assembleia geral rejeita a convocação da Assembleia Nacional, que só pode levar a fortalecer a contrarrevolução e a iludir a revolução quanto aos seus objetivos socialistas;

3º a tomada imediata de todo o poder político pelos CTS, o desarmamento da contrarrevolução, o armamento da população trabalhadora, a formação de uma Guarda Vermelha para proteger a revolução, a dissolução do Conselho dos Comissários do Povo de Ebert, dar ao Comitê Executivo dos CTS o supremo poder estatal;

4º a assembleia geral exige a convocação imediata do Congresso do USPD.[6]

Agora estamos diante de um momento de significado histórico universal, a reunião do Conselho Central, que será em breve.[7] A revo-

---

6 Essa resolução obteve 195 votos. A resolução de Rudolf Hilferding, que designava a organização das eleições para a Assembleia Nacional como a tarefa política mais importante do USPD obteve 485 votos.
7 Ver nota 2, p.299.

lução quase foi levada à beira do abismo, o proletariado deve arrancá-la daí com mão de ferro. O governo fez tudo para, de antemão, arrancar o poder ao Conselho Central dos CTS, desarmou a população civil e o proletariado, tomou medidas que são contra a revolução e que desnorteiam as massas. É preciso lutar implacavelmente contra isso. (Vivos aplausos.)

II
Discurso final[8]
Segundo um relato de jornal

É nosso dever demolir todas as pontes que nos ligam ao presente governo. Essa é a nossa exigência e nós estamos certos. O camarada Barth se apresentou rapidamente enumerando seus heroicos feitos revolucionários. Se o camarada Barth é de fato um revolucionário tão notável, então nas cinco últimas semanas ele foi rapidamente liquidado. Agora o camarada Barth participa de todas as ações contrarrevolucionárias do governo Ebert. Por que será que ele entrou nesse governo? Por que não ficou nas fileiras do proletariado, ali onde é o lugar de um verdadeiro revolucionário? Não, camaradas, pessoas isoladas não fazem a revolução; se a revolução não sair das próprias massas, ela não vale nada. Ströbel disse que os representantes do USPD devem tomar parte no governo para uma colaboração revolucionária. Não, camaradas, para nós socialistas não se trata de governar, mas de derrubar o capitalismo. Ele ainda não foi abalado, ele ainda existe; não se trata de mostrar que podemos ser um partido capaz de governar, e que, agora, neste governo, como socialistas, não podemos governar, isso já ficou comprovado. Disseram-nos que precisávamos esperar muito tempo até que a maioria do proletariado decidisse apoiar nossas concepções revolucionárias. Aqueles que fazem valer esse argumento desconhecem totalmente o ritmo vivo e enérgico do desenvolvimento revolucionário. Não somos nós que queremos chegar ao poder, mas

---

8   Título da redação.

queremos que a maioria do proletariado tenha o poder político nas mãos. Todos aqueles que ergueram o *espantalho da Assembleia Nacional* atuaram de maneira a desnortear as massas e a estender o desenvolvimento revolucionário para meses, anos. Hilferding enfatizou o princípio democrático. Mas, enquanto existir o poder econômico do capital, essa igualdade formal da democracia é pura mentira. Não se pode debater com a burguesia nem com os *junkers* se devemos introduzir o socialismo. Socialismo não significa reunir-se num parlamento e promulgar leis; socialismo significa para nós a derrocada das classes dominantes com toda a brutalidade (gargalhadas) que o proletariado pode desenvolver em seu combate. A *Assembleia Nacional* deve servir para lançar uma ponte sobre o abismo entre capital e trabalho. Vocês têm que decidir agora que caminho querem trilhar, conosco ou com Scheidemann. Agora não há mais desvio, somente um ou isso ou aquilo.

Assembleia Nacional ou governo dos conselhos?[1]

Esta é a questão posta no segundo ponto da ordem do dia do Congresso Nacional dos Conselhos de Trabalhadores e Soldados (CTS); esta é, na realidade, a questão central da revolução neste momento. Assembleia Nacional ou todo o poder aos CTS, abandono do socialismo ou a mais acerba luta de classes do proletariado totalmente armado contra a burguesia: eis o dilema.

Realizar o socialismo pela via parlamentar, por simples decisão majoritária, que projeto idílico! É pena que essa fantasia rósea caída das nuvens nem sequer leve em conta a experiência histórica da revolução burguesa e ainda menos a peculiaridade da revolução proletária.

Como se passaram as coisas na Inglaterra? Ali foi o berço do parlamentarismo burguês, ali ele se desenvolveu mais cedo e mais vigorosamente. Quando, em 1649, soou na Inglaterra a hora da primeira

---

1 Título original: *Nationalversammlung oder Räteregierung?* Artigo originalmente não assinado (ver nota 1, p.259). Publicado em *Die Rote Fahne*, n.32, 17 dez. 1918.

revolução burguesa moderna, o parlamento inglês já tinha uma história de mais de trezentos anos. O parlamento tornou-se assim, desde o primeiro momento da revolução, seu centro, seu bastião, seu quartel-general. Todas as fases da revolução inglesa, desde as primeiras escaramuças entre a oposição e o poder monárquico até o processo e a execução de Charles Stuart, se decidiram no interior do célebre Longo Parlamento, que era um instrumento inigualável e dócil nas mãos da burguesia ascendente.

E qual foi o resultado? Esse mesmo parlamento teve que criar um "exército parlamentar" especial, conduzido por generais parlamentares eleitos em seu interior, a fim de derrotar o feudalismo, o exército dos "cavaleiros" fiéis ao rei, numa guerra civil longa, dura e sangrenta. O destino da Revolução Inglesa foi decidido não nos debates na Abadia de Westminster – por mais que fosse o centro espiritual da revolução –, mas nos campos de batalha de Marston Moor e Naseby; não graças aos brilhantes discursos parlamentares, mas sim à cavalaria camponesa, aos "cavaleiros de ferro" de Cromwell. E assim ela percorreu seu caminho, do parlamento – passando pela guerra civil – à violenta "depuração" do parlamento, que ocorreu duas vezes, e por fim à ditadura de Cromwell.

E na França? Foi lá que primeiro nasceu a ideia de uma Assembleia Nacional. Foi uma inspiração genial do instinto de classe, de teor histórico-universal, quando Mirabeau e os outros declararam em 1789 que os três "estados", a nobreza, o clero e o "terceiro estado", separados até então, deveriam doravante reunir-se *em conjunto*, como Assembleia Nacional. Esta, justamente pela sessão conjunta dos estados, foi, com efeito, um instrumento da luta de classes burguesa. Juntamente com as fortes minorias dos dois outros estados, o "terceiro estado", isto é, a burguesia revolucionária, dispunha desde o início de uma maioria compacta na Assembleia Nacional.

E novamente o que aconteceu? A Vendeia, a emigração, a traição dos generais, as maquinações do clero, a insurreição de cinquenta departamentos, as guerras de coalizão da Europa feudal e, finalmente, como único meio de assegurar a vitória da revolução, a ditadura e seu desfecho: o Terror!

De pouco valeu a maioria parlamentar para levar a bom termo a revolução *burguesa*! E, no entanto, o que é a oposição entre burguesia e feudalismo, comparada ao abismo profundo que hoje se abre entre o trabalho e o capital? O que é a consciência de classe de ambos os lados dos combatentes que lutaram uns contra os outros em 1649 ou em 1789, comparada ao ódio mortal e inextirpável que arde hoje entre o proletariado e a classe capitalista? Não foi em vão que Karl Marx manteve sua lanterna científica focada sobre as mais ocultas molas propulsoras das engrenagens econômicas e políticas da sociedade burguesa. Não foi em vão que ele examinou os atos e o comportamento desta até as mínimas variações de seus sentimentos e de seus pensamentos, como consequência do grande fato fundamental de que, assim como o vampiro, a sociedade capitalista prolonga sua vida bebendo o sangue do proletariado.

Não foi em vão que August Bebel, no final de seu célebre discurso no Congresso do partido em Dresden, exclamou: "Sou e serei um inimigo mortal da sociedade burguesa!".

É o grande combate final, que consiste no "ser ou não ser" da exploração, em uma guinada da história da humanidade; um combate em que não pode haver nenhuma tergiversação, nenhum compromisso, nenhuma misericórdia.

E esse último combate, cujas tarefas imensas superam todas aquelas do passado, deve realizar o que nenhuma luta de classes, nenhuma revolução realizou: dissolver a luta mortal entre esses dois mundos no suave murmúrio das batalhas oratórias parlamentares e das decisões majoritárias!

Enquanto durou a pacata vida cotidiana da sociedade burguesa, o parlamentarismo foi, também para o proletariado, uma arena da luta de classes. Ele foi a tribuna a partir da qual se podiam reunir as massas em torno da bandeira do socialismo e educá-las para a luta. Mas hoje estamos no meio da revolução proletária e trata-se de cortar pela raiz a árvore da exploração capitalista. O parlamentarismo burguês, assim como a dominação de classe burguesa que foi seu mais eminente objetivo político, perdeu o direito à existência. Agora a luta de classes entra na batalha em sua forma nua e crua. O capital e o trabalho não têm mais nada a dizer um ao outro, eles só podem agarrar-se num abraço de ferro e decidir nessa luta final quem ficará por terra.

O dito de Lassalle é mais atual do que nunca: o ato revolucionário consiste sempre em *dizer aquilo que é*. E aquilo que é chama-se: aqui o trabalho, ali o capital! Não à hipocrisia das negociações amigáveis, ali onde se trata da vida ou da morte; não à vitória da união, ali onde só há dois lados. Clara, franca e sinceramente, e fortalecido com essa clareza e sinceridade, o proletariado, *constituído em classe*, deve tomar nas mãos todo o poder político.

"Direitos políticos iguais, democracia!" entoaram durante décadas os grandes e pequenos profetas da dominação de classe burguesa.

"Direitos políticos iguais, democracia!" repetem hoje, como um eco, os cúmplices da burguesia, os Scheidemann.

Sim, mas trata-se justamente de realizá-los agora. Pois a palavra de ordem "direitos políticos iguais" só se realizará onde a exploração econômica for completamente extirpada. E "democracia", governo do povo, só começará se o povo trabalhador tomar o poder político.

É preciso fazer a crítica prática das palavras malbaratadas pelas classes burguesas durante um século e meio, fazer a crítica dos atos históricos. É preciso que as *liberté, égalité, fraternité* [liberdade, igualdade, fraternidade] proclamadas pela burguesia na França, em 1789, se tornem verdade pela primeira vez – pela abolição da dominação de classe da burguesia. O primeiro ato dessa ação libertadora será declarar em alto e bom som, diante de todo mundo e diante dos séculos da história universal, que o que passou até agora por direitos políticos iguais e democracia, a saber, o parlamento, a Assembleia Nacional, o voto universal, era pura mentira! Todo o poder, como arma revolucionária de destruição do capitalismo, nas mãos da massa trabalhadora – eis a única e verdadeira igualdade de direitos, a única e verdadeira democracia!

Os mamelucos de Ebert[1]

A obra do Congresso Nacional dos Conselhos de Trabalhadores e Soldados [CTS] foi dignamente coroada. Depois de ter dado o maior apoio contrarrevolucionário ao quartel-general de Ebert, depois de ter se afastado da rua, das massas revolucionárias do proletariado, ele acabou por se suicidar e por dar o golpe mortal nos CTS![2]

Daremos apenas dois exemplos que provam com que sem-cerimônia, com que cinismo o pessoal de Ebert manobrou o Congresso como se fosse uma marionete, contando com a incultura e a incompetência dos delegados dos trabalhadores e soldados.

Na quarta-feira à noite [18 de dezembro de 1918] surgiu de repente, de maneira totalmente desapercebida e casual, uma *"proposta de Lüdemann"* que exigia a transferência de todo o poder legislativo e executivo ao *governo do Reich* – isto é, ao gabinete de Ebert – "até sua posterior regulamentação pela Assembleia Nacional". Essa proposta

---

1 Título original: *Eberts Mameluken*. Artigo originalmente não assinado (ver nota 1, p.259). Publicado originalmente em *Die Rote Fahne*, n.35, 20 dez. 1918.
2 Ver nota 175, p.299.

foi adotada na quarta-feira à noite, no último momento, sem nenhum debate! E o Congresso não percebeu que com isso já antecipava a "posterior regulamentação" das coisas pela Assembleia Nacional, antes mesmo que esta tivesse sido debatida, e ainda antes que qualquer decisão tivesse sido tomada! A questão de se a Assembleia Nacional deve ou não ser convocada está na ordem do dia de quinta-feira, e na quarta-feira à noite o grupo de Ebert deixa o Congresso decidir que compete à Assembleia Nacional a regulamentação definitiva da situação e que todo o poder político deve ser transferido sem tardar ao gabinete de Ebert! Desse modo, o Congresso foi induzido a considerar antecipadamente os próprios debates sobre a questão central da revolução como algo premeditado, uma comédia.

Segundo exemplo: na quinta-feira, depois das exposições e das considerações finais sobre o ponto "Assembleia Nacional", houve votação. Dentre o grande número de propostas, duas foram vencedoras: a proposta de Däumig, que formula a questão de princípio "Assembleia Nacional ou Constituição conselhista", e uma proposta do grupo de Ebert, que fixa a data das eleições para a Assembleia Nacional em 19 de janeiro.

Qualquer aprendiz do abc sabe que antes de se decretar a *data* das eleições, deve-se, primeiro, decidir sobre a questão fundamental: se, *antes de tudo*, as eleições devem ser realizadas. Antes de determinar a data em que se deve dar o golpe de misericórdia na Constituição conselhista, é preciso manifestar-se sobre a questão de princípio: se esse golpe deve ser dado ou não.

Mas o presidente Leinert pensa dos delegados dos trabalhadores e soldados desse Congresso o que o empresário de velho estilo pensava de seus trabalhadores: "A eles pode-se oferecer tudo". E com razão! O Congresso deixa tranquilamente que se vote primeiro a data das eleições e, depois, a questão de princípio de Däumig, como se ela tivesse sido decidida de antemão por um simples truque!

Com tudo isso não queremos, de modo algum, mostrar que o Congresso, por aparente desatenção e incompetência, se deixou cair em pecado por um pérfido sedutor, como se fosse uma mocinha inexperiente.

A composição desse Congresso e sua atitude do começo ao fim atestam que ele tomou partido de maneira decidida e incansável pelo campo da contrarrevolução scheidemanniana. As manobras sem-cerimônia do grupo de Ebert revelam apenas como este degrada decididamente o Congresso dos Conselhos, transformando-o em sua guarda de mamelucos; como nesse primeiro Congresso da revolução ele renovou todos os velhos truques e a arte de governar – renovou, felizmente! – com os quais Scheidemann-Legien, as "instâncias" do antigo partido e dos sindicatos corrompiam e tutelavam o operariado a fim de torná-lo maduro para o escândalo moral de 4 de agosto [de 1914].

O Congresso dos Conselhos, como instrumento dócil da contrarrevolução, ainda deu um último passo: rejeitou expressamente toda colaboração do Comitê Executivo [*Vollzugsrat*][3] com o poder legislativo do Conselho dos Comissários do Povo [*Rat der Volksbeauftragten*],[4] concedendo, na realidade, poderes ditatoriais ao governo de Ebert!

O Congresso dos CTS coroou sua obra ao tirar todo poder dos CTS e dando-o ao grupo de Ebert, que carrega na consciência o golpe de 6 de dezembro, os catorze mortos da Chausseestraße e a conspiração de Marten e Lorenz![5]

O ponto de partida e a única conquista palpável da revolução de 9 de novembro consistiu na formação dos CTS. O primeiro Congresso dos Conselhos encerra-se destruindo essa única conquista, tirando o proletariado de sua posição de poder, eliminando a obra de 9 de novembro, empurrando a revolução para trás!

Contudo, a quadrilha contrarrevolucionária, por excesso de zelo, acaba cortando a própria carne. Os mamelucos da guarda de Ebert levaram longe demais sua obediência cega. O arco, esticado em demasia, manda a flecha de volta ao atirador.

---

3   Ver p.281.
4   Ver p.263.
5   Marten instigou a formação da organização contrarrevolucionária *Vereinigung deutscher Frauen für Truppenempfang* [União das mulheres alemãs para a recepção das tropas], e o capitão Lorenz era responsável no Ministério da Guerra pelo fornecimento de armas à guarda nacional. Ambos, entre outros, insuflaram o golpe de 6 de dezembro de 1918.

O Congresso dos Conselhos condenou a uma existência meramente ilusória a própria entidade da qual recebera seus plenos poderes, os CTS, *transgredindo assim seus plenos poderes, traindo o mandato que lhe havia sido entregue pelos CTS, abolindo o solo em que sua existência e sua autoridade se assentavam*. Com a decisão de despojar os CTS de qualquer poder, o Congresso dos CTS extinguiu não *este* poder político, mas extinguiu-se a si mesmo como poder político, anulou completamente suas decisões em relação aos CTS, pensando ter-lhes dado o golpe mortal.

Os CTS, como poder político, não *estão* extintos, eles não *podem* ser extintos. Eles não existem graças a nenhum Congresso, eles nasceram da ação revolucionária das massas em 9 de novembro. A massa revolucionária *não* cometerá o suicídio que se espera dela. Os CTS permanecerão, eles aumentarão seu poder com energia decuplicada e terão que defender seu direito à existência, isto é, a revolução de 9 de novembro. Eles declararão sem valor a obra contrarrevolucionária de seus delegados desleais e encontrarão força e coragem para, nessa hora decisiva, dizer como Lutero outrora: "Aqui estou, não posso agir de outro modo!".

Dois adendos:

Tendo em vista o fato de que o Comitê Executivo foi privado de toda colaboração com o poder Legislativo, sendo assim condenado à existência ilusória de uma "instância de controle" sem poder nem influência, a facção do USPD declarou que dessa forma não poderá mais participar do Comitê Executivo. *Portanto, daqui por diante o Comitê Executivo só será escolhido dentre o pessoal de Ebert*. Que o "controle" de Ebert se faça sobre o governo de Ebert! Que o diabo seja controlado pela sogra! Todo o poder político e todos os seus órgãos exclusivamente nas mãos dos Scheidemann!

Mas também essa vergonha precisa ser disfarçada com uma folhinha de parreira. Pois Haase continua no Conselho dos Comissários do Povo, amarrado à barriga de Ebert como um tapa-sexo [*Schamgürtel*]. Sim, ele continua! E Dittmann e Barth com certeza também continuam. A esquerda do USPD, para salvar a honra, retira-se do Comitê

Executivo; a direita continua imperturbável, como uma cobertura de "princípios firmes" da prostituição política.

O conventículo de Haase foge do Congresso do partido para escapar à responsabilidade, à decisão clara; a lógica interna das coisas produz decisão e clareza. As massas do partido serão diretamente *desafiadas* e *obrigadas* a dar seu veredito!

O Congresso recebe de seus encenadores o tratamento merecido. Depois de ter feito e deixado fazer tudo que a contrarrevolução precisava, devia ser mandado para casa. Depois de liquidado o segundo ponto, a Assembleia Nacional queria, sem cerimônia, estrangular o resto da ordem do dia. Para que uma conversa inútil sobre socialização e paz quando o assunto principal, a ditadura do governo de Ebert, havia sido alcançado? O mouro fez seu trabalho, o mouro devia ir embora.[6]

O mouro estava pronto para isso. Mas "a rua" fez sua intervenção. Com a descoberta do lindo plano, começou nas galerias um protesto tão furioso, tão elementar, que os mamelucos embaixo na sala ficaram com medo. A leitura das duas exposições, sobre a socialização e a paz, foi encerrada.

De fato era mera formalidade. Dois exercícios oratórios ao apagar das luzes, ouvidos já de sobretudo, "por delicadeza".

Mas também esse último pequeno lampejo de pudor e de decoro só brotou graças ao punho rude das massas lá fora.

---

6   "Der Mohr hat seine Arbeit getan, der Mohr sollte gehen." Rosa Luxemburgo modifica ligeiramente uma frase de Friedrich Schiller da peça *Die Verschwörung des Fiesco zu Genua* [A conspiração de Fiesco em Gênova] (III, 4): "Der Mohr hat seine Arbeit getan, der Mohr kann gehen". (N. T.)

Uma vitória de Pirro[1]

A primeira reunião do Congresso dos Conselhos chegou ao fim.[2] Se olharmos para seus resultados, tal como se apresentam externamente pelos debates e deliberações, vemos que são uma vitória do governo de Ebert, uma vitória total da contrarrevolução. Distanciamento da "rua" revolucionária, anulação do poder político dos Conselhos de Trabalhadores e Soldados, convocação da Assembleia Nacional, poder ditatorial do grupo do [golpe de] 6 de dezembro[3] – o que mais e o que de melhor poderia a burguesia desejar na situação atual? "Os ditadores nada querem saber da ditadura que lhes é destinada",[4] exulta o *Freiheit*, o triste órgão da ambiguidade política.

Não há dúvida de que o órgão autoeleito dos Conselhos de Trabalhadores e Soldados, em vez de cumprir sua missão apossando-se

---

1 Título original: *Ein Pyrrhussieg*. Artigo originalmente não assinado (ver nota 1, p.259). Publicado em *Die Rote Fahne*, n.36, 21 dez. 1918.
2 Ver p.299.
3 Ver nota 4, p.284.
4 "[...] e nós mesmos sempre enfatizamos que a luta a favor da ditadura dos conselhos não fazia sentido pois os ditadores nada queriam saber da missão que lhes era destinada." (Ein heißer Tag [Um dia quente], *Die Freiheit*, n.65, 20 dez. 1918.)

do poder político em favor da revolução, suicidou-se e entregou ao inimigo o poder que lhe foi confiado.

Aqui se manifesta não somente a insuficiência geral do primeiro e imaturo estágio da revolução, mas também a dificuldade particular dessa revolução proletária, a especificidade de sua situação histórica.

Em todas as revoluções anteriores os combatentes entravam na liça com o rosto descoberto: classe contra classe, programa contra programa, escudo contra escudo. E as maquinações, intrigas e manobras existentes em toda contrarrevolução eram maquinações, intrigas e manobras da *contrarrevolução*, dos monarquistas, dos aristocratas, dos militares reacionários. Eram sempre os partidários do sistema derrubado ou ameaçado que, em nome desse sistema, adotavam medidas contrarrevolucionárias para salvá-lo. Bastava levar do escuro para a luz os escudos e armas comprometidos para que a massa popular, em altos brados, destruísse os velhos espantalhos.

Na revolução atual as tropas protetoras da antiga ordem não entram na liça com os escudos e as armas próprios das classes dominantes, mas sob a bandeira de um "partido social-democrata". Se os Ebert-Haase se chamassem honesta e francamente Heydebrand, Gröber, Fuhrmann, nenhum delegado dos trabalhadores e soldados teria ousado segui-los. Se a questão central da revolução consistisse franca e honestamente em *capitalismo ou socialismo*, dúvidas e vacilações da grande massa do proletariado seriam hoje impossíveis.

Só que a história não nos faz as coisas tão fáceis nem tão cômodas. A dominação de classe da burguesia entra hoje em sua derradeira luta histórico-mundial sob a bandeira alheia, sob a bandeira da própria revolução. Foi um partido socialista, a mais original criação do movimento operário e da luta de classes, que se transformou no mais impressionante instrumento da contrarrevolução burguesa. O núcleo, a tendência, a política, a psicologia, os métodos – isso tudo é bem capitalista. Do socialismo restaram somente os rótulos, o aparato e a fraseologia para enganar as grandes massas sobre o núcleo e o conteúdo da política, para degradar o conselho de delegados do proletariado revolucionário em tropa de mamelucos da contrarrevolução!

Essa é a escola da social-democracia alemã, esse é o recibo de seus últimos 25 anos de atividade. O espírito de 4 de agosto de 1914 dominava a sala do Congresso dos Conselhos; a velha Alemanha pré-revolucionária dos Hohenzollern, de Hindenburg e Ludendorff, do estado de sítio e do trabalho de carrasco na Finlândia, nos países bálticos e na Ucrânia, ainda estava intacta na sala da casa dos deputados – apesar do colapso nos campos de batalha da França e apesar do 9 de novembro!

E, no entanto, essa Alemanha já não existe. O maravilhoso segredo de todas as transformações socialistas internamente amadurecidas e historicamente necessárias é que um dia de revolução muda a cara da sociedade, faz que o velho se torne passado para toda a eternidade.

O colapso de 9 de novembro, por mais fraco, insuficiente e confuso que tenha sido, cavou entre ontem e hoje um precipício sobre o qual não existe mais nenhuma ponte. Assim como um pequeno floco de neve basta para pôr a deslizar uma gigantesca avalanche que soterra penhascos, vales e aldeias, também o fraco choque de 9 de novembro bastou para abalar o equilíbrio da dominação de classes na Alemanha, introduzindo uma oscilação e um tremor generalizados em seus alicerces.

Esse processo de abalo e reviravolta da dominação de classe burguesa não pode encontrar nenhuma outra saída senão o triunfo da revolução social, pois só o socialismo resta como saída, como salvação à bancarrota do imperialismo.

A situação se exacerba a cada dia, a cada dia se burila mais abrupta e impiedosamente o dilema histórico-mundial.

A massa dos soldados que reflui transforma-se paulatinamente em massa de trabalhadores, despe o uniforme do imperialismo e veste o macacão do proletário. Desse modo, os soldados voltam ao contato com a terra nativa em que se enraíza sua consciência de classe e cortam os fios que transitoriamente os ligavam às classes dominantes.

Ao mesmo tempo crescem os gigantescos problemas do desemprego, das lutas econômicas entre capital e trabalho, da bancarrota financeira do Estado. A decomposição interna da economia capitalista mostra sua cabeça de medusa. É aqui, no conflito econômico, que está a forja em brasa de onde a cada dia se elevam novas chamas da luta de classes.

E disso resulta que a tensão revolucionária, a consciência revolucionária da massa se torna a cada dia mais aguda e enérgica. O próprio Congresso dos Conselhos, justamente ao pôr-se num conflito áspero e repentino com a situação e à disposição das massas, fez a melhor coisa para esclarecê-las e educá-las. Nos poucos dias em que se reuniu, ele demonstrou ao proletariado e à massa dos soldados que a luta impiedosa contra o governo da contrarrevolução é a inevitável questão vital.

Somente a falta de clareza, as meias medidas, somente os véus e a neblina são perigosos para a causa da revolução. Toda clareza, todo desvelamento são óleo no fogo da revolução.

O Congresso dos Conselhos fez em poucos dias um trabalho tão fundamental, tão completo ao tirar todos os véus que cobrem o núcleo da contrarrevolução, que deve sacudir a consciência moral das massas proletárias como uma mina explosiva.

A partir do momento em que os delegados dos conselhos terminaram de falar, têm a palavra os Conselhos de Trabalhadores e Soldados, as massas trabalhadoras em toda a Alemanha. Elas falarão e *agirão*. A vitória do governo de Ebert – como toda vitória da contrarrevolução – permanecerá uma vitória de Pirro.

As eleições para a Assembleia Nacional[1]

Depois da brilhante "vitória" no Congresso dos Conselhos[2] o pessoal de Ebert acredita que seu grande golpe foi bem-sucedido contra o poder dos Conselhos de Trabalhadores e Soldados, contra a revolução proletária e o socialismo.

Engana-se. Chegou o momento de frustrar esse plano da contrarrevolução, de aniquilar a ação das tropas de proteção capitalistas pela ação revolucionária das massas.

Assim como utilizamos o infame voto prussiano das três classes[3] para *no* Parlamento das três classes lutar *contra* o Parlamento das três classes, da mesma forma usaremos as eleições para a Assembleia Nacional para lutar contra a Assembleia Nacional.

---

1   Título original: *Die Wahlen zur Nationalversammlung*. Artigo originalmente não assinado (ver nota 1, p.259). Publicado em *Die Rote Fahne*, n.38, 23 dez. 1918.
2   Ver nota 2, p.299.
3   Ver nota 43, p.68.

Contudo, a analogia para por aqui. Para os verdadeiros defensores da revolução e do socialismo, a participação na Assembleia Nacional não pode ter hoje nada em comum com o esquema habitual, com a tradicional "utilização do parlamento" visando às assim chamadas "conquistas positivas". Isso não significa cair na velha rotina do parlamentarismo, aplicar pequenos remendos e cosméticos nos projetos de lei nem, a fim de "medir forças", fazer a revista das tropas dos membros do partido, ou proceder segundo todo o conhecido palavreado da época da rotina burguesa parlamentar e do vocabulário dos Haase e companheiros.

Agora estamos no meio da revolução e a Assembleia Nacional é uma fortaleza contrarrevolucionária erigida *contra* o proletariado revolucionário. Chegou o momento de atacar e demolir essa fortaleza. As eleições, a tribuna da Assembleia Nacional, devem ser utilizadas para mobilizar as massas *contra* a própria Assembleia, para chamá-las à luta mais acerba.

A participação nas eleições é necessária, não para legislar com a burguesia e seus escudeiros, mas para expulsar a burguesia e seus escudeiros do templo, para assaltar a fortaleza da contrarrevolução e hastear sobre ela a bandeira vitoriosa da revolução proletária.

Será que para isso é necessário ter maioria na Assembleia Nacional? Só quem corteja o cretinismo parlamentar, quem quer decidir a revolução e o socialismo por meio de maiorias parlamentares acredita nisso. Também quem decide sobre o destino da própria Assembleia Nacional não é a maioria parlamentar *na* Assembleia Nacional, mas a massa proletária que está fora, nas fábricas e nas ruas.

Os cavalheiros em torno de Ebert-Haase, os *junkers*, os capitalistas e seu séquito ficariam satisfeitos se permanecêssemos gentilmente atrás deles e se os proletários revolucionários se contentassem com o papel de espectadores que observam calmamente enquanto lá dentro sua pele é levada ao mercado!

Esses cálculos não terão resultado. Apesar de terem feito rapidamente seu trabalho contrarrevolucionário em segurança e ao apagar das luzes, graças ao congresso de mamelucos dos CTS, faltou e continua faltando combinar com o adversário. O adversário é a massa proletária, a verdadeira portadora da revolução e de suas tarefas socialistas. Ela, a massa, deve decidir sobre o destino e a evolução da Assembleia Nacional. De sua atividade revolucionária depende o que acontecerá na Assembleia Nacional, o que ela será. O peso maior consiste na ação de fora, que deve bater impetuosamente às portas do parlamento contrarrevolucionário. Mas mesmo as próprias eleições e, dentro, a ação dos representantes revolucionários da massa devem servir à causa da revolução. Denunciar em alto e bom som todos os truques e artimanhas da prezada assembleia, desmascarar passo a passo, diante das massas, sua obra contrarrevolucionária, chamá-las a decidir, a intervir – eis a tarefa dos participantes da Assembleia Nacional.

Os senhores burgueses com o governo de Ebert à cabeça querem, com a Assembleia Nacional, banir, paralisar a luta de classes, querem evitar a decisão revolucionária. Mas, apesar desse plano, a luta de classes deve tomar de assalto a própria Assembleia Nacional, deve utilizar as eleições assim como as deliberações da Assembleia Nacional precisamente para acelerar a decisão revolucionária.

Caminhamos na direção de tempos turbulentos. O desemprego, os conflitos econômicos crescerão sem parar nas próximas semanas, nos próximos meses. O grande conflito entre capital e trabalho que traz em seu seio o futuro da revolução e que não admite como resultado final nenhuma outra decisão a não ser a destruição do domínio da classe capitalista e o triunfo do socialismo cuidará de que o ânimo revolucionário e a atividade das massas cresçam no país a cada dia.

Segundo o plano do pessoal de Ebert, a Assembleia Nacional deve criar um dique contra a maré revolucionária. Portanto, trata-se de dirigir a maré precisamente para dentro da Assembleia Nacional e através dela, a fim de que o dique seja levado pelas águas.

A ação eleitoral e a tribuna desse parlamento contrarrevolucionário devem ser um meio para a educação, a concentração, a mobilização da massa revolucionária, uma etapa na luta pelo estabelecimento da ditadura proletária.

Um assalto das massas às portas da Assembleia Nacional, o punho cerrado do proletariado revolucionário que se ergue no meio da assembleia agitando a bandeira onde brilham as letras de fogo: *todo o poder aos Conselhos de Trabalhadores e Soldados!* – nisto consiste nossa participação na Assembleia Nacional.

Proletários, camaradas, ao trabalho! Não há tempo a perder. Hoje as classes dominantes ainda estão exultando pela ação vitoriosa do governo de Ebert no Congresso dos Conselhos; elas aguardam e esperam o 19 de janeiro como o retorno de sua tranquila dominação de classe. Elas não devem exultar cedo demais. Os idos de março ainda não acabaram, nem os de janeiro. O futuro pertence à revolução proletária; tudo deve estar a seu serviço, inclusive as eleições para a Assembleia Nacional.

A conferência nacional da Liga Spartakus[1]

Amanhã reúnem-se representantes da mais odiada, da mais caluniada, da mais perseguida tendência política de toda a Alemanha – a Liga Spartakus. Com orgulho e confiança reúnem-se sob a bandeira posta à prova na tempestade para, numa breve reunião cercada pelo sopro quente da revolução, deliberar sobre os objetivos e os caminhos a seguir.

Como outrora em Flandres o nome dos "Geusen",[2] mendigos, o nome dos "spartakistas" tornou-se hoje na Alemanha símbolo da luta revolucionária intensa, da energia proletária inquebrantável, do apego firme aos objetivos do socialismo, símbolo de tudo aquilo a que as classes dominantes, a que a sociedade capitalista tem horror e que odeia até a morte.

---

1 Título original: *Die Reichskonferenz des Spartakusbundes*. Artigo originalmente não assinado (ver nota 1, p.259). Publicado em *Die Rote Fahne*, n.43, 29 dez. 1918. Na publicação *Die Rote Fahne*, n.304, 28 dez. 1928, Rosa Luxemburgo é designada como sua autora.
2 Nome que deram a si mesmos os holandeses que durante a guerra de 1568-1648 combateram pela liberdade contra os espanhóis. A palavra vem do francês *gueux*, "mendigo".

A Liga olha retrospectivamente para seu breve, porém movimentado passado. O colapso da social-democracia alemã em 4 de agosto de 1914 foi a hora do nascimento de Spartakus. A bancarrota ruidosa da tática partidária tradicional, sua traição vergonhosa às tarefas e deveres de honra mais sagrados do socialismo na grande hora da decisão trouxe imediatamente à tona a rebelião aberta e enérgica dos spartakistas. Deles saiu, já em agosto de 1914, o primeiro protesto público contra o vexame do partido oficial, publicado na imprensa italiana, inglesa, holandesa e que alto bradava: tenham esperança e animem-se! Ainda existem socialistas na Alemanha!

Quando as massas trabalhadoras, na hipnose paralisante do delírio bélico, ainda assistiam indiferentes ou mesmo exultantes ao assalto vitorioso do imperialismo, quando o partido jazia numa plúmbea tranquilidade de cemitério depois do suicídio de 4 de agosto, desses mesmos spartakistas saíram as primeiras reuniões na periferia de Berlim – Steglitz, Mariendorf, Charlottenburg, Neukölln –, as primeiras conferências em Stuttgart, Frankfurt am Main, Leipzig, os primeiros sinais de união contra o partido oficial, os primeiros enfrentamentos, olhos nos olhos, com os traidores do socialismo e da Internacional.

Da tribuna do Reichstag, no jornal *Internationale*, na brochura de Junius,[3] em panfletos, o pequeno grupo lutou incansavelmente, sob o estado de sítio e a ditadura da espada, para salvar a honra do proletariado alemão, para sacudir as massas, para atiçar a faísca sagrada do idealismo revolucionário.

As perseguições caíram compactamente sobre os desmancha-prazeres. Sumiram durante anos um atrás do outro, mandados para prisões e penitenciárias repletas ou mandados das fábricas para as trincheiras. Contudo, quando algum continuava em liberdade, logo o grupo se reunia de novo, logo recomeçava o trabalho subterrâneo, o tenaz trabalho de toupeira que devia solapar o edifício rígido do imperialismo.

---

3 Publicada com o título *A crise da social-democracia* (ver p.15).

E os vínculos com a massa proletária continuaram a tecer-se cada vez mais fortemente. Enquanto os independentes, depois de dois anos de paciente colaboração com os Judas do movimento operário, de modo hesitante e irresoluto deles se separaram, a fim de teimosamente levar adiante as tradições viciadas e fraudulentas da velha social--democracia e de sua ilusória existência parlamentar, os spartakistas abriram caminho para uma tática nova e revolucionária, a da ação de massas extraparlamentar, exortaram e chamaram incansavelmente à greve de massas até conseguirem fortalecer e elevar a autoconfiança, a coragem do operariado para a luta.

Depois de cada arranque, as ondas da luta, que quase não se moviam, diminuíam e se acalmavam; uma calmaria mortal, plúmbea, parecia reapoderar-se do espírito das massas. Era preciso uma vontade férrea e uma fé que remove montanhas para nesses quatro anos e três meses não afrouxar nem um dia, não abandonar o incansável trabalho de mineiro, não cair no pessimismo confortável a respeito das "massas alemãs", que servia de pretexto barato à própria indolência dos independentes.

Para os spartakistas não havia desânimo nem vacilações. Assobiando alegremente nas celas gradeadas e nas fábricas, nas trincheiras e nos centros de deliberação conspirativos, farejados por espiões, cercados de agentes de polícia, eles aguçaram suas flechas, difundiram seus panfletos, instigaram fortemente a consciência moral das massas, desafiaram audaciosamente sem parar o colosso triunfante do imperialismo.

Até que em 9 de novembro o colosso de pés de barro caiu ruidosamente ao chão, o proletariado alemão finalmente recuperou sua grandeza e a revolução começou.

Desde o primeiro dia da revolução começou uma cruzada da burguesia, da pequena burguesia, dos oficiais, do pessoal de Ebert – de todos os elementos contrarrevolucionários contra a Liga Spartakus. Esse era o recibo pelo cumprimento do dever sob a ditadura da espada do imperialismo; ao mesmo tempo, era o instinto seguro dos guardiões da ordem social capitalista sob ameaça que dirigia todas as suas flechas envenenadas para onde sentia bater o coração da revolução proletária.

Os inimigos mortais do proletariado e do socialismo não foram enganados por seu instinto. Na revolução alemã cabe à Liga Spartakus um papel especial, uma tarefa de grande responsabilidade, um alto dever.

Um abismo profundo a separa dos mercenários a serviço dos exploradores e opressores, do pessoal de Ebert-Scheidemann, manchado de sangue, a quem só tem a oferecer o punho cerrado.

Um abismo também a separa dos independentes que, nas cinco semanas de revolução, entenderam que deviam evoluir não para a frente mas para trás; que, de críticos passivos da prostituição scheidemanniana durante a guerra, transformaram-se em ativos participantes dessa prostituição; que, por cima de golpes, intrigas e túmulos, por cima de infâmias e poças de sangue, ainda estendem a mão a Ebert-Scheidemann para um trabalho conjunto. Para esse pessoal – mesmo que amanhã, sob a pressão do desprezo geral e de seu próprio colapso moral, finalmente rompam o vínculo infame com o governo de Ebert – valem as palavras: tarde demais! Eles estão liquidados para a revolução, para o proletariado. A continuação de seu caminho leva-os para o lamaçal da contrarrevolução à qual estenderam por muito tempo a mão auxiliadora.

Mas existe também um limite que nos separa dos elementos indecisos e pusilânimes do USPD, os quais, exasperados com a profunda queda dos Haase-Dittman e companheiros, não têm, contudo, coragem nem firmeza para levá-los ao pelourinho, para fazer o grande ajuste de contas das massas com eles, para se colocar diante da alternativa de se separarem da contrarrevolução ou se excluírem das fileiras do proletariado combativo.

Revoluções não conhecem meias medidas, não fazem compromissos, não rastejam, não se curvam. Revoluções precisam de intenções explícitas, princípios claros, corações decididos, homens completos.

A revolução atual, que está somente em seu primeiro estágio, que tem diante de si formidáveis perspectivas e que precisa superar problemas histórico-universais, deve ter uma bússola segura que imperturbavelmente aponte, em cada estágio da luta, em cada vitória e em cada derrota para o mesmo grande objetivo: a revolução socialista universal, o enérgico poder combativo do proletariado pela libertação da humanidade do jugo do capital.

Ser essa bússola que aponta a direção, essa flecha que se move para diante, o fermento proletário-socialista da revolução – eis a tarefa específica da Liga Spartakus no embate atual entre dois mundos.

A história é a única mestra verdadeira e a revolução é a melhor escola para o proletariado. Elas cuidarão de que o "pequeno grupo" dos mais caluniados e perseguidos se torne pouco a pouco aquilo a que sua visão de mundo o destina: ser a massa combativa e vitoriosa do proletariado socialista revolucionário.

Congresso de fundação do Partido Comunista Alemão (KPD), de 30 de dezembro de 1918 a 1º de janeiro de 1919, em Berlim[1]

I
Discurso a favor da participação do KPD nas eleições para a Assembleia Nacional

Todos nós, inclusive o camarada Levi, encaramos a oposição arrebatada e o estado de espírito que aqui se manifestaram durante a sua

---

1 Título da redação: *Gründungsparteitag der Kommunistischen Partei Deutschlands vom 30.Dezember 1918 bis 1.Januar 1919 in Berlin*. Título da redação. Publicado como *Protokoll des Gründungsparteitages der Kommunistischen Partei Deutschlands* [Ata do congresso de fundação do Partido Comunista Alemão] (*30. Dezember 1918-1. Januar 1919*), 1972.

exposição[2] com a alegria íntima proveniente da origem dessa oposição. Todos compreendemos e estimamos muitíssimo o elã revolucionário e a firmeza que todos exprimem; e quando o camarada Rühle[3] os adverte contra o nosso oportunismo não fazemos caso dessas repreensões. Talvez nosso trabalho não tenha sido em vão, se encontramos companheiros de partido tão decididos. O perigo de nosso oportunismo não é tão grande quanto o camarada Rühle o pintou. Estou convencida de que é nosso dever falar-lhes também, em alto e bom som, sempre que temos opinião contrária à sua. Seríamos tristes representantes da Liga Spartakus, que enfrentou o mundo inteiro, se não tivéssemos coragem de nos opor aos nossos próprios camaradas.

A alegria de que acabei de falar, proveniente do estado de espírito arrebatado que vocês manifestam, não é sem mescla. Eu a vejo com um olho que ri, outro que chora. Estou convencida de que vocês querem construir seu radicalismo de maneira um tanto cômoda e rápida; sobretudo os gritos de "votar depressa!" mostram isso. A maturidade e a seriedade não se encontram nesta sala. Estou firmemente convencida de que esse é um assunto sobre o qual precisamos refletir e que deve ser tratado de maneira calma. Fomos chamados a realizar as maiores tarefas da história universal, e não é demais refletir, de forma madura e fundamentada, sobre os passos a dar para estarmos seguros de alcançar nosso fim. Não se podem tomar decisões tão importantes de maneira precipitada. Sinto falta de reflexão, de seriedade, as quais não devem de forma alguma ser excluídas do elã revolucionário, mas unir-se a ele.

Quero dar um pequeno exemplo de quão irrefletidamente vocês querem decidir sobre coisas que carecem de madura reflexão. Um dos camaradas que aqui grita de maneira particularmente violenta, impelido pela impaciência revolucionária, exige que não se perca tempo.

---

2   A pedido do comitê central da Liga Spartakus, Paul Levi, em sua exposição, defendeu a participação do jovem KPD nas eleições para a Assembleia Nacional.
3   Otto Rühle era porta-voz da maioria esquerdista no congresso de fundação do KPD. Em sua intervenção, interpretando equivocadamente a correlação de forças na Alemanha, rejeitou como oportunista a participação nas eleições para a Assembleia Nacional.

A discussão sobre uma das questões mais importantes é chamada de perda de tempo. Esse camarada referiu-se à Rússia; tal exemplo pode mostrar-lhes como não se leva tempo a examinar se os argumentos apresentados são corretos. A situação na Rússia, quando a Assembleia Nacional foi dissolvida, era um pouco semelhante à da Alemanha atual. Mas vocês se esqueceram de que antes da dissolução da Assembleia Nacional, em novembro, algo diferente ocorrera – a tomada do poder pelo proletariado revolucionário? Vocês já têm hoje porventura um governo socialista, um governo Lênin-Trotsky? A Rússia já tinha antes uma longa história revolucionária que a Alemanha não tem. Na Rússia a revolução não começa em março de 1917, mas já no ano de 1905. A última revolução é, portanto, apenas o último capítulo, atrás dele está todo o período desde 1905. Nessas circunstâncias, alcança-se uma maturidade das massas totalmente diferente da de hoje na Alemanha. Atrás de vocês não há nada a não ser a miserável meia revolução de 9 de novembro. Temos de refletir maduramente sobre o que no momento mais serve à revolução, como devem ser vistas e formuladas suas próximas tarefas táticas.

Não sejam tão apressados, tenham paciência para ouvir até o fim. Pretende-se trabalhar no parlamento com palavras de ordem. Isso não é o essencial. Qual é na Alemanha o caminho mais seguro para educar as massas para a sua tarefa? Em sua tática, vocês partem da ideia de que em catorze dias, se a população sair às ruas, se pode fazer em Berlim um novo governo. "Em catorze dias fazemos aqui um novo governo." Eu me alegraria se fosse o caso. Mas, como política séria, não posso construir minha tática sobre especulações. Evidentemente, tudo é possível. Mostrarei a vocês que, sobretudo com a nova mudança no governo, a próxima fase trará consigo um fortíssimo conflito. Todavia sou obrigada a trilhar os caminhos provenientes de minha concepção sobre a situação alemã. As tarefas são imensas e desembocam na revolução socialista mundial. Mas o que vemos até agora na Alemanha ainda é a imaturidade das massas. Nossa próxima tarefa consiste em formar as massas, em cumprir essa tarefa. Queremos chegar a isso por meio do parlamentarismo. A palavra deve decidir. Digo a vocês que justamente em virtude da imaturidade das massas, que até agora não souberam levar à vitória o sistema conselhista, a contrarrevolução conseguir erigir contra nós a Assembleia Nacional como um bastião. Agora, nosso caminho passa por esse bastião. Tenho o dever, tenho toda razão de me opor a ele, de lutar contra esse bastião, entrar na Assembleia Nacional e bater com o punho na mesa, a vontade do povo é a suprema lei. Aqui temos que decidir. Quando a massa estiver madura, o montinho, a minoria formada para dominar, eles vão nos entregar o poder; serão expulsos do templo aqueles que nada têm que fazer ali, nossos adversários, a burguesia, os pequenos burgueses etc. Com isso eles não contam.

Vocês precisam ser consequentes. Por um lado, vocês especulam sobre uma tal maturidade da situação, sobre um tal poder revolucionário e consciência das massas que prometem, em catorze dias, pôr no lugar da Assembleia Nacional um governo socialista; por outro lado, dizem que, se a Assembleia Nacional tiver êxito, a pressão das ruas vai varrê-la. Vocês não imaginam que se nós propusermos às massas não pôr o voto na urna as eleições serão diferentes. As eleições representam um novo instrumento da luta revolucionária. Vocês permanecem presos aos velhos modelos. Para vocês existe apenas o parlamento do Reichstag alemão. Vocês não conseguem imaginar a utilização desse meio em sentido revolucionário. Vocês pensam: ou metralhadoras ou parlamentarismo. Nós queremos um radicalismo um pouco mais refinado, não apenas este grosseiro "uma coisa ou outra". Ele é mais confortável, mais simples, mas é uma simplificação que não serve para a formação nem para a educação das massas.

De um ponto de vista puramente prático, será que vocês podem dizer, em sã consciência, se decidirem pelo boicote – vocês, o melhor núcleo do operariado alemão, representantes da camada mais revolucionária –, será que podem garantir, em sã consciência, que as grandes massas do operariado seguirão realmente suas palavras de boicote, que não participarão [das eleições]? Falo das grandes massas, não dos grupos que nos pertencem. É preciso considerar os milhões de homens, mulheres, jovens, soldados. Pergunto claramente se vocês podem dizer, em sã consciência, caso decidamos aqui boicotar a Assembleia Nacional, que essas massas voltarão as costas às eleições, ou melhor, erguerão os punhos contra a Assembleia Nacional? Vocês não o podem afirmar em sã consciência. Nós conhecemos as circunstâncias que dominam as massas, quanto ainda são imaturas. O fato é que vocês nos tiram a possibilidade, nós que queremos introduzir nessas cabeças o espírito revolucionário, de arrancar o poder à contrarrevolução. Enquanto nós somos pela atividade em sentido revolucionário, vocês, sem cerimônia, voltam as costas às maquinações contrarrevolucionárias, entregam as massas às influências contrarrevolucionárias. Vocês mesmos sentem que não podem fazer isso.

De que maneira querem vocês influir nas eleições se de antemão dizem que as consideramos sem importância? Precisamos mostrar às massas que não há melhor resposta à resolução contrarrevolucionária contra o sistema conselhista do que realizar uma poderosa manifestação dos eleitores, elegendo justamente pessoas que são contra a Assembleia Nacional e a favor do sistema conselhista. Esse é o método ativo que permite dirigir contra o peito do adversário a arma apontada contra nós. Vocês têm de compreender que aquele que levanta contra nós a suspeita de oportunismo, devido à pressão de tempo e de trabalho, não teve tempo de examinar, com vagar e profundidade, nem a sua nem a nossa proposta.

Trata-se apenas de ver qual é o método mais adequado para o objetivo comum de esclarecer as massas. Fique sabendo, camarada Rühle, que nesta sala não há nenhum oportunismo! Existe uma profunda contradição em sua argumentação quando o senhor diz que eu temo as prejudiciais consequências do parlamentarismo sobre as massas. Por um lado, o senhor está tão seguro da maturidade revolucionária das massas que acredita já instalar aqui, em catorze dias, um governo socialista; acredita, portanto, na vitória imediata e definitiva do socialismo. Por outro lado, o senhor teme, para as mesmas massas, tão maduras, as perigosas consequências das eleições. Quero dizer-lhe com franqueza que eu, em geral, não temo nada. Estou convencida de que a massa, desde o princípio e graças a todas as circunstâncias, nasceu e foi criada para isso; estou convencida de que ela compreenderá corretamente a nossa tática. Precisamos educar as massas no espírito de nossa tática, para que saibam utilizar o instrumento das eleições não como uma arma da contrarrevolução, mas como massas com consciência de classe, revolucionárias, para aniquilar, com a mesma arma, aqueles que a empurraram para as nossas mãos.

Concluo com a formulação: entre nós, no que se refere aos fins e às intenções, não há nenhuma diferença; estamos todos sobre o mesmo terreno, combatendo a Assembleia Nacional como um bastião da contrarrevolução, querendo chamar e educar as massas para aniquilá-la. Põe-se a questão da conveniência e do melhor método. O método de vocês é mais simples, mais confortável, o nosso é um pouco mais complicado e justamente por isso considero-o capaz de aprofundar o revolucionamento intelectual das massas. Além disso, a tática de vocês especula sobre a precipitação dos acontecimentos nas próximas semanas; a nossa encara o caminho ainda longo da educação das massas. Nossa tática leva em conta as próximas tarefas ligadas às tarefas da iminente revolução como um todo, até que as massas proletárias alemãs estejam maduras para segurar as rédeas. Vocês lutam contra moinhos de vento ao atribuir-me tais argumentos. Precisaremos recorrer às ruas, nossa tática apoia-se no fato de que nas ruas desenvolvemos a ação principal. Isso prova então que vocês ou querem usar metralhadoras ou querem entrar no Reichstag alemão. Ao contrário! A rua deve em toda parte dominar e triunfar. Queremos colocar dentro da Assembleia Nacional um sinal vitorioso, apoiado na ação exterior. Queremos explodir esse bastião de dentro para fora. Queremos a tribuna da Assembleia Nacional e também as dos comícios. Quer decidam assim, quer de outro modo, vocês estão conosco sobre um terreno comum, o terreno da luta revolucionária contra a Assembleia Nacional.

II
Discurso contra uma organização econômico-política unificada do movimento operário[4]

Camaradas! Não só não lamento que no atual debate se apresente o assim chamado debate sindical, mas, ao contrário, congratulo-me com ele. É compreensível que no momento em que enfrentamos a tarefa de tratar dos problemas econômicos tropecemos imediatamente na enorme trincheira erguida à nossa frente pelos sindicatos. A questão da luta pela emancipação é idêntica à questão da luta contra os sindicatos. Temos dez vezes mais razões para isso na Alemanha do que em outros países. Pois a Alemanha foi o único país em que durante os quatro anos da guerra não ocorreu nenhum movimento salarial, e isso como consequência de palavras de ordem dos sindicatos. Mesmo que os sindicatos não tivessem feito mais nada, só por isso mereceriam desaparecer. Durante a guerra e a revolução até agora os sindicatos oficiais revelaram-se uma organização do Estado burguês e da dominação de classe capitalista. Por isso é evidente que a luta pela socialização na Alemanha precisa, em primeiro lugar, tratar de liquidar os obstáculos erguidos pelos sindicatos contra a socialização. De que maneira se poderá levar a cabo essa liquidação? Que estrutura positiva deve ser posta no lugar dos sindicatos?

Devo pronunciar-me contra a sugestão dos camaradas de Bremen que, em sua moção,[5] propõem uma assim chamada organização unificada. Eles não perceberam uma coisa. É hora de formar os conselhos de trabalhadores e soldados como portadores de todas as necessidades políticas e econômicas e como órgãos de poder da classe trabalhadora. Este é, em primeiro lugar, o ponto de vista correto para os órgãos de luta econômica.

---

4   Título da redação.
5   Referência à moção de Felix Schmidt (Hannover) e camaradas, pela qual os membros do KPD seriam obrigados a sair dos sindicatos e a construir o KPD como organização político--econômica unificada. Essa moção foi rejeitada.

Nos Princípios[6] encontra-se exposta uma ideia diretriz: os conselhos de operários são chamados a dirigir e fiscalizar as lutas econômicas das próprias fábricas. Conselhos de fábrica, eleitos por delegados de fábrica, em conexão com os conselhos de trabalhadores, saídos igualmente das fábricas, unidos na cúpula dos conselhos econômicos do Reich. Vocês verão que os Princípios não têm outro resultado senão um completo esvaziamento de todas as funções dos sindicatos. (Aplausos.) Nós expropriamos os sindicatos das funções que lhes foram confiadas pelos trabalhadores e das quais se desviaram. Substituímos os sindicatos por um novo sistema de bases totalmente novas. Os camaradas que propagam a organização unificada parecem imbuídos da ideia...[7]

Esses eram meios e caminhos que se podiam seguir antes da revolução. Hoje precisamos nos concentrar no sistema dos conselhos de trabalhadores, e não associar as organizações por meio de combinações das velhas formas, sindicato e partido, mas erigi-las sobre uma base totalmente nova. Conselhos de fábrica, conselhos de trabalhadores, e, numa ascensão contínua, uma estrutura totalmente nova que nada tem em comum com as tradições antigas e ultrapassadas.

Não se trata de aceitar, no último momento, a moção de Bremen e Berlim.[8] Igualmente, a palavra de ordem de saída dos sindicatos tem uma pequena dificuldade para mim. Onde ficam os recursos colossais que se encontram nas mãos daqueles senhores? Esta é apenas uma pequena questão prática. Eu não gostaria que os diferentes pontos de vista fossem esquecidos na liquidação dos sindicatos, e não gostaria de uma cisão em que talvez uma parte dos recursos do poder ainda ficasse naquelas mãos.

Concluo com a moção: peço-lhes que enviem as moções aqui apresentadas à mesma comissão econômica que redigiu os Princípios.

---

6   Referência às *Wirtschaftliche Übergangsforderungen für die Industrie – und Handelsarbeiter* [Reivindicações econômicas transitórias para os trabalhadores da indústria e do comércio], publicadas em parte no *Freiheit*, n.83, 31 dez. 1918 e no *Deutschen Allgemeinen Zeitung*, n.664, 31 dez. 1918, e que foram distribuídas no congresso do partido.
7   Interrupção no texto.
8   Referência à moção de Felix Schmidt (Hannover) e camaradas (ver nota 5, acima).

Ela foi eleita pelos Conselhos de Trabalhadores e Soldados que se encontram no terreno da Liga Spartakus, e trabalha com a participação de membros da central spartakista. Ela não se sente autorizada a elaborar resoluções definitivas, mas redigiu os Princípios para apresentá-los aos camaradas em todo o país. Os membros [da comissão] devem fazer que tudo seja erigido sobre a base mais ampla e democrática, que cada indivíduo participe. Então estaremos seguros de que aquilo que foi criado é fruto maduro da luta. Peço-lhes que considerem as sugestões apenas como sugestões, que as enviem à comissão econômica e que submetam as diretrizes aos membros [da comissão].

III
Nosso programa e a situação política

A tarefa que hoje enfrentamos – discutir e adotar nosso programa[9] – vai além da circunstância formal de que ontem nos constituímos em um novo partido autônomo e que um novo partido precisa oficialmente adotar um programa; a discussão de hoje sobre o programa é motivada por grandes acontecimentos históricos, sobretudo pelo fato de que nos encontramos num momento em que o programa social-democrata, o programa socialista do proletariado, deve ser erigido em novas bases. Camaradas, retomamos assim a trama urdida por Marx e Engels no Manifesto Comunista há exatamente setenta anos. Como vocês sabem, o Manifesto Comunista considera o socialismo, a realização dos objetivos socialistas a tarefa imediata da revolução proletária. Foi a concepção que Marx e Engels defenderam na revolução de 1848 e que consideravam igualmente base da ação proletária em sentido internacional. Ambos acreditavam então – assim como todos os dirigentes do movimento proletário – que se estava perante a tarefa imediata de introduzir o socialismo; que bastava realizar a revolução política, apoderar-se do poder político estatal para que o socialismo imediatamente se tornasse carne e osso. De-

---

9   Ver "O que quer a Liga Spartakus?" (p.287).

pois, como vocês sabem, os próprios Marx e Engels revisaram totalmente esse ponto de vista. Eis o que dizem da própria obra no primeiro prefácio, que ainda assinaram juntos, para a edição do Manifesto Comunista de 1872 (reproduzido na edição de 1894):

> Atualmente, essa passagem, [o fim do capítulo II, isto é, as medidas práticas a serem tomadas para realizar o socialismo,] seria hoje diferente em muitos aspectos. Tendo em vista o imenso desenvolvimento da grande indústria nos últimos 25 anos e, com ele, o progressivo desenvolvimento da organização da classe operária em partido; tendo em vista as experiências práticas, primeiro da revolução de fevereiro e depois, sobretudo, da Comuna de Paris, que pela primeira vez permitiu ao proletariado durante dois meses a posse do poder político, esse programa está hoje obsoleto em alguns pontos. A Comuna, especialmente, demonstrou que "a classe operária não pode simplesmente se apoderar da máquina estatal já pronta e colocá-la em movimento para seus próprios fins".[10]

E o que diz essa passagem considerada obsoleta? Lemos o seguinte na página 23 do Manifesto Comunista:

> O proletariado utilizará seu domínio político para arrancar pouco a pouco todo o capital à burguesia, para centralizar todos os instrumentos nas mãos do Estado, ou seja, do proletariado organizado como classe dominante, e para aumentar o mais rapidamente possível a massa das forças produtivas.
> Isso naturalmente só poderá ser realizado, no princípio, por uma intervenção despótica no direito de propriedade e nas relações burguesas de produção, isto é, por medidas que parecem economicamente insuficientes e insustentáveis, mas que, no curso do movimento, ultrapassam a si mesmas e são inevitáveis como meios para revolucionar todo o modo de produção.

---

10 Marx; Engels, Prefácio [à edição alemã de 1872]. In: *Manifesto do Partido Comunista*, p.42.

Tais medidas, é claro, serão diferentes nos diferentes países.

Contudo, nos países mais avançados, as seguintes medidas poderão geralmente ser aplicadas:

1º) Expropriação da propriedade fundiária e emprego da renda da terra nas despesas do Estado.

2º) Imposto fortemente progressivo.

3º) Abolição do direito de herança.

4º) Confisco da propriedade de todos os emigrados e rebeldes.

5º) Centralização do crédito nas mãos do Estado, por meio de um banco nacional com capital do Estado e monopólio exclusivo.

6º) Centralização dos meios de transporte nas mãos do Estado.

7º) Multiplicação das fábricas nacionais e dos instrumentos de produção; cultivo e melhoramento das terras segundo um plano comum.

8º) Trabalho obrigatório igual para todos; constituição de exércitos industriais, especialmente para a agricultura.

9º) Unificação dos serviços agrícolas e industriais; medidas tendentes a eliminar gradualmente as diferenças entre cidade e campo.

10º) Educação pública e gratuita de todas as crianças. Eliminação do trabalho das crianças nas fábricas em sua forma atual. Combinação da educação com a produção material etc.[11]

Como vocês veem, exceto por alguns detalhes, essas são as mesmas tarefas com que hoje imediatamente nos defrontamos: a execução, a realização do socialismo. Setenta anos separam o atual momento do tempo em que esse programa foi estabelecido; e a dialética histórica levou-nos hoje de volta à concepção que Marx e Engels haviam abandonado por considerá-la errada. Eles tinham então boas razões para considerá-la errada e abandoná-la. O desenvolvimento do capitalismo que, entretanto, ocorreu, fez que o erro de outrora hoje seja verdade, e hoje é tarefa imediata realizar o que Marx e Engels enfrentavam em 1848. Contudo, entre aquele ponto do desenvolvimento, o início, e a nossa concepção e tarefas atuais, existe todo o desenvolvimento não apenas do capitalismo,

---

11 Marx; Engels. *Manifesto do Partido Comunista*, p.86-7.

mas também do movimento proletário socialista e, em primeiro lugar, do movimento operário na Alemanha, país guia do proletariado moderno. Esse desenvolvimento ocorreu numa forma singular. Após as decepções da revolução de 1848, em que Marx e Engels abandonaram o ponto de vista segundo o qual o proletariado se encontrava na situação de poder imediata e diretamente realizar o socialismo, nasceram em todos os países partidos socialistas, social-democratas que adotaram um ponto de vista totalmente diferente. Proclamou-se como tarefa imediata a luta cotidiana no plano econômico e político para, pouco a pouco, formar os exércitos do proletariado, que seriam chamados a realizar o socialismo quando o desenvolvimento socialista tivesse alcançado a maturidade. Essa reviravolta, essa base totalmente diferente sobre a qual o programa socialista foi estabelecido adquiriu, sobretudo na Alemanha, uma forma bastante típica. Na Alemanha, até o colapso do 4 de agosto, predominava na social-democracia o Programa de Erfurt em que as chamadas tarefas mínimas urgentes ficavam em primeiro plano e o socialismo era transformado numa longínqua estrela brilhante, em objetivo final. Porém, mais importante do que aquilo que está escrito no Programa é a maneira viva pela qual é compreendido; e a compreensão do Programa era determinada por um documento importante para a história de nosso movimento operário, a saber, o prefácio que Friedrich Engels escreveu em 1895 para *Lutas de classes na França*. Camaradas, não é apenas por interesse histórico que examino essas questões; pelo contrário, é uma questão bem atual e um dever histórico que nos incumbe, ao pormos nosso Programa no terreno em que Marx e Engels se encontravam em 1848. Em virtude das transformações introduzidas pelo desenvolvimento histórico, temos o dever de fazer, de maneira clara e consciente, uma revisão da concepção predominante na social-democracia alemã até o colapso de 4 de agosto. É aqui que essa revisão deve ser oficialmente feita.

Camaradas, como entendeu Engels a questão naquele famoso prefácio escrito em 1895 para *Lutas de classes na França*, de Marx, portanto já depois da morte deste? Voltando a 1848, ele mostrou em primeiro lugar que a concepção segundo a qual a revolução seria iminente tornara-se obsoleta. Em seguida, continua sua descrição:

A história não nos deu razão, nem a nós nem a todos que como nós pensavam. Ela mostrou que o grau de desenvolvimento econômico no continente ainda estava então muito pouco maduro para permitir a eliminação da produção capitalista; mostrou-o por meio da revolução econômica que desde 1848 se estendeu a todo continente, implantou a grande indústria na França, Áustria, Hungria, Polônia e recentemente na Rússia, fazendo mesmo da Alemanha um país industrial de ponta – tudo isso em bases capitalistas, ainda perfeitamente suscetíveis de expansão em 1848.[12]

Expõe em seguida como, a partir daquela época, tudo mudou e aborda a questão das tarefas do partido na Alemanha:

A guerra de 1870-71 e a derrota da Comuna deslocaram provisoriamente, como Marx havia predito, o centro de gravidade do movimento operário europeu da França para a Alemanha. A França precisou evidentemente de anos para se refazer da sangria de maio de 1871. Na Alemanha, em contrapartida, onde a indústria, favorecida pela bênção dos bilhões franceses, se desenvolvia verdadeiramente como numa estufa e sempre mais rapidamente, a social-democracia crescia de maneira bem mais rápida e constante. Graças à inteligência dos trabalhadores alemães na utilização do sufrágio universal introduzido em 1866, o espantoso crescimento do partido manifestou-se aos olhos do mundo inteiro com números indiscutíveis.[13]

Segue-se a célebre enumeração, descrevendo nosso crescimento de uma eleição a outra para o Reichstag, até chegarmos aos milhões de votos, e Engels conclui:

---

12 Engels, Introdução. *Lutas de classes na França de 1848 a 1850*, 1895. In: Marx; Engels. *Werke*, v.22, p.515.
13 Ibid., p.517.

Graças a essa eficaz utilização do sufrágio universal, uma forma de luta do proletariado, inteiramente nova, foi posta em ação e continuou a desenvolver-se rapidamente. Descobriu-se que as instituições estatais, nas quais se organiza a dominação da burguesia, oferecem novas oportunidades para que a classe trabalhadora possa combater essas mesmas instituições estatais. Participou-se das eleições para certas Dietas, conselhos municipais, conselhos de notáveis, disputou-se à burguesia cada uma de suas posições em que uma boa parte do proletariado tinha algo a dizer. E assim o governo e a burguesia chegaram a temer mais a ação legal que a ação ilegal do partido operário, seus êxitos nas eleições mais que os da rebelião.[14]

E aqui Engels começa uma crítica detalhada da ilusão segundo a qual, nas modernas condições do capitalismo, o proletariado poderia obter qualquer coisa nas ruas, com a revolução. Na medida em que estamos em plena revolução, uma revolução de rua com tudo o que ela comporta, penso que já é tempo de polemizar com uma concepção que oficialmente até o último minuto era habitual na social-democracia e que é corresponsável pelo que passamos em 4 de agosto de 1914. ("Muito bem!")

Não quero dizer com isso que Engels, com as suas declarações, compartilhe pessoalmente a culpa pela evolução que se produziu na Alemanha; digo apenas: aqui está um documento clássico que resume a concepção de que vivia a social-democracia alemã, ou melhor, que a matou. Aqui, camaradas, Engels expõe, com todo o conhecimento especializado de que dispunha no domínio da ciência militar, que, no estado atual de desenvolvimento do militarismo, da indústria e das grandes cidades, era pura ilusão acreditar que o povo trabalhador pudesse fazer revoluções de rua e vencer. Essa refutação teve duas consequências: primeiro, a luta parlamentar foi considerada a antítese da ação revolucionária direta do proletariado e quase o único meio da luta de classes. Essa crítica teve como resultado o parlamentarismo

---

14 Ibid., p.519.

puro e simples. Segundo, considerou-se, curiosamente, que a mais poderosa organização do Estado de classes, o militarismo, a massa dos proletários uniformizados, devia ser de antemão imune e inacessível a toda influência socialista. E quando o prefácio diz que seria insensato pensar que com o atual desenvolvimento de exércitos gigantescos o proletariado pudesse enfrentar soldados equipados com metralhadoras e com os mais recentes meios técnicos de combate, parte claramente do pressuposto de que todo soldado deve permanecer, de antemão e para sempre, um sustentáculo das classes dirigentes. Do ponto de vista da experiência atual e do Homem que se encontrava à cabeça de nosso movimento, esse erro seria incompreensível se não se soubesse em que circunstâncias efetivas nasceu o documento histórico mencionado. Em consideração a nossos dois grandes mestres e, sobretudo, a Engels que, tendo falecido muito mais tarde, defendia a honra e as opiniões de Marx, é preciso declarar que aquele, como se sabe, escreveu esse prefácio sob a pressão direta da fração parlamentar daquele tempo. Era a época em que na Alemanha – após o fim das leis antissocialistas no início dos anos 1990 – uma forte corrente radical de esquerda se manifestava no interior do movimento operário alemão, procurando preservar os camaradas da total absorção numa luta puramente parlamentar. Para derrotar os elementos radicais na teoria e submetê-los na prática, para que graças à autoridade de nossos grandes mestres as massas deixassem de prestar-lhes atenção, Bebel e camaradas (exemplo típico do que já era na época nossa situação: a fração parlamentar decidia, do ponto de vista intelectual e tático, sobre os destinos e tarefas do partido), Bebel e camaradas forçaram Engels, que vivia no exterior e devia confiar em suas afirmações, a redigir esse prefácio, uma vez que segundo eles era absolutamente necessário salvar o movimento operário alemão dos desvios anarquistas. Desde então essa concepção dominou a conduta da social-democracia alemã até nossa bela experiência de 4 de agosto de 1914. Foi a proclamação do parlamentarismo puro e simples. Engels não chegou a presenciar os resultados, as consequências práticas da utilização de seu prefácio, de sua teoria. Tenho certeza de que quando se conhecem as obras de

Marx e Engels, quando se conhece o espírito revolucionário vivo, legítimo, autêntico que se manifesta em seus ensinamentos e em seus escritos, convencemo-nos de que Engels teria sido o primeiro a protestar contra os abusos resultantes do parlamentarismo puro e simples, contra essa corrupção, essa degradação do movimento operário tal como ocorreu na Alemanha décadas antes do dia 4 de agosto – pois 4 de agosto não caiu do céu como se fosse uma guinada inesperada, mas foi uma consequência lógica do que vivemos, dia após dia, ano após ano ("Muito bem!"); Engels e Marx – se estivessem vivos –, teriam sido os primeiros a protestar com todas as forças contra isso, a frear brutalmente o veículo para que não caísse no pântano. Mas Engels morreu no mesmo ano em que escreveu seu prefácio. Nós o perdemos em 1895; desde então, infelizmente, a direção teórica passou das mãos de Engels às de um Kautsky, e assistimos ao seguinte fenômeno: todo protesto contra o parlamentarismo puro e simples, o protesto vindo da esquerda a cada congresso do partido, sustentado por um grupo maior ou menor de camaradas em luta encarniçada contra a corrupção cujas funestas consequências deviam aparecer a cada um, todos esses protestos foram taxados de anarquismo, anarcossocialismo ou, no mínimo, de antimarxismo. O marxismo oficial devia servir de cobertura para todas as hesitações, para todos os desvios em relação à verdadeira luta de classes revolucionária, para todas as meias medidas que condenavam a social-democracia alemã e, sobretudo, o movimento operário, inclusive o movimento sindical, a definhar nos limites e sobre o solo da sociedade capitalista, sem que houvesse a menor aspiração a sacudir a sociedade, a tirá-la dos eixos.

Camaradas, hoje vivemos o momento em que podemos dizer: retornamos a Marx, retornamos à sua bandeira. Ao declararmos hoje em nosso programa que a tarefa imediata outra não é senão – resumida em poucas palavras – fazer do socialismo uma verdade e um fato e destruir radicalmente o capitalismo, pomo-nos no terreno em que Marx e Engels se encontravam em 1848 e cujos princípios nunca abandonaram. Vê-se agora o que é o verdadeiro marxismo e o que era esse sucedâneo de marxismo ("Muito bem!") que, sob o nome de marxismo oficial, ocupou tanto espaço na social-democracia alemã. Vejam pelos representantes desse marxismo a que ponto ele atualmente caiu: a assessor e adjunto dos Ebert, David e consortes. Vemos aí os representantes oficiais da doutrina que durante dezenas de anos nos foi apresentada como o marxismo verdadeiro, autêntico. Não, o marxismo não levava a isso, a fazer política contrarrevolucionária com os Scheidemann. O verdadeiro marxismo combate igualmente aqueles que procuravam falsificá-lo; como uma toupeira, solapou os alicerces da sociedade capitalista e fez que hoje a melhor parte do proletariado alemão marchasse sob a nossa bandeira, a bandeira tempestuosa da revolução; e mesmo do outro lado, ali onde a contrarrevolução parece ainda dominar, temos partidários, futuros camaradas de luta.

Assim, camaradas, conduzidos pela marcha da dialética histórica e enriquecidos pela experiência do desenvolvimento capitalista dos últimos setenta anos, encontramo-nos, como já disse, no ponto em que se encontravam Marx e Engels em 1848, quando desfraldaram pela primeira vez a bandeira do socialismo internacional. Acreditava-se então, quando da revisão dos erros e ilusões de 1848, que o proletariado ainda tinha um longo caminho a percorrer até que o socialismo pudesse tornar-se realidade. Evidentemente os teóricos sérios não trataram nunca de fixar uma data obrigatória e certa para o colapso do capitalismo; porém, supunha-se vagamente que o caminho seria ainda muito longo, justamente o que exprime cada linha do prefácio escrito por Engels em 1895. Mas agora podemos fazer o balanço. Não foi um curtíssimo lapso de tempo em comparação com o desenvolvimento das antigas lutas de classe? Setenta anos de desenvolvimento do grande capitalismo bastaram para que hoje possamos pensar seriamente em eliminar o capitalismo da face da Terra. E mais: não somente somos hoje capazes de resolver essa tarefa, não somente é nosso dever para com o proletariado, como sua solução constitui hoje a única salvação para a sobrevivência da sociedade humana. (Calorosa aprovação.)

Será que essa guerra, camaradas, deixou alguma outra coisa da sociedade burguesa além de um enorme monte de escombros? Formalmente o conjunto dos meios de produção e mesmo numerosos instrumentos do poder, quase todos os instrumentos decisivos do poder, encontram-se ainda nas mãos das classes dominantes. Não nos enganemos a esse respeito. Mas o que elas podem fazer com isso, fora tentativas obstinadas de restabelecer a exploração com um banho de sangue, não passa de anarquia. Elas foram tão longe que hoje o dilema enfrentado pela humanidade é: queda na anarquia ou salvação pelo socialismo. Os resultados da guerra mundial põem as classes burguesas na impossibilidade de encontrar uma saída no terreno de sua dominação de classe e do capitalismo. E é assim que podemos verificar a verdade que precisamente Marx e Engels formularam pela primeira vez num grande documento, o Manifesto Comunista, como base científica do socialismo: o socialismo se tornará uma necessidade histórica, no mais estrito sentido da palavra que hoje nós vivenciamos. O socialismo tornou-se uma necessidade, não apenas porque o proletariado não está mais disposto a viver nas condições materiais oferecidas pelas classes capitalistas, mas também porque estamos todos ameaçados de desaparecer se o proletariado não cumprir seu dever de classe, realizando o socialismo. (Calorosa aprovação.)

Camaradas, esta é a base geral sobre a qual foi elaborado o programa que hoje adotamos oficialmente e de cujo projeto vocês tinham tomado conhecimento na brochura "O que quer a Liga Spartakus?". Ele encontra-se em oposição consciente à separação entre reivindicações imediatas da luta política e econômica, chamadas de reivindicações mínimas, e o objetivo final socialista, como programa máximo. Em oposição consciente a isso, liquidamos hoje os resultados dos últimos setenta anos de desenvolvimento e, sobretudo, o resultado imediato da guerra, dizendo: para nós, agora, não existe programa mínimo nem programa máximo; o socialismo é uma única e mesma coisa – isso é o mínimo que temos de realizar hoje. ("Muito bem!")

Não me estenderei aqui no que diz respeito às medidas detalhadas que propusemos em nosso projeto de programa, pois vocês têm a possibilidade de tomar posição sobre cada uma delas, e comentá-las aqui detalhadamente nos levaria muito longe. Considero como minha tarefa assinalar e formular apenas os grandes traços gerais que distinguem nossa tomada de posição programática daquela existente até hoje, a da assim chamada social-democracia alemã oficial. Em contrapartida, considero mais importante e mais urgente pormo-nos de acordo sobre a maneira de avaliar as circunstâncias concretas, a maneira de configurar as tarefas táticas, as palavras de ordem práticas que decorrem da situação política de acordo com a concepção que tentei caracterizar, segundo a qual a realização do socialismo constitui a tarefa imediata, cuja luz deve guiar todas as medidas, todas as tomadas de posição de nossa parte.

Camaradas, creio poder dizê-lo com orgulho, nosso Congresso é o congresso constitutivo do único partido socialista revolucionário do proletariado alemão. Esse Congresso coincide, por acaso, ou melhor, para falar com precisão, não por acaso, com uma guinada no desenvolvimento da própria revolução alemã. Pode-se dizer que com os acontecimentos dos últimos dias encerrou-se a fase inicial da revolução alemã, que entramos agora num segundo estágio, mais avançado, do desenvolvimento; é dever de todos nós e ao mesmo tempo fonte de um melhor e mais profundo conhecimento para o futuro fazer nossa autocrítica, fazer um exame crítico aprofundado do que realizamos, do que criamos e do que negligenciamos; isso nos permitirá adquirir pontos de apoio para o nosso procedimento futuro. Lancemos um olhar perscrutador sobre a primeira fase da revolução que acabou de se encerrar.

Seu ponto de partida foi o 9 de novembro. O 9 de novembro foi uma revolução cheia de insuficiências e fraquezas. Não é de admirar. Essa revolução chegou após quatro anos de guerra, após quatro anos no decorrer dos quais, graças à educação da social-democracia e dos sindicatos livres, o proletariado alemão revelou uma dose de infâmia e de renegação de suas tarefas socialistas sem igual em nenhum outro país. Se nos pusermos sobre o terreno do desenvolvimento histórico – e é justamente o que fazemos como marxistas e socialistas –, não se pode esperar ver surgir de repente, em 9 de novembro de 1918, uma revolução grandiosa, com consciência de classe e dos fins a atingir, numa Alemanha que ofereceu a terrível imagem do 4 de agosto e dos quatro anos que se seguiram; o que o 9 de novembro nos fez viver foi muito mais o colapso do imperialismo existente do que a vitória de um princípio novo. (Aprovação.) Simplesmente havia chegado o momento em que o imperialismo, colosso de pés de barro, apodrecido por dentro, tinha que desabar; e o que se seguiu foi um movimento mais ou menos caótico, sem plano, pouquíssimo consciente, no qual o único vínculo unificador, o único princípio constante, libertador, era resumido na palavra de ordem: formação dos conselhos de operários e soldados. Era a palavra-chave dessa revolução que lhe conferiu imediatamente o caráter especial de revolução socialista proletária – apesar das insuficiências e fraquezas do primeiro momento; e quando vierem com calúnias contra os bolcheviques russos, nunca deveremos nos esquecer de responder: onde aprenderam vocês o abc da atual revolução? Com os russos, com os conselhos de operários e soldados (Aprovação.); e aquela gentinha que hoje, à cabeça do "governo socialista", considera sua função, de mãos dadas com o imperialismo inglês, assassinar traiçoeiramente os bolcheviques russos, apoia-se formalmente nos Conselhos de Trabalhadores e Soldados e é obrigada a reconhecer que foi a Revolução Russa a emitir as primeiras palavras de ordem da revolução mundial. Podemos dizer com segurança – e isso resulta por si mesmo de toda a situação: qualquer que seja o país, depois da Alemanha, em que a revolução proletária irrompa, seu primeiro gesto será a formação de Conselhos de Trabalhadores e Soldados. ("Muito bem!")

É justamente nisso que consiste o vínculo que unifica internacionalmente a nossa ação, é a palavra-chave que separa fundamentalmente a nossa revolução de todas as revoluções burguesas anteriores; é bem característico das contradições dialéticas em que esta revolução se move, aliás como todas as revoluções, que em 9 de novembro, quando deu seu primeiro grito, seu grito de nascimento por assim dizer, ela tenha encontrado a fórmula que nos conduzirá ao socialismo: conselhos de trabalhadores e soldados – uma fórmula que agrupou todo mundo. A revolução encontrou instintivamente essa fórmula, apesar de 9 de novembro estar situada muito aquém dela. Em virtude das insuficiências, das fraquezas, por falta de iniciativa pessoal e de clareza sobre as tarefas a realizar, ela deixou escapar, somente dois dias após a revolução, a metade dos instrumentos de poder que havia conquistado em 9 de novembro. Isso mostra, por um lado, que a revolução atual está submetida à lei todo-poderosa da necessidade histórica, o que nos garante que alcançaremos nosso objetivo passo a passo, apesar de todas as dificuldades, complicações e fraquezas pessoais; mas, por outro lado, ao confrontarmos essa palavra de ordem clara com as insuficiências da prática à qual estava ligada, é preciso dizer que esses eram justamente os primeiros passos da revolução; ela terá de fazer um esforço poderoso e percorrer um longo caminho para crescer e realizar plenamente suas primeiras palavras de ordem.

Camaradas, a primeira fase, que vai de 9 de novembro até estes últimos dias, é caracterizada por ilusões de todos os lados. A primeira ilusão do proletariado e dos soldados que fizeram a revolução foi a da unidade sob a bandeira do "socialismo". Nada pode caracterizar melhor as fraquezas internas da revolução de 9 de novembro do que seu primeiro resultado: elementos que, duas horas antes da explosão da revolução, estimavam ter por função persegui-la ("Muito bem!"), torná-la impossível, chegaram à cabeça do movimento – os Ebert-Scheidemann com Haase! A ideia da união das diferentes correntes socialistas no júbilo geral da unidade era a divisa da revolução de 9 de novembro – uma ilusão que devia vingar-se de forma sangrenta e com a qual deixamos de viver e de sonhar só nos últimos dias; mesma ilusão da parte dos Ebert--Scheidemann e mesmo dos burgueses – de todos os lados. Além disso, uma ilusão da burguesia ao fim desse estágio: ela esperava, na realidade, manter as massas com rédea curta e reprimir a revolução socialista graças à combinação Ebert-Haase, graças ao "governo socialista"; e uma ilusão de governo Ebert-Scheidemann, que esperava poder deter a luta de classes socialista das massas trabalhadoras com a ajuda das massas de soldados do *front*. Essas eram as diversas ilusões que explicam também os acontecimentos dos últimos tempos. Todas as ilusões desfizeram-se em nada. Viu-se que a aliança de Haase com Ebert-Scheidemann sob o emblema do "socialismo" não passava, na realidade, de uma folha de parreira sobre uma política puramente contrarrevolucionária; e, como em todas as revoluções, pudemos nos curar dessa ilusão. Existe um método revolucionário particular para curar o povo de suas ilusões, mas a cura é paga, infelizmente, com o sangue do povo. Nessa revolução, exatamente como em todas as anteriores, o sangue das vítimas na Chausseestrasse em 6 de dezembro,[15] o sangue dos marinheiros assassinados em 24 de dezembro[16] marcaram a grande massa com o selo desse saber, dessa verdade: o que vocês juntaram como se fosse um governo socialista nada mais é que um governo da contrarrevolução burguesa; quem continua a tolerar esse estado de coisas trabalha contra o proletariado e contra o socialismo. ("Muito bem!")

Mas, camaradas, também se desfez a ilusão dos senhores Ebert-Scheidemann que esperavam ser capazes de subjugar duradouramente o proletariado com a ajuda dos soldados do *front*. Com efeito, qual foi o resultado de 6 e de 24 de dezembro? Todos pudemos perceber o profundo desencantamento das massas de soldados e o início de uma tomada de posição crítica em relação a esses mesmos senhores que queriam utilizá-los como bucha de canhão contra o proletariado socialista. Pois a lei do desenvolvimento objetivo e necessário da revolução socialista quer também que as diferentes tropas do movimento operário sejam levadas pouco a pouco, por sua própria amarga experiência, a saber qual é o bom caminho da revolução. Fez-se vir para Berlim massas novas de soldados que deviam servir como bucha de canhão para reprimir qualquer movimento do proletariado socialista, e assistimos ao seguinte: várias casernas pedindo panfletos da Liga Spartakus. Camaradas, é o fim da primeira fase. As esperanças dos Ebert-Scheidemann de dominarem o proletariado com a ajuda dos soldados retrógrados já estão em grande parte abaladas. O que os espera num futuro próximo é verem propagar-se, mesmo nas casernas, uma concepção revolucionária cada vez mais clara, verem crescer assim o exército do proletariado em luta e enfraquecer-se o campo da contrarrevolução. Mas resulta daí que mais alguém precisava perder as ilusões: a burguesia, a classe dirigente. Se vocês lerem os jornais dos últimos dias, após os eventos de 24 de dezembro, constatarão

---

15 Ver nota 4, p.284.
16 Em 24 de dezembro o general Groener conseguiu de Ebert autorização para sitiar o edifício da divisão popular da marinha a fim de evacuá-lo. Esse ataque de surpresa enfrentou forte resistência. Morreram onze marinheiros e 56 soldados.

um som nítido, claro, de decepção e indignação: os servos lá em cima mostraram-se inúteis. ("Muito bem!")

Esperava-se que Ebert-Scheidemann se mostrassem os homens fortes, capazes de domar a fera. E que fizeram? Organizaram alguns golpes insuficientes, dos quais a hidra da revolução, de cabeça erguida, saiu ainda mais resoluta. Portanto, desilusão recíproca de todos os lados! O proletariado perdeu toda ilusão sobre a aliança Ebert-Scheidemann-Haase como governo "socialista". Ebert-Scheidemann perderam a ilusão de poder subjugar por muito tempo os proletários de macacão com a ajuda do proletariado de uniforme; e a burguesia perdeu a ilusão de poder enganar a respeito de seus objetivos toda a revolução socialista na Alemanha por meio de Ebert, Scheidemann e Haase. Tudo não passa de uma conta negativa, farrapos visíveis de ilusões perdidas. Mas justamente o fato de só terem ficado esses miseráveis farrapos após a primeira fase da revolução constitui para o proletariado o maior dos ganhos; pois não há nada mais nocivo à revolução que as ilusões, nada mais útil que a verdade franca e clara. Posso referir-me aqui à opinião de um clássico do espírito alemão, que não era nenhum revolucionário do proletariado, mas um revolucionário intelectual da burguesia: falo de Lessing que, num de seus últimos escritos como bibliotecário em Wolfenbüttel, escreveu as seguintes palavras, no meu entender muito interessantes e simpáticas:

> Não sei se é um dever sacrificar a felicidade e a vida pela verdade [...]. Mas sei que é um dever, quando se quer ensinar a verdade, ensiná-la toda, ou então de jeito nenhum; ensiná-la claramente e sem rodeios, sem mistérios, sem reservas, sem desconfiar da sua força e da sua utilidade [...]. Pois quanto mais grosseiro o erro, tanto mais curto e direto o caminho que conduz à verdade; em contrapartida, o erro refinado pode manter-nos eternamente afastados da verdade, tão difícil nos é reconhecê-lo como erro [...]. Aquele que só pensa em vender a verdade sob toda espécie de máscaras e artifícios bem poderia ser seu rufião, nunca seu amante.

Camaradas, os senhores Haase, Dittmann etc. tentaram vender a revolução, a mercadoria socialista sob toda espécie de máscaras e artifícios; revelaram-se os rufiões da contrarrevolução. Hoje estamos livres dessas ambiguidades, a mercadoria está perante a massa do povo alemão sob a forma brutal, atarracada dos senhores Ebert e Scheidemann. Hoje nem mesmo o mais idiota pode enganar-se: é a contrarrevolução tal como existe na realidade.

Quais são as perspectivas futuras do desenvolvimento após termos passado a primeira fase? Não se trata evidentemente de profetizar, mas de tirar as consequências lógicas do que vivemos até agora e de deduzir daí os caminhos previsíveis do desenvolvimento próximo para, assim, orientar nossa tática, nosso método de luta. Camaradas, qual é a continuação do caminho? Vocês têm um indício seguro, de uma cor pura e inalterada, nas últimas declarações do novo governo Ebert-Scheidemann. Em que direção pode mover-se o curso do "governo socialista" depois que todas as ilusões, como mostrei, desapareceram? Esse governo perde, a cada dia, um pouco mais de seu apoio nas grandes massas do proletariado; atrás dele permanecem apenas, fora a pequena burguesia, restos, pobres restos de proletários, mas ainda não está muito claro por quanto tempo ficarão atrás de Ebert--Scheidemann. Perderão cada vez mais o apoio das massas de soldados, pois os soldados passaram para o caminho da crítica, da autoconsciência; é certo que esse processo caminha lentamente, mas não pode parar antes da completa tomada de consciência socialista. Perderam o crédito perante a burguesia por não se terem mostrado suficientemente fortes. Em que direção, portanto, pode continuar seu caminho? Acabarão completamente e bem rápido com a comédia da política socialista; se vocês lerem o novo programa desses senhores, verão que navegam a todo vapor para a segunda fase, a da contrarrevolução aberta, e poderia mesmo dizer para a restauração das condições precedentes, anteriores à revolução. Qual é o programa do novo governo? A eleição de um presidente que ocupará uma posição intermediária entre o rei da Inglaterra e o presidente da América ("Muito bem!"), quase um rei Ebert; e, segundo, o restabelecimento do Conselho Federal

[*Bundesrat*]. Vocês puderam ler hoje as reivindicações particulares dos governos da Alemanha do Sul que enfatizam o caráter federativo do império alemão.[17] O restabelecimento do bom velho Conselho Federal e, claro, de seu apêndice, o Reichstag alemão, é apenas uma questão de semanas. Camaradas, os Ebert-Scheidemann passam assim para a linha da restauração pura e simples das condições anteriores a 9 de novembro. Mas com isso passaram para um plano inclinado e se encontrarão, com os membros quebrados, estendidos no fundo do abismo. Pois o restabelecimento das condições anteriores a 9 de novembro já fora ultrapassado em 9 de novembro, e hoje a Alemanha está a milhas de distância dessa possibilidade. Para conservar o apoio da única classe cujos verdadeiros interesses defende, a burguesia – apoio que os últimos acontecimentos afetaram vivamente –, o governo ver-se-á forçado a exercer uma política contrarrevolucionária cada vez mais violenta. As reivindicações dos estados do sul da Alemanha, publicadas hoje pelos jornais de Berlim, exprimem claramente o desejo de ver, como é dito, estabelecer-se uma segurança reforçada do império alemão, o que significa, em bom alemão, o estado de sítio contra os "anarquistas", "golpistas", "bolcheviques", portanto, contra os elementos socialistas. As circunstâncias obrigarão Ebert-Scheidemann a recorrer à ditadura, com ou sem estado de sítio. Mas resulta disso que justamente o desenvolvimento produzido até hoje, a lógica dos próprios acontecimentos e a violência que pesa sobre os Ebert-Scheidemann levar-nos-ão a viver, na segunda fase da revolução, um conflito bem mais agudo, lutas de classes bem mais encarniçadas ("Muito bem!"), o que não era anteriormente o caso; um conflito bem mais agudo, não somente porque as fases políticas que enumerei até agora levam à retomada da luta entre revolução e contrarrevolução, corpo a corpo, olhos nos olhos,

---

17 Os representantes dos governos de Baden, Baviera, Hessen e Württemberg apresentaram em 27/28 de dezembro de 1918, em Stuttgart, as seguintes reivindicações: 1º) reorganização do Reich alemão em bases federativas; 2º) criação de um governo do Reich e de uma Assembleia Nacional com capacidade para agir; 3º) promover a paz o mais rápido possível para o Reich alemão. Manifestaram-se expressamente contra um governo central exclusivo que reduziria os governos dos *Länder* a administrações provinciais, e exigiram participar das negociações com os EUA, a respeito do abastecimento de víveres, através de uma delegação conjunta.

sem ilusões, mas também porque uma nova chama, um novo incêndio, vindo das profundezas, propaga-se cada vez mais para o conjunto: as lutas econômicas.

Camaradas, é bem característico que o primeiro período da revolução que vai, pode-se dizer, até 1º de dezembro e que descrevi – e devemos adquirir plena consciência disso – tenha sido ainda uma revolução exclusivamente política; e nisso reside o primitivismo, a insuficiência, as meias medidas e a inconsciência dessa revolução. Era o primeiro estágio de uma reviravolta cujas tarefas principais situam-se no campo econômico: a transformação radical das relações econômicas. Era ingênua, inconsciente como uma criança que tateia sem saber aonde vai, e tinha ainda, como disse, um caráter puramente político. Só nas últimas semanas é que as greves, de forma inteiramente espontânea, começaram a fazer-se notar. É preciso declarar desde agora: é da própria natureza dessa revolução que as greves cresçam necessariamente cada vez mais, que se tornem o centro, o essencial da revolução. ("Muito bem!") Ao ser uma revolução econômica, torna-se uma revolução socialista. Mas a luta pelo socialismo só pode ser levada a cabo pelas massas, num combate corpo a corpo com o capitalismo, em cada empresa, opondo cada operário a seu patrão. Só assim será uma revolução socialista.

Certamente, por falta de reflexão, tinha-se outra ideia da marcha das coisas. Pensava-se que bastava derrubar o antigo governo e substituí-lo por um governo socialista; publicar-se-iam então decretos para instaurar o socialismo. Mais uma vez isso não passava de ilusão. O socialismo não é feito, não pode ser feito por decretos, nem mesmo de um governo socialista por mais perfeito que seja. O socialismo deve ser feito pelas massas, por cada proletário. É onde estão presos aos grilhões do capitalismo que os grilhões devem ser rompidos. Somente isso é socialismo, somente assim o socialismo pode ser feito.

E qual é a forma exterior da luta pelo socialismo? É a greve, e por isso vimos a fase econômica do desenvolvimento avançar para o primeiro plano, agora no segundo momento da revolução. Gostaria de enfatizar aqui o que podemos dizer com orgulho e que ninguém contestará: nós da Liga Spartakus, o Partido Comunista Alemão, somos os únicos em toda a Alemanha a estar ao lado dos trabalhadores em greve e em luta. ("Muito bem!") Vocês leram e viram em todas as ocasiões como o Partido Independente se comportou em relação às greves. Não havia absolutamente nenhuma diferença entre a posição do *Vorwärts* e a do *Freiheit*. Foi dito: vocês precisam ser laboriosos, socialismo significa trabalhar muito. E diz-se isso enquanto o capital ainda tem as rédeas na mão! Não é desse modo que se faz socialismo, mas sim combatendo o capitalismo com toda a energia; todos defendem as exigências do capitalismo desde os piores reacionários até o Partido Independente, até o *Freiheit*, exceto apenas nosso Partido Comunista. Por isso, com essa exposição, digo que todos aqueles, sem exceção, que não se situam em nosso terreno comunista revolucionário combatem as greves da maneira mais violenta.

Daí resulta o seguinte: não somente as greves se estenderão cada vez mais na próxima fase da revolução, como ocuparão o centro, o ponto nevrálgico da revolução, reprimindo as questões puramente políticas. Vocês verão que ocorrerá, na luta econômica, um enorme agravamento da situação. Pois com isso a revolução chega ao ponto em que a burguesia não entende mais a brincadeira. A burguesia pode permitir-se mistificações no plano político, onde uma mascarada ainda é possível, onde pessoas como Ebert-Scheidemann podem ainda apresentar-se sob uma etiqueta socialista, mas não onde aparece o lucro. Ela porá então o governo Ebert-Scheidemann perante a seguinte alternativa: acabar com as greves, suprimir a ameaça de estrangulamento que o movimento grevista faz pesar sobre ela, ou os senhores Ebert-Scheidemann serão postos fora do jogo. Penso também que as medidas políticas tomadas por eles bastarão para colocá-los em breve fora do jogo. Ebert-Scheidemann sofrem particularmente por não terem sentido muita confiança da parte da burguesia. Esta refletirá antes de cobrir com o manto de arminho a rude figura de *parvenu* de Ebert. Se chegarmos a isso, dir-se-á que, no final das contas, não basta ter sangue nas mãos, mas que é preciso ter sangue azul nas veias ("Muito bem!"); se chegarmos a isso, dir-se-á: se queremos um rei, não precisamos de nenhum arrivista que nem sequer sabe comportar-se como rei. (Risos.)

Assim, camaradas, os senhores Ebert-Scheidemann estimulam a expansão de um movimento contrarrevolucionário. Mas assim como eles não extinguirão as labaredas da luta econômica de classe, que se elevam, seus esforços também não satisfarão a burguesia. Eles afundarão, ou para dar lugar a uma tentativa da contrarrevolução que se concentra para uma luta desesperada em torno do senhor Groener, ou visando estabelecer uma ditadura militar declarada sob Hindenburg, ou eles deverão ceder a outras forças contrarrevolucionárias.

Não se pode dizer nada preciso, não se podem fazer declarações positivas sobre o que deve vir. Mas pouco importam as formas exteriores, o momento em que ocorrerá isso ou aquilo; bastam-nos as grandes linhas do desenvolvimento futuro, e eis aonde elas nos conduzem: após a primeira fase da revolução, a da luta sobretudo política, vem uma fase de luta reforçada, intensificada, essencialmente econômica, e ao fim de um espaço de tempo mais ou menos longo, o governo Ebert-Scheidemann deve desaparecer no orco.

É igualmente difícil prever no que se transformará a Assembleia Nacional na segunda fase do desenvolvimento. Se ela se constituir, é possível que se torne uma nova escola para a educação da classe trabalhadora, mas também não está excluído que não haja nenhuma Assembleia Nacional; nada se pode prever. Quero apenas acrescentar, entre parênteses, para que compreendam de que ponto de vista defendíamos ontem a nossa posição: recusávamos apenas situar nossa tática sobre uma única alternativa. Não quero recomeçar as discussões, mas só dizer isto, para que nenhum de vocês ouvindo distraído tivesse a ideia: Ahá, eis uma nova canção! Encontramo-nos todos exatamente sobre o mesmo terreno que ontem. Não queremos que nossa tática em relação à Assembleia Nacional dependa de uma possibilidade, provável, mas não necessária, de ver a Assembleia Nacional ir pelos ares: queremos fundá-la sobre todas as eventualidades, inclusive a de sua utilização revolucionária, caso ela se constitua. Mas, quer se constitua, quer não, é indiferente; em todo caso, a revolução só pode ganhar.

E o que restará ao falido governo Ebert-Scheidemann ou a qualquer outro pretenso governo social-democrata no poder? Eu disse que a massa do proletariado já lhes escapou das mãos, que igualmente os soldados deixaram de ser utilizáveis como bucha de canhão contrarrevolucionária. O que resta, pois, a esses pobres coitados para salvar a situação? Resta-lhes ainda uma chance; e se vocês leram hoje as notícias, camaradas, verão onde estão as últimas reservas que a contrarrevolução alemã enviará contra nós se for preciso bater com força. Vocês todos leram que em Riga as tropas alemãs, de braços dados com os ingleses, marcham já contra os bolcheviques russos. Camaradas, tenho em mãos documentos que nos permitem ter uma visão de conjunto sobre o que se passa atualmente em Riga. A coisa toda provém do Alto Comando do 8º Exército, de comum acordo com o senhor August Winnig, social-democrata alemão e dirigente sindical. As coisas sempre foram apresentadas como se os pobres Ebert-Scheidemann fossem vítimas da Entente. Mas já há semanas, desde o início da revolução, a tática do *Vorwärts* consistia em fazer crer que a Entente desejava sinceramente sufocar a revolução na Rússia, e foi assim que a própria Entente teve essa ideia. Constatamos aqui, apoiados em documentos, como isso foi feito à custa do proletariado russo e da revolução alemã. Num telegrama de 26 de dezembro, o tenente-coronel Buerkner, chefe do Estado-Maior do 8º Exército, dava a conhecer as negociações que levaram ao acordo de Riga. O telegrama em questão diz:

> Em 23.12, a bordo do navio inglês *Princess Margaret*, houve uma conversa entre o delegado plenipotenciário do Reich, Winnig, e o representante do governo inglês, Monsanquet, outrora cônsul-geral em Riga, para o qual também foi convocado o comandante alemão ou seu representante. Fui designado para participar. Objetivo da conversa: aplicação das condições de armistício. Decorrer da conversa: Inglês: Navios estacionados aqui devem vigiar aplicação das condições. Em razão das condições de armistício será exigido o seguinte:
> 1º) Que os alemães mantenham nesta zona uma força de combate suficiente para manter os bolcheviques em xeque e não lhes permitir avançar além de suas posições atuais.

Mais adiante:

3º) Uma exposição das presentes disposições para as tropas alemãs e letãs que combatem os bolcheviques deve ser enviada ao Estado-Maior britânico para que o decano dos oficiais de marinha tome conhecimento dela. Todas as disposições futuras concernentes às tropas que devem combater os bolcheviques serão comunicadas por esse mesmo oficial.

4º) Uma força militar suficiente deve ser mantida armada nos seguintes pontos, para evitar sua ocupação pelos bolcheviques ou seu avanço sobre a linha geral ligando os seguintes lugares: Walk, Wolmar, Wenden, Friedrichstadt, Pensk, Mitau.

5º) A via férrea entre Riga e Libau deve ser assegurada contra ataques bolcheviques; todas as provisões e o correio britânico que utilizam este trecho devem ter preferência.

Segue-se uma série de reivindicações. E eis a resposta do senhor Winnig, plenipotenciário do Reich alemão:

Não é certamente habitual querer coagir um governo a ocupar um Estado estrangeiro, mas nesse caso preciso é o nosso mais caro desejo, [declara o senhor Winnig, o dirigente sindical alemão,] pois trata-se de proteger o sangue alemão, [os barões bálticos] e sentimo-nos também moralmente obrigados a ajudar um país que libertamos da situação estatal anterior. Mas nossos esforços foram dificultados, primeiro pelo estado das tropas submetidas à influência do efeito das condições de armistício: elas não querem mais combater, mas voltar para casa, sendo compostas, além disso, de velhos inválidos de guerra; segundo, pela atitude dos governos daqui, [trata-se dos governos letões] que apresentam os alemães como seus opressores. Esforçamo-nos para criar formações voluntárias e combativas, o que, em parte, já foi conseguido.

É contrarrevolução o que se faz aqui. Vocês foram informados, há algum tempo, sobre a formação da "Divisão de Ferro", destinada expressamente a lutar contra os bolcheviques nos países bálticos.[18] Não era clara a posição do governo Ebert-Scheidemann a esse respeito. Vocês sabem agora que foi esse mesmo governo que propôs isso.

Camaradas, ainda uma pequena observação sobre Winnig. Podemos tranquilamente dizer que os dirigentes sindicais alemães – não é nenhum acaso que um dirigente sindical preste tais serviços políticos –, que e os social-democratas alemães são os maiores e mais infames patifes que o mundo jamais conheceu. (Aplausos entusiásticos.) Sabem vocês onde deveria estar essa gente, Winnig, Ebert, Scheidemann? Segundo o código penal alemão, que eles mesmos declararam plenamente válido e segundo o qual fazem aplicar a justiça, o lugar dessa gente é nos trabalhos forçados! (Gritos entusiásticos e aplausos.) Pois, de acordo com o código penal alemão, é punido com os trabalhos forçados quem procura recrutar soldados alemães a serviço do exterior. E podemos dizer tranquilamente que temos hoje à cabeça do "governo socialista" não apenas pessoas que são os Judas do movimento socialista, da revolução proletária, mas também forçados que não pertencem a uma sociedade decente. (Aprovação entusiástica.)

Concluindo minha exposição, vou ler, em relação a esse ponto, uma resolução que espero seja adotada unanimemente, para podermos enfrentar com o peso necessário essa gente que hoje dirige os destinos da Alemanha.

Camaradas, para retomar o fio de minha exposição: é claro que todas essas maquinações, a formação das divisões de ferro e, sobretudo, o mencionado acordo com o imperialismo alemão nada mais significam que as últimas reservas destinadas a sufocar o movimento socialista alemão; mas a questão crucial, a questão que se relaciona com as perspectivas de paz, está estreitamente ligada a isso. Que vemos nós em todos esses arranjos senão a tentativa de reatiçar a guerra? Enquanto na Alemanha

---

18 Desde meados de novembro de 1918, o Alto-Comando do Exército em Riga, em concordância com o comissário do Reich para os países bálticos, August Winnig, iniciou a formação de grupos voluntários contrarrevolucionários, como a "Divisão de Ferro", com o objetivo de combater os trabalhadores bálticos, finlandeses e poloneses. Na Alemanha, esses corpos francos tornaram-se destacamentos decisivos na guerra civil contra a revolução.

esses patifes representam a comédia, fingem não ter mãos a medir para instaurar a paz e pretendem sermos nós os desmancha-prazeres, as pessoas que suscitam o descontentamento da *Entente* e que protelam a paz preparam-se para reatiçar a guerra com as próprias mãos, a guerra no Leste, à qual se seguirá rapidamente a guerra na Alemanha. Também aqui é a situação que nos leva a entrar num período de conflitos violentos. Juntamente com o socialismo e com os interesses da revolução, teremos que defender também os interesses da paz mundial. Isto confirma justamente a tática que nós, spartakistas, sempre fomos os únicos a defender, em qualquer oportunidade, durante os quatro anos da guerra. Paz significa revolução mundial do proletariado! Não há nenhum outro meio para instaurar e garantir realmente a paz senão a vitória do proletariado socialista. (Aprovação calorosa.)

Camaradas, que resulta disso para nossa linha tática geral na situação em que nos encontraremos em breve? A primeira consequência a tirar é certamente a esperança de ver cair o governo Ebert-Scheidemann, que seria substituído por um governo declaradamente revolucionário, socialista e proletário. Contudo, gostaria de chamar-lhes a atenção, não para cima, mas para baixo. Não podemos continuar a alimentar, a repetir a ilusão do primeiro período da revolução, do 9 de novembro, como se para fazer a revolução socialista bastasse derrubar o governo capitalista, substituindo-o por outro. Não se pode conduzir a revolução socialista à vitória, a não ser que se proceda da maneira inversa: minando, passo a passo, o governo Ebert-Scheidemann por uma luta de massa do proletariado, social e revolucionária; gostaria de lembrar-lhes aqui uma série de insuficiências da revolução alemã, que não foram superadas com a primeira fase e que mostram com clareza que, infelizmente, ainda não chegamos ao ponto de garantir a vitória do socialismo derrubando o governo. Tentei mostrar-lhes que a revolução de 9 de novembro foi principalmente uma revolução política, quando precisa tornar-se sobretudo econômica. Mas foi também apenas uma revolução urbana, o campo não foi praticamente tocado. Seria loucura realizar o socialismo sem a agricultura. Do ponto de vista da economia socialista, não se pode de maneira nenhuma reestruturar a indústria sem amalgamá-la imediatamente com uma agricultura reorganizada segundo os princípios socialistas. A ideia mais importante da ordem econômica socialista consiste em suprimir a oposição e a separação entre a cidade e o campo. Se adotarmos um ponto de vista socialista, essa separação, essa contradição, essa oposição constitui um fenômeno puramente capitalista que precisa ser suprimido de maneira rápida. Se quisermos seriamente uma reestruturação socialista, vocês precisam prestar atenção, tanto ao campo quanto à cidade, e, nesse ponto, infelizmente, não nos encontramos sequer no começo do começo. Agora precisamos trabalhar seriamente nisso, não apenas porque não podemos socializar sem a agricultura, mas também porque, se tivermos contado as últimas reservas da contrarrevolução contra nós e contra nossos esforços, há ainda uma reserva importante que não contamos, os camponeses. Justamente por não terem sido tocados até agora, permanecem uma reserva para a burguesia contrarrevolucionária. E a primeira coisa que ela fará, quando a chama das greves socialistas lhes chegar aos calcanhares, será mobilizar os camponeses, os partidários fanáticos da propriedade privada. Contra esse ameaçador poder contrarrevolucionário não há outro meio senão levar a luta de classes ao campo, senão mobilizar o proletariado sem terra e o pequeno camponês contra os camponeses ricos. ("Bravo!" e aplausos.)

Pode-se concluir daí o que nos resta fazer para garantir os pressupostos do sucesso da revolução e, por isso, gostaria de resumir assim nossas próximas tarefas: precisamos, sobretudo, no futuro, estender em todas as direções o sistema dos Conselhos de Trabalhadores e Soldados, mas principalmente o sistema dos conselhos de trabalhadores. O que fizemos em 9 de novembro é apenas um débil começo, e não só isso. Na primeira fase da revolução perdemos mesmo, novamente, grandes instrumentos de poder. Vocês sabem que a contrarrevolução procedeu a uma desmontagem contínua do sistema de conselhos de trabalhadores e soldados. No Hesse, os Conselhos de Trabalhadores e Soldados foram completamente suprimidos pelo governo contrarrevolucionário; em outros lugares, os instrumentos de poder são-lhes arrancados das mãos. Por isso não devemos apenas estender o sistema de Conselhos de Trabalhadores e Soldados, mas também incorporar os trabalhadores agrícolas e os pequenos camponeses a esse sistema. Precisamos tomar o poder, precisamos pôr assim a questão da tomada do poder: o que faz, o que pode fazer, o que deve fazer cada Conselho de Trabalhadores e Soldados em toda a Alemanha? ("Bravo!") É aí que reside o poder; devemos solapar o Estado burguês a partir da base, não separando mais por todo lado os poderes públicos, a legislação e a administração, mas unindo-as, pondo-as nas mãos dos Conselhos de Trabalhadores e Soldados.

Camaradas, eis um imenso campo a lavrar. Devemos fazer os preparativos de baixo para cima, devemos dar aos Conselhos de Trabalhadores e Soldados tal poder que, quando o governo Ebert-Scheidemann ou outro parecido for derrubado, isso será apenas o ato final. Assim, a conquista do poder não deve ser feita de uma vez, mas ser progressiva: nós nos introduziremos no Estado burguês até ocuparmos todas as posições, que defenderemos com unhas e dentes. E a luta econômica, em minha opinião e na de meus amigos mais próximos no partido, deve ser igualmente conduzida pelos conselhos de trabalhadores. São também os conselhos de trabalhadores que devem dirigir os conflitos econômicos e fazer-lhes tomar vias sempre mais largas. Os conselhos de trabalhadores devem ter todo o poder no Estado. É nessa direção que devemos trabalhar nos próximos tempos; se assumirmos essa tarefa, resulta daí que devemos contar com uma colossal exacerbação da luta nos próximos tempos. Pois trata-se de lutar passo a passo, corpo a corpo, em cada Estado, em cada cidade, em cada aldeia, em cada comuna, a fim de transferir para os Conselhos de Trabalhadores e Soldados todos os instrumentos do poder que será preciso arrancar, pedaço a pedaço, à burguesia.

Para isso, é preciso primeiro educar nossos camaradas, é preciso educar os proletários. Mesmo onde existem Conselhos de Trabalhadores e Soldados, ainda falta a consciência de quais são suas funções. ("Muito bem!") Precisamos primeiro ensinar às massas que o Conselho de Trabalhadores e Soldados deve ser, em todas as direções, a alavanca da maquinaria do Estado, que ele deve apoderar-se de todos os poderes para fazê-los convergir para o mesmo canal: a transformação socialista.

Mesmo as massas trabalhadoras, já organizadas nos Conselhos de Trabalhadores e Soldados, encontram-se a milhas disso, exceto naturalmente algumas pequenas minorias de proletários, que têm clara consciência de suas tarefas. Isso não constitui uma carência, mas é algo muito normal. Exercendo o poder, a massa deve aprender a exercer o poder. Não há nenhum outro meio de lhe ensinar isso. Felizmente, foi-se o tempo em que se tratava de ensinar o socialismo ao proletariado. Para os marxistas da escola de Kautsky esse tempo parece não ter acabado. Educar as massas proletárias de maneira socialista significa: fazer-lhes conferências, distribuir panfletos e brochuras. Não, a escola socialista dos proletários não precisa de nada disso. Eles são educados quando passam à ação. ("Muito bem!") No princípio era a ação, é aqui a divisa; e a ação consiste em que os Conselhos de Trabalhadores e Soldados se sentem chamados a tornar-se o único poder público em todo o Reich e aprendem a sê-lo. Só dessa maneira podemos minar o solo, a fim de que se torne maduro para a transformação que deve coroar nossa obra. Eis por que, camaradas, era por um cálculo claro, com uma consciência clara que declaramos ontem, que eu, em particular, disse: "Parem de encarar a luta tão levianamente!". O que foi mal interpretado por alguns camaradas, acreditando que eu os acusava de quererem ficar de braços cruzados a boicotar a Assembleia Nacional. Nem em sonhos isso me ocorreu. Simplesmente eu não podia mais estender-me sobre o assunto; no quadro e no contexto de hoje tenho essa possibilidade. Quero dizer com isso que a história não nos faz a tarefa tão fácil como nas revoluções burguesas, em que bastava derrubar o poder oficial no centro e substituí-lo por alguns homens, ou por algumas dúzias de homens novos. Precisamos trabalhar de baixo para cima, o que corresponde precisamente ao caráter de massa de nossa revolução, cujos objetivos visam aos fundamentos, ao solo da constituição social, o que corresponde ao caráter da atual revolução proletária; devemos conquistar o poder político não por cima, mas por baixo. O dia 9 de novembro foi a tentativa de abalar os poderes públicos, a dominação de classe, uma tentativa débil, incompleta, inconsciente, caótica. Agora é preciso dirigir, com total consciência, toda a força do proletariado contra os fundamentos da sociedade capitalista. É na base, onde cada patrão se defronta com seus escravos assalariados, na base, onde todos os órgãos executivos da dominação política de classe se defrontam com os objetos dessa dominação, as massas, é lá que devemos arrancar, passo a passo, os instrumentos de poder aos dominantes, pondo-os em nossas mãos. Tal como o descrevo, o processo parece talvez mais demorado do que se estava inclinado a ver num primeiro momento. Penso que é saudável para nós encararmos com plena clareza todas as dificuldades e complicações dessa revolução. Pois espero que, assim como eu, nenhum de vocês deixará a descrição das grandes dificuldades, das tarefas que se acumulam, paralisar seu ardor ou sua energia; ao contrário, quanto maior a tarefa, mais concentraremos todas as nossas forças; e não esquecemos: a revolução sabe realizar sua obra com extraordinária rapidez. Não pretendo profetizar de quanto tempo esse processo precisa. Qual de nós faz a conta, qual de nós se preocupa com que nossa vida mal baste para consegui-lo? Importa somente que saibamos com clareza e precisão o que temos que fazer; e o que temos que fazer, espero tê-lo de algum modo exposto, com minhas poucas forças, em suas grandes linhas.

IV
Moção de protesto contra a atuação do governo alemão no Leste[19]

A Conferência do Reich, indignada, toma conhecimento da atuação do governo alemão no Leste. A marcha conjunta das tropas alemãs, dos barões bálticos e dos imperialistas ingleses significa não somente uma traição infame ao proletariado russo e à Revolução Russa, como também a confirmação da aliança mundial dos capitalistas de todos os países contra o proletariado em luta do mundo inteiro. Perante essa monstruosidade, o Congresso do partido declara novamente: o governo Ebert-Scheidemann é o inimigo mortal do proletariado alemão. Abaixo o governo Ebert-Scheidemann!

---

19 Essa moção foi aprovada por unanimidade.

O primeiro Congresso[1]

A vanguarda revolucionária do proletariado alemão uniu-se num partido político independente. Teve lugar a fundação do Partido Comunista Alemão (KPD), tal como desde o início a Liga Spartakus, no quadro de sua concepção geral, resolutamente pretendia e previa: não como matéria de conciliábulo, não como cisão "fabricada" de livre vontade, a portas fechadas, por um punhado de dirigentes radicais. Ela ocorreu como produto natural do desenvolvimento histórico, como fragmento no processo da revolução alemã, ou seja, como manifestação da vida política das massas proletárias. A fundação do Partido Comunista está vinculada ao momento de transição que encerra a primeira fase da revolução alemã e abre a nova fase.

As ilusões de 9 de novembro foram destruídas, suas insuficiências vieram à luz do dia. A contrarrevolução de Ebert-Scheidemann posta a descoberto em um dos polos requer que no outro polo se desfralde sem

---

[1] Título original: *Der erste Parteitag*. Artigo originalmente não assinado (ver nota 1, p.259). Publicado em *Die Rote Fahne*, n.3, 3 jan. 1919. No número 306 do mesmo periódico, datado de 30 dez. 1928, Rosa Luxemburgo é designada como sua autora.

demora e energicamente a bandeira revolucionária; a brusca volta à direita no cume oficial do Reich requer que haja nos fundamentos, na massa dos trabalhadores e soldados uma enérgica orientação à esquerda.

Clarificação dos conflitos, exacerbação da luta, amadurecimento e autodeterminação da revolução – eis os fatores de que nasceu o Partido Comunista Alemão e a que, por sua vez, é chamado a servir. Trata-se de avaliar, como manifestação parcial desse processo, a integração do grupo dos Comunistas Internacionais,[2] assim como as negociações a respeito da união organizativa do partido recém-fundado com os delegados revolucionários e homens de confiança[3] das grandes empresas de Berlim. Ainda que no momento essas negociações não tenham produzido nenhum resultado positivo, elas são de fato somente o começo de um processo, inteiramente evidente e irresistível, de unificação de todos os elementos verdadeiramente proletários e revolucionários num quadro organizativo. Que os delegados revolucionários da grande Berlim, os representantes morais da brigada central do proletariado berlinense, caminham com a Liga Spartakus demonstrou-o a cooperação de ambas as partes em todas as ações revolucionárias do operariado berlinense até agora. Esses vínculos, produzidos na ação, são a única base real e verdadeira da união organizativa; eles nasceram dos interesses de classe da massa proletária, dos interesses vitais da revolução, residindo aí a garantia de que a lógica interna das coisas levará os delegados revolucionários e os homens de confiança, mais cedo ou mais tarde, para o único campo puramente proletário-revolucionário, para o KPD. Os entraves, as indecisões que no momento ainda impedem esse passo são eles mesmos um resquício do processo de decomposição do USPD, um resto das perturbadoras e paralisantes deficiências que estão fazendo esse partido naufragar. Mas com isso também está dado que os elementos sadios e verdadeiramente

---

2   O nome Comunistas Internacionais foi adotado em novembro de 1918 pelo grupo da Esquerda de Bremen e por um grupo de esquerda em Dresden. Eles se integraram no KPD.

3   Os delegados revolucionários [*revolutionäre Obleute*], agrupamento nascido em 1914 a partir da oposição sindical metalúrgica de Berlim, opunha-se à política de apoio à guerra por parte do SPD e dos sindicatos oficiais. Eles, assim como os homens de confiança [*Vertrauensleute*], eleitos nas fábricas como representantes dos trabalhadores nas greves de abril de 1917 e janeiro de 1918, estavam próximos da ala esquerda do USPD.

revolucionários do USPD passarão por cima desse último resto; muito em breve terão que escapar da atmosfera sufocante do partido, na realidade apenas um cadáver, e ir para onde a luta revolucionária encontrou sua expressão mais clara e decidida.

A revolução, com voz imperiosa, chama de fato à atuação conjunta sem perda de tempo. Com a passagem à sua segunda fase ela aumentou desmesuradamente as tarefas que põe diante das massas do proletariado, alargou seus limites enormemente, rasgou mais profundamente o solo com seu arado revolucionário. Transformar o invólucro da revolução de 9 de novembro, preponderantemente feita pelos soldados, numa pronunciada revolução de trabalhadores, a revolta superficial, puramente política, num processo completo de enfrentamento geral econômico entre trabalho e capital exige da classe trabalhadora revolucionária um grau inteiramente distinto de maturidade política, educação e tenacidade daquele que era suficiente na primeira fase.

Por todo lado chegou o momento de, no lugar da *disposição* revolucionária, pôr a inflexível *convicção* revolucionária, no lugar do espontâneo, o sistemático. Enriquecidos por toda a soma de experiências do primeiro período, trata-se agora de nos aproximarmos do estabelecimento dos fundamentos da construção socialista. Trata-se de transformar o sistema dos Conselhos de Trabalhadores e Soldados, de uma improvisação do momento, naquela couraça de bronze que garante ao proletariado todo o poder público da sociedade.

E mais! O que vivenciamos desde 9 de novembro até agora não foi propriamente nenhuma revolução *alemã*: foi uma longa série de revoluções e revoluçõezinhas locais dispersas, em parte com características de opereta, cuja imagem confusa, multicolorida, refletia todo o modelo da fragmentação e do atraso alemães e, consequentemente, também a fragmentação do exército revolucionário do proletariado. Essas fraquezas naturais da primeira fase também precisam ser superadas. A grande revolução *alemã* unificada deve ser preparada mediante a maturidade política e social das massas proletárias de toda a Alemanha, mediante o avanço do movimento além de seus limites e acasos locais em direção a um objetivo comum, a uma frente de luta comum.

Em oposição ao tradicional elogio-"marco" [*"Markstein"--Anpreisung*] do Congresso partidário e de sua obra é preciso admitir francamente que o Congresso que acabou de encerrar-se só pôde realizar de maneira fragmentária e vaga a enorme obra em questão. Sendo ele mesmo um fragmento da revolução, também compartilha sua sorte, a de não poder vangloriar-se de suficiente solidez, de nenhum trabalho completo.

Contudo, o que realizou parece-nos ser essencialmente o mais importante: ele extraiu a substância das lições históricas da revolução até agora, indicou as grandes diretrizes do desenvolvimento futuro, fez um forte apelo a todo o proletariado da Alemanha para que se levante em luta enérgica.

O espírito que se manifestou nos delegados de todas as partes do Reich permite com certeza esperar que seja realizado um trabalho competente, que o apelo não deixe de encontrar ressonância, que o KPD, como tropa de choque da revolução proletária, se torne o coveiro da sociedade capitalista.

Chegou a hora de pôr mãos à obra com toda a energia. Como disse Liebknecht ao final de suas considerações:

> As terríveis desilusões políticas e sociais, o colapso da economia capitalista são os mais eloquentes propagandistas da revolução social.
>
> Nossa tarefa consiste em apoiar e dirigir essa propaganda da situação objetiva com clareza, energia e entusiasmo. Forjar com o proletariado alemão um poderoso martelo que esmague a dominação de classe – eis a missão histórica do KPD.

O que fazem os dirigentes?[1]

Na atmosfera ardente da revolução, pessoas e coisas amadurecem com assustadora rapidez. Há apenas três curtas semanas, quando do encerramento do Congresso Nacional dos Conselhos de Trabalhadores e Soldados,[2] parecia que Ebert-Scheidemann estavam no auge do poder. Os representantes das massas dos trabalhadores e soldados revolucionários de toda a Alemanha entregaram-se cegamente à sua liderança. A convocação da Assembleia Nacional, a exclusão das "ruas", a degradação do Comitê Executivo e, com ele, a degradação dos conselhos em impotentes figuras virtuais – que triunfo da contrarrevolução em toda a linha! Os frutos de 9 de novembro pareciam desperdiçados e perdidos, a burguesia voltava a respirar tranquila, as massas tinham ficado desnorteadas, desarmadas, exasperadas, porém desconfiadas. Ebert-Scheidemann supunham-se no auge do poder.

---

1 Título original: *Was machen die Führer?* Artigo originalmente não assinado (ver nota 1, p.259). Publicado em *Die Rote Fahne*, n.7, 7 jan. 1919.
2 Ver nota 2, p.299.

Que loucos, que cegos! Nem bem vinte dias se passaram que da noite para o dia seu aparente poder desmoronou. As massas são de fato o verdadeiro poder, o poder real em virtude de seus interesses, em virtude da necessidade histórica, do "dever" [*Muß*] de bronze da história. Ainda que sejam passageiramente acorrentadas, que sua organização lhes roube de maneira formal todo poder – basta que elas se movam, que endireitem a espinha dorsal, e já a terra treme sob os pés da contrarrevolução.

Quem assistiu ontem à manifestação de massa na Siegsallee [Alameda da Vitória], quem sentiu essa inabalável convicção revolucionária, esse magnífico estado de espírito, essa energia que fluía das massas, necessariamente chegou à conclusão de que, em termos políticos, os proletários cresceram enormemente na escola das últimas semanas, dos últimos acontecimentos. Eles se tornaram conscientes de seu poder, e nada lhes falta senão fazer uso dele.

Os Ebert-Scheidemann e seus clientes, a burguesia, que continuamente gritam "golpe", vivenciam nesta hora a mesma decepção que outrora sentiu o último Bourbon quando em resposta ao seu grito indignado sobre a "rebelião" do povo de Paris seu ministro respondeu: *Senhor, não é uma rebelião, é uma revolução!*

Sim, é uma *revolução*, com todo seu desenvolvimento exterior caótico, com seu alternado fluxo e refluxo, com ímpetos momentâneos de tomada do poder e igualmente com retrocessos momentâneos da vigorosa vaga revolucionária. E, passo a passo, a revolução impõe-se vitoriosa por meio de todos esses aparentes movimentos de zigue-zague, caminhando para diante irresistivelmente.

É na própria luta precisamente que a massa precisa aprender a lutar, a agir. E hoje se sente que o operariado de Berlim *aprendeu* em grande medida a agir, ele tem sede de ações decididas, de situações claras, de medidas enérgicas. Ele não é mais o mesmo de 9 de novembro, ele *sabe* o que quer e o que deve fazer.

Mas será que seus dirigentes, os órgãos executores de sua vontade estão à altura? Será que, entretanto, os delegados revolucionários e os homens de confiança das grandes empresas, os elementos radicais do

USPD cresceram em termos de energia e determinação? Estará sua capacidade de agir à altura da crescente energia das massas?

Tememos não poder responder a essa pergunta com um redondo sim. Tememos que os dirigentes ainda sejam os mesmos que eram em 9 de novembro, que pouco tenham aprendido.

Vinte e quatro horas se passaram desde o ataque do governo de Ebert contra Eichhorn.[3] As massas entusiasticamente atenderam ao apelo de seus líderes; espontaneamente e com as próprias forças conduziram a reintegração de Eichhorn, por sua própria iniciativa e de maneira espontânea ocuparam o *Vorwärts*, apoderaram-se dos jornais burgueses e do WTB [Wolff's Telegraphische Büro, agência de notícias Wolff] e, na medida do possível, armaram-se. Elas estão à espera de novas instruções e de ações de seus líderes.

O que estes fizeram, entretanto, o que decidiram? Que medidas tomaram para assegurar a vitória da revolução nesta situação tensa em que o destino da revolução será decidido, pelo menos para o próximo período? Nós não vemos nem ouvimos nada! Pode ser que os homens de confiança do operariado estejam a *deliberar* profunda e abundantemente. Contudo, chegou a hora de *agir*.

Os Ebert-Scheidemann certamente não desperdiçam seu tempo com deliberações. Com toda a certeza não estão dormindo. Eles estão secretamente preparando suas intrigas com a energia e a precaução habituais dos contrarrevolucionários, afiando a espada para, de repente, atacar e assassinar a revolução.

Outros elementos sem espinha dorsal na certa já puseram mãos à obra para iniciar "negociações", fazer compromissos, lançar uma ponte por cima do profundo abismo que se abriu entre a massa dos

---

3   Em 4 de janeiro de 1919, Emil Eichhorn, dirigente da Prefeitura de Polícia de Berlim e membro da ala esquerda do USPD é deposto pelo governo de Ebert e substituído por um social-democrata de direita. Os delegados revolucionários, os dirigentes do USPD de Berlim e a direção do KPD em conjunto convocam uma manifestação de protesto para o dia seguinte, sendo atendidos pelos trabalhadores e soldados que em massa saem à rua marchando para a Prefeitura de Polícia.

trabalhadores e soldados e o governo de Ebert, desviando a revolução para um "compromisso" com seus inimigos mortais.

Não há tempo a perder. É preciso tomar medidas enérgicas. É preciso dar diretrizes claras e rápidas às massas, aos soldados fiéis à revolução; sua energia, seu ardor combativo precisam ser dirigidos para os objetivos certos. Os elementos indecisos entre as tropas só podem ser conquistados pela ação decidida e clara dos corpos revolucionários em prol da causa sagrada do povo.

Ajam! Ajam! Corajosa, decidida, consistentemente – eis o dever e a obrigação absolutos dos delegados revolucionários e dos dirigentes partidários socialistas sinceros. Desarmem a contrarrevolução, armem as massas, ocupem todas as posições de poder. Ajam *rapidamente*! A revolução o exige. Suas horas contam na história mundial como meses e seus dias como anos. Tomara que os órgãos da revolução tenham consciência de seus importantes deveres!

Deveres não cumpridos[1]

Desde 9 de novembro a onda revolucionária choca-se periodicamente contra o mesmo muro: o governo Ebert-Scheidemann. O motivo, a forma, a força do choque são diferentes em cada uma das crises revolucionárias que vivenciamos há oito semanas. Mas o grito "abaixo o governo Ebert-Scheidemann!" é até agora o *leitmotiv* de *todas* as crises e a palavra de ordem com que todas acabam, a palavra de ordem que, cada vez mais alto, mais unânime e insistentemente ressoa das massas.

Isso é inteiramente natural. A continuação do desenvolvimento da revolução sofre com o erro fundamental de 9 de novembro: à cabeça do governo revolucionário foram postas pessoas que até o último minuto fizeram tudo que podiam para impedir que a revolução irrompesse e depois disso ficaram em sua liderança com a clara intenção de sufocá-la na ocasião oportuna.

---

1 Título original: *Versäumte Pflichten*. Artigo originalmente não assinado (ver nota 1, p.259). Publicado em *Die Rote Fahne*, n.8, 8 jan. 1919.

Se a revolução deve continuar seu caminho, se deve passar de uma etapa a outra de seu desenvolvimento para realizar suas tarefas históricas – a supressão da dominação de classe burguesa e a realização do socialismo –, então é preciso derrubar o muro que a ela se opõe, o governo Ebert-Scheidemann.

A revolução não pode esquivar-se a essa tarefa especial, pois nela desembocam todas as experiências das oito semanas da história da revolução. As provocações características do governo de Ebert: o 6 de dezembro,[2] o juramento das tropas da guarda,[3] o 24 de dezembro,[4] o recente ataque contra a Prefeitura de Polícia,[5] todas elas conduzem as massas revolucionárias diretamente à alternativa brutal, simples, implacável: ou a revolução deve abandonar seu caráter proletário, sua missão socialista, ou Ebert-Scheidemann e seu séquito devem ser afastados do poder.

As grandes massas do proletariado de Berlim e dos principais centros da revolução no Reich entenderam-no também. Essa compreensão clara e rigorosa que, a cada momento, num grito apaixonado e veemente sai de centenas de milhares de gargantas – "abaixo o governo Ebert-Scheidemann!" – constitui a conquista, a maturidade, o progresso que os últimos acontecimentos nos trouxeram.

Porém, o que ainda *nem* de longe ficou claro – trazendo à luz do dia a fraqueza e a imaturidade da revolução – é a questão de *como* conduzir a luta pelo afastamento do governo de Ebert, de *como* converter o estágio já alcançado de maturidade interna da revolução em atos e relações de poder. As fraquezas e insuficiências da revolução nunca se mostraram tão flagrantes quanto nos três últimos dias.

Afastar o governo de Ebert-Scheidemann não significa assaltar o palácio do governo e prender ou perseguir algumas pessoas,

---

2   Ver nota 4, p.284.
3   Em 10 de dezembro de 1918, tropas da guarda, lideradas por oficiais contrarrevolucionários, entraram armadas em Berlim, sendo recebidas por Friedrich Ebert, pelo prefeito Adolf Wermuth e pelo ministro da Guerra Heinrich Scheüch. Elas prestaram juramento à República.
4   Ver nota 16, p.356.
5   Ver nota 3, p.377.

mas significa, sobretudo, tomar de fato todas as posições de poder, *conservando*-as e *utilizando*-as.

Porém, o que vivenciamos nós nesses três dias? Todas as posições que foram verdadeiramente conquistadas – a reocupação da Prefeitura de Polícia, a ocupação do *Vorwärts*, a ocupação do WTB [agência de notícias Wolff] e das redações burguesas, tudo isso foi obra espontânea das massas. O que a partir daí fizeram as entidades que nesses dias estavam, ou pretendiam estar, à cabeça das massas, os delegados revolucionários e a direção do USPD da grande Berlim? Elas desprezaram as regras mais elementares da ação revolucionária, tais como:

1º) Quando as massas ocupam o *Vorwärts* é dever dos delegados revolucionários e da direção do USPD da grande Berlim, que oficialmente alegam representar o operariado berlinense, cuidar imediatamente de que a redação seja dirigida sob a perspectiva do operariado revolucionário de Berlim. Mas onde ficaram os redatores? O que fazem Däumig, Ledebour – jornalistas e redatores de renome e de profissão que atualmente, como ala esquerda do USPD, não têm nenhum órgão, por que abandonaram as massas? Era uma atividade mais urgente "deliberar" do que agir?

2º) Quando as massas ocupam a agência de notícias Wolff, é dever essencial dos órgãos revolucionários do operariado utilizá-la em favor da causa da revolução para informar o que se passa em Berlim à opinião pública, às massas do Reich, e para orientá-las sobre a situação. Só dessa maneira se pode estabelecer uma coordenação ideológica entre o operariado de Berlim e o movimento revolucionário em todo o Reich, sem o que a revolução não pode vencer nem cá nem lá.

3º) Quando se está na mais acerba luta contra o governo Ebert-Scheidemann não se entabulam imediatamente "negociações" com esse mesmo governo. O pessoal de Haase – Oskar Cohn, Zietz, Kautsky, Breitscheid e qualquer nome que tenham todas as figuras indecisas – quer aproveitar toda oportunidade para reatar o mais rápido com o pessoal de Ebert, de quem se separou com o coração pesado. Por sua vez, os delegados revolucionários, que têm contato com as massas, sabem muito bem que Ebert-Scheidemann são inimigos mortais da revolução. Será que se entabulam negociações com um inimigo mortal? Essas negociações só podem conduzir a duas coisas distintas: ou a um compromisso ou – o que é mais certo – simplesmente a um adiamento que será usado pelo pessoal de Ebert para preparar as mais brutais e violentas medidas.

4º) Quando as massas são convocadas às ruas a fim de se manterem em alerta é preciso dizer-lhes clara e distintamente o que têm de fazer, ou pelo menos o que está acontecendo, o que fazem e planejam os amigos e os inimigos. Em tempos de crise revolucionária é evidente que as massas pertencem à rua. Elas são o único refúgio, a única garantia da revolução. Quando a revolução está em perigo – *e agora ela o está em grande medida!*– é dever das massas proletárias ficarem de guarda ali onde seu poder se exprime: nas ruas! Sua presença, o contato entre elas já são uma ameaça e uma advertência a todos os inimigos declarados e ocultos da revolução: tomem cuidado!

Mas as massas não devem somente ser convocadas, elas devem ser também politicamente atuantes. Devem ser convocadas a decidir sobre tudo o que se faz e o que se deixa de fazer. Por que os delegados revolucionários, por que a direção do USPD da grande Berlim não considerou necessário apresentar a decisão de entabular "negociações" com Ebert-Scheidemann diante das massas reunidas na Siegsallee [Alameda da Vitória]? Eles teriam recebido uma resposta tão retumbante que lhes teria passado completamente a vontade de entabular negociações!

As massas estão dispostas a apoiar toda ação revolucionária, a atravessar fogo e água pela causa do socialismo. Deve-se dar-lhes palavras de ordem claras, mostrar uma atitude consequente, decidida. O idealismo do operariado e a fidelidade revolucionária dos soldados só podem ser fortalecidos pela determinação e clareza dos órgãos dirigentes e de sua política. E hoje existe uma política que não conhece nenhuma vacilação, nenhuma meia medida, que só conhece um *leitmotiv*: abaixo Ebert-Scheidemann! Mais uma lição!

A Alemanha era o país clássico da organização e, mais ainda, do fanatismo da organização, sim, da arrogância da organização. Por causa da "organização" abandonaram-se o espírito, os objetivos e a capacidade de ação do movimento. E o que vivenciamos hoje? Nos momentos mais importantes da revolução, fracassa em primeiro lugar, da maneira mais lamentável, o célebre "talento organizativo". Organizar ações revolucionárias é algo inteiramente diferente de "organizar" eleições para o Reichstag ou para o tribunal do trabalho segundo o esquema X. A organização de ações revolucionárias só deve e só pode ser aprendida na revolução, assim como só se aprende a nadar na água. A experiência histórica está aí para isso! Mas deve-se também justamente *aprender* com a experiência.

A experiência dos últimos três dias clama em voz alta aos órgãos dirigentes do operariado: não falem! Não deliberem eternamente! Não negociem! Ajam!

O fracasso dos dirigentes[1]

As coisas em Berlim deram uma guinada que exige a mais acerba crítica e a mais séria reflexão das massas trabalhadoras.

No decorrer dos últimos dez dias dissemos várias vezes, franca e nitidamente, que a direção do movimento de massas em Berlim deixava muito a desejar em determinação, energia e elã revolucionário. Dissemos claramente que a direção está muito atrás da maturidade e da disposição das massas para a luta. Tanto dentro dessas entidades dirigentes, pela iniciativa e pela persuasão, quanto fora – na *Rote Fahne* –, pela crítica, fizemos de tudo para que o movimento avançasse, para incitar os delegados revolucionários das grandes empresas a procederem energicamente.

Mas, no fim, todos os esforços e tentativas fracassaram diante da atitude hesitante e vacilante dessas entidades. Depois de quatro dias, devido à falta de direção, deixaram que a mais admirável disposição e energia das massas para a luta se dispersasse e desse em nada, depois

---

1 Título original: *Das Versagen der Führer*. Artigo originalmente não assinado (ver nota 1, p.259). Publicado em *Die Rote Fahne*, n.11, 11 jan. 1919.

de, por duas vezes, um começo de negociações com o governo Ebert-
-Scheidemann levar as perspectivas da luta revolucionária a um abalo
muito duro e a um reforço muitíssimo eficaz da posição do governo,
os delegados revolucionários decidiram finalmente, na noite de quarta
para quinta-feira, romper as negociações e retomar a luta em toda a
linha. Foi dada a palavra de ordem de *greve geral* e feita a convocação:
às armas!

Mas também foi a única atitude que os delegados revolucionários
se decidiram a tomar.

Compreende-se facilmente que, quando se lança a palavra de ordem de greve geral e de armamento das massas, é preciso fazer de tudo para garantir a mais enérgica execução dessa palavra. Os delegados revolucionários não tomaram nenhuma providência nesse sentido! Contentaram-se com a simples palavra de ordem e – decidiram já na quinta-feira à noite entabular negociações pela terceira vez com Ebert-Scheidemann!

Dessa vez o movimento pela unificação,[2] que começou entre os trabalhadores da fábrica Schwartzkopff e de algumas outras grandes empresas, forneceu o pretexto desejado para, justamente, interromper de novo a luta que tinha começado como manda o figurino. O operariado da fábrica Schwartzkopff, da AEG e da Knorr-Bremse pertence às tropas mais importantes do proletariado revolucionário de Berlim e não há nenhuma dúvida de que suas intenções são as melhores. Mas, nesse caso, o operariado é objeto de uma ilusão maquinada pelo pessoal de Haase: Oskar Cohn, Dittmann e outros. Esse pessoal, ao trabalhar de maneira demagógica com as populares palavras de ordem de "unidade", "não ao derramamento de sangue", procura paralisar a energia bélica das massas, semear a confusão e dissolver a crise revolucionária decisiva num compromisso corrupto com a contrarrevolução.

Para quem não quer ser enganado é claro que esse tumulto provocado pelo USPD a favor da unificação é o melhor serviço imaginável que, na situação atual, se podia prestar a Ebert-Scheidemann. Eles

---

2   Ver nota 3, p.306.

mesmos suspensos no ar, tremendo diante da intrépida demonstração de força do operariado, apoiados somente pela metade e relutantemente pelas tropas indecisas, vistos com desconfiança pela burguesia, os traidores do socialismo vivenciaram nos últimos dias as horas mais difíceis de seu breve e glorioso governo. Esses aventureiros não estão à altura da impressionante entrada em cena das massas nas ruas, nem da guinada que o governo deu com a própria provocação brutal no caso Eichhorn.[3] Declarando-se meio perdidos, mostram nitidamente toda a indecisão, toda a incerteza evidente de suas medidas contrarrevolucionárias dos últimos dias.

Ao seu encontro vieram o intervalo salvador das negociações e, por fim, o movimento pela unificação. O USPD mostrou-se aqui novamente o anjo salvador da contrarrevolução. Haase-Dittmann demitiram-se do governo Ebert,[4] mas continua na rua a mesma política da folha de vinha dos Scheidemann.

E a esquerda do USPD apoia essa política e colabora com ela! As condições para as negociações recentemente concluídas com o governo e aceitas pelos delegados revolucionários foram formuladas por *Ledebour*. Desse lado exige-se, entre outras coisas como preço pela capitulação dos trabalhadores, que Ebert, Scheidemann, Noske e Landsberg saiam do governo. Como se se tratasse aqui de *pessoas* e não de uma política determinada! Como se não acabasse em simples desorientação e engano das massas tirar do palco os típicos e vocacionados representantes da política infame dos Scheidemann, substituindo-os por alguns figurantes inexpressivos que permanecem apenas como testas de ferro da mesma política, enquanto Ebert-Scheidemann maquinam nos bastidores, livrando-se assim do julgamento das massas!

---

3   Ver nota 3, p.377.
4   Divergências crescentes entre os social-democratas independentes e os majoritários fizeram que os comissários do povo do USPD Emil Barth, Wilhelm Dittmann e Hugo Haase deixassem o governo em 29 de dezembro de 1918. Eles foram substituídos pelos social-democratas de direita Gustav Noske (questões militares) e Rudolf Wissell (especialista em questões econômicas e sociais).

Toda a política de negociações introduzida pelo USPD e com a qual colaboraram os delegados revolucionários desemboca, de uma maneira ou outra, na capitulação do operariado revolucionário, na ocultação das oposições e das contradições internas. A situação e a união política das massas, amadurecidas nessas oito semanas, devem ser reduzidas à política de 9 de novembro!

É evidente que o Partido Comunista não colabora com essa vergonhosa política e rejeita qualquer responsabilidade por ela. Tanto antes quanto depois consideramos nosso dever levar adiante a causa da revolução, opormo-nos com energia férrea a todas as tentativas confusionistas e, mediante uma crítica implacável, advertir as massas contra os perigos da política vacilante dos delegados revolucionários e da política pantanosa [*Sumpfpolitik*] do USPD.

A crise dos últimos dias dá às massas ensinamentos extremamente importantes e urgentes. A situação corriqueira de falta de direção, de ausência de um centro organizativo do operariado berlinense tornou-se insustentável. Para que a causa da revolução avance, para que o proletariado seja vitorioso, para que o socialismo seja mais que um sonho é preciso que o operariado revolucionário crie órgãos dirigentes à altura de conduzir a energia bélica das massas e que saibam utilizá-la. Mas, antes de tudo, os próximos tempos devem ser dedicados à liquidação do USPD, esse cadáver putrefato cujos produtos em decomposição envenenam a revolução. O conflito com a classe capitalista configura-se na Alemanha, em primeiro lugar, como ajuste de contas com Ebert-Scheidemann, que são o anteparo da burguesia. E o ajuste de contas com os Scheidemann pressupõe a liquidação do USPD, que funciona como anteparo dos Ebert-Scheidemann.

Clareza, o mais acerbo e brutal combate contra todas as tentativas de encobrir, mediar, corromper; acúmulo da energia revolucionária das massas e criação dos órgãos correspondentes para dirigi-las na luta – eis as tarefas mais urgentes do próximo período, as lições mais significativas dos últimos cinco dias, tiradas do impressionante ímpeto das massas e do lamentável fracasso dos dirigentes.

Castelos de cartas[1]

Por cima de escombros fumegantes, entre poças de sangue e cadáveres de "spartakistas" assassinados, os heróis da "ordem" apressam-se de novo a reforçar sua dominação. O governo de Ebert decide-se violentamente a consolidar seu poder: ele quer doravante ficar sentado nas baionetas. Seguindo o modelo de César, Ebert revista as tropas da guarda e faz-lhes um discurso; diante dos mortos e feridos nas ruas de Berlim oferece "o agradecimento do governo às bravas tropas" e atribui-lhes a tarefa de fazer a segurança da Assembleia Nacional pela força das armas. No dia 11, o "supremo comandante" Noske estabelece na ordem do dia o velho e conhecido catálogo de Hindenburg, Von Kessel e de todos os esbirros do regime dos Hohenzollern: "No leste, automóveis com bandos de spartakistas armados de revólveres saqueiam uma casa após a outra... A última máscara, a de que era um movimento político, caiu; o roubo e o saque revelam-se o último e único objetivo da revolta". A paciência do governo acabou e agora

---

1 Título original: *Kartenhäuser*. Artigo originalmente não assinado (ver nota 1, p.259). Publicado em *Die Rote Fahne*, n.13, 13 jan. 1919.

a "artilharia pesada" e as metralhadoras devem tomar a palavra. *"A unidade da classe trabalhadora deve produzir-se contra Spartakus"*, conclui o arrivista manchado de sangue.

É assim que os Scheidemann esperam restabelecer seu poder governamental – com a ajuda material dos militares contrarrevolucionários e com o apoio moral da burguesia, por cima dos cadáveres dos trabalhadores revolucionários de Berlim.

Mas esse cálculo está furado. Os militares, a burguesia, que hoje tiram Ebert-Scheidemann de apuros, querem *eles mesmos* saborear os frutos da colheita sangrenta. Esses elementos só apoiaram o governo "socialista" enquanto acreditaram poder manter as massas proletárias na rédea sob uma falsa bandeira, e estrangular a revolução e o socialismo com sua influência "moral". Agora o encanto foi quebrado. Na última semana abriu-se o abismo que separa o governo de Ebert e a revolução. Hoje está claro que Ebert-Scheidemann somente podem governar com as baionetas. Mas, se for assim, as baionetas também desejam governar *sem* Ebert-Scheidemann. A burguesia quer tudo e grita para que se proclame abertamente a ditadura da espada, para que se restabeleça por completo a antiga "ordem":

> Os revoltosos devem comparecer diante da corte marcial ou ir para a prisão

berra o *Tägliche Rundschau*,

> a liberdade não lhes pertence [...]. A tranquilidade e a ordem devem ser restabelecidas nos mínimos detalhes; a polícia, que quase deixou de existir desde 9 de novembro, precisa ser restabelecida na sua antiga dimensão e no seu antigo significado, os agentes policiais devem ser rearmados e receber plenos poderes.

Ao mesmo tempo, o líder da guarda de Noske, *Coronel Reinhardt*, declara que *vai impor a corte marcial, que não precisa receber ordens de ninguém – nem do governo – pois sendo soldado decide por conta própria*.

E o Terceiro Regimento da Guarda declara por iniciativa própria que está "decidido" a "fazer funcionar" a Assembleia Nacional "pela força das armas". Em Berlim e subúrbios, oficiais estão fazendo prisões por conta própria.

Desse modo, os corpos de oficiais contrarrevolucionários se rebelam contra o governo de Ebert, e deixam entender claramente que a coisa foi pensada ao contrário: os Ebert-Scheidemann deviam tirar as castanhas do fogo para a burguesia e não a burguesia para os Ebert--Scheidemann. Acrescente-se a isso que, se a burguesia precisar salvar o governo "socialista" das mãos do operariado revolucionário, aí o jogo acaba, pois a burguesia pensa, não sem razão, ter candidatos mais capazes para a ditadura da espada que os arrivistas Ebert e Noske.

Contudo, do terceiro lado, o partido de Haase procura aproveitar a crise para estabelecer um governo de coalizão "*de todas as tendências socialistas*", de acordo com sua política da folha de vinha, que é afogar todas as contradições internas da revolução numa papa indistinta, encobrir todas as oposições, dissolver a energia bélica das massas num compromisso corrupto. Somente os "dirigentes comprometidos", os Ebert, Scheidemann, Landsberg, Noske devem sair de cena, somente deve ocorrer uma *mudança de pessoas*, mas a *política* de Scheidemann deve continuar como antes no leme, e "todas as tendências socialistas" devem formar com ela um governo comum.

Hoje, diante dos cadáveres dos proletários assassinados, diante das orgias sanguinárias dos Scheidemann, os "spartakistas", dez vezes mais do que antes, só têm um olhar de desprezo e o punho cerrado contra essa lamentável política de compromisso e de traição para com a causa da revolução; a fraseologia do pessoal de Haase a respeito da coalizão "de todas as tendências socialistas" acaba, na realidade, na anterior e conhecida combinação dos Scheidemann com os independentes. Tudo o que o USPD procura com a barulheira a respeito da "unificação" é uma ressurreição do governo de Ebert-Haase sob novos nomes. E quanto mais fortemente Ebert-Scheidemann são hoje insultados no *Freiheit*, tanto mais certamente se prepara, sob esse canhonaço aparente, a vergonhosa mudança do USPD, que, apesar de todas as lições, apesar de ter sido obrigado a abandonar, em 28 de dezembro, o negócio que tinha em companhia com os Scheidemann, quer simplesmente – tendo outros executivos na firma – voltar a ele.

Dessa maneira, da atual crise resultam três combinações:
- os Ebert-Scheidemann querem continuar mantendo o *status quo*, a própria dominação, apoiados nas baionetas da burguesia;
- o USPD quer que o desenvolvimento retorne a 9 de novembro, ao governo Ebert-Haase, com outros nomes;
- a burguesia, por fim, quer que as coisas voltem ao estágio *anterior* a 9 de novembro, à simples ditadura da espada.

Todas as três combinações são castelos de cartas, pois todas desembocam em etapas consumadas, ultrapassadas. A revolução não pode voltar atrás, não pode ser invertida, nem para 9 de novembro e menos ainda para os bons tempos *anteriores* a 9 de novembro; ela tampouco se deixa fixar num ponto morto sob o cetro de Ebert.

Todo o sentido político e o conteúdo histórico da crise das últimas semanas residem precisamente no fato de que a revolução está avançando por sua força interna e desenvolvimento lógico, para que se leve a sério a tomada do poder pelo proletariado e a realização do socialismo, embora hoje ainda existam fatores que continuam dificultando o caminho. Mesmo que essas forças de oposição no momento levem a melhor, usando meios brutalmente violentos, elas são totalmente impotentes para impedir o futuro curso do desenvolvimento, a marcha vitoriosa da revolução.

E isso se exprime da melhor maneira no fato de que nenhuma combinação com alguma durabilidade possa ser erigida sobre os escombros desta semana. O que quer que amanhã ou depois de amanhã saia como resultado ou solução da crise será algo *provisório*, será um castelo de cartas. Mesmo que a violência crua das metralhadoras ou a ambiguidade dos planos dissimulados do USPD levem a melhor – em pouco tempo as forças primitivas da revolução, *as lutas econômicas*, porão fim a esses cálculos. A revolução porá sempre de novo na ordem do dia o problema fundamental, o ajuste de contas geral entre trabalho e capital. E esse ajuste de contas consiste num conflito histórico-

-mundial entre dois inimigos mortais, o qual só pode ser decidido numa longa luta pelo poder, olhos nos olhos, peito contra peito.

Mal os escombros e os cadáveres deste último episódio são removidos, e a revolução retorna a seu incansável trabalho cotidiano. Os spartakistas continuam seu caminho com inabalável firmeza. O número de suas vítimas cresce a cada semana, mas o número de seus apoiadores cresce cem vezes mais. Durante a guerra, sob o estado de sítio, eles encheram as prisões e as penitenciárias; sob o governo "socialista" de Ebert-Scheidemann enchem os túmulos no cemitério de Friedrichshain. Porém, as massas do proletariado reúnem-se cada vez mais compactamente em torno da bandeira da luta revolucionária enérgica. Mesmo que camadas isoladas se deixem momentaneamente embriagar e capturar, tanto mais amanhã, depois de novas decepções e desenganos, elas voltarão, firme e fielmente, ao único partido que não conhece nenhum compromisso, nenhuma vacilação, que segue seu caminho historicamente traçado, sem olhar para a direita nem para a esquerda, sem contar os inimigos nem os perigos – até a vitória.

A ordem reina em Berlim¹

"A ordem reina em Varsóvia!", declarou o ministro Sebastiani, em 1831, na Câmara francesa quando, depois da terrível investida contra o subúrbio de Praga, a soldadesca de Suvorov² penetrou na capital polonesa e começou seu trabalho de carrasco contra os insurretos.

"A ordem reina em Berlim!", proclama triunfante a imprensa burguesa, proclamam Ebert e Noske, proclamam os oficiais das "tropas vitoriosas" que a ralé pequeno-burguesa de Berlim acolhe nas ruas, acenando com o lenço e gritando hurra! Perante a história mundial, a glória e a honra das armas alemãs estão salvas. Os lamentáveis vencidos de Flandres e Argonne restabeleceram sua reputação com a brilhante vitória – sobre os 300 "spartakistas" no *Vorwärts*.³ Os tempos da gloriosa invasão da Bélgica pelas tropas alemãs, os tempos do general

---

1 Título original: *Die Ordnung herrscht in Berlin*. Artigo publicado originalmente em *Die Rote Fahne*, n.14, 14 jan. 1919.
2 Engano de Rosa Luxemburgo. As tropas russas eram comandadas por Ivan Paskevitch. Alexander Suvorov morreu em 1800.
3 Em 11 de janeiro de 1919, trabalhadores e soldados que tinham ocupado o prédio do *Vorwärts* em 5 de janeiro são obrigados a render-se às tropas contrarrevolucionárias.

Von Emmich, o vencedor de Liège, empalidecem diante dos feitos dos Reinhardt[4] e cia. nas ruas de Berlim. Massacre de *parlamentares* que queriam negociar a rendição do *Vorwärts* e que foram mortos a coronhadas pela soldadesca do governo até ficarem irreconhecíveis, a ponto de a identificação dos corpos ser impossível; prisioneiros postos contra a parede e assassinados de tal maneira que o crânio e o cérebro esguicharam. Perante feitos tão memoráveis quem poderia ainda pensar nas lamentáveis derrotas diante dos franceses, ingleses e norte-americanos? "Spartakus" é o inimigo, e Berlim, o lugar onde nossos oficiais pretendem vencer; Noske, o "trabalhador", é o general que sabe organizar a vitória ali onde Ludendorff foi derrotado.

Quem não pensaria na embriaguês da vitória da corja da "ordem" em Paris, quem não pensaria na bacanal da burguesia sobre os cadáveres dos combatentes da Comuna, a mesma burguesia que havia capitulado lamentavelmente diante dos prussianos e entregado a capital do país ao inimigo exterior, pondo-se a salvo como o último dos covardes? Mas contra os proletários de Paris esfomeados e mal armados, contra suas mulheres e filhos desarmados – como a coragem viril dos filhinhos da burguesia, da "juventude dourada", dos oficiais voltou a inflamar-se! Como a bravura desses filhos de Marte, curvados ao inimigo exterior, se deu rédea solta nessas atrocidades bestiais contra homens sem defesa, prisioneiros, vencidos!

"A ordem reina em Varsóvia!", "A ordem reina em Paris!", "A ordem reina em Berlim!" É assim que a cada meio século, de um centro a outro da luta histórico-mundial, se propalam os anúncios dos guardiões da "ordem". E os exultantes "vencedores" não percebem que uma "ordem" que precisa ser periodicamente mantida com carnificinas sangrentas vai, de maneira inexorável, ao encontro de seu destino histórico, de sua queda. O que foi essa última "semana spartakista" em Berlim, o que ela trouxe, o que nos ensinou? Em meio à luta, em meio

---

4 Walther Reinhardt (1872-1930): oficial do Estado-Maior durante a Primeira Guerra Mundial, último ministro prussiano da Guerra, foi nomeado chefe do exército em outubro de 1919.

aos gritos de vitória da contrarrevolução, os proletários revolucionários devem prestar contas sobre o que aconteceu, medir os eventos e seus resultados por um amplo parâmetro histórico. A revolução não tem tempo a perder, ela continua se precipitando em direção a seus grandes objetivos – por cima de túmulos ainda abertos, por cima de "vitórias" e "derrotas". Seguir conscientemente suas linhas de força, seus caminhos é a primeira tarefa dos que combatem pelo socialismo internacional.

Era de se esperar, nesse enfrentamento, uma vitória decisiva do proletariado revolucionário, podia-se esperar a queda de Ebert-Scheidemann e a instauração da ditadura socialista? Certamente que não, se se levam em conta todos os elementos decisivos sobre a questão. Nesse momento, o ponto fraco da causa revolucionária consiste na imaturidade política da massa dos soldados, que continuam a deixar-se utilizar por seus oficiais em função de objetivos contrarrevolucionários inimigos do povo; só isso já é uma prova de que neste conflito não era possível uma vitória *duradoura* da revolução. Por sua vez, a imaturidade dos próprios militares é apenas um sintoma da imaturidade geral da revolução alemã.

O meio rural, de onde provém uma grande porcentagem da massa dos soldados, quase não foi tocado, nem antes nem depois da revolução. Até agora, Berlim está ainda praticamente isolada do resto do Reich. É certo que os centros revolucionários da província – Renânia, costa do Mar do Norte, Brunswick, Saxônia, Württemberg – estão de corpo e alma ao lado do proletariado berlinense. Mas, antes de tudo, o que falta é a coordenação imediata da ofensiva, a ação comum direta que daria à investida e à rapidez de resposta do operariado berlinense uma eficácia incomparavelmente maior. Em seguida – somente nesse contexto mais profundo é que se encontram as insuficiências políticas da revolução – as lutas econômicas, a verdadeira fonte vulcânica que alimenta continuamente a luta de classes, estão somente em seu estágio inicial.

O que resulta de tudo isso é que não se podia contar nesse momento ainda com uma vitória definitiva, duradoura. Será que por isso a luta das últimas semanas foi um "erro"? Sim, caso se tratasse de uma "investida", de um assim chamado "golpe"! Mas o que foi o ponto de partida das últimas semanas de combate? Como em todos os casos precedentes, em 6 de dezembro,[5] em 24 de dezembro[6] – uma brutal provocação do governo! Antes, o banho de sangue contra manifestantes desarmados na Chausseestraße, o massacre dos marinheiros; dessa vez, o ataque à Prefeitura de Polícia[7] foi a causa de todos os acontecimentos posteriores. A revolução não opera à sua vontade, em campo raso, segundo um plano preparado por hábeis "estrategistas". Seus adversários também *tomam* a iniciativa, sim, em regra geral, muito mais que a própria revolução.

Posto diante da grosseira provocação dos Ebert-Scheidemann, o operariado revolucionário era *compelido* a pegar em armas. Sim, para a revolução era uma questão de honra rechaçar imediatamente o ataque com toda a energia, se não se quisesse encorajar o contínuo avanço da contrarrevolução, se não se quisesse que as fileiras revolucionárias do proletariado e o crédito moral da revolução alemã na Internacional fossem abalados.

De resto, a imediata resistência das massas berlinenses surgiu espontaneamente com uma energia tão natural que, desde o primeiro arranque, a vitória moral ficou do lado da "rua".

Ora, a lei vital interna da revolução consiste em nunca parar no estágio atingido, em não cair na inatividade, na passividade. A melhor parada é um golpe certeiro. Essa regra elementar da luta domina justamente todos os passos da revolução. É muito compreensível – e mostra o sadio instinto, o frescor da força intrínseca do proletariado berlinense – que ele não se contentasse em reinstalar Eichhorn em seu posto, que avançasse espontaneamente para a ocupação de outros postos de poder da contrarrevolução: a imprensa burguesa, o escritório oficioso da agência de notícias, o *Vorwärts*. Todas essas medidas tomadas pelas massas eram consequência do conhecimento instintivo de

---

5   Ver nota 4, p.284.
6   Ver nota 16, p.356.
7   Ver nota 3, p.377.

que, por sua vez, a contrarrevolução não se satisfaria com a derrota que lhe fora infligida, mas que preparava uma demonstração de força geral.

Também aqui estamos diante de uma das grandes leis históricas da revolução, contra a qual se espatifam todas as espertezas e a arrogância desses pequenos "revolucionários" da laia do USPD, que em cada combate só estão à procura de pretextos para recuar. Assim que o problema fundamental da revolução foi posto claramente – e *nesta* revolução ele consiste na queda do governo Ebert-Scheidemann como primeiro obstáculo para a vitória do socialismo –, esse problema ressurge em toda a sua atualidade e, com a fatalidade de uma lei natural, cada episódio isolado da luta põe o problema em toda a sua abrangência, mesmo que a revolução ainda esteja muito despreparada para resolvê-lo, mesmo que a situação ainda esteja muito pouco madura. "Abaixo o governo Ebert-Scheidemann!" – essa palavra de ordem surge inevitavelmente em cada crise revolucionária como a única fórmula que esgota todos os conflitos parciais e que, por sua lógica interna, queira-se ou não, leva por si mesma ao ápice cada episódio da luta.

Dessa contradição, numa fase inicial do desenvolvimento revolucionário, entre o agravamento da tarefa e a falta de condições prévias para sua solução, resulta que as lutas isoladas da revolução acabem formalmente em *derrota*. Mas a revolução é a única forma de "guerra" – esta é também uma de suas peculiares leis vitais – em que a vitória final só pode ser preparada por uma série de "derrotas"!

O que nos mostra toda a história das revoluções modernas e do socialismo? A primeira labareda da luta de classes na Europa, a rebelião dos tecelões de seda de Lyon em 1831, terminou com uma pesada derrota; o movimento cartista na Inglaterra – com uma derrota. O levante do proletariado parisiense nas jornadas de junho de 1848 acabou numa derrota esmagadora. A Comuna de Paris terminou com uma derrota terrível. O caminho do socialismo – levando em consideração as lutas revolucionárias – está inteiramente pavimentado de derrotas.

E, no entanto, essa mesma história leva irresistivelmente, passo a passo, à vitória final! Onde estaríamos nós hoje sem essas "derrotas" das quais extraímos experiência histórica, conhecimento, poder, idealismo? Hoje, que estamos no limiar da batalha final da luta de classes proletária, nós nos apoiamos precisamente nessas derrotas, sem poder prescindir de nenhuma delas, pois cada uma faz parte de nossa força e de nossa clareza de objetivos.

Os combates revolucionários estão em oposição direta com as lutas parlamentares. Na Alemanha, durante quatro décadas, tivemos gritantes "vitórias" parlamentares, caminhávamos literalmente de vitória em vitória. E o resultado na grande prova histórica de 4 de agosto de 1914 foi uma esmagadora derrota política e moral, um colapso inaudito, uma bancarrota sem precedentes. As revoluções trouxeram-nos até agora derrotas gritantes, mas essas derrotas inevitáveis são justamente a garantia reiterada da futura vitória final.

Contudo, com *uma* condição! É preciso perguntar em que condições cada derrota se deu: se resultou do fato de que a energia bélica das massas, avançando, se chocou contra a falta de maturidade das condições históricas prévias, ou se a própria ação revolucionária foi paralisada por meias medidas, indecisões, fraquezas internas.

Os exemplos clássicos de ambos os casos são, de um lado, a Revolução de Fevereiro na França, e, de outro, a Revolução de Março na Alemanha. A ação heroica do proletariado parisiense em 1848 tornou-se a fonte viva da energia de classe para todo o proletariado internacional. As ridicularias da Revolução de Março alemã são como uma bola de ferro presa aos pés de todo o moderno desenvolvimento alemão. Elas atuam, por meio da história particular da social-democracia alemã oficial, até os recentes acontecimentos da revolução alemã, até a crise dramática que acabamos de vivenciar.

Como aparece, à luz da questão histórica mencionada, a derrota da assim chamada "semana spartakista"? Será que foi uma derrota por causa da impetuosidade da energia revolucionária e da insuficiente maturidade da situação ou por causa da fraqueza e da irresolução da ação?

Ambas! O duplo caráter dessa crise, a contradição entre a atitude vigorosa, resoluta, ofensiva das massas berlinenses e a indecisão, a hesitação, as meias medidas da direção, eis as características particulares desse último período.

A direção fracassou. Mas a direção pode e deve ser novamente criada pelas massas e a partir delas. As massas são o decisivo, o rochedo sobre o qual se estabelecerá a vitória final da revolução. As massas estiveram à altura, elas fizeram dessa "derrota" um elo daquelas derrotas históricas que constituem o orgulho e a força do socialismo internacional. E por isso a vitória futura florescerá dessa "derrota".

"A ordem reina em Berlim!" Esbirros estúpidos! A sua "ordem" está construída sobre areia. Amanhã a revolução "se levantará de novo ruidosamente", proclamando ao som da trompa:

"Ich war, ich bin, ich werde sein!"[8]

---

8   "Eu era, eu sou, eu serei!" Verso do poema "A revolução", de Ferdinand Freiligrath. (N. T.)

Referências bibliográficas

Abend-Vorwärts, Berlin, 29 Nov. 1918.
Arbeiterzeitung, Essen, 3 Aug. 1914.
AUER, I. *Sedanfeier und Sozialdemokratie*: Rede, gehalten in einer Versammlung zu Berlin am 4. September 1895. Berlin: Expedition d. Vorwärts, 1895.
AUßERORDENTLICHER Internationaler Sozialisten-Kongreß zu Basel am 24. und 25. November 1912. Berlin, 1912.
BEBEL, A. *Ausgewählte Reden und Schriften*. Berlin: Dietz, 1970. v.1.
Bergische Arbeiterstimme, Solingen, 24 Juli 1914.
BERNHARDI, F. von. *Vom heutigen Kriege*. Berlin: Mittler, 1912.
BISMARCK, O. von. *Gedanken und Erinnerungen*. München: Herbig, 2007.
BRACKE Jr., W. *Der Braunschweiger Ausschuß der socialdemokratischen Arbeiter-Partei in Lötzen und vor dem Gericht*. Braunschweig: Braunschweiger Volksfreund, 1872.
DAS DEUTSCHE Weissbuch über den Ausbruch des Weltkrieges. Pößneck, 1914.
DEHMEL, R. *Aber die Liebe*. München: E. Albert & Co., 1893.

Die Freiheit, Berlin, n.1, 15 Nov. 1918.
_____. Berlin, n.57, 16 Dez. 1918.
_____. Berlin, n.59, 17 Dez. 1918.
_____. Berlin, n.65, 20 Dez. 1918.
Die junge Garde, Berlin, n.2, 4 Dez. 1918.
Die Neue Zeit, Stuttgart, n.20; 23, Aug./Sept. 1914.
Die Rote Fahne, Berlin, n.3, 1918.
_____, Berlin, n.3, 3 Jan. 1919.
_____, Berlin, n.7, 7 Jan. 1919.
_____, Berlin, n.8, 8 Jan. 1919.
_____, Berlin, n.9, 24 Nov. 1918.
_____, Berlin, n.10, 25 Nov. 1918.
_____, Berlin, n.11, 11 Jan. 1919.
_____, Berlin, n.12, 27 Nov. 1918.
_____, Berlin, n.13, 13 Jan. 1919.
_____, Berlin, n.14, 14 Jan. 1919.
_____, Berlin, n.14, 29 Nov. 1918.
_____, Berlin, n.18, 3 Dez. 1918.
_____, Berlin, n.26, 11 Dez. 1918.
_____, Berlin, n.29, 14 Dez. 1918.
_____, Berlin, n.30, 15 Dez. 1918.
_____, Berlin, n.32, 17 Dez. 1918.
_____, Berlin, n.35, 20 Dez. 1918.
_____, Berlin, n.36, 21 Dez. 1918.
_____, Berlin, n.38, 23 Dez. 1918.
_____, Berlin, n.43, 29 Dez. 1918.
DIE SOLDATEN für die Nationalversammlung. *Vorwärts*, Berlin, n.330, 1 Dez. 1918.
Dresdner Volkszeitung, Dresden, 24 Juli 1914.
Frankfurter Zeitung, Frankfurt am Main, 8 Nov. 1911.
Fränkische Tagespost, Nürnberg, 2 Aug. 1911.
Freie Presse, Freie Presse, 24 Juli 1914.
GOETHE, J. W. von. *Poetische Werke*: Dramatische Dichtungen IV. Berlin, 1965.

Hamburger Echo, Hamburg, 11 Aug. 1914.
_____, Hamburg, 6 Okt. 1914.
HILFERDING, R. Revolutionäres Vertrauen. *Die Freiheit*, Berlin, n.6, 18 Nov. 1918.
ILLUSTRIERTE GESCHICHTE der Deutschen Revolution. Berlin: Internat. Arbeiterverlag, 1929.
KAUTSKY, K. Die Internationale und der Krieg. *Die Neue Zeit*, Stuttgart, v.1, n.33, 1914-15.
_____. *Patriotismus und Sozialdemokratie*. Leipzig: Verl. d. Buchdr. AG, 1907.
_____. Wirkungen des Krieges. *Die Neue Zeit*, Stuttgart, v.2, n.32, 1913-14.
Königsberger Volkszeitung, Königsberg, 3 Aug. 1911.
KRIEG? *Leipziger Volkszeitung*, Leipzig, n.168, 24 Juli 1914.
KRIEG? Ultimatum. *Vorwärts*, Berlin, n.200, 25 Juli 1914.
LASSALLE, F. *Herr Bastiat-Schulze von Delitzsch der ökonomische Julian oder: Kapital und Arbeit*. Frankfurt am Main: Keip, 1990.
LEIDIGKEIT, K.-H. (Ed.). *Der Leipziger Hochverratsprozeß vom Jahre 1872*. Berlin, 1960.
LÊNIN, W. I. Após a Revolução Russa. *Mitteilungs-Blatt des Verbandes der sozialdemokratischen Wahlverein Berlins und Umgegend*, Berlin, n.36, 8 Dez. 1918.
_____. *Werke*. Berlin, 1959. v.28.
_____. *Werke*. Berlin. v.19.
LIEBKNECHT, K. *Gesammelte Reden und Schriften*. Berlin, 1972. v.8.
LUXEMBURG, R. *Breslauer Gefängnismanuskripte zur Russischen Revolution*. Leipzig: Rosa-Luxemburg-Stiftung Sachsen, 2007.
_____. Die Menge tut es. *Freie Jugend*, Braunschweig, n.1, 25 Aug. 1916.
_____. *Gesammelte Werke*. Berlin: Dietz, 1972. v.2, v.4.
_____. Offene Briefe an Gesinnungsfreunde. *Der Kampf*, Duisburg, n.31, 6 Jan. 1917.
_____. Rückblick auf die Gothaer Konferenz. *Der Kampf*, Duisburg, n.51, 25 Mai 1917.

LUXEMBURG, R. Trümmer. *Sozialdemokratische Korrespondenz*, Berlin, n.112, 30 Sept. 1914.

Magdeburger Volksstimme, Magdeburg, 25 Juli 1914.

MARCHLEWSKI, J. *Imperialismus oder Sozialismus?* Frankfurt am Main: Marxistische Blätter, 1978.

MARX, K. *O 18 Brumário e cartas a Kugelmann*. Rio de Janeiro: Paz e Terra, 1977.

_____. *O Capital*. São Paulo: Abril Cultural, 1984. v.2.

MARX, K.; ENGELS, F. *Die Klassenkämpfe in Frankreich 1848 bis 1850*. Berlin: Dietz, 1951.

_____. *Manifesto do Partido Comunista*. Petrópolis: Vozes, 2008.

_____. *Werke*. Berlin, 1969. v.8.

_____. *Werke*. Berlin, 1970. v.2.

_____. *Werke*. Berlin, 1971. v.17.

_____. *Werke*. Berlin, 1971. v.7.

_____. *Werke*. Berlin, 1972. v.22.

_____. *Werke*. Berlin. v.24.

MEHRING, F. *Karl Marx*: Geschichte seines Lebens. Berlin: Dietz, 1967.

MEYER, E. (Org.). *Spartakus im Kriege*: Die illegalen Flugblätter des Spartakusbundes im Kriege, gesammelt und eingeleitet von Ernst Meyer. Berlin: Vereinigung internat. Verlagsanstalten, 1927.

Münchener Post, München, 25 Juli 1914.

_____, München, 1 Aug. 1914.

Pfälzische Post, Ludwigshafen, 31 Juli 1914.

PROTOKOLL des Gründungsparteitages der Kommunistischen Partei Deutschlands. (30. Dezember 1918-1. Januar 1919). partes I, II, III, IV.

ROHRBACH, P. *Der Krieg in der deutschen Politik*. Weimar: Kiepenheuer, 1916.

_____. *Der Krieg und die Deutsche Politik*. Dresden: Das Größere Deutschland, 1914.

_____. *Die Bagdabahn*. Berlin, 1911.

Schleswig-Holsteinische Volkszeitung, Schleswig-Holstein, 24 Juli 1914.

_____, Schleswig-Holstein, 7 Aug. 1914.

Sozialdemokratische Korrespondenz, Berlin, n.112, 30 Sept. 1914.

SOZIALDEMOKRATISCHE PARTEI DEUTSCHLANDS. *Handbuch für sozialdemokratische Wähler.* Berlin: Buchh. Vorwärts Paul Singer, 1911.

Spartakusbriefe, Berlin, 1958.

STAMPFER, F. Die Wahlen zur Nationnalversammlung. *Abend-Vorwärts*, Berlin, 30 Nov. 1918.

TROTSKY, L. *Von der Oktober Revolution bis zum Brester Friedens-Vertrag.* Berlin: A. Hoffmann, 1918.

VERHANDLUNGEN des Reichstags. *X. Legislaturperiode, I. Session 1898/1900*, Berlin, v.4, 1900.

_____. *XII. Legislaturperiode, II. Session*, Berlin, v.268, 1911.

_____. *XIII. Legislaturperiode, I. Session*, Berlin, v.286, 1913.

_____. *XIII. Legislaturperiode, II. Session*, Berlin, v.306, 1916.

Volksblatt, Halle, 5 Aug. 1914.

_____, Halle, 18 Aug. 1914.

Volksfreund, Braunschweig, 5 Aug. 1914.

VOLKSKRIEG. *Die Neue Zeit*, Stuttgart, v.2, n.32, 1913-14.

Volksstimme, Chemnitz, 2 Aug.1911.

_____, Frankfurt am Main, 24 Juli 1914.

_____, Frankfurt am Main, 31 Juli 1914.

_____, Chemnitz, 21 Okt. 1914.

Volkswacht, Bielefeld, 5 Aug. 1914.

VOR DER Katastrophe. *Vorwärts*, Berlin, n.205, 30 Juli 1914.

Vorwärts, Berlin, n.313, 13 Nov. 1918.

WIRTSCHAFTLICHE Übergangsforderungen für die Industrie – und Handelsarbeiter. *Deutschen Allgemeinen Zeitung*, n.664, 31 Dez. 1918.

_____. *Die Freiheit*, Berlin, n.83, 31 Dez. 1918.

ZETKIN, C. *Um Rosa Luxemburgs Stellung zur russischen Revolution.* Hamburg: C. Hoym Nachf., 1922.

Índice onomástico

Abel, Werner, 85n.54
Adler, Victor, 25
Auer, Ignaz, 129
Avksentiev, Nikolai, 199n.18
Axelrod, Lyubov, 176-82, 220

Baden, Max von, príncipe, 224n.2, 359
Barrot, Odilon, 223-4
Barth, Emil, 265n.3, 387n.4
Bartholdi, Frédéric, 46n.33
Bassermann, 59n.39
Bauer, Gustav, 225-7, 237
Baumeister, 237
Bebel, August, 23, 32-3, 82, 103, 111, 129, 130, 313, 349
Beccaria, Cesare, 241
Beethoven, Ludwig van, 241
Berchtold, ver Graf von Mirbach-
    -Harff, Wilhelm, 36
Berlichingen, Götz von, 93
Bernstein, Eduard, 220
Bernhardi, Friedrich von, general, 107-8
Bismarck, Otto von, 42-43, 43n.30, 44-6, 49, 62, 70-3, 87-88, 103-104, 109, 111, 113, 132
Blanc, Louis, 100
Bonaparte, Napoleão, 32
Bourbon, 109, 184, 223, 250, 376
Braun, Otto, 237
Breitscheid, Rudolf, 381
Brutus, Junius, 15n.1
Bücher, professor, 146
Buerkner, tenente-coronel, 363

Bülow, Bernhard von, 50, 53, 89, 107

Carlos I, 183-4, 201
Caspar, 89
Catarina II, 134n.82
Caussidière, Marc, 100
Cavaignac, Louis-Eugène, 250, 252
Cecil, Robert, 51
Cesar, Júlio, 389
Chevtchenko, Taras, 196
Chlumecky, barão von, 77
Claß, Heinrich, 64n.42
Clemenceau, Georges, 292, 302
Cohn, Oskar, 381, 386
Constans, 124
Cunow, Heinrich, 210

Dan, Fyodor, 176, 182, 184, 220
Danton, Georges, 149
Däumig, Ernst, 241, 316, 381
David, Eduard, 26, 59n.39, 266, 272-3, 351
Dittmann, Wilhelm, 154, 159, 160, 265n.3, 318, 358, 386, 387n.4

Ebert, Friedrich, 265n.3, 271n.4, 272, 284n.4, 380n.3
Eichhorn, Emil von, marechal, 216n.3
Emmich von, general, 396
Engels, Friedrich, 19, 28-9, 82, 86, 111, 123-5, 131, 149, 163, 174, 225, 343-9, 350-2

Erich, Rafael, 195
Erzberger, Matthias, 237, 243, 250, 257, 272,

Favre, Jules, 109
Fernando, Francisco, arquiduque, 35, 38, 77, 78n.48
Forstner, Günter Freiherr von, tenente, 94n.62
Frederico III, 42
Friedberg, 250
Friedmann, prof., 77
Fuhrmann, 322

Galliffet, Gaston Alexandre Auguste, marquês de, 252
Garnier-Pagès, Étienne Joseph Louis, 244
Gilm, Hermann von, 154n.3
Goethe, Johann Wolfgang von, 93n.61
Goltz-Pascha, von der 57
Graf Berchtold von und zu Ungarschitz, Fratting und Pullitz, Leopold, conde, 36n.25
Graf von Mirbach-Harff, Wilhelm, 197n.16
Grey, Edward, 66
Grigoriants, 220
Gröber, Adolf, 224n.2, 225, 272, 322
Groener, Wilhelm, general, 356n.16, 362

Guesde, Jules, 226n.3
Guilherme I, 43n.30
Guilherme II, VIII, 35n.23
Gwinner, 54

Haase, Hugo, 265n.3, 305n.2, 387n.4
Habsburgo, 39, 74, 111-2, 123
Haenisch, Konrad, 159n.4
Hamid, Abdul, 54, 58, 60,
Hamid, Abdul, II, 57
Haußmann, 272
Heine, Heinrich, 149, 150n.2
Helfferich, Karl, 54
Herschel, 200
Heydebrand, Ernst von, 322
Hilferding, Rudolf, 244, 308n.6, 310
Hindenburg, Paul von, 86, 93, 218, 294, 323, 362, 389
Hochdero, 87
Hohenstaufen, 110
Hohenzollern, 32, 68, 229, 231-2, 240, 273, 288, 294, 323, 389
Hollman, 49
Hollweg, Bethmann, 34, 36
Hutten, Ulrich von, 212

Jacoby, Johann, 103
Jaurès, Jean, 26, 114
Junius, ver Brutus, 15n.1

Kaclerović, Triša, 118
Kaledin, Alexey, 181, 183

Kautsky, Karl, 119, 176-7, 181-2, 184, 195, 209, 220, 243-4, 350, 269, 381
Kerenski, A. F., 190, 198-9
Kessel, von 389
Krauss, Christine, 85n.54

Lafayette, marquês de, 227n.4
Lamartine, Alphonse de, 224
Landsberg, Otto, 265n.3
Laptchevic, 118
Lassalle, Ferdinand, 111, 125, 131, 146, 283, 314
Ledebour, Georg, 154, 159, 160, 241, 381, 387
Ledru-Rollin, Alexandre Auguste, 244
Legien, Carl, 155, 237
Lênin, Vladimir, ix, 178, 182-3, 185, 187-9, 190-4, 196, 198-9, 201-2, 205, 207-8, 210-2, 214, 218-9
Lensch, Paul, 159n.4
Lequis, Arnold, gerneral, 306
Lessing, 357
Levi, Paul, ix, 336n.2
Lieber, 49
Liebknecht, Karl, vii-iii, x, 9n.1, 43, 103, 111, 129, 159n.3, 236, 241, 249n.2, 252, 270, 305, 374
Liebknecht, Wilhelm, 32
Lindau, Rudolf, 1n.1
Lippert, Julius, 145

Lloyd George, David, 66, 257, 292, 302
Lorenz, capitão, 317n.5
Lubinski, 219
Ludendorff, Erich, 273, 294, 323, 396
Luís Filipe I, 201
Luís XVI, 223
Lutero, Martinho, 156n.4, 318

Manga Bell, Rudolf Duala, 85
Mannerheim, Carl Gustaf Emil, 195
Manteuffel, 87, 89
Marat, Jean-Paul, 149, 185
Maria Antonieta, 227
Marschall, von 60
Marten, 317
Martignac, visconde de, 223-4
Marx, Karl, 18-9, 22, 30, 44-6, 59, 82, 86, 93-4, 100, 109, 111, 123, 125, 131, 149, 163-6, 168-9, 170-4, 225, 313, 343-7, 349, 350-1
Mehring, Franz, 163n.1
Miliukov, P. N., 180n.4, 190, 219, 220
Mirabeau, conde de, 312
Mirbach-Harff, conde, 197n.16, 216
Moisés, 22, 30
Monsanquet, 363

Necker, Jacques, 223-4

Nevsk, Alexandre, 87
Nicolau I, 86
Noske, Gustav, 387, 389, 390-1, 395-6

Parvus, Alexander, 210
Paskevitch, Ivan, 395n.2
Payer, Friedrich von, 224n.2
Pfemfert, Franz, 15n.1
Poincaré, Raymond, 257
Potemkin, Grigory, príncipe, 134
Prochaska, cônsul, 77

Ratzel, Friedrich, 146
Reinhardt, Walther, 390, 396n.4
Reuter, Fritz, 81, 196
Reventlow, 243, 250
Ricardo, David, 146
Robespierre, Maximilien, 149
Rochow, von 86-7
Rodominsky, Wilhelm, 145n.1
Rohrbach, Paul, 56, 61, 80, 107
Rühle, Otto, 159n.3, 336n.3, 339

Saladino, 57
Sanders, Liman von, general, 72n.44
Schaedler, 49, 50
Scheidemann, Philipp, 224n.2, 225-7, 237, 239, 243, 257, 264, 265n.3, 272-3, 283, 297, 308, 310, 314, 318, 351, 357-8, 387, 390-2
Scheüch, Heinrich, 380n.3

Schiemann, prof., 64n.42
Schmidt, Felix, 341n.5, 342n.8
Schulz, Hugo, 123n.75, 146
Schulze-Delitzsch, Franz Hermann, 164
Schütze, 89
Sebastiani, Horace François Bastien, 395
Sembat, Marcel, 226n.3
Siemens, 54
Smith, Adam, 146, 166,
Sonnino, Sidney, 257
Stampfer, Friedrich, 176
Stresemann, Gustav, 272
Ströbel, Heinrich, 220, 309
Struve, Peter von, 72n.44
Suvorov, Alexander, 395

Thiers, Louis Adolphe, 123, 223, 250, 252
Tirpitz, Alfred von, 294

Troelstra, Pieter Jelles, 25
Trotsky, Leon, 178, 185, 192-3, 198-9, 200-2, 204-5, 208, 210, 212, 218
Tseretelli, Irakli, 184

Vandervelde, Émile, 226

Waltz, primeiro-tenente, 269
Wels, Otto, 252n.4
Wermuth, Adolf, 380n.3
Westarp, 272
Wilson, Woodrow, 197, 257, 264, 271-2, 292,
Winnig, August, 363-5
Wissell, Rudolf, 387n.4
Wrangel, Friedrich Graf von, 87, 89

Zetkin, Clara, 259n.1
Zietz, Luise, 381

SOBRE O LIVRO

Formato: 16 x 23 cm
Mancha: 26p1,2 x 42p6,2
Tipologia: Adobe Caslon
Papel: Off-set 75g/m² (miolo)
Cartão Supremo 250 g/m² (capa)
1ª edição: 2011

EQUIPE DE REALIZAÇÃO

Edição de Texto
Raul Pereira (Copidesque)
Paula Mendes (Preparação de original)
Vivian Miwa Matsushita (Revisão)

Capa
Estúdio Bogari

Editoração Eletrônica
Estúdio Bogari

Assistência Editorial
Alberto Bononi

Rettec, artes gráficas.
Tel. (11) 2063-7000 - fax (11) 2061-8709
E-mail:rettec@rettec.com.br